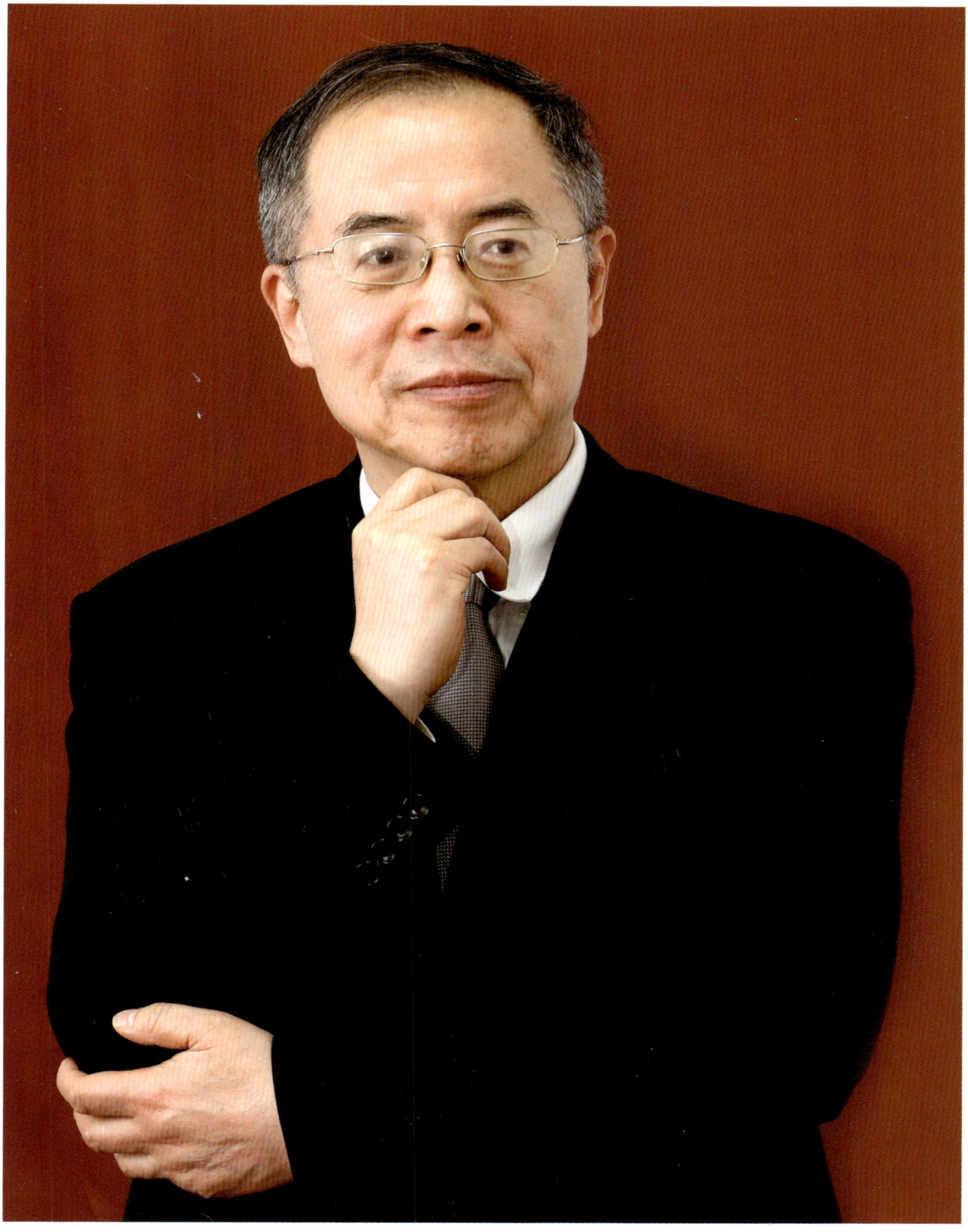

# 朱宏任

中国企业联合会、中国企业家协会
党委书记、常务副会长兼秘书长

中共党员，出生于1954年8月，中国科学院研究生院水文地质和工程专业硕士研究生毕业。现任中国企业联合会、中国企业家协会党委书记、常务副会长兼秘书长，兼任两化融合管理体系工作领导小组副组长、中国信息化百人会学术委员会委员、数字中国产业发展联盟专家咨询委副主任、中国服务型制造联盟战略咨询委员会主任、中国汽车战略与政策研究中心智库专家等。

长期在国家宏观经济部门工作，曾任国家发展改革委副局长，工业和信息化部运行监测协调局局长、新闻发言人、部党组成员、总工程师，分管过经济运行、国家产业政策、中小企业发展、消费品行业等领域的工作；曾兼任国务院促进中小企业发展工作领导小组办公室主任、国家减灾委员会委员、国务院反垄断委员会委员、国务院食品安全委员会委员、国务院深化医药卫生体制改革领导小组成员、淘汰落后产能工作部际协调小组副组长、企业兼并重组工作部际协调小组办公室主任、全国非公有制经济组织创先争优活动指导小组副组长、减轻企业负担专项治理工作领导小组成员等职。

# 同行

## 从专精特新到世界一流

朱宏任 著

企业管理出版社
ENTERPRISE MANAGEMENT PUBLISHING HOUSE

## 图书在版编目（CIP）数据

同行：从专精特新到世界一流 / 朱宏任著. —北京：企业管理出版社，2024.1
ISBN 978-7-5164-2890-0

Ⅰ . ①同… Ⅱ . ①朱… Ⅲ . ①中小企业 – 企业发展 – 研究 – 中国 Ⅳ. ① F279.243

中国国家版本馆 CIP 数据核字（2023）第 175376 号

| | |
|---|---|
| 书　　名： | 同行：从专精特新到世界一流 |
| 书　　号： | ISBN 978-7-5164-2890-0 |
| 作　　者： | 朱宏任 |
| 责任编辑： | 徐金凤 |
| 出版发行： | 企业管理出版社 |
| 经　　销： | 新华书店 |
| 地　　址： | 北京市海淀区紫竹院南路 17 号　　邮　　编：100048 |
| 网　　址： | http://www.emph.cn　　电子信箱：emph001@163.com |
| 电　　话： | 编辑部（010）68701638　　发行部（010）68701816 |
| 印　　刷： | 北京联兴盛业印刷股份有限公司 |
| 版　　次： | 2024 年 1 月第 1 版 |
| 印　　次： | 2024 年 1 月第 1 次印刷 |
| 开　　本： | 710 毫米 ×1000 毫米　　1/16 |
| 印　　张： | 35.5 |
| 字　　数： | 560 千字 |
| 定　　价： | 98.00 元 |

版权所有　翻印必究　·　印装有误　负责调换

# 序 言
PREFACE

事非经过不知难,成如容易却艰辛。中华人民共和国的成立开启了中国迈向现代化的大门,改革开放为中国经济与世界接轨把握了方向,注入了强劲的动力。新时期,中国特色社会主义新格局的加速建立,使中国站在了发展的新起点上。当人们历数中国经济持久奋进、中国制造业雄踞世界榜首、中国创新激流勇进、中国产品量质全面提升的时候,认真思考这些堪称人类奇迹的惊世之举是如何实现的,有着十分重要的意义。

毋庸置疑,中国共产党的坚强领导和中国特色社会主义制度的建立,是中国经济发展必不可少的制度保证,自然资源禀赋是持续增长的要素来源。与此同时应该看到,一批快速成长壮大的企业和浩浩荡荡的企业家队伍是创造巨大物质和精神财富的过程中最为重要的基础条件和支撑力量。

随着改革开放的深入和中国特色社会主义市场经济体制的建立,企业作为最活跃的主体站到了市场中央。与计划经济条件下单一执行计划任务的企业有着根本不同,市场经济体制下的企业是一类新的经济组织,通过运用要素资源提供商品或服务,以营利作为生存发展的条件与目标。中国企业堪称改革开放的尖兵与冲锋队,国有企业在改革中涅槃重生,民营企业在搏击中开路前行。当市场在配置资源中发挥决定性作用和更好发挥政府作用的原则确定之后,中国企业的发展环境明显改善,犹如雨后春笋般蓬勃生长。迄今为止,已有超过5200万户中国企业活跃在中国经济舞台上,这是中国社会主义市场经济最值得珍视的力量。如何使中国企业成长为世界一流企业已成为新时期最为迫切的任务和使命。

当企业作为一个组织形式诞生以来,企业家就以成为创造大量物质财富的组织者和引领者而受到社会关注。企业家是企业的领导者和负责人,但企业的领导者和负责人并不都是企业家。改革开放以来，我国形成了具有鲜明时代特征、民族特色、世界水准的企业家队伍。在现阶段，企业家作为社会主义市场经济的重要参与者、企业的领导者，已经成为经济、社会高质量发展不可或缺的重要力量。爱国敬业、创造价值、勇于创新、敢于担当、驾驭风险、放眼世界、承担社会责任都是企业家应具备的品质。2021年建党100周年之际，中宣部把"企业家精神"列入中国共产党人精神谱系，全社会对企业家的认知有了全新视角。

企业社会组织是企业和企业家权益维护与作用发挥的助力者。中国企业联合会与中国企业家协会（以下简称中国企联）诞生于改革开放之初的1979年3月，在袁宝华、陈锦华、王忠禹三位杰出领导人的带领下，为中国企业迈步中国特色社会主义市场经济道路竭心尽力，做出贡献。自中国企联诞生之日起，就以为企业和企业家服务为宗旨，努力发挥政府和企业之间的桥梁纽带作用。四十多年来，中国企联形成了展示中国大企业前进历程的500强榜单发布，全国企业家活动日组织，企业和谐劳动关系建设，企业管理创新成果审定，企业优秀文化活动开展，智慧企业建设，企业诚信体系建立，企业绿色低碳发展，企业咨询培训，参与国际劳工组织相关活动等多种特色项目。在有关部委指导下，积极参与世界一流企业建设、优质企业梯队建设、中央企业合规推进、企业清欠第三方评定等多项工作。与地方企联的深入互动合作成为中国企联相互支持、扩大影响、发挥作用的重要工作方式。

企业、企业家、企业社会组织的融合互动是现代社会运行体系中现代化治理水平和能力的重要内容。近年来，中国企联突出发挥党的领导作用，在育新机、开新局中显著提升了自身能力。借助传统优势和对新机遇的把控，对企业的支持和助力在守正创新中不断取得新的进展。与各方携手同行，按照中央要求和部署，推动企业高质量发展、提升企业家素质，加强企联组织自身建设，围绕"从专精特新到世界一流"充分展开。

着眼"从专精特新到世界一流"，致力于推动中国企业成为高质量发展的生力军。专精特新是中小企业前进的方向，也是大企业创新发展的支点。自2019年，中央提出"要培育一批专精特新中小企业"，2021年年末中央经济工作会议要求"激发涌现一大批'专精特新'企业"，党的二十大报告中提出

"支持专精特新企业发展"，专精特新已经成为众多中小企业发展的重要路径。以中小企业为主体的各类企业应坚持以专业铸专长，以精细强管理，以特色扩市场，以创新求发展，最终实现量的增长和质的提升。对于大企业来说，应瞄准世界一流企业，主动对标对表，争取早日跻身世界一流企业行列。

着眼"从专精特新到世界一流"，致力于推动中国企业家成为带领企业搏击风浪的掌舵人。自改革开放以来，一批批企业家脱颖而出，带领企业进入专精特新"小巨人"企业的群体，但更多的企业家还在路上。企业实践表明，通往世界一流企业的道路道阻且长，只有矢志不移，坚持专业化的道路，历经时间考验，才有可能登上专精特新的平台。企业家唯有坚持身心修炼，不惧困难，不被诱惑，聚焦专注，脚踏实地往前走，才能达到理想的彼岸。

着眼"从专精特新到世界一流"，中国企联始终致力于赋能企业和企业家。中国企联是平台型组织，要在日常工作中发挥自身集聚企业、政府、社会资源的优势，帮助企业以更高站位思考发展问题。要推动企业按照产业链思维以专精特新为标准找准发展方向，以高端化、数字化、绿色化为目标，培植企业核心竞争力，树立企业的示范榜样，打造企业和谐劳动关系，深入挖掘企业文化内涵，针对企业的需求开展咨询培训，从国家战略出发加强国际交流，倾心培育世界一流企业。

本书主要遴选我加入中国企联之后的历次讲话文章节选摘编而成。中国企联是一个有着光荣传统和稳健作风的社会组织。王忠禹同志一直为中国企联的发展和工作导向把关。中国企联的领导班子、干部职工，各地企联和社会各界相关的同志们也是本书的作者和实践者。本书是了解近年来中国企联工作的一份具体参照，也是中国社会组织服务企业和企业家的真实记录，反映了中国的企业和企业家与企联组织携手同行走中国式现代化道路、迈向世界一流的努力。

朱宏任

2023 年 9 月 9 日

# 目 录
CONTENTS

## 专精特新

促进中小企业"专精特新"发展　提升产业创新活力 …………………… 003
乘数字化转型东风　做"专精特新"中小企业 …………………………… 038
大力发展"专精特新"企业是确保稳中有进的重要举措 ………………… 043
中小企业"专精特新"发展的深层次逻辑 ………………………………… 048
以"专精特新"为企业赋能　激发市场主体活力 ………………………… 058
以"专精特新"激发中小企业高质量发展新活力 ………………………… 060
把握"专精特新"新要求　全面提升中小企业竞争力 …………………… 067
变局时代中小企业高质量发展之道 ………………………………………… 072
沿着"专精特新"路径加快发展　促进企业竞争力持续提升 …………… 079
深刻认识"专精特新"内涵　培育发展"小巨人"企业 ………………… 087

## 数字化转型和智慧企业

以融合创新推动企业数字化转型 …………………………………………… 095
推进智慧企业建设　赋能高质量发展 ……………………………………… 099

把握方向　抓住时机　以新一代人工智能推进可持续发展 …………… 104
推动数字化转型　助力新常态下中国企业的可持续发展 …………… 108
携手共进聚资源　加快企业数字化转型 ………………………………… 111
数字化转型是构建新发展格局的重要路径 ……………………………… 115
加快数字经济发展　助力构建新发展格局 ……………………………… 119
聚焦创新核心地位　加快智慧企业建设 ………………………………… 123
以智慧企业建设为载体　推动"十四五"产业数字化发展 …………… 127
数字化转型势在必行 ……………………………………………………… 132
了解区块链技术　推进数字化转型 ……………………………………… 136
加快数字化转型　建设智慧企业 ………………………………………… 140
重视网络安全　提高防护意识 …………………………………………… 145
发挥"智慧企业在线大讲堂"作用　深入推进数字经济发展 ………… 148
加快制造业企业数字化转型 ……………………………………………… 151

## 绿色低碳和可持续发展

坚持工业绿色发展方向　推进煤焦化工产业转型升级 ………………… 159
展现上合示范区风采　打造"一带一路"国际合作新平台 …………… 163
共同行动　助力碳达峰碳中和 …………………………………………… 166
贯彻绿色发展理念　推动产业转型升级 ………………………………… 169
践行绿色低碳发展新理念　开启"十四五"发展新征程 ……………… 174
持续优化营商环境　集聚绿色发展能量　充分激发企业活力 ………… 180
贯彻新发展理念　提升 ESG 绩效　助力绿色低碳转型 ……………… 186
聚力企业绿色变革　助力产业低碳发展 ………………………………… 189
破解 VUCA 时代企业成长的迷局 ………………………………………… 193
加快数字化转型　坚持绿色低碳方向　推动可持续发展 ……………… 196

## 服务型制造和服务经济

绿色设计是推进可持续发展的重要着力点 ……………………………… 203
提高售后服务质量　着力推进制造业转型升级 ………………………… 208
发展服务型制造是我国制造业由大变强的必由之路 …………………… 212
厘清服务业发展历程　阐明服务业发展规律 …………………………… 216
形成"以人为本"服务文化　着力提升服务质量 ……………………… 219
做好顶层设计　营造服务型制造良好生态 ……………………………… 221
服务型制造构筑产业发展新格局 ………………………………………… 225
推动服务型制造发展　构筑服务贸易增长新优势 ……………………… 231
大力推动服务型制造发展　构建强大的现代化产业体系 ……………… 235

## 产业链供应链与先进制造业

循环发展与先进制造的转型之路 ………………………………………… 241
"十四五"时期我国汽车产业高质量发展的再定位 …………………… 245
智能网联汽车开启美好生活 ……………………………………………… 250
以中欧班列扩容增效　助力打造我国更具韧性的生产链供应链 ……… 255
夯实微观基础是应对全球供应链产业链创新链重构的根本举措 ……… 259
产业数字金融是金融支持实体经济的鼎力之举 ………………………… 263
十年回眸：发展新能源汽车是具有重大意义的战略举措 ……………… 267
加快制造业动能转换　推动中国企业迈步新征程 ……………………… 272
构建绿色供应链　建设美好未来 ………………………………………… 285
以构建现代化产业体系为目标　全面推进先进制造业发展 …………… 287

## 企业管理创新与合规治理

提升合规管理水平　融入全球价值链 ····················· 307
希望企业家们能早些读到 ······························· 311
加快企业管理创新步伐　助力构建新发展格局 ············· 315
贯彻落实"十四五"规划　开启产学研合作新征程 ············ 320
应用精益管理可视化工具　提高产品开发效率 ············· 323
企业管理的数智化转型势在必行 ························· 325
管理思想的时代交响乐 ································· 328
管理理论融入实践　经典原理结合前沿 ··················· 334
经营管理练内功　持续改进应挑战 ······················· 336
了解世界管理思想演变的助行器 ························· 338
更好发挥企业作用　进一步提升案例建设质量 ············· 344
以合规指导中国企业国际化经营 ························· 349
加快企业管理创新步伐　坚持走中国式现代化道路 ········· 352
学习《合规实务》助力企业发展 ························· 356
管理新实践　发展新动能 ······························· 359

## 企业家精神和企业文化

弘扬优秀企业家精神　培育更多优质企业 ················· 367
弘扬优秀文化　引领创新发展 ··························· 373
构建特色企业文化　凝聚蓬勃发展力量 ··················· 378
把握文化内涵　塑造一流企业 ··························· 381
以奋斗创造核电伟业　以文化传承不朽精神 ··············· 385
以文化力推动企业健康持续发展 ························· 389
塑造优秀企业文化　建设世界一流企业 ··················· 393

弘扬优秀企业文化　引领企业高质量发展 ······ 397
始终坚持卓越引领　突出企业文化的巨大精神作用 ······ 400
70年、40岁、30人：一方里程碑，一部英雄谱 ······ 405
以诗言志　以诗证礼　以诗传情 ······ 413
用文化之力　铸工业之魂 ······ 417
从《新机与新局》看"十四五"时期企业家的制胜之道 ······ 419
以青春力量　彰显青年担当 ······ 422
践行"三个转变"　展现中国企业风采 ······ 425
稳字当头　更需要大力弘扬企业家精神 ······ 429
道行天下 ······ 433

## 企联组织工作和区域发展

全面贯彻党的十九大精神　推动企联工作高质量发展 ······ 439
中国企联40年回顾与展望 ······ 458
以数字基建赋能产城融合　推动经济高质量发展 ······ 473
秉承特区精神先行示范　积蓄企业力量扬帆启航 ······ 478
聚焦全要素生产率提高　有效扩大内需　加快构建新发展格局 ······ 482
立足新起点　构建和谐劳动关系 ······ 485
冷静应对复杂形势　推动产城融合高质量发展 ······ 488
赋能实体经济　加快城市数字化转型升级 ······ 493
立足企业发展　发挥组织优势 ······ 499
立足城市发展新阶段　优化产城融合新布局 ······ 501
把握先进制造业新要求　全面推进黄河流域企业高质量发展 ······ 504
永葆创新精神履行新时代特区使命　激发融通活力助推企业高质量发展 ······ 508
企联工作新定位　服务企业新征程 ······ 514

## 世界一流企业

抓住新机遇　实现可持续发展 ················· 523
服务构建新发展格局　建设世界一流企业 ············ 526
加强中日企业务实合作　实现共同发展 ············· 531
迈步中国式现代化道路　加快企业高质量发展　努力建设世界一流企业 ······ 542

后　　记 ······························ 554

专精特新

# 促进中小企业"专精特新"发展
## 提升产业创新活力

  企业是国民经济的基本单位，是最为重要的市场主体。我在原国家经贸委、国家发展改革委、工业和信息化部工作期间长期与企业打交道，在工业和信息化部曾直接分管过中小企业局，目前在中国企业联合会继续为企业服务，对企业工作特别是中小企业工作有着深厚的感情。

  中小企业的发展始终与时代息息相关。回顾 40 多年改革开放历程，我国经济体制经历了由计划经济到有计划的商品经济进而到社会主义市场经济的转变，中小企业一直是改革开放的探索者和受益者。在这个过程中，国有企业效率和效益不断提高，民营企业和中小企业也实现了蓬勃发展。

  当今世界正经历百年未有之大变局，国际环境日趋复杂，不稳定性不确定性明显增强，中小企业发展的外部环境发生了新的深刻变化。必须增强机遇意识和风险意识，善于在危机中育新机，于变局中开新局。

  新冠疫情为世界百年未有之大变局增加了新的变数，同时我国自身经济面临的结构性体制性问题交织，中小企业困难与挑战加剧。正因为中小企业这种既重要又弱势，且受疫情影响生存发展艰难的现实，在某种程度上，保住了中小企业，就保住了市场主体，就保住了就业，更保住了我国经济的源头活水，因此要想尽一切办法让中小企业生存下来，发展起来。

  围绕世界百年未有之大变局这一历史背景，就当前推动中小企业"专精特新"发展、提升产业创新活力问题，我谈三个方面的认识和体会。

## 一、变中有为，中小企业在大变局时代有大作为

### （一）中小企业对全局和变局的重要影响：教训和经验

#### 1. 英国教训：中小企业活力下降严重影响经济发展质量

历史上，英国政府并不重视中小企业发展。20 世纪 50 年代，中小企业发展并没有成为政府决策的主要考虑因素，按照产业自然演进规律，大企业利用优势地位不断兼并收购，持续提高市场份额。英国共发生了三次大的兼并浪潮，其猛烈程度超过任何其他西方国家。几十年的合并和接管形成的工业高度集中，并没有明显提高英国的投资水平和生产效率，反而由于大企业的兼并和垄断，严重侵蚀中小企业权益和资源，中小企业生存环境日趋恶劣，最终导致英国国家经济活力持续下降，国际竞争力不断丧失。

严峻的事实使英国政府不得不重新评估自己的发展战略。20 世纪 70 年代，英国政府开始改变以往忽视中小企业的做法，在贸工部内设立了中小企业局，专门负责促进中小企业发展工作；80 年代撒切尔主政之后，中小企业迅速发展，逐步成为经济发展的中坚力量；80 年代撒切尔政府以及之后历届政府都重视中小企业发展，力图为中小企业创造和维持一个有利于其发展的经济社会环境。在多年的持续努力下，英国经济活力出现恢复，中小企业开始迅速发展，英国国家经济发展质量持续提升，国际竞争力不断增强。

回顾英国历史发现，如果政府不加干预，按照产业自然演进规律，在技术进步的推动下，产业发展由劳动密集型向资本密集型、技术密集型转型的过程容易出现企业规模迅速扩大引起行业集中度提升的现象，这会对中小企业的发展空间形成限制。因此，保护和扶持中小企业发展是政府"有形的手"解决市场失灵的重要着力点。

#### 2. 德国经验：中小企业健康发展能增强危机应对能力

英国的发展历史让各国认识到，如果政府不加干预，大企业相对小企业的强势会导致市场机制不能完全发挥，市场无法对资源进行有效配置。各国在吸取英国教训的基础上，自 20 世纪 70 年代以来，"限大促小、小企业优先"，

为中小企业尽可能地营造一个良好的生存环境，用政府"有形的手"来解决中小企业面临的市场失灵问题，已经成为世界各国的重要共识和政府的主要政策取向，其中德国走在世界前列。

2008年国际金融危机爆发之后，德国的表现在欧洲异常显眼。大家普遍将其归功于德国那些在各自所在的细分市场上默默耕耘并且成为全球行业领袖的中小企业。德国政府对于中小企业一直比较偏爱，在一些发达国家追求大型企业集团的商业模式并创造出世界上一个又一个的"财富王国"时，德国政府走的是"限大促小"的发展之路。

自世界500强放榜以来，常见美国、英国及日本等国家的知名企业入围前十名，鲜见德国企业的踪影。这种局面虽与德国经济强国的地位不太相称，却吻合了德国长期以来致力于发展中小企业的国家战略。在德国，中小企业已成为名副其实的"市场经济的心脏和增长与就业的发动机"，支持中小企业的发展政策体制一直在完善与修改中。自20世纪70年代以来，德国政府先后制定了《中小企业组织原则》《反对限制竞争法》《反对垄断法》《关于提高中小企业的新行动纲领》等法规，各州也相继制定了《中小企业促进法》。

在德国，负责中小企业促进的机构均以实体化模式存在和运作，一般属于非营利组织。投资银行，一般由联邦、州、县三级政府共同出资组建，属于注册登记的法人实体，其在管理和决定促进资金投向时，以经济实体的方式承担法律责任。担保银行，一般也由联邦、州、县三级政府共同出资组建，明确规定了三级政府的担保责任风险承担比例，即联邦政府承担风险责任的20%，州政府承担风险责任的55%，县政府承担风险责任的25%。由于有实体化的担保机构为中小企业提供融资担保，有效地解决了中小企业的融资问题。

世界经济发展实践表明，政府保护和推动中小企业发展是因为，中小企业的大量存在是保障经济高质量发展的内在要求，是经济体形成合理的价格体系、保障充分就业、确保经济运行稳定、维护市场竞争活力的前提和条件。

## （二）我国中小企业进入新的发展阶段

国家统计局2020年7月份数据显示，我国经济继续保持了稳定复苏态势，主要指标继续回暖，经济稳定恢复，向好态势持续发展。从消费、出口、投资这"三驾马车"来看，商品零售增速年内首次由负转正，同比增长 0.2%；出口增速达到两位数，出口总额 16846 亿元，增长 10.4%；投资降幅持续收窄，1—7 月份，全国固定资产投资同比下降 1.6%，降幅比 1—6 月份收窄 1.5 个百分点；7 月当月环比增长 4.85%；从对未来信心来看，制造业和非制造业 PMI 都是连续 5 个月高于临界点。这些数据充分体现了中国经济韧性好，潜力足，回旋余地大。

### 1. 中小企业在产业生态中作用重要而独特

中国拥有 41 个工业大类、207 个工业中类、666 个工业小类，是全世界唯一拥有联合国产业分类中所列全部工业门类的国家，形成了独立完整的现代工业体系。中国产业链不仅完整而丰富，而且分工极为细小而专业，中小企业围绕产业链，形成了环环相扣的、只有想不到没有做不到的产业生态。从这一点看，中小企业功不可没。

### 2. 中小企业整体能力和实力不容小觑

中小企业活跃在我国经济的各个领域，是中国建设现代化经济体系、推动经济实现高质量发展的重要基础，也是我国扩大就业、改善民生的重要支撑。目前，我国中小企业数量已超过 3000 万家，中小企业创造了 50% 以上的税收，60% 以上的 GDP，70% 的技术创新，80% 的城镇劳动就业，充当了 99% 的市场主体。中小企业已成为推动我国经济发展不可或缺的重要力量，成为创业就业的主体和国家税收的重要来源。在一些沿海地区，中小企业发展增长快、后劲足、质量好。与此同时，中西部地区在承接产业转移和发展特色经济方面，也取得积极成效，中小企业已成为县域经济的主体。可以说，没有中小企业高质量发展，就不可能有地区经济乃至整个国民经济的高质量发展。实践也证明，经济总量排名前列的省份民营经济和中小企业也比较发达，中小企业发展好的地方往往正是人民生活比较富裕的地区。

### 3. 中小企业极富活力和潜力

中小企业是技术创新和商业模式创新的生力军。大量新技术、新产品、新服务和新的商业模式源自中小企业。当前，随着新一代信息技术和互联网、大数据、云计算、人工智能等快速发展，大众创新、万众创业蓬勃兴起，中小企业创新活动更加活跃、创新领域更加广泛。统计表明，我国 65% 的国内发明专利是由中小企业获得的，75% 以上的新产品开发是由中小企业完成的。目前，在现代服务业、节能环保、新兴信息技术、生物产业、新能源、高端装备制造和新材料等新兴产业中，中小企业也已成为主体。特别是在珠江三角洲、长江三角洲以及京津冀地区，不少中小企业突出"专、精、特、新"，积极与大企业配套，优化了企业组织结构，提升了企业专业化能力和水平。比如，在近年来涌现出的一批新业态、新产业中，中小企业已经捷足先登。在网络打车、共享单车、外卖送餐、分类信息网站中已鲜有国企的影子，大多是民营中小企业。另外，还有一些地区中小企业的发展，带动了农村和县域经济，形成了以龙头企业带动、中小企业集聚为特征，行业区域特色明显的"块状经济"，比如，广东小榄镇的五金制品集群、浙江嵊州的领带产业集群、温州乐清的低压电器产业集群等，这些都极大地促进了区域经济的发展。

**4. 中小企业发展环境与区域经济表现密切相关**

良好的环境是中小企业持续健康发展的关键因素。为贯彻落实《中华人民共和国中小企业促进法》、中共中央办公厅 国务院办公厅《关于促进中小企业健康发展的指导意见》有关要求，2019 年，工业和信息化部委托中国中小企业发展促进中心等单位开展了中小企业发展环境第三方试评估工作。试评估选取全国 27 个省会城市和 4 个直辖市的双创城市示范区，共计 31 个评估对象，建立了由竞争环境、要素环境、创新环境和政策环境 4 个一级指标以及 25 个二级指标、41 个三级指标构成的指标体系，针对其 2018 年中小企业发展环境由第三方机构独立开展评估。从综合得分来看，南京、杭州、武汉、上海浦东新区和广州居前 5 位，天津滨海新区、合肥、长沙、西安和成都居 6～10 位，如表 1 所示。

**表 1　中小企业发展环境与地方经济表现密切相关**

| 排名 | 地区 | 综合得分 | 2019 年 GDP 增速（%） |
|---|---|---|---|
| 1 | 南京 | 0.688 | 7.80 |
| 2 | 杭州 | 0.646 | 6.80 |
| 3 | 武汉 | 0.643 | 7.40 |
| 4 | 上海浦东新区 | 0.640 | 8.00 |
| 5 | 广州 | 0.636 | 6.80 |

（续表）

| 排名 | 地区 | 综合得分 | 2019年GDP增速（%） |
| --- | --- | --- | --- |
| 6 | 天津滨海新区 | 0.624 | 5.80 |
| 7 | 合肥 | 0.595 | 7.60 |
| 8 | 长沙 | 0.582 | 8.10 |
| 9 | 西安 | 0.580 | 7.00 |
| 10 | 成都 | 0.571 | 7.80 |
| 1～10名平均值 | — | 0.621 | 7.31 |
| 11～30名平均值 | — | — | 6.27 |

统计发现，中小企业发展环境排名前10名的城市，其2019年GDP增速平均值为7.31%，较11～30名城市GDP增速平均值6.27%高出1.04个百分点。这意味着平均意义上，中小企业发展环境好坏与地方经济表现密切相关，中小企业发展环境越好的地区平均意义上会有更高速的经济增长。

### （三）应对大变局要充分发挥中小企业的大作为

习近平总书记2018年10月到广东视察时指出"中小企业能办大事"。当今世界正经历百年未有之大变局，新一轮科技革命和产业变革蓬勃兴起。以前，在经济全球化深入发展的外部环境下，市场和资源"两头在外"对我国快速发展发挥了重要作用。在当前保护主义上升、世界经济低迷、全球市场萎缩的外部环境下，我们必须充分发挥国内超大规模市场优势，通过繁荣国内经济、畅通国内大循环为我国经济发展增添动力，带动世界经济复苏。中小企业工作不仅是经济问题，还是政治问题。为应对国际形势变化和做好疫情防控、推进复工复产，党中央做出了一系列重大决策部署，这些都与中小企业密切相关。在当前形势下，中小企业在以下几方面具有重要贡献。

**1. 在做好"六稳""六保"工作中发挥中小企业重要作用**

新冠疫情发生以来，在各级党委和政府领导下，中小企业与其他各类市场主体一起积极参与应对疫情的人民战争，团结协作、攻坚克难、奋力自救，同时为疫情防控提供有力支撑。作为经济运行最基本单位，中小企业一头连着经济大动脉，一头连着百姓生活。保中小企业等市场主体是"六保"之基，保住市场主体才能稳住经济基本盘，才能"留得青山，赢得未来"。如果出现中小企业倒闭潮、失业潮，那么对经济和社会的伤害难以弥补，"稳"和"保"就失去了根基。

中小企业是"稳"和"保"的对象，也是"稳"和"保"的重要推动力量。数据显示，中小企业运行稳步回暖，二季度以来各指标增速均由负转正，其中增加值4月、5月、6月同比分别增长6.3%、5.6%、4.8%，营业收入分别增长8.6%、3.0%、4.5%，利润总额分别增长14.9%、14.1%、12.0%。中小企业已经为"六稳""六保"起到了重要的基础性作用。

**2. 在构建"双循环"新发展格局中发挥中小企业重要作用**

"加快形成以国内大循环为主体、国内国际双循环相互促进的新发展格局"，这是中央做出的重大战略部署，是适应我国比较优势和社会主要矛盾变化、适应国际环境复杂深刻变化的迫切要求。构建"双循环"新发展格局需要有一定的基本条件，包括相对完整的产业体系、超大规模的国内市场、较大数量的中等收入群体，同时需要形成科技创新、人力资源等优势。以国内大循环为主体绝不是关起门来搞封闭运行，而是要更好发挥我国超大规模市场优势，进一步提升开放水平。在逆全球化抬头的形势下，中小企业与行业龙头企业相比，开展国际交流合作具有相对优势，可以采取线上线下相结合的模式参与跨境撮合活动，深入参与"一带一路"专项行动等。上述各个方面，都离不开面广量大的中小企业。

**3. 在深化供给侧结构性改革中发挥中小企业重要作用**

疫情作为外生变量，并没有改变我国经济内在运行轨迹和长期向好的发展趋势，也没有改变我国经济结构长期存在的供需不匹配问题。中央政治局会议和2020年《政府工作报告》高瞻远瞩、统筹谋划，强调要继续深化供给侧结构性改革。在新的背景下，深化供给侧结构性改革也被赋予了新的意义和内涵。中小企业在助力供给侧结构性改革中作用凸显，包括助力常态化疫情防控需要，从供给侧入手尽快补足供需缺口，促进上下游、产供销、大中小企业协同复工达产；加快推动各类商场、市场和生活服务业恢复到正常水平，畅通产业循环、市场循环、经济社会循环；通过参与新基建，投身产业基础再造和产业链提升等。

**4. 在惠民生、促创新、推动高质量发展中发挥中小企业重要作用**

第一，中小企业是满足人民美好生活需要、推动区域均衡发展的重要动力。我国社会主要矛盾已经转化为人民日益增长的美好生活需要和不平衡不充分的发展之间的矛盾。解决新时代主要矛盾离不开中小企业，中小企业数量多、涉及行业广，只有中小企业健康发展，不断进行产品和服务创新，才能更好地满足人民的各方面需求。此外，中小企业是实现区域均衡、充分发展的重要保障。对于党中央提出的发展不平衡、不充分问题，高质量发展中小企业是重要的解决途径。中小企业区域分布广泛、遍布城乡各地，是支撑区域经济发展的主体，是增强区域经济活力、提高市场效率的主力军。大力发展中小企业，形成优质、高效、多样化的供给体系，是区域经济振兴的重要保障。

第二，中小企业是促就业、惠民生的重要着力点。党中央、国务院一再强调，就业是最大的民生。中小企业历来是促进就业、改善民生的主力军。中小企业提供了80%以上的城镇就业岗位，在吸纳就业、稳定社会、推进扶贫及普惠民生等方面发挥着重要作用，为全面建成小康社会提供强大支撑。更应当看到，当前大企业随着自动化程度越来越高，在提高生产效率和增加财政收入方面作用更加突出，但在解决就业方面的作用逐渐减小。所以，缓解就业压力，仅仅指望大企业是不行的，要靠大力发展中小企业。中小企业发展得好，就业就更加充分，经济发展也就更加健康，社会也就更加和谐、更加稳定。

第三，中小企业是创新的生力军，是推动经济高质量发展的重要引擎。创新是引领发展的第一动力，是建设现代化经济体系的战略支撑。中小企业是技术创新和商业模式创新的生力军。从各国经验看，大量新技术、新产品和新的服务、新的商业模式都源自中小企业。当前，随着新一代信息技术和互联网、大数据、云计算、人工智能等快速发展，大众创业、万众创新蓬勃兴起，中小企业创新活动更加活跃、创新领域更加广泛，目前，我国65%的发明专利、75%以上的新产品开发是由中小企业完成的。无论在信息技术、生物、新材料等高新技术领域，还是在信息咨询、工业设计、现代物流、电子商务等新兴服务业，中小企业创新都十分活跃。中小企业具有贴近市场、机制灵活的特点，是我国最具创新活力的企业群体，也是建设创新型国家的有力支撑。

## 二、变中守恒，引导中小企业走"专精特新"发展道路

对于中小企业来说，在危机中育新机、在变局中开新局，关键在于修炼内功。毕竟，"从外打破是压力，从内打破是成长"。我国中小企业仍主要分布在传统行业和价值链中低端，普遍存在专业化能力和水平不高、同质化低价竞争、创新能力不强、运营管理粗放、抵御外部风险能力较弱等问题。中小企业在大变局中实现大作为，必须提高自身专业化能力和水平，走"专精特新"发展道路。

### （一）中国科技实力不强的原因——缺乏"专精特新"的产业深度协作生态

**1. 国内产业链现状：在全球产业生态地位以配角为主**

当前，中美贸易摩擦已逐渐升级到科技战。虽然我国已经成为世界第二大经济体，而且从改革开放之初，我们就明确提出"科技是第一生产力"，"创新驱动"也持续推动了很多年，但面对今天的贸易摩擦，我们科技实力不足的短板仍然明显。对科技实力不足的原因分析，需要重新审视我们的产业链的建立过程。

国内产业链，尤其实体经济制造业产业链基本是在改革开放之后与国外企业的合作中慢慢建立起来的。我们的角色从一开始就是给发达国家全球的科技产业生态提供配套，所以我们的产业生态并不完整，我们只是发达国家科技产业生态的一部分。发达国家先进企业往往把核心环节掌握在自己手里，把需要大量劳动力或者存在污染的低附加值环节放在中国。或者说，我们更多扮演着发达国家科技产业生态上从属者的角色，不是科技产业生态的主导者。

**2. 已经取得的进展：基础科研及技术转化水平持续提升**

为了解决国内科技实力不强的难题，党中央、国务院推动全社会加大研发投入，纾解技术转化的制度痛点和阻点，在基础研究和技术转化方面我们取得了显著进展。

基础研究方面，科技部数据显示，2019 年国家投入基础研究经费 1209 亿

元，比 2018 年增长了 10.9%，明显高于 GDP 增速。日本文部科学省科学技术和学术政策研究所发布报告称，中国在自然科学领域发表的研究论文数量超过美国，跃居世界第一；从论文所占世界份额来看，中国和美国分别占 19.9% 和 18.3%，而第三位仅占 4.4%。2019 年 10 月，中国科学院文献情报中心联合汤森路透在京发布了《2019 研究前沿》报告，从报告的数据看，中国在 82 个研究前沿领域有核心论文入选，在 16 个研究前沿领域的核心论文数量排名第一。

技术转化方面，1982 年，我国就将逐步实现科学技术现代化写入宪法；1993 年，我国出台了《中华人民共和国科学技术进步法》以促进科技进步和技术转化；1996 年颁布了《中华人民共和国促进科技成果转化法》，各个高校也都成立了技术转化办公室或者类似的机构，政府也一直支持高校教授创业。科技部科技评估中心（国家科技评估中心）发布《中国科技成果转化 2019 年度报告》指出：2018 年，3200 家高校院所以转让、许可、作价投资方式转化科技成果的合同金额达 177.3 亿元，同比增长 52.2%。其中，转化合同总金额超过 1 亿元的单位有 32 家。国家财政资金资助研发项目产生的科技成果转化合同金额增势明显，合同金额为 56.1 亿元，同比增长 78.4%[①]。总的来看，虽然增速较快，但基数仍然偏小，总量仍相对较小。

### 3. 当前最欠缺什么："专精特新"的产业深度协作生态

科技产业的主导权不是一蹴而就，是伴随着产业生态的完善逐步建立的。长期以来，我们更多扮演着发达国家科技产业生态的从属者角色，不是产业生态的主导者，没有掌握科技产业的核心控制点，缺乏科技产业深度协作的经验。尤其随着当前科技产业纵向分工越来越细，横向融合越来越多，产业深度协作将成为核心竞争力。国内科技严重缺乏"专精特新"的产业深度协作生态，这是我们科技产业最大的短板。

以芯片领域为例，擅长"工程"的华为要做芯片"设计"，擅长"设计"的寒武纪要做芯片"制造"，擅长"制造"的中芯国际不愿深度参与前沿芯片"研发"，擅长"应用"的阿里巴巴又要做芯片"设计"，所有人都想把芯片产

---

① 中国科技成果转化 2019 年度报告。

业（"设计—制造—应用"）从头做到尾的结果，就是人人都在做着低水平的重复劳动。当国外巨头已经是参天大树并且还在紧密合作的时候，国内的小苗却都想成为一片森林。这才是我们的科技产业大而不强、容易受制于人的根本原因。

缺乏"专精特新"的产业深度协作生态在技术升级较慢的行业影响并不明显，如家电行业，但在技术升级迅速的行业影响就会比较严重，因为我们必须依赖掌握核心技术的企业提供核心部件或技术授权才能实现技术升级。

过去40多年，我国虽然逐步锻炼出了科技人才优势，建立了产业集群优势，使低附加值的传统制造转变为高附加值的科技制造，但核心技术环节仍然没掌握在自己手里。未来要掌握科技产业的核心控制点，就必须要成为产业生态的主导者，必须建立"专精特新"的产业深度协作生态，其中，打造一批拥有良好信用、遵守商业规则、愿意深度协作、掌握核心技术的"专精特新"中小企业将成为关键。"专精特新"中小企业将成为我国提升产业基础能力和产业链现代化水平的中坚力量，是推动我国经济高质量发展的重要基础。

对此，党中央近期做出重大战略部署，提出"加快形成以国内大循环为主体、国内国际双循环相互促进的新发展格局"，其中"国内大循环"就包括要在全国范围实现科技产业生态的大循环，建立"专精特新"的产业深度协作生态。

## （二）我国"专精特新"中小企业培育工作的推动力及成效

### 1. 中央高度重视，地方快速推进

一是中央高度重视，各部门政策正在形成合力。2019年8月26日下午，习近平总书记主持召开中央财经委员会第五次会议，强调"要发挥企业家精神和工匠精神，培育一批'专精特新'中小企业"。2020年1月17日，国务院促进中小企业发展工作领导小组办公室主任、工业和信息化部副部长王江平主持召开领导小组办公室2020年第一次月度专题会。王江平强调，提升中小企业专业化能力关键在于主体培育，有关部门和单位要形成合力，共同推动：一是加强宣传，形成全社会关注和支持中小企业专业化能力提升、弘扬企业家和工匠精神的氛围；二是建立健全优质企业梯度培育体系，加强企业结构性分

析，完善专精特新"小巨人"、制造业单项冠军等培育标准，做好有机衔接；三是完善适应不同阶段中小企业需求的靶向政策，国家层面要聚焦支持重大产业链关键环节的专精特新"小巨人"企业和单项冠军企业；四是加强国内外经验比较研究，分析不同阶段、不同区域、不同行业中小企业特点及政策诉求，做好中小企业专业化能力提升政策储备。

为贯彻落实总书记重要指示批示以及党中央、国务院重大决策部署，2020年7月，工业和信息化部、国家发展改革委等十七部门发布《关于健全支持中小企业发展制度的若干意见》（工信部联企业〔2020〕108号），强调"完善支持中小企业'专精特新'发展机制。健全'专精特新'中小企业、专精特新'小巨人'企业和制造业单项冠军企业梯度培育体系、标准体系和评价机制，引导中小企业走'专精特新'之路。完善大中小企业和各类主体协同创新和融通发展制度，发挥大企业引领支撑作用，提高中小企业专业化能力和水平。"

2020年6月2日，中国人民银行、银保监会等八部门联合印发《关于进一步强化中小微企业金融服务的指导意见》（银发〔2020〕120号），强调"探索建立制造业单项冠军、专精特新'小巨人'企业、专精特新中小企业以及纳入产业部门先进制造业集群和工业企业技术改造升级导向计划等优质中小微企业信息库，搭建产融合作平台，加强信息共享和比对，促进金融机构与中小微企业对接，提供高质量融资服务。"

在党中央的统一部署下，中央各部门正在形成合力，推动中小企业"专精特新"发展的政策环境不断优化。

二是在中央的大力倡导下，地方积极开展"专精特新"中小企业培育工作。2020年以来，地方政府积极开展"专精特新"中小企业申报、自荐、评选等工作，如上海市、山西省、福建省、海南省等开展"专精特新"中小企业申报工作，北京市开展"专精特新"中小企业自荐工作，河北省开展"专精特新"中小企业培育库入库申报工作，山西省开展专精特新"小巨人"企业评选工作。

为进一步规范"专精特新"中小企业的遴选与认定管理，黑龙江省、广东省等出台《"专精特新"中小企业遴选办法》，对遴选条件做出了详细规定；安徽省出台《"专精特新"冠军企业遴选办法》，对申报条件、遴选程序、政策服务等做出了详细规定；福建省、河南省、西藏自治区、陕西省出台《"专精特新"中小企业认定管理办法》，对认定条件、申报与认定、管理与扶持等进行了详细规定。总的来看，地方引导中小企业"专精特新"发展工作正在快速推进。2020 年以来出台的代表性地方政策如表 2 所示。

表 2　地方中小企业"专精特新"申报与认定相关文件梳理

| 颁布时间 | 政策文号 | 出台部门 | 政策名称 | 政策要点 |
| --- | --- | --- | --- | --- |
| 2020 年 1 月 20 日 | 粤工信规字〔2020〕3 号 | 广东省工业和信息化厅 | 广东省工业和信息化厅专精特新中小企业遴选办法 | 为深入贯彻落实习近平总书记在中央财经委员会第五次会议上关于培育一批"专精特新"中小企业的重要讲话精神，根据《中共中央办公厅 国务院办公厅印发〈关于促进中小企业健康发展的指导意见〉的通知》（中办发〔2019〕24 号）要求，结合省委、省政府关于扶持中小企业健康发展的决策部署，制定本办法，详细规定了基本条件与指标要求 |
| 2020 年 3 月 10 日 | 晋企发〔2020〕14 号 | 山西省小企业发展促进局 | 山西省小企业发展促进局关于开展 2020 年省级中小微企业发展专项资金"专精特新"中小企业项目申报工作的通知 | 根据《山西省财政厅、山西省中小企业局中小微企业发展专项资金管理办法》（晋财建一〔2018〕113 号）的有关规定，开展 2020 年省级中小微发展专项资金"专精特新"中小企业项目申报工作，规定了项目申报程序、项目申报数目、项目申报时间、项目申报的要求 |
| 2020 年 3 月 13 日 |  | 北京市经济和信息化局 | 关于开展北京市"专精特新"中小企业自荐工作的通知 | 根据《关于推进北京市中小企业"专精特新"发展的指导意见》等文件要求，拟开展北京市"专精特新"中小企业自荐工作，并详细规定了办理流程、自荐条件以及管理服务等 |
| 2020 年 3 月 18 日 | 晋企发〔2020〕18 号 | 山西省小企业发展促进局 | 山西省小企业发展促进局关于评选专精特新"小巨人"企业的通知 | 在全省"专精特新"中小企业中，认定一批创新能力强、专业化发展明显、管理水平先进、转型升级突出、市场占有率高、质量效益较好的专精特新"小巨人"企业，对基本条件，专项指标（包括经济效益、专业化程度、创新能力、经营管理），组织实施等方面进行了详细规定 |

（续表）

| 颁布时间 | 政策文号 | 出台部门 | 政策名称 | 政策要点 |
| --- | --- | --- | --- | --- |
| 2020年4月1日 | 冀工信企业函〔2020〕179号 | 河北省工业和信息化厅 | 关于组织2020年河北省"专精特新"中小企业培育库入库申报工作的通知 | 组织2020年度"专精特新"中小企业培育库入库申报工作，对企业申报、初审把关、审核推荐各环节进行了详细规定。参考上年度各地入库培育完成企业数量，提出今年入库培育不少于700家的任务要求，明确各地推荐入库申报企业基本数量 |
| 2020年4月14日 | 琼工信企业〔2020〕65号 | 海南省工业和信息化厅 | 海南省工业和信息化厅关于开展2020年海南省"专精特新"中小企业申报工作的通知 | 为进一步鼓励我省中小微企业创新转型升级，增强自主创新能力，走专业化、精细化、特色化、创新型发展之路，根据《海南省工业和信息化厅关于印发海南省促进中小微企业"专精特新"发展工作实施方案的通知》（琼工信企业〔2018〕209号）要求，开展2020年海南省"专精特新"中小企业申报工作，对申报程序、申报材料和复核材料、工作要求进行了详细规定 |
| 2020年5月13日 | | 北京市经济和信息化局 | 关于开展2020年北京市"专精特新"中小企业补充自荐工作的通知 | 在前期"专精特新"中小企业自荐工作的基础上，充分研究不同行业企业特点，进一步明确了企业自荐条件，扩宽了企业评价方式 |
| 2020年6月1日 | 藏经信发〔2020〕56号 | 西藏自治区经济和信息化厅 | 西藏自治区"专精特新"中小企业认定管理办法 | 为规范我区"专精特新"中小企业的认定管理，根据工业和信息化部《关于促进中小企业"专精特新"发展的指导意见》（工信部企业〔2013〕264号）、《关于开展专精特新"小巨人"企业培育工作的通知》（工信厅企业函〔2018〕381号）和《西藏自治区关于促进中小企业"专精特新"发展的工作方案》（藏经信发〔2020〕56号），制定本办法，对共性条件、专项条件、限制条件进行了详细规定 |

（续表）

| 颁布时间 | 政策文号 | 出台部门 | 政策名称 | 政策要点 |
| --- | --- | --- | --- | --- |
| 2020年6月3日 | 皖经信中小企〔2020〕72号 | 安徽省经济和信息化厅 | 安徽省专精特新冠军企业遴选办法 | 根据《关于进一步发挥专精特新排头兵作用促进中小企业高质量发展的实施意见》（皖政办〔2020〕4号）等文件精神，为培育一批专业化、精品化、特色化、创新化的"专精特新"冠军企业，制定本办法，对申报条件、遴选程序、政策服务等做出了详细规定 |
| 2020年6月11日 | 陕工信发〔2020〕139号 | 陕西省工业和信息化厅 | 陕西省"专精特新"中小企业认定管理办法 | 为深入贯彻中共中央办公厅、国务院办公厅《关于促进中小企业健康发展的指导意见》精神，加快培育"专精特新"中小企业，推动中小企业高质量发展，制定本办法，对申报条件、申报材料、认定程序、支持与管理等进行了详细规定 |
| 2020年6月29日 | 豫工信企业〔2020〕61号 | 河南省工业和信息化厅 | 河南省"专精特新"中小企业认定管理办法 | 为贯彻落实《中华人民共和国中小企业促进法》以及中共中央办公厅、国务院办公厅《关于促进中小企业健康发展的指导意见》（中办发〔2019〕24号），引导河南省中小企业走专业化、精细化、特色化、新颖化发展道路，提升自主创新能力、加快转型升级，培育一批主营业务突出、竞争力强以及具有良好发展前景的"专精特新"中小企业，根据《工业和信息化部关于促进中小企业"专精特新"发展的指导意见》（工信部企业〔2013〕264号），结合河南省中小企业发展实际，制定本办法，对认定条件、认定程序以及监督管理做出了详细规定 |
| 2020年6月29日 | 沪经信企〔2020〕453号 | 上海市经济和信息化委员会 | 上海市经济信息化委关于组织推荐2020年度"专精特新"中小企业申报（复核）的通知 | 为贯彻落实中共中央、国务院《关于促进中小企业健康发展的指导意见》和《上海市促进中小企业发展条例》，提升中小企业专业化发展能力和大中小企业融通发展水平，引导中小企业走专业化、精细化、特色化、新颖化发展之路，组织推荐2020年度"专精特新"中小企业申报，并详细规定申报对象、主要条件、申报要求、服务和管理等 |

（续表）

| 颁布时间 | 政策文号 | 出台部门 | 政策名称 | 政策要点 |
| --- | --- | --- | --- | --- |
| 2020年8月3日 | 闽工信法规〔2020〕118号 | 福建省工业和信息化厅 | 福建省"专精特新"中小企业认定管理办法 | 为进一步规范省"专精特新"中小企业的认定管理，引导中小企业走"专精特新"发展道路，推动形成"专精特新"中小企业、专精特新"小巨人"、单项冠军、"瞪羚""独角兽"企业、上市企业梯次发展的良好格局，制定本办法，对认定条件、申报与认定、管理与扶持等进行了详细规定 |
| 2020年8月4日 | 闽工信中小〔2020〕119号 | 福建省工业和信息化厅 | 福建省工业和信息化厅关于开展2020年福建省"专精特新"中小企业认定申报工作的通知 | 为加大"专精特新"中小企业培育认定力度，促进中小企业高质量发展，根据《福建省工业和信息化厅关于印发〈福建省"专精特新"中小企业认定管理办法〉的通知》（闽工信法规〔2020〕118号，开展2020年福建省"专精特新"中小企业认定申报工作，对申报对象、申报条件、组织申报、有关要求、奖励政策进行了详细规定 |

**2. 中小企业"专精特新"发展成效**

"专精特新"中小企业是指具有"专业化、精细化、特色化、新颖化"特征的中小企业，是中小企业这个庞大的群体中的精华和最具成长潜力的部分。"专精特新"既是一个整体，也存在着内在的相关性，其中"新"是核心，是灵魂；"专、精、特"是手段和方式，是"新"的不同表象。

"专"是指采用专项技术或工艺通过专业化生产制造专用性强、专业特点明显、市场专业性强的产品。其主要特征是产品用途的专门性、生产工艺的专业性、技术的专有性和产品在细分市场中具有专业化发展优势。"专"具体指企业拥有专业化的技术、专业化的团队、专业化的产品或服务以及专一化的市场群体。

"精"是指采用先进适用技术或工艺，按照精益求精的理念，建立精细高效的管理制度和流程，通过精细化管理，精心设计生产的精良产品。其主要特征是产品的精致性、工艺技术的精深性和企业的精细化管理。"精"具体指企业整体具有精细化的管理文化，采用精深的技术、精密的制造流程来生产产品或服务，以期为顾客提供精良的产品或服务。

"特"是特色，包括产品的外观特色、技术特色、功能特色等，指采用独特的工艺、技术、配方或特殊原料研制生产的，具有地域特点或具有特殊功能的产品。其主要特征是产品或服务的特色化。

"新"是指依靠自主创新、转化科技成果、联合创新或引进消化吸收再创新方式研制生产的，具有自主知识产权的高新技术产品。其主要特征是产品（技术）的创新性、先进性，具有较高的技术含量，较高的附加值和显著的经济、社会效益。"新"具体指企业技术创新的全过程、制度创新、标准创新等。

近年来，工业和信息化部把推动中小企业提升专业化能力作为促进中小企业成长的重要抓手，带动各级中小企业主管部门加大"专精特新"中小企业培育力度，构建优质企业梯度培育体系，引导和促进各地中小企业"专精特新"发展，不断提高"专精特新"中小企业数量和质量，具体情况如下。

一是完善政策，建立"专精特新"企业培育工作体系。早在2011年，工业和信息化部发布的《"十二五"中小企业成长规划》和《工业转型升级规划2011—2015年》中，"专精特新"首次作为一个整体被提出，明确将"专精特新"发展方向作为中小企业转型升级、转变发展方式的重要途径。2013年，工业和信息化部发布了《工业和信息化部关于促进中小企业"专精特新"发展的指导意见》，正式启动"专精特新"企业培育工作，此后不断深化细化工作要求，取得明显成效。目前全国有26个省级中小企业主管部门（含计划单列市和兵团，下同）出台了"专精特新"中小企业培育认定办法，29个省份建立企业培育库，26个省份为"专精特新"中小企业提供专项资金支持，累计入库培育企业6万多家，认定"专精特新"中小企业2万多家，初步形成共同推进"专精特新"企业培育工作的格局。

二是培育主体，增强示范引领作用。2019年，工业和信息化部在省级"专精特新"中小企业培育工作基础上，遴选公告了第一批248家专精特新"小巨人"企业。这批企业长期专注细分市场，主营业务收入占总营业收入七成以上；创新实力突出，平均研发投入强度超过5%，户均发明专利23项；

已上市企业占57家，占23%，拟上市企业61家，占25%；发挥"补短板"重要作用明显，部分产品填补国内空白。

三是融通要素，帮助企业获取创新资源。通过小微企业创业创新示范基地、特色载体、"创客中国"大赛、中博会等，集聚创业创新资源。2019年，与财政部联合主办"创客中国"大赛，1010家省级"专精特新"中小企业和39家"小巨人"企业参赛。会同财政部等四部门印发《促进大中小企业融通发展三年行动计划》，营造大中小企业协同创新、融通发展良好生态。中央财政三年安排100亿元支持200个实体经济开发区打造特色载体。会同国家知识产权局实施中小企业知识产权战略推进工程，提升中小企业知识产权创造、运用、保护和管理水平。

四是强化服务，支撑企业创业创新发展。建立专精特新"小巨人"企业动态库，为企业入库培育、资源对接奠定基础。开展中小企业经营管理领军人才"专精特新"专题培训，已联合河北、江苏等7个地方培训学员230多人。实施中小企业信息化推进工程，支持企业数字化、网络化、智能化转型，为企业创新发展赋能。在中博会期间设立"专精特新"展区，搭建新产品发布、产业需求对接、经验交流平台，集中展示1000多家全国优秀中小企业发展最新成果。

五是推动金融机构为"专精特新"企业提供专项服务。中国银行广东、湖南、四川省分行分别与地方中小企业主管部门联合印发"专精特新"中小企业融资服务方案。

经过系统培育和积极推动，"专精特新"中小企业自身能力显著增强，同时对提升产业基础能力、产业链现代化水平起到了明显的促进作用。2020年以来，面对新冠疫情冲击，"专精特新"中小企业表现出较强的抗风险能力。据统计，2020年2月27日，"专精特新"中小企业复工率为53.6%，"小巨人"企业复工率达91.4%，远超当日中小企业平均复工率32.8%的水平；3月25日，"小巨人"企业复工率实现100%，当日中小企业平均复工率73.2%。

### 3. 部分"专精特新"企业的成功模式与经验

专精特新"小巨人"企业在成长过程中，经历了不同的发展道路，在市场经济的风口浪尖摸爬滚打，不断探索创新，创造出了很多独特的发展模式和经验。

（1）按照全产业链，集中推进高端产品研发和产业化。

江苏恒神股份有限公司（简称恒神）是一家集碳纤维和复合材料设计、研发、生产、销售、技术应用服务为一体的国家高新技术企业。该公司是国内唯一拥有自原丝、碳纤维、上浆剂、织物、树脂、预浸料到复合材料制品的全产业链企业。由于碳纤维属于新兴领域，产业配套尚不成熟，恒神始终坚持"三全"定位（全高端化定位、全产业化模式、全系列化产品），打造"碳纤维—织物预浸料树脂—设计应用服务"的全产业链。在前进路上，恒神多次面对资金和技术攻关压力，始终怀有坚定信念，立志打破国外垄断。目前，恒神股份是国内碳纤维及其复合材料产业规模最大、设备最先进、技术力量最雄厚的研发和生产基地。产品广泛应用于航空航天、轨道交通、海洋工程、工程机械、新能源等领域。

（2）对标世界最先进技术，高起点研发创新。

上海和伍复合材料公司是一家专业从事石墨烯、石墨烯增强金属基复合材料等新材料研发的科技型企业，建有国内领先水平的焊接材料研发中心、石墨烯研发中心、石墨烯增强电接触材料研发中心等。经过近几年的研发投入，公司成功开发出了单层石墨烯、纳米银离子石墨烯、石墨烯增强银基电接触功能复合材料等具有自主知识产权的系列产品。公司联手上海交通大学，研发出了一种新型石墨烯改性触点材料，在全球电接触行业首次制备出高导电性、高延伸性、长寿命的银/碳系列铆钉产品，并建立年产量50吨石墨烯增强银基电接触材料示范线，填补了国际空白。

（3）以高质量产品赢得用户信任，准确切入市场。

挖掘机是我国工程机械行业的主导产品之一，为其配套的液压件要求很高，长期以来依赖进口，进口成本占制造成本的40%以上。在挖掘机市场火爆时期，由于关键配套液压件受制于人，挖掘机企业只能根据可以进口多少液压件来决定生产多少台挖掘机。面对这一局面，江苏恒立油缸公司确立了"以非主流产品切入市场，以高质量赢得用户信赖，逐步向高端主流产品拓展"的发展战略。公司首先选择的突破点是为非主导产品6吨级"小挖"配套的280公斤压力多路阀，经市场认可后，又突破了350公斤压力多路阀的关键技术，从而打开了向业内公认的20吨级中型挖掘机升级的大门，实现了为三一重工

（即三一重工股份有限公司）、徐工（即徐工集团工程机械股份有限公司）、柳工（即广西柳工集团有限公司）等龙头企业供货，并成功打入卡特彼勒、日立建机、神钢建机等欧美日系企业的全球供应链体系。

（4）零部件与整车（整机）企业联合创新。

上海万泰汽车零部件有限公司是专业从事汽车关键零部件研发生产的企业，公司的主要产品有汽车发动机下缸体、油底壳、转向器管柱支架、凸轮轴轴承盖、汽车空调汽缸体、汽缸盖等系列产品。万泰通过与上汽通用公司协同研发汽车发动机关键零部件，不断提升公司的工艺技术水平，采用精密压铸、真空压铸等先进技术工艺，为整车厂提供铝合金零部件，逐步形成与整车同步开发的能力。通过与整车厂协同创新，万泰公司缩小了我国自主品牌汽车零部件产品与外资企业产品之间在一致性和可靠性方面的差距，提高了公司的研发创新能力。

（5）以优质服务赢得市场的"产品＋服务"。

浙江嘉兴的晋亿实业公司是一家生产螺丝的企业。螺丝又被称为"工业之米"。如同经营粮食一样，螺丝制造企业常常面临着规模和利润的两难选择：一来螺丝的单位利润微薄，必须依靠规模实现效益；二来因为螺丝种类繁多，扩大规模必将带来大量库存，这样会占用大量周转资金，拉低利润率。为突破这个瓶颈，晋亿实业公司采取了与众不同的商业模式：在坚守自己技术优势前提下，向上游整合原材料供应，向下游整合物流配送，利用垂直整合的成本优势打破库存瓶颈，支持库存的规模扩张；同时，超级库存的规模又可以形成极强的磁场效应，拉动销售量的提升。二者在信息系统的有效配合下形成高绩效的互动循环。

（6）"深耕"一个领域，把简单产品做到极致。

把简单招数练到极致，就是绝招；把简单产品做到极致，就是精品。宁波慈溪的公牛集团股份有限公司23年深耕电器插座行业，一心一意研究产品和市场。20世纪90年代初，慈溪做插座的作坊多如牛毛，但低劣产品充斥市场，用户口碑很差。1995年，从公司创办伊始，创始人阮立平就把"做不坏的插座"作为口号。公司成立了课题组，专门研究产品的安全性和可靠性。随后，公司建立了产品设计中心、电子设计中心和工程工艺中心。大到插头、电线、外壳和开关，小到内部铜片甚至螺丝，每一个插座都要经过27道安全性设计和检测。公司坚持走高质量、高价格路线。虽然插座价格贵了一倍多，但使用安全，质量有保证，逐渐在消费者中建立了口碑，销量突飞猛进。21世纪初，公牛插座以超过20%的市场占有率夺取了全国冠军。董事长阮立平坚持："我们的力量只够做好一件事。我们只做一件事，但在这件事上要做强。"

（7）由OEM厂商转型发展为自主品牌经营。

一些民营企业原为OEM厂商，长期为国外或外资企业贴牌生产，积累了丰富的经验，储备了相关技术。随着企业成长壮大，自主研发能力逐步提升，具备从外观设计到性能优化，甚至完全自主开发的能力。在转为ODM厂商之后，企业打造自主品牌，自立门户开展与原OEM、ODM客户的竞争，并在国内及部分国际市场获得了较大的市场份额。苏州科沃斯公司就是一个典型案例。2006年12月，科沃斯公司由原来的OEM代工厂，推出自主研发的家庭服务机器人品牌——科沃斯，其产品包括地面清洁机器人、自动擦窗机器人、空气净化机器人及家庭安保机器人等。科沃斯成功占领中国大陆市场后，又开拓了法国、德国、加拿大、马来西亚等30多个国家和地区的市场，目前已成为全球领先的"服务机器人专家"。

## （三）促进中小企业"专精特新"发展面临难点

"专精特新"中小企业大多处在成长期、正步入成熟期，有一定的技术和市场优势，但企业需在细分领域、关键环节持续创新，以提升市场份额、扩大企业规模、拓宽品牌影响，仍面临技术来源少、创新资金缺乏、高精尖专业人才不足、市场开拓不够等难题。

### 1. 细分领域技术来源少

"专精特新"中小企业深耕产业链核心环节，所遇到的技术难题多属于原创性、基础性领域，单靠企业自身难以解决，但外部技术来源仍较缺乏。一方面，细分领域关键技术常是跨学科、跨领域、跨行业的综合性技术，高校院所难以满足企业需求，时效性也不强。另一方面，中小企业与大企业合作创新不多，精深技术也难从大企业获得。根据问卷调查，仅14%的中小企业与大企业有技术合作，占比仍明显偏低。

### 2. 研发资金严重缺乏

"专精特新"企业必须持续加大研发投入以保持其竞争力，但企业融资渠道有限，难以支撑。银行融资是主渠道，但低成本、中长期贷款较少，知识产权质押融资难以实现，供应链和应收账款融资规模较小。"小巨人"企业上市意愿强，但上市门槛高、周期长、不确定性大。

### 3. 高端人才极其缺乏

新材料、集成电路、人工智能等新兴领域高层次技术人才，懂技术、懂产业、懂管理、有国际视野的职业经理人才，技艺高超、精益求精的高级技能人才，市场上本来缺乏，更不愿到中小企业工作。即使高成本引进，留住这些人才也难。中小企业内的高端人才在岗培养机制仍不完善。

### 4. 品牌管理亟待加强

"专精特新"企业虽在国内、省内有一定影响，但品牌意识不强，品牌管理体系不健全，导致产品附加价值不高，国际市场份额有限。有些企业虽然具备给国际知名企业配套实力，但多是贴牌生产，利润大部分被品牌企业拿走。

此外，政府在推动企业专业化能力提升过程中，仍面临政策干货不多、部门难以协同、服务不够精准等问题。

## （四）典型国家推进"专精特新"企业发展的经验做法

在世界经济史上一直有两派观点，一派主张依靠市场这只看不见的手来调控、政府不应该干预市场（如亚当·斯密），一派主张市场这只看不见的手会失效、政府应该干预市场（如凯恩斯）。但在中小企业这个群体，经济学家达成了共识，从各国的历史实践看，政府的干预和扶持是必要的，因为面对市场既有的强大参与者，中小企业无法获得平等的市场主体地位，在资源获取、权益保护上也会力不从心。即使是一贯奉行小政府和自由市场的美国，在促进中小企业发展上也尤为强调政府支持的重要性。

美国和日本的"专精特新"企业被称为利基企业，韩国的"专精特新"企业被称为中坚企业。利基是指在市场中通常被大企业所忽略的某些细分市场；所谓利基战略，则是指小企业通过专业化经营来占领这些市场，从而最大限度地获取收益所采取的策略。国外对这种经营差异化、市场专注型的企业有着不同的支持方式，其中，美国、日本、韩国的做法富有特色和典型意义。我国的"专精特新"是针对特定细分市场的企业或产品的特有称谓。充分借鉴国外"专精特新"企业成功经验，对促进我国中小企业"专精特新"发展具有借鉴意义。

### 1. 美国的利基企业建设

美国的利基企业往往集中力量于某个特定的目标市场或重点经营一个产品和服务，创造出单一产品和服务优势，美国政府采取了一系列措施支持利基企业发展。

一是建立专业化的中小企业服务体系。美国小企业管理局在全国设立了由 1.3 万名经验丰富的退休人员组成的经理服务公司和 950 个小企业发展中心，通过自愿、签订合同等方式为小企业服务，提供创业准备、计划拟定、公司成立、行政管理、商业理财等方面咨询。

二是注重发挥社会组织的帮扶作用。受美国联邦政府支持，美国各类专业协会、商会、联合会等社会组织经常聘请一些行业专家为本地的中小企业提供发展咨询服务，帮助企业进行经营诊断与技术指导，80% 的费用开支由联邦政府提供。

三是制订专项计划支持企业发展。为帮助利基企业积极开拓海外市场，美国制定了"小企业出口流动资本项目"，使多数商业银行可以利用这个项目为利基企业提供短期出口信贷。

### 2. 日本的利基企业建设

日本将利基企业分为三类：潜力型 NT、NT 型企业和 GNT 型企业，其中，潜力型 NT 是 Niche Top 的缩写，译为高利基企业；GNT 是 Global Niche Top 的缩写，译为全球高利基企业。NT 型企业规模较大，生产率和利润率等绩效出色，是"优秀的中小企业"群。潜力型 NT 企业利润率略低于 NT 型企业，是在近 10 年形成的。

日本对利基企业的支持政策始于 20 世纪 90 年代末至 21 世纪初，首先是强化企业认定，加强企业宣传。日本在 2006—2009 年，实施了"朝气蓬勃的 300 家产品制造中小企业"评选项目，每年评选 300 家企业并予以表彰，给予免贷款担保、吸引人才等优惠支持。2013 年 10 月评选出 100 家在全球利基市场占有率高的企业，并对这些企业的成功经验加以整理和总结，作为其他企业经营和发展的指南。2013年12月，日本开展了"300家优秀中小企业和微型企业评选"活动，树立标杆企业，增强社会认可度，激发企业积极性。

其次是制订特支计划，激励企业创新。日本政府非常善于通过产业政策来推动经济发展，为帮助中小企业进行产品研发，日本专门制订了企业技术开发补助资金支持政策，该政策有力地帮助了日本潜力型 NT 企业升级为 NT 型企业。另外，日本一些重点地区还专门针对 GNT 企业制订了支持计划，例如，2013年6月日本提出了"紧急结构改革计划"，对力争成为 GNT 企业的中小企业给予财力和人力方面的支持，特别是对在海外开展经营活动的企业给予重点扶持，尽量降低企业风险。京都府2013年制定了培育 GNT 企业补助金交付制度，鼓励企业提升创新能力。

**3. 韩国的中坚企业建设**

2010年，韩国政府开始大规模地培育具备国际竞争力的中坚企业，计划到2020年培养300家中坚企业，目的是引导韩国从人力和资本集中的基础产业中脱离出来。为了让潜力型中坚企业扩大国际市场的事业领域，降低企业的负担，韩国制定了中坚企业培育战略。

一是建立系统化的税收优惠政策。韩国在产业发展相关立法中，明确了中坚企业的内涵和相关政策的制定依据，对已完成培训课程的中小企业，放宽其税收、资金流通条件。政策规定：对已完成培训课程的企业，在3年放宽期内的税率是7%，过了放宽期后，在1～3年的缓和期内税收为8%，4～5年内为9%，税率逐年增加。同时，对普通研发税额扣除给予一定优惠，在放宽期间优惠25%，之后1～3年内优惠15%，4～5年内优惠10%。

二是建设企业服务体系，支持企业发展壮大。韩国贸易投资振兴公社（KOTRA）组建了提供海外市场和营销信息的"中小中坚企业国际营销支援中心"；建立了"企业主治中心"，在百个以上的企业群里开展"一对一"相关技术障碍事项咨询；知识经济部还选定具备进军国际市场能力的300家潜力型企业，借助服务机构为企业提供整套支援方案，冀望这300家中坚企业拉动韩国经济发展。

三是强化企业原始创新，提升企业创新能力。韩国专门针对中坚企业，拟定了支援产业原创技术开发专项，计划到 2020 年发掘 300 项有前景的技术，同时设置了企业难题解决中心，协助减少政府技术创新政策与企业实际所需技术的差异，强化政策精准发力。

四是加大企业人才培育力度。人才是企业发展的核心保障，韩国制定了专门的促进中坚企业人才培育的政策，设置了中坚专业人才综合雇用支援中心，及支援海外聘用人才与聘用先进国家退休技术人员的政策。

五是帮助企业积极开拓海外市场。韩国针对中坚企业制定了专门的出口政策，如设置全球营销支援体制，协助解决有意拓展全球市场的中坚企业所面临的专业人才、信息与海外网络不足等障碍。

### 4. 主要经验对我国启示

从美国、日本、韩国三国"利基企业""中坚企业"建设特点来看，三国政府的推动措施可以归纳为强化政府引导、强化政策支持、强化企业服务三类专项举措，同时，这三类举措对企业发展的支撑作用既具有交替性又具有互补性，在一定程度上形成了三维支撑体系，共同促进企业的发展与壮大；另外，这三类举措的功能定位各不相同，仔细分析，政府引导是"专精特新"企业发展的根本保证，政策支持是"专精特新"企业发展的核心动力，服务体系是"专精特新"企业发展的有力支撑。

## （五）进一步深化"专精特新"中小企业培育工作的思考

### 1. 开展分层培育，壮大群体数量

一是夯实培育基础。深入推进创业创新，高质量举办"创客中国"创新创业大赛，打造国家小型微型企业创业创新基地，支持实体开发区打造各类型创新创业特色载体，厚植"专精特新"企业成长沃土。激发企业家创业创新精神，鼓励更多社会主体投身创新创业，培养一批爱国、创新、诚信、具有社会责任感和国际视野的优秀企业家，营造鼓励创新、宽容失败的创业创新文化。健全捕捉寻找、孵化培育机制，对具有"专精特新"发展潜力的企业早发现、早培育、早成长。

二是完善联动培育机制。健全"专精特新"企业逐级推荐机制，分级建立动态管理和退出机制。建立"专精特新"企业年度发展报告制度，鼓励各级中

小企业主管部门联动发布报告。加强数据资源联动，推动专精特新"小巨人"企业库与地方"专精特新"中小企业数据库对接，争取更多数据资源接入和交换，不断完善企业库功能。加强标准指标体系联动，统一"专精特新"内涵，推动制定"专精特新"企业行业标准和核心指标，鼓励各地建立健全培育标准和评价办法，引导中小企业对标对表走"专精特新"发展道路。

三是加快推动地方"专精特新"中小企业培育。支持省级中小企业主管部门结合"专精特新"共性要求和本地产业发展特点，制定培育计划和扶持措施，加快培育省级"专精特新"中小企业。鼓励有条件的地方开展市（县）级"专精特新"中小企业培育工作。"十四五"期间形成十万家级省级"专精特新"中小企业规模。

四是加大专精特新"小巨人"企业培育力度。在省级"专精特新"中小企业基础上，培育主营业务突出、竞争能力强、成长性好、专注于细分市场、具有一定创新能力的专精特新"小巨人"企业，并推动其向单项冠军企业发展。"十四五"期间形成万家级"小巨人"企业群体。

**2. 落实分类促进，推动差异发展**

一是强化精准服务。运用新一代信息技术，积极对接各类社会服务资源，为"专精特新"企业提供线上线下服务。征集"专精特新"企业对产品研发、技术创新、市场开拓等需求，建立"需求清单"，帮助"专精特新"企业与服务机构精准对接。鼓励服务机构为"专精特新"企业分类定做"服务包"，提升服务供给与需求匹配度。探索建立企业管理诊断和风险预警机制，完善管理咨询专家智库，鼓励企业自愿检测，自主诊断，自助服务。引导"专精特新"企业创新企业管理机制，提升企业现代化管理水平。加强"专精特新"企业管理创新实践和创新成果推广。

二是细化分类指导。深入研究企业成长规律和产业发展规律，按照传统产业、新兴产业、优势产业、未来产业等分类制定促进政策。针对企业处于创业期、上升期、成熟期、平台期等不同成长阶段，精准制定扶持政策。运用互联网、大数据、人工智能等，多维度建立"专精特新"企业档案，逐一形成"专精特新"企业画像，引导其根据行业领域和自身发展阶段，实施个性化发展战略，宜大则大、宜精则精、宜强则强。

三是促进差异化发展。对于成长快、潜力大、爆发力强并具有较好发展空间的成长型创新企业,着力优化配置各类创新要素资源,推动人才、技术、资金等创新要素集聚,支持一批企业实现快速规模扩张。对于从事新兴产业或未来产业的企业,推动其不断创新业态模式,提升产品和服务附加值,形成一批抢占未来布局企业。对于处在优势产业和优势环节的企业,推动其紧盯产业前沿技术,巩固扩大技术和产品优势,涌现一批"补短板"和"强长板"企业和项目。对于深耕传统产业和细分市场的企业,推动其发扬工匠精神和精益求精精神,潜心"强基础",促进供应链、产业链上下游企业分工协作,打造一批"配套专家"企业。

**3. 加强要素供给,提高服务质量**

一是保障土地要素供给。落实要素市场化配置体制改革精神,增强产业用地灵活性,推动保障"专精特新"企业用地需求。鼓励各地建设标准工业厂房,允许按幢、按层等可独立使用、有固定界线的封闭空间为基本单元分割登记和转让。对因增资扩产需要新增建设用地的"专精特新"企业,推动相关部门安排用地指标。引导、支持运营管理机构利用存量工业闲置厂房、科研楼宇、商务楼宇等,打造楼宇产业园和小企业创业基地等低成本、便利化、全要素、开放式的中企业发展载体。

二是加强融资支持服务。支持符合条件的"专精特新"中小企业对接资本市场,推动建立专精特新"小巨人"企业上市绿色通道。支持有条件的地方在区域股权交易市场开设"专精特新板"。发挥国家中小企业发展基金的政策引导作用,带动社会资本加大对"专精特新"中小企业股权投资力度。加大"专精特新"企业债券融资,通过市场化机制开发更多债券品种,完善债券融资增信机制,扩大债券融资规模。鼓励金融机构开发免抵押、免担保、低成本的"专精特新"中小企业专属金融产品。加强全产业链金融服务,鼓励发展订单、仓单、存货、应收账款融资等供应链金融,发挥应收账款融资服务平台作用,扩大"专精特新"企业应收账款融资规模。

三是强化人才要素支撑。健全技能人才培养、使用、评价、激励制度,支持"专精特新"企业与高校、科研机构和职业院校等联合设立人才培养机制,共建人才实训基地,打造高素质技能人才队伍。加大面向"专精特新"企业经营管理人员培训力度，促进企业提升经营理念、创新精神、管理水平。推动大企业与中小企业通过建立人才工作站、合作开发项目等方式开展人才培养使用的全方位合作。积极为"专精特新"企业引进高级人才提供便利，相关项目评选适度向"专精特新"企业倾斜。

四是促进技术要素流动。创新产学研深度融合机制，推动高校、科研院所和大企业科研仪器、实验设施、中试小试基地等创新资源向"专精特新"企业开放，为企业创新发展提供支持。鼓励"专精特新"企业与高校、科研院所共建研发机构、共用研发设备、共享科研成果，推进科技成果转化。实施中小企业知识产权战略推进工程，加强知识产权服务业集聚发展区建设，强化专利导航工作机制，提升知识产权创造、运用、保护和管理能力。

### 4. 完善生态体系，推动协作创新

一是持续推动大中小企业融通发展与融通创新。坚持以市场为导向，以产业链创新链资金链为纽带，推动龙头企业与"专精特新"中小企业合作，构建基于互联网的分享制造平台、协同创新平台。搭建行业级工业互联网平台，实现以数据为纽带的大中小企业创新协同、制造协同和资源共享。举办"专精特新"中小企业与行业龙头企业配套合作对接活动，总结推广特色载体"龙头＋孵化"模式，带动广大中小企业建立创新协同、产能共享、供应链互通的新兴产业生态，形成大企业带动中小企业发展，中小企业为大企业注入活力的发展格局。

二是深入实施中小企业数字化赋能专项行动。引导数字化服务商打造符合"专精特新"中小企业特点的云制造平台和云服务平台，支持"专精特新"中小企业上云和业务系统向云端迁移，帮助企业从云上获取资源和应用服务，满足企业业务系统云化需求。针对"专精特新"中小企业典型应用场景，鼓励工业互联网、人工智能和工业 APP 融合应用模式与技术，引导企业加快生产线智能化升级，提高研发设计、协同办公、供应链管理、市场营销等环节的数字化应用水平。

三是大力推进产业链协同创新。鼓励"专精特新"中小企业积极参与工业和信息化部开展的"一揽子"突破行动和"一条龙"应用示范。支持"专精特新"中小企业提升在细分领域关键技术的研发创新能力，积极参与建链、补

链、固链、强链，延伸产业链，提升产业配套能力。充分发挥专精特新"小巨人"企业的带动作用，促进专精特新"小巨人"与中小企业分工协作，形成专业化协作配套关系。

四是鼓励"补短板""强长板"。调整完善科技计划立项、任务部署和组织管理方式，大幅提高中小企业承担研发任务比例，加大对"专精特新"企业研发活动的直接支持。支持"专精特新"企业建立健全研发机构，建立技术研究院、企业技术中心、工程技术中心、院士工作站等，开展技术、产品、服务创新。鼓励"专精特新"企业与高校、科研院所建立"技术攻关联盟"，在核心基础零部件（元器件）关键基础材料、先进基础工艺和产业技术基础等领域开展科技攻关，突破关键核心技术瓶颈，加大进口替代，提升企业在细分领域关键技术的研发创新能力。鼓励企业在境外设立研发机构，并购拥有核心技术、重大发明专利或知名品牌的国外企业。

**5. 优化发展环境，推动政策合力**

一是加强政策协同。国务院促进中小企业发展工作领导小组及办公室统筹推进"专精特新"中小企业培育工作，强化整体部署、协同推进和督促指导，并纳入第三方政策评估内容。推动各地建立相应的协调推进机制，建立部门协同配合、共同推动的工作机制，鼓励地方在资金、政策、环境等方面支持"专精特新"中小企业发展壮大。建立成立"专精特新"专家库，整合国家级高端智力资源，加强对"专精特新"中小企业培育工作的制度设计、政策研究、理论创新和趋势研判。

二是推动财税政策支持。推动出台专项支持专精特新"小巨人"企业发展的财税政策。鼓励各地加大对省级"专精特新"中小企业奖补力度。鼓励政府采购向"专精特新"企业倾斜，优先优惠采购"专精特新"企业产品和服务；支持各级政府制定针对"专精特新"企业的税收优惠政策，研究"专精特新"企业研发费用加计扣除、符合条件的固定资产加速折旧等措施，推进增值税等实质性减税；加强"专精特新"企业税收优惠政策宣传。

三是推进体制机制创新。研究推动"专精特新"中小企业参与关键核心技术攻关新型举国体制的实现途径。推动进一步优化兼并重组市场环境，促进优质企业做大做强。完善企业创新支持政策，推动制造业创新中心、行业标准制定、产业基础再造工程、共性技术研发等重点工作向"专精特新"中小企业倾斜。推动完善有利于企业创新的市场、政策、法治和社会环境，不断激发企业的活力和创造力。

### 三、变中求新，大力提升中小企业创新活力

习近平总书记在 2020 年 7 月召开的企业家座谈会上指出，"创新是引领发展的第一动力""危中有机，唯创新者胜"，并强调"把企业打造成为强大的创新主体"。创新对企业来说是具有风险的活动，我们要着力为企业创新提供政策、服务和环境，鼓励企业在变局中开新局，推动广大中小企业带动产业提升创新活力。

#### （一）从战略高度认识中小企业工作重要性

促进中小企业发展是稳定社会发展大局的关键，只有中小企业发展好，一国经济才有希望。因此，要从战略高度充分认识推动中小企业工作的重要性和重大意义，完善工作促进机制，加强战略研究，提高工作能力。

一是认真贯彻落实习近平总书记在十九届四中全会上明确指出的"要建立以企业为主体、市场为导向、产学研深度融合的技术创新体系，支持大中小企业和各类主体融通创新"、在 2019 年 8 月中央财经委员会第五次会议上明确提出的"培育一批'专精特新'中小企业"，以及总书记 2018 年 10 月到广东考察时指出的"中小企业能办大事"等重要讲话精神。中小企业工作是经济工作，也是政治工作，要全面贯彻党中央、国务院关于中小企业促进工作系列文件的相关部署，必须把思想统一到以习近平同志为核心的党中央决策部署上来，切实消除传统理念和路径依赖，关心支持中小企业发展，把法律规定和政策要求真正落到实处。

二是加强中小企业相关问题战略研究。进一步加强理论指导，深化思想认识，明确并巩固其战略定位。面向"十四五"，制定中小企业发展战略，规划和引领中小企业平稳健康持续发展壮大。结合形势变化，密切关注企业生产经营情况，探索利用大数据监测中小企业运行情况，各地也要加强这方面工

作，及时发现和反映企业发展中存在的苗头性、倾向性问题，有针对性地研究提出新措施、新办法并及时上报。

**（二）推动体制机制改革创新，强化法律实施**

体制机制创新和法律环境优化是中小企业促进工作高效协同和保障中小企业权益的重要基础，对系统推进中小企业发展促进工作具有重要作用。

一是充分发挥国务院促进中小企业发展工作领导小组及办公室协调机制作用，加强上下联动。统筹推进促进中小企业发展工作，强化整体部署、协同推进和督促指导，并纳入第三方政策评估内容。推动建立相应的协调推进机制，鼓励在资金、政策、环境等方面支持中小企业发展壮大，进一步推进服务和管理创新，着力构建"亲""清"新型政商关系，增强责任担当和服务意识，完善政企沟通机制。

二是加强地方中小企业主管部门职能建设，解决一些地区地市层面中小企业主管部门职能趋势弱化、组织协调能力不足问题。推动各地中小企业主管部门加强联动，实现部门间、政策间的统筹协调，形成促进中小企业发展工作合力，围绕政策目标，明确政策责任、细化落实措施，形成分工明确的工作模式。畅通政策传导机制，建立统一制发操作文件、统一部署工作任务、统一发布执行口径的工作机制，以保证政令统一、行动一致，为政策落实保驾护航。

三是深入贯彻落实《中华人民共和国中小企业促进法》《保障中小企业款项支付条例》等相关法律法规，推动法律执行，针对各级政府及有关部门贯彻落实党中央关于促进中小企业发展重大决策部署和法律规定的有关情况，总结各地促进中小企业发展改革探索的做法和经验，听取各地对中小企业促进工作的意见和建议，全面深入掌握法律的实施情况，推动各部门认真实施法律规定，纾解中小企业困难，依法保护中小企业和民营企业家合法权益。开展中小企业发展环境评估工作，及时了解企业发展的难点、痛点、堵点，提高解决问题的能力，推动法律贯彻落实，着力解决中小企业发展中遇到的实际困难。

**（三）优化中小企业发展环境，加大财税支持**

随着我国市场化法治化改革逐步深化，中小企业发展环境不断优化，但竞争政策的基础性作用发挥还不够充分，必须进一步破除各种市场壁垒和体制机制障碍，为中小企业发展营造更加宽松的发展环境。

一是抓好各项政策落实。要认真抓好《关于健全中小企业发展制度的若干意见》落实，充分发挥各级促进中小企业发展工作领导小组作用，细化部门分工方案，实化文件具体内容，完善基础性工作，健全支持中小企业发展各项制度，形成长效机制。要认真抓好《保障中小企业款项支付条例》落实，加强宣传贯彻和解读，健全投诉处理机制，强化监督检查和失信惩戒，建立预防化解拖欠中小企业款项问题的长效机制，切实保护中小企业合法权益。同时，加大工作督促，使政策发挥出最大成效。

二是抓好中小企业发展环境评估。要在2019年开展中小企业发展环境第三方试评估的基础上，进一步优化指标体系，完善工作方案，继续开展好中小企业发展环境评估，建立常态化第三方评估机制。各地要结合实际，适时开展本地区第三方评估工作，上下联动，"以评促优、以评促改、以评促建"，共同推动中小企业发展环境优化。

三是加强财政资金保障。财政统筹安排各类服务于中小企业发展的资金，扩大资金规模，创新资金支持方式，对中小企业融资和服务体系等薄弱环节予以重点支持。继续完善促进中小企业发展的政府采购政策，提高采购中小企业货物、工程和服务的比例，促进中小企业发展。发挥国家中小企业发展基金作用，鼓励有条件的省市设立地方中小企业发展基金。

四是推动税费减免优惠政策落实。加大中小企业增值税、所得税、社保等优惠政策宣传力度，提高中小企业税费减免政策知晓度和政策受惠面。统筹研究有利于中小企业发展的税收政策，加强政策储备。

## （四）健全中小企业服务体系，提升服务能力

从实践中看，影响中小企业发展的关键因素是环境和服务，二者相辅相成，做好中小企业工作，除了在环境打造上下功夫，还要提高公共服务能力和水平。

一是研究推进中小企业公共服务体系建设的政策措施。发挥中小企业公共服务体系作用，继续培育认定国家中小企业公共服务示范平台和国家小型微

型企业创业创新示范基地,深入推进志愿服务促进中小企业发展工作,动员更多社会力量共同帮助中小企业解决困难和问题。各地需进一步强化政府中小企业促进机构和中小企业公共服务机构建设,创新服务模式,提高服务质量,增强服务实效,使之成为政府服务中小企业的有力助手和中坚力量。

二是抓好中小企业人才培养。聚焦实施中小企业经营管理领军人才培训、企业微课等重点工作,构建具有新时代特点的课程、教材、师资和组织体系,形成多领域、多层次、线上线下相结合的中小企业培训体系。各地需加大对中小企业人才培训力度,培育企业家精神和工匠精神。要充分认识加强职业技术教育的重要性,全面提高职工技能,加快技能人才队伍建设。进一步完善中小企业管理咨询专家信息库,开展组织管理咨询诊断等服务活动,为中小企业降本增效提供智力支撑。

## (五)完善"专精特新"的产业深度协作生态

过去国内产业链地位在全球以配角为主,未来要提升科技产业掌控力,必须培育一大批"专精特新"中小企业,打造"专精特新"的产业深度协作生态,全面提高科技水平。

一是推进产业链协同创新。鼓励"专精特新"中小企业积极参与"一揽子"突破行动、"一条龙"应用等示范工程。支持"专精特新"中小企业提升在细分领域关键技术的研发创新能力,积极参与建链、补链、固链、强链,专注产业配套,实现进口替代。培育一批以"专精特新"中小企业为核心的产业集群,加强小微企业示范基地等载体建设,促进"专精特新"中小企业集聚发展。推动产业链创新链资金链协同,落实《关于进一步加强中小微企业金融服务的意见》,加强全产业链金融服务。

二是推进产学研协同创新。支持"专精特新"中小企业参加"创客中国"创新创业大赛,建设技术创新中心,创建双创示范基地。鼓励企业与高校、科研院所共建研发机构、共用研发设备、共享科研成果。跨部门联合征集企业需求,汇集高校资源,搭建对接平台。加强领军人才培训,助力"专精特新"企业把握产业前沿方向,坚持创新发展,加快转型升级。

三是推进体制机制创新。研究推动"专精特新"中小企业参与关键核心技术攻关新型举国体制的实现途径。促进优质企业做大做强。梳理各部门支持企业创新的相关政策，推动制造业创新中心、行业标准制定、产业基础再造工程等重点工作向"专精特新"中小企业倾斜。发挥领导小组及办公室作用，推动完善有利于企业创新的市场、政策、法治和社会环境，不断激发企业的活力和创造力。

### （六）推动工业设计赋能中小企业数字转型

注重发挥工业设计赋能产业的作用，推动工业设计服务管理与中小企业创新发展深度融合，提高工业设计与质量品牌、管理服务等文化要素驱动能力，丰富中国制造的文化内涵，为制造业高质量发展注入新动能。

一是着力强化创新设计引领。引导中小企业将精细化设计运用到精细化生产、精细化管理、精细化服务的全过程，提供美誉度高、性价比好、品质精良的产品和服务。提高设计创新、管理服务等文化要素驱动能力。鼓励中小企业工业设计中心与专业设计机构协同发展，引导中小企业加强新设计与新技术、新工艺、新材料的融合创新，发展体现中国实力和文化魅力的设计产品和设计服务。

二是着力提升设计能力水平。加强创新创业特色载体建设对设计类产业园区和中小企业的支持，建设开放共享、专业高效的创新设计公共服务平台和具有国际影响力的设计集群，提升公共服务能力和专业化水平。提升重点行业和重点地区工业设计创新能力，将工业设计的需求与供给情况纳入中小企业经济运行监测与统计分析范围。开展面向中小企业的设计规范和设计管理培训，提升企业设计开发能力。鼓励各类机构在创新设计方面开展职业教育和培训，加强专业人才培养。

三是着力促进设计应用示范。鼓励中小企业优化产品设计和生产流程，推进精益制造，提高产品质量和附加值，争创知名品牌、驰名商标和著名商标，打造具有竞争力和影响力的精品和品牌。鼓励设立工业设计智库。加强示范推广，对于取得显著效益、具有一定推广价值的，整合建立优秀案例库，分行业、分区域进行推广。充分发挥国家中小企业发展基金作用，支持前瞻性工业设计重大项目或平台建设，培养具有国际竞争力的设计人才。

四是探索开展工业设计赋能专项行动。加强工业设计助推中小企业发展的路径模式研究，指导工业设计与产业融合发展。支持行业协会开展工业设计赋能中小企业发展专项活动，利用新模式、新业态，实施设计＋产品系列行动，充分挖掘设计要素对品牌建设、品质提升、提质增效的潜力，提升中小企业综合竞争力。加强企业文化建设，引导中小企业将工业设计融入创新管理各环节。

当今世界正经历百年未有之大变局，在新形势下推进中小企业健康发展，意义尤为重大，但任务也更加艰巨，我们要更加紧密地团结在以习近平同志为核心的党中央周围，深入贯彻落实党中央、国务院的决策部署，改革创新，攻坚克难，勇于担当，切实抓好"六稳"工作，落实"六保"任务，扎实推进中小企业各项工作，相信在大家的共同努力下，我们能够共同谱写中小企业健康发展新篇章！

（在中央党校的专题发言，2020 年 8 月）

# 乘数字化转型东风
# 做"专精特新"中小企业

因为曾经的工作关系,我与创新创业阶段的中小企业有过较多的接触,也多次参加过中国企业未来之星年会。这些年来,看到一批批活力四射的年轻企业家在创业道路上奔跑,许多成长为现在行业或地区经济的栋梁,让我感到由衷的高兴和赞许。今天,我谨代表中国企业联合会、中国企业家协会对大会的胜利召开表示热烈的祝贺,向参加大会的年轻企业家们致以诚挚的敬意,向关注支持中小企业发展的领导、专家学者、企业家和媒体朋友们表示深深的感谢。

借此机会,围绕大会"数智燎原"主题,分享几点看法。

## 一、登高望远,以"专精特新"为中小企业发展导向

中小企业是社会和谐安定的稳定器,是经济高质量发展的生力军,是构建新发展格局的有力支撑。习近平总书记高度重视中小企业,对中小企业发展做出了一系列重要指示批示,强调"中小企业能办大事"。2020年以来,中小企业的生存与发展,成为抗击新冠疫情、复工复产工作的重中之重。党中央、国务院无论是推动"六稳"工作还是部署"六保"任务,都把帮助中小企业克服困难、继续发展势头放在重要位置。在政府大力营造适宜中小企业成长环境的同时,增强中小企业内生抗风险的实力也被放在重要位置之上。各类中小企业都应关注、把握政府通过鼓励"专精特新"中小企业发展而给予的政策引导,争取在新时期取得更好更快成长。

### (一)坚信"专精特新"引导,把握中小企业发展方向

近年来,我国涌现出一大批专业化、精细化、特色化、新颖化四大优势

明显的"专精特新"中小企业，成为突破关键核心技术、提升产业链供应链稳定性和竞争力的重要力量。2021年7月30日，中共中央政治局召开会议分析研究当前经济形势和经济工作、为下半年经济发展把脉定调时，又一次强调，要发展"专精特新"中小企业。日前工业和信息化部公布，已培育三批4762家专精特新"小巨人"企业，五批596家"单项冠军"企业，带动各地培育省级"专精特新"中小企业4万多家。2021年年初，财政部、工业和信息化部共同发文，明确"十四五"期间启动中央财政100亿元以上奖补资金，分3批支持千余家并培育万家能够发挥示范作用的国家级专精特新"小巨人"中小企业。显然，国家全力支持并对广大中小企业加以引导的信号非常强烈。

### (二) 坚守"专精特新"理念，迈步中小企业成长路径

"专精特新"是我国支持中小企业发展中形成的专用术语，专指具备"产业选择专业化、经营管理精细化、产品定位特色化、技术模式新颖化"的中小企业。审视中小企业的发展过程可以看到，不同于部分中小企业主业不突出、技术水平不高、产品品质品种不稳定，"专精特新"企业往往是以创新为灵魂，长期专注产业链供应链中的关键环节，技术上精益求精，管理实力较强、配套能力突出，产品具有高质量，在现代产业体系中发挥着不可替代的重要作用。通过培育一大批这样的"专精特新"中小企业，将有利于实现产业链补链强链，提升产业链供应链现代化水平。

### (三) 坚持"专精特新"探索，加快中小企业升级步伐

应该看到，展现示范作用的专精特新"小巨人"示范企业，应当成为广大中小企业转型升级中学习借鉴的榜样。对于获得"未来之星"称号的中小企业，要认真研究国家公布的专精特新"小巨人"标准，争取迈入示范企业行列。各地政府中小企业管理部门未来要重点发展"专精特新"中小企业，要通过制订专门扶持计划、专项财政和绿色上市融资通道等举措，为"专精特新"中小企业提供更多资金、技术和政策支持，加快培育优质科创企业，促进形成拥有自主创新和知识产权的高精尖产业集群，使更多中小企业走上"专精特新"成长之路。

## 二、乘风借势，以数字化转型为中小企业发展赋能

2021年全国两会通过的"十四五"规划，首次以专篇形式部署"加快数字化发展 建设数字中国"，提出要"迎接数字时代，激活数据要素潜能，推进网络强国建设，加快建设数字经济、数字社会、数字政府，以数字化转型整体驱动生产方式、生活方式和治理方式变革"。这是今后五年以至更长时期我国经济社会数字化发展的行动指南，也为广大中小企业推进数字化、网络化、智能化转型指明了方向。

广大企业充分认识到新一代科技革命和产业变革的重大意义，正以前所未有的热情投入其中。沿着"两化"深度融合的路径，国内外许多中小企业已走过了数字化技术与计算机集成制造系统应用的数字化制造初级阶段，开始步入了信息技术深入应用与规模化个性化定制、网络协同制造的网络化制造中级阶段。但对于大多数以"专精特新"为目标的中小企业来说，未来五年还是要将产业数字化作为开启数字经济新一轮增长的主攻方向，做好为高质量发展拓展新空间的工作。

第一，围绕上云用云，加快数字化转型。将上云用云与中小企业数字化改造相结合，用好工业互联网平台，推动专精特新"小巨人"企业的工业互联网应用。

第二，构建公共服务体系，推动数字化转型。针对数字化转型探索起步阶段的中小企业加强应用指导；对于践行实施阶段的中小企业加强培训和服务；对于深度应用阶段的中小企业提供解决方案供应商对接活动。

第三，加快新兴技术应用，推广数字化转型。推动传统工业软件云化平台化，利用低代码开发与敏捷高效运营方式加快工业软件平台化和App化的速度，降低开发门槛和研发管理成本，提升运转效率，帮助中小企业形成自身数字化能力。

第四，构建产业生态，帮助数字化转型。鼓励和引导制造业龙头企业、工业互联网平台企业发挥生态构建的核心作用。推动形成大企业建平台、中小企业用平台的协同发展机制，形成大中小企业融通发展的产业生态。

第五，完善技术标准体系，支持数字化转型。构建并完善数字化技术标准，以推动各领域关键技术应用融合，形成可复制、可推广的成熟方案，推动企业基于云架构的规模化、标准化、智能化的发展，营造平台协同有序发展环境。

### 三、凝心聚力，以健身强体为中小企业发展加油

在地方各级政府致力帮助中小企业改善发展环境的同时，广大中小企业也应围绕"专精特新"苦练内功。

一是重视"专精特新"的整体架构，避免转型碎片化。从工业化时代产生并延续至今的专业化和职能化分工大幅提高了工业生产效率，但容易忽略企业的整体性。"专精特新"企业应做到"既见树木，更见森林"，"既顾眼前，更顾长远"，使得企业以整体最优代替局部最优，充分驾驭复杂性。

"专精特新"中小企业应通过系统化的顶层正向设计，建立有序的业务逻辑连接，形成从愿景概念到业务逻辑再到实施部署的分层设计、评估、治理的过程路线，各个子系统均能有效建立符合各自运行环境需要的业务模型。

二是重视数字化转型的应用实践，避免概念空泛化。大数据、人工智能、物联网、云计算、5G等技术的深度融合创新，与行业场景广泛结合，是"专精特新"中小企业数字化转型的基本要求。应用场景既应着眼产业链、供应链、新技术开发、流程优化，也应面向客户与供应商，还应针对企业内部的组织与管理。企业应加快通过系列项目建设，由场景到全局，培育高效业务创新能力，以数字化支撑差异化竞争。切忌一味空谈理想概念，以致贻误时机。

三是重视关键技术的自主可控，避免经营盲目化。很多中小企业在关键核心技术上还没有实现完全自主，自身发展由此受到多方面的制约，难展拳脚。企业是创新的主体，创新是"专精特新"的灵魂、持续发展的源泉。在推进"专精特新"建设中，要结合自身愿景目标和战略规划部署关键数字技术研究规划，加强与产业链上下游和相关方的协同创新，敢于走前人没走过的路，把创新主动权、发展主动权牢牢掌握在自己手中，努力实现转型关键核心技术自主可控。

四是重视管理创新的核心地位，避免经营无序化。"专精特新"建设不仅仅要解决技术问题，还需要"数字技术＋管理创新"的双轮驱动。企业需持续评估，推动业务流程改进与变革，实现组织要素结构的持续优化，促进运行体系各环节迭代式发展与相互适配。在部署新技术、新装备、新系统、新软件的过程中，更要高度重视提升员工在转型建设中的获得感、幸福感，高度重视人才、技能的更新调整，构建具有数字化新技能的员工队伍，提升企业整体创造和创新能力。

五是重视企业文化的凝聚作用，避免发展短期化。构建中小企业"专精特新"发展模式是一项长期的系统性变革创新，数字化转型是必不可少的手段。企业家要做好长期思想准备，不可能一蹴而就，需要发挥企业文化的凝聚作用，动员企业全员共同参与，迭代前行，长期推进。企业应适应数字化时代要求，建立创新的容错机制，鼓励各层级围绕"专精特新"目标积极探索，保持旺盛的斗志和不懈的努力，实现不停步的可持续发展。

相信广大中小企业朋友们，一定能够立足新发展阶段，坚持新发展理念，坚持"专精特新"方向，发挥自身优势，加快数字经济发展，为全面建成社会主义现代化强国贡献更大力量。

［在 2021（第二十一届）中国企业未来之星年会上的发言，

2021 年 9 月］

# 大力发展"专精特新"企业是
# 确保稳中有进的重要举措

随着 2022 年大幕的徐徐拉开，如何把握今年的宏观经济大势，成为各类企业，特别是量大面广的中小企业最为关心的问题。2021 年末召开的中央经济工作会议对今年经济工作的总要求、总基调已予明确，就是要稳字当头，稳中求进。会议在提出宏观政策要稳健有效，微观政策要持续激发市场主体活力的同时，强调要激发涌现一大批"专精特新"企业。如何在错综复杂的环境里稳定经济大局，持续前进，加快中小企业特别是"专精特新"企业发展，是重要举措。

## 一、巨大的不确定性使企业群体面临严重的挑战

2021 年以来，经济运行在总体态势平稳的情况下，面对经济增速下行压力加大的挑战。新冠疫情仍是影响当下构建新发展格局的重要因素，全球疫情仍在持续演变，国内多点散发的疫情使国内众多企业的生产链供应链的畅通与韧性受到巨大考验。2021 年局部地区的严重洪涝灾害、大宗商品价格上涨、电力煤炭一度供应紧张等影响经济平稳运行的突出问题交织叠加，对企业的影响超出预期。在以习近平同志为核心的党中央坚强领导下，全国上下认真贯彻党中央、国务院决策部署，国家高度重视并充分发挥举国体制的优势，使疫情得到有效控制，各类困难得到妥善应对，但经济的稳定恢复和持续发展仍有赖于外界环境的改善和各方共同努力。

面对今年的宏观大局，在新冠疫情冲击和世界百年未有之大变局加速演进中，外部环境更趋复杂严峻和不确定，我国经济发展面临需求收缩、供给冲击、预期转弱三重压力。企业的正常发展经受着巨大不确定性和压力的考验，

尤其是中小企业群体，由于体量小、运营成本高、抗风险能力弱、数量众多，面临着更大的困难和挑战。

只要中小企业好，韧性强，中国经济就无惧国际经济风云变幻，能够持续健康发展。近十年来，中小企业有了快速发展。有资料介绍，2011年至今，中小企业由890万户增长超过4550万户，成为4亿多就业人员的主体。若中小企业动荡不安，将直接影响到社会的和谐稳定，保住了中小企业，就是护住经济社会稳定的基本盘。面对中小企业当前的困难处境，党中央、国务院精心部署，精准施策，加大力度，想方设法做好"六保"特别是保就业保民生保市场主体工作。"专精特新"中小企业作为排头兵，由于长期以创新为导向，执着专一领域，根系扎得深，基础打得牢，从成长之初开始，就具有更强的抗风险能力。相对于一般中小企业，"专精特新"企业在面对较大困难乃至严峻挑战时，往往体现出更大的韧性，且恢复能力更强。积极支持"专精特新"中小企业发展，带动越来越多的中小企业走"专精特新"之路，将会有力应对当前的各种市场风险与挑战，形成中国经济"稳字当头、稳中求进"中最为有力的支撑。

与此同时，中国制造业在经济结构、发展质量、核心技术等方面亟待加快弥补短板，特别是解决部分领域关键核心技术"卡脖子"问题。大企业是构筑坚强产业链供应链的坚实力量，但仅仅据此还远远不够。实践表明，"专精特新"中小企业是国家创新能力提升不可或缺的重要力量，在产业链关键环节上，常常率先实现关键零部件、关键技术的突破，出现在有效打破国外技术垄断的第一线。一批"专精特新"中小企业加入骨干大企业为龙头的产业链中，不仅能够提升上下游协作配套水平，而且使产业链供应链的稳定性和效率有效提高，最终提升我国供给体系的质量和水平。因此，大力发展"专精特新"企业已经成为提高我国产业竞争能力、锻造制造业韧性、培育新经济增长点、筑牢经济增长基础的关键之举。

## 二、紧紧抓住"专精特新"中小企业发展的重点

在宏观经济运行出现较大幅度波动的时候，有一类中小企业往往具有比

其他中小企业更强的抗击冲击的能力。尽管这些企业可能分属不同的行业和地域，但都有一个值得关注的共同特点——"专精特新"。

近年来，我国政府高度重视培育支持"专精特新"中小企业工作。自2011年"专精特新"这一概念首次正式提出以来，支持中小企业走专业化、精细化、特色化、新颖化发展之路已成为重要政策导向。

我国经济发展到当前这个阶段，创新能力不足已经成为影响生存、制约发展的大问题。不仅需要一批大企业以更大投入、更多力量投入创新活动，引领创新发展；而且需要大量"专精特新"中小企业，连接"断点"，疏通"堵点"，提升产业链供应链的韧性，最大限度解决"卡脖子"难题。

我国在培育"专精特新"中小企业方面持续推进，稳步发展。2021年7月份，工业和信息化部公布了第三批2930家专精特新"小巨人"企业。截至目前，我国"小巨人"企业数量已达4762家。在新形势下进一步做好培育"专精特新"的工作，尤要强调企业家、资本和政府一起努力。

发展"专精特新"中小企业，需要牢牢把握创新灵魂，鼓励广大中小企业的企业家心无旁骛，聚力发展，以专业化和精细化为抓手，以特色发展和市场需求为导向，以自主创新为核心，培育企业核心竞争力，开拓新的市场空间，成为产业链上不可或缺、无法替代的一环。需要金融部门协力各方，下大力气解决好中小企业融资难、融资贵等问题，为企业推进科技创新提供有力金融支持。需要地方政府和政府部门着力营造良好的市场环境，加快推进土地、劳动力、资本、技术、数据等要素市场化改革，促进各类企业公平竞争，加强公共服务平台建设，加大共性技术供给，完善知识产权保护制度，激发企业创新动力、培育企业创新潜力、提高企业创新能力。

## 三、牢牢掌握服务创新型中小企业的主阵地

2021年11月15日北京证券交易所（简称北交所）的开市，就是力图通过健全多层次资本市场体系，加大政策和制度供给，进一步完善和提升支持中小企业特别是"专精特新"中小企业发展的机制和能力。

认识北交所，可以从其准备实现的"三个目标"一窥端倪。一是夯实基

础。构建一套契合创新型中小企业特点的涵盖发行上市、交易、退市、持续监管、投资者适当性管理等基础制度安排，补足多层次资本市场发展普惠金融的短板。二是搭建桥梁。畅通北交所在多层次资本市场的纽带作用，形成相互补充、相互促进的中小企业直接融资成长路径。三是营造生态。培育一批"专精特新"中小企业，形成创新创业热情高涨、合格投资者踊跃参与、中介机构归位尽责的良性市场生态。

北交所是"专精特新"中小企业发展的推进器。"专精特新"中小企业发展离不开资本市场的哺育与支持。近年来，我国资本市场一直致力于为科技创新提供更多助力，通过不断完善多层次资本市场生态，架起资本与"专精特新"中小企业携手发展的桥梁。

北交所是完善资本市场建设的重要环节。资本市场成为推动科技创新和实体经济转型升级的枢纽，不仅会催生更多专精特新"小巨人"加快成长，而且必将有力推动经济社会高质量发展。北交所的诞生更加彰显资本市场发现培育创新型企业、促进创新资本形成、优化创新资源配置的功能，对于促进实体经济与金融协调发展，实现"科技—产业—金融"的高水平循环，具有至关重要的作用。

北交所是加强创新产业金融融合的重要平台。错位发展的北交所以为创新型中小企业提供支持为己任，将不断推动资本与科技深层次融合，更好地满足创新型中小企业的融资需求。

一方面，要充分发挥市场在资源配置中的决定性作用，借助市场"无形之手"的力量，通过减少不必要的行政干预，激活一度沉寂的市场交投热情，引导保险、信托、企业年金等更多长期资金入场，促进投融资协同发展。

另一方面，要以多层次资本市场为纽带，进一步畅通资本、科技循环。专精特新"小巨人"企业的显著特点是，技术迭代快、资金消耗大、经营不确定性高，仅靠企业自身积累和间接融资难以满足需求。要利用好已有的市场基础制度，发挥出创业板、科创板、北交所等支持创新的功能，为不同发展阶段的科创企业提供"定制式服务"，推动科创企业从无到有、从小到大，加速科技成果向现实生产力转化，进而激发整个经济活力。

更好发挥资本市场枢纽作用，还需要在加强市场基础制度建设的同时，提升上市企业守法合规的意识，切实做到讲真话、做真账，规范运作，稳健经营，聚焦实业，做精主业，牢牢守住"四条底线"，坚持底线思维，切实防范系统性风险，不断提高发展质量。要配合监管方扎牢篱笆，堵住漏洞，坚持规范与发展并重，让市场环境更加清澈透明，让市场运行更加秩序井然。确保资本市场发展蹄疾步稳，为更多"专精特新"中小企业乘势发展提供丰厚的资本"土壤"，夯实2022年经济社会发展稳中有进的基础。

习近平总书记高度重视中小企业发展，多次做出重要指示批示，强调"中小企业能办大事"，指出"我国中小企业有灵气、有活力，善于迎难而上、自强不息"，提出"加快培育一批'专精特新'企业"，为中小企业创新发展指明了方向。

中共中央政治局2021年7月30日召开会议，明确指出：要强化科技创新和产业链供应链韧性，加强基础研究，推动应用研究，开展补链强链专项行动，加快解决"卡脖子"难题，发展"专精特新"中小企业。

在"十四五"规划、多次国务院常务会议等高层会议中，"支持'专精特新'中小企业发展"又被屡屡提及。

显然，今天强调推动"专精特新"中小企业发展有着不同一般的意义。

（2022年1月）

# 中小企业"专精特新"发展的深层次逻辑

中小企业是目前市场上最具活力、数量巨大的群体，坚持走"专精特新"之路，是中小企业实现高质量发展的必然选择。"专精特新"是创新型中小企业集中体现的品质和特征。"专"是专业化，企业专注并深耕于产业链中某个环节或某个产品；"精"是精细化，企业精细化生产、精细化管理和精细化服务；"特"是特色化，产品或服务具有行业或区域的独特性、独有性、独家生产的特点；"新"是新颖化，主要指企业自主创新与模式创新。

## 一、认识"专精特新"发展的深层逻辑

"专精特新"中小企业是稳中求进发展的重要着力点。当前，中国经济的新气象集中体现在中国经济持续稳健复苏，构建新经济格局迈出新步伐。2021年末召开的中央经济工作会议提出今年经济工作的总方针、总要求是"稳字当头，稳中求进"。"专精特新"中小企业是企业群体中引领创新的排头兵、战风斗浪的压舱石、稳步发展的生力军，支持中小企业加快"专精特新"发展就是构筑"稳"的基础，形成"进"的着力点。

"专精特新"中小企业是加快和谐社会建设的重要力量。我国市场主体已超过1.5亿户，是中国社会稳定、经济发展的力量所在。目前，中国经济面临新困难、新挑战和增速下行压力，推动经济在爬坡过坎中持续健康发展，首先要强调"六稳""六保"，特别是保就业保民生保市场主体。实践证明，"专精特新"中小企业发育的地方，经济往往更具活力和韧性，具备较强的抵御市场风险能力。当前要支持中小微企业纾困解难，保护市场主体，发展"专精特新"创新型中小企业是行之有效的重要措施。

"专精特新"中小企业是加快国家竞争力培养的重要部分。中小企业竞争

力是国家产业竞争力的重要组成部分，集中体现在"专精特新"中小企业的内生动力、创新能力和发展活力方面。一批"专精特新"中小企业以强化科技自立自强的有生力量成为国家安全和发展的战略支撑。例如，14家专精特新"小巨人"企业参与申报的13个项目获2020年度国家科学技术奖，占企业参与奖项总数的10.2%。

"专精特新"中小企业是加快产业链韧性锻造的重要环节。制造业发展有赖于相关产业链的维系，企业应对突发事件也依托于这条生命线，确保产业链安全、稳定尤为重要。产业链受到冲击时，是否有替代方案可以及时补上，是否具有防止断裂甚至化危为机实现更新升级的能力，这都与"专精特新"中小企业的发育程度、产业基础、市场需求、制造环境紧密相关。"专精特新"中小企业有助于填补衔接产业链的断点、增强产业链韧性、帮助经济提高抗风险的能力。

"专精特新"中小企业是加快科技、产业、金融协同发展的重要对象。以"专精特新"中小企业为核心，连接科技和金融资源向工业高质量发展主战场汇聚，推动工业稳增长和有效投资，助力制造强国和网络强国建设。坚持政府、企业、科研院所、金融合作，发挥多元化、多层次金融体系功能作用，加强间接融资和直接融资的联动作用，形成面向"专精特新"中小企业的长期稳定投入机制，从标准体系、信息共享、平台建设三方面完善产融合作基础，加快产融合作。

"专精特新"中小企业是加快可持续发展的重要依托。2021年是"十四五"的开局之年，也是奔向2035年远景目标的新起点，我国在推进高质量发展和参与全球可持续发展上加快了脚步。国家在认定和发布支持措施中，都把绿色发展作为必要前提条件予以强调，"专精特新"中小企业在中国量大面广的中小企业中承担着创新发展排头兵的责任，因此绿色低碳、保护环境发展是必须完成的任务。一批中国"专精特新"中小企业活跃在联合国全球契约、ESG投资等可持续发展活动中，用行动向全世界展示实现全球可持续发展目标的中国担当。

## 二、借鉴"专精特新"发展的国际经验

经济全球化是当代世界经济的重要特征之一，有利于资源和生产要素在

全球的合理配置，有利于资本和产品在全球性流动，有利于科技在全球性的扩张，有利于促进中小企业的发展，是人类发展进步的表现。

但经济全球化也是一把"双刃剑"。它在推动全球生产力发展、为中小企业带来诸多机遇的同时，也加剧了国际竞争，跨国公司往往把自己最具优势、价值最大的部分保留下来，而把它们看来价值不太大或者没有优势的环节通过全球价值链和产业链外包出去。由于实力不同，发达国家和跨国公司把握价值链的高端，得利最多，而发展中国家和中小企业所得甚少。因此，发展中国家与发达国家、跨国公司与中小企业的差距将进一步拉大。

要迈向价值链高端，唯有持续不断地投入创新，发达国家支持本国创新型中小企业发展的主要做法如下。

第一，美国对创新型中小企业的支持。作为世界第一大经济体的美国，国会和行政当局通过制定相关的法律、财政税收政策，以及协调社会各部门之间的配合等手段，大力推动和促进中小企业的科技创新进步，使之成为实现国家创新活动的主要力量。美国政府在支持中小企业科技创新上的几个显著特点。①以完善法律支持体系为前提基础。以《小企业创新发展法》为核心，陆续出台了一系列法律法规，就中小企业的科技计划的设立与实施、技术转移、技术推广、知识产权保护等方面进行了全面的规范。②以改善创新融资体系为关键手段。利用财政税收政策，改善创新型中小企业的融资体系，支持中小企业科技创新。③以建立创新服务体系为有力支撑。在政府主导下，中小企业创新服务体系形成相互协调促进的组织机制，推动各主体之间建立合理分工和合作伙伴关系。

第二，欧盟对创新型中小企业的支持。欧盟委员会通过循环使用公共财政资金，发挥资金杠杆作用，带动社会资本支持中小企业创业活动。金融工程融资包括贷款、权益融资、夹层融资以及担保等多种形式。欧盟注重提供与企业发展阶段相适应的创业投资支持政策：针对前种子期风险高、投入高的企业，欧盟提出高成长创新型中小企业计划（GIF），为企业提供初创期所必需的风险资本基金；针对创业期对融资有较大需求的企业，欧盟利用资本市场吸引国内外资金，同时鼓励成员国对创业企业提供小额信贷；随着企业从创业期转向发展期，欧盟定期召开企业家与银行家圆桌会议，增进企业与银行间的联系，促成贷款项目；此外，欧盟还为壮大期的企业提供上市融资渠道。

第三，德国对创新型中小企业的支持。"隐形冠军"的概念由赫尔曼·西蒙教授提出，主要指在细分产业国际市场份额领先，销售额50亿欧元以内，且公众知名度相对较低的企业。德国有一大批竞争力极强的中小企业，构成了德国制造和出口贸易的中坚和脊梁。德国"隐形冠军"的培育成长，已形成一整套成熟经验。一是突出主业。制定长远战略，大量"小而专"的企业建立竞争优势的时间短则十年，长则数十年。二是"双元制模式"（学校＋工厂）培养专业人才、领军人才；注重"工匠精神"。三是标准先行。追求品质，倡导高质量制造、高强度研发。四是培育园区。以工业园区为载体，集群式发展。五是协会组织。形成科研与市场的纽带，催生中小企业商业化成熟工艺和产品。六是金融支持。德国复兴银行为中小企业在国内外投资项目提供优惠的长期信贷。

第四，英国对创新型中小企业的支持。为鼓励中小企业进行科技创新，英国政府努力营造公平、开放和宽松的市场环境，鼓励企业创新、提高生产率、降低价格，对中小企业的研发提供必要的资金支持。在2017年秋季预算中，英国政府宣布了10年行动计划，提出要在未来10年间释放超过200亿英镑的资金资助创新型企业成长。2018年又推出了一揽子举措，其中包括成立"英国耐心资本"（British Patient Capital）项目、释放养老金投资、为投资知识型企业进一步减免税收等。所谓"耐心资本"，其实就是"长期资本"的别名，它不关注短期盈利，更看重长期回报。"风险资本信托"计划则鼓励上市的风险投资公司以入股的方式投资未上市的小企业，普通股所获红利及股权交易所获资本盈利均可免税。

第五，日本对创新型中小企业的支持。日本中小企业顺应时代需求变化，坚持创新，坚持精品路线，将传统制造优势与现代科技完美结合是不少企业成功的创新模式。日本中小企业能够大力创新与相对完善的政策法律环境密不可分。日本中小企业厅作为经济产业省的直属部门，负责培育中小企业，促进其发展。该厅的具体工作包括帮助中小企业改善经营方法、提高技术水平、发展新项目、参与公平竞争。日本制定了《中小企业新事业活动促进法》，规定各中小企业和行会制定的经营革新计划，在获得日本政府和都道府县认可后，可在融资和税收方面获得援助。

总体看，发达国家的主要做法有以下方面：一是政府层面高度重视创新型中小企业；二是加大财税、金融政策支持，突出精准施策；三是不断完善法律政策体系，加强跨部门联动，不断优化中小企业创新发展环境；四是建立完善的创新型中小企业公共服务体系。

他山之石，可以攻玉。发达国家对创新型中小企业支持的实例，应成为中国推动"专精特新"中小企业成长的借鉴。

### 三、"专精特新"发展的数字密码

一个目标：以"专精特新"促进中小企业高质量发展。按照习近平总书记多次做出的重要指示批示，应该把以"专精特新"促进中小企业高质量发展作为牢牢把握的工作目标。通过培育有核心竞争力的"专精特新"中小企业，带动广大中小企业走上高质量发展之路，应成为各地经济工作的出发点和落脚点。

两个环节：抓住关键保障"专精特新"中小企业发展。"专精特新"中小企业往往是知识技术密集型的企业。骨干成员对具有激励作用的体制机制和良好的营商环境十分敏感。在坚持"毫不动摇巩固和发展公有制经济，毫不动摇鼓励、支持、引导非公有制经济发展"的前提下，要把体制机制和营商环境两个关键环节作为企业得以持续稳定发展的前提和保障。要努力形成大中小企业协同发展的良好企业生态，支持国有资本和国有企业发挥国有经济竞争力、创新力、控制力、影响力、抗风险能力，将更多的科技成果和管理成果外溢，发挥产业链龙头作用；要支持创新型中小企业发挥"专精特新"特长，有机会进入产业链创新链，助力攻克难点堵点断点，推动解决'卡脖子'难题，形成创新新模式。

三个着力：着力提升"专精特新"中小企业能力。一是着力深耕专一领域。"专精特新"中小企业应取道"窄而深"，深耕专一领域。坚持专业化发展战略，长期专注并深耕于产业链某一环节或某一产品，明确在哪个细分市场发展，并精准定位核心产品和服务；勇于创新，直接面向市场打磨产品，形成具有竞争优势的自有品牌产品。二是着力提升创新能力。"专精特新"中小企业应不断加大研发投入，形成持续创新能力，在研发设计、生产制造、市场营销、内部管理等方面不断创新。要更多着眼国家制造业的重要发展行业，包括新一代信息技术、高端装备制造、新能源、新材料、生物医药等中高端产业领域。三是着力提升市场占有率。"专精特新"中小企业应专注于细分市场，加大研发投入，开发出"专精特新"产品。逐步形成拥有关键核心技术、设备工艺先进、管理体系完善、市场竞争力强的同时，不断提高市场占有率，产生比较显著的效益，有望在未来成为领先的企业。

四个梯度：体系化培育"专精特新"中小企业。工业和信息化部将进一步加大对专精特新"小巨人"企业培育和支持力度。目前，已培育国家级专精特新"小巨人"企业4762家，单项冠军企业848家，带动省级"专精特新"中小企业4万多家，入库企业11.7万家。正在研究制定创新型中小企业评价和培育办法，力争到2025年，以体系化的方法形成"百十万千"的"专精特新"中小企业梯队。第一个梯度是培育100万家的创新型中小企业，第二个梯度是培育10万家省级"专精特新"中小企业，第三个梯度是培育国家级的1万家专精特新"小巨人"企业，第四个梯度是培育1000家制造业单项冠军企业。围绕提升中小企业创新能力和专业化水平，建立和完善"专精特新"企业培育库，确立阶段性工作目标任务与举措，确保培育工作取得实效。

"专精特新"中小企业具有"五六七八"特征。从专精特新"小巨人"企业来看，超五成研发投入在1000万元以上，超六成属于工业基础领域，超七成深耕行业10年以上，超八成居本省细分市场首位，涌现出一批"补短板""填空白"的企业，已成为制造强国建设的重要支撑力量。

专精特新"小巨人"企业呈现齐头并进之势。"小巨人"企业实现了全国覆盖。其中，东部地区企业数量超过半数，达到2626家，占比为55.15%；中部地区1084家，占比22.76%；西部地区771家，占比为16.19%；东北地区281家，占比为5.9%。这一分布情况与全国制造业企业区域分布规律基本保持一致。

专精特新"小巨人"企业备受资本市场青睐。已上市"小巨人"企业300余家，近两年平均营业收入增速和净利润平均增速超过25%，是全部上市公司均值的两倍左右。2021年11月15日北京证券交易所开市，81家首批上市企业中，有16家为"小巨人"企业，50%以上是"专精特新"中小企业。

### 四、迎接"专精特新"发展的最好时机

盯住基本面，把握中小企业发展方向。2021年，全国上下落实党中央、国务院部署，全国人民共同奋发努力，经济总体稳步恢复，我国GDP比上年增长8.1%，完成了全年6%以上的经济发展预期目标。全年城镇新增就业1269万人，实现1100万人以上的预期目标，中小企业发挥了巨大作用。规上中小企业收入和利润同比增长20.7%和28.2%，两年平均分别增长9.8%、17.1%，均高于2019年同期增速。"专精特新"中小企业成为其中的佼佼者。与此同时也应看到，中小企业特别是小微企业的发展面临着市场环境的变化、疫情的变化等，经营上还是出现一些困难，主要表现在原材料价格高企、订单不足、用工难用工贵、融资难回款慢、物流成本高、新冠疫情散发影响供应链不畅、用电紧张等。

不惧风浪起，坚定中小企业发展信心。2021年11月份，为帮助中小企业迎接挑战，纾困解难，国务院开会专题研究，连续出台了三份分量满满、含金量十足的重磅文件：一是国务院办公厅印发的《关于进一步加大对中小企业纾困帮扶力度的通知》；二和三是国务院促进中小企业发展工作领导小组办公室印发的《为"专精特新"中小企业办实事清单》和《提升中小企业竞争力若干措施》。三份文件，凝聚部门合力，助企纾困与激发活力并举，既利当前又惠长远，犹如形成了支持中小企业发展的长短政策三记"组合拳"。学习研究、贯彻落实这三份文件，对于帮助中小企业渡过难关，支持"专精特新"中小企业发展，加快提升中小企业竞争力至关重要。

雪天送炭火，帮助中小企业纾困解难。国务院办公厅印发的《关于进一步加大对中小企业纾困帮扶力度的通知》，从加大纾困资金支持力度、进一步推进减税降费、灵活精准运用多种金融政策工具、推动缓解成本上涨压力、加强用电保障、支持企业稳岗扩岗、保障中小企业款项支付、着力扩大市场需求、全面压实责任9个方面，提出了一系列的具体举措，涉及工业和信息化部、国

家发展改革委、财政部、人民银行等13个部门和各省级人民政府，多措并举、部门协同、上下联动，共同为中小企业纾困解难，助力平稳健康发展。文件明确，要加大纾困资金支持力度，鼓励地方安排中小企业纾困资金，落实创业担保贷款贴息及奖补政策，用好小微企业融资担保降费奖补资金。进一步推进减税降费，制造业中小微企业按规定延缓缴纳2021年第四季度部分税费，研究适时出台部分惠企政策到期后的接续政策，持续清理规范涉企收费。灵活精准运用多种金融政策工具，用好新增3000亿元支小再贷款额度，加大信用贷款投放，对于受新冠疫情、洪涝灾害及原材料价格上涨等影响严重的小微企业，加强流动资金贷款支持。

递上牵引绳，携手中小企业创新登攀。国务院促进中小企业发展工作领导小组办公室印发的《为"专精特新"中小企业办实事清单》，聚焦一个"实"字，讲干货、列清单、办实事，推动"专精特新"中小企业加快实现高质量发展。从政策、服务"双管齐下"，着重加强制度创新、实施精准扶持、集聚服务资源，提出10项实事、31条具体任务。为切实增强和提升"专精特新"中小企业获得感、满意度，重点从以下三方面考虑：一是坚持问题导向、需求引领。围绕融资难融资贵、创新成果转化难、技术服务支持不够、市场开拓遇冷、专业人才不足等难题，综合考量、精准施策、集中发力，确保各项实事任务抓得实、落得下，让中小企业有实实在在的获得感。二是坚持创新思维，突出亮点。聚焦中小企业发展长期面临的制约阻碍，着力推动制度创新、机制创新，"一企一策"定制专属服务包，实施"专精特新万企行"、双向"揭榜"等新举措，探索开辟挂牌绿色通道、申报项目加分等扶持政策。三是坚持政府引导、多方参与。充分发挥政府引导作用，加强多部门协同联动，鼓励地方结合实际、因地施策、创新探索务实举措，最大限度发挥政策叠加效应。集聚多方优势资源力量，提供针对企业特点的个性化、专业化的深入服务。

加注新能量，培育中小企业核心优势。国务院促进中小企业发展工作领导小组办公室印发的《提升中小企业竞争力若干措施》以提升中小企业竞争力为目标，围绕打造中小企业发展活力充分迸发的良好生态，提出了11个方面、34项举措。《提升中小企业竞争力若干措施》具有5个突出特点。一是加强创新支持。发挥国家制造业创新中心等创新平台支撑作用，推动大中小企业协同创新，健全优质企业梯度培育体系。二是优化发展环境。落实落细财税扶持政策，通过中央财政有关专项资金引导地方加大对"专精特新"中小企业的支持力度。引导中小企业加强品牌建设。三是加强要素保障。加大融资支持力度，创新金融服务模式。发挥北京证券交易所（简称北交所）服务中小企业作用，打造服务创新型中小企业主阵地。大力弘扬企业家精神。四是提升服务力度。健全政府公共服务、市场化服务和社会化公益服务相结合的服务体系。加强与协会、商会、学会等社会团体的协同联动。五是促进转型升级。提升中小企业绿色发展能力，完善中小企业管理咨询专家库，开展中小企业管理咨询诊断等活动。帮助企业提升合规经营水平。

北交所启动，为"专精特新"中小企业打开成长新空间。北交所从资金导向上，支持研发投入，支持技术创新，支持科技成果转化，支持产业结构的转型升级，支持创新驱动发展战略。加快发展直接金融，提升上市公司的规模和速度，将有效地推动中小企业转型升级、高质量发展。在直接融资方面，北交所将与上交所、深交所形成行业与企业发展阶段上差异互补，以及良性竞争。科创板、创业板、北交所以及新三板创新层、基础层将形成对不同成长阶段和不同类型的科技创新型企业的支持链条。在间接融资方面，人民银行发挥结构性货币政策工具的精准导向作用。新增 3000 亿元支小再贷款额度；支持中小微企业延期还本付息 11.8 万亿元，累计发放普惠小微信用贷款 9.1 万亿元；提升中小微企业供应链融资便利度。中征平台共支持近 2 万家中小微企业获得融资 1.46 万亿元。

可以说，对中小企业特别是"专精特新"中小企业的认识从来没有提到今天这样的高度，政策从来没有像今天这样密集颁布，支持力度从来没有今天这样大。

## 五、抓住"专精特新"发展的难得机遇

好风凭借力，送尔上青云。在新形势下对"专精特新"要有新的定位；要将中小企业"专精特新"放在打造中国经济高质量发展实施主体的高度，作为确保中国经济和谐稳定发展的需要和提升中小企业工作水平的需要来认真

对待。

营造"专精特新"中小企业发展的良好氛围。地方政府在中央一系列支持文件和重要举措相继出台的大背景下，一定要抓好学习和贯彻落实，做到提高认识，突出内涵；统筹兼顾，突出重点；顺应改革，形成机制；确定目标，步骤具体。

争做"专精特新"中小企业队伍中的"小巨人"。中小企业的企业家应积极做到：一是把握方向。认清"十四五"期间，推动中小企业提升专业化优势，培育专精特新"小巨人"企业的大势。二是明确定位。根据市场需求，结合自身优势特长，以专注铸专长，以配套强产业，以创新赢市场；找准产业链中的位置，锻长板，补空白。三是夯实根基。加强管理创新，把握市场环境，以合法合规为先，带好管理团队和员工队伍。四是选准路径。牢牢抓住数字化转型和绿色低碳发展。

做好"专精特新"中小企业成长中的资源池。服务"专精特新"中小企业的行业组织和服务机构，要发挥好政府与"专精特新"中小企业的桥梁纽带作用，帮助政府了解信息，帮助中小企业掌握、用好政策；要利用熟悉行业动态、企业运行、政府政策等优势，针对中小企业"专精特新"发展需要，汇集资源，提供服务；培育对"专精特新"中小企业开展深度服务的信息化示范平台，支持建设中小微型企业创新创业示范基地，扶持中小企业"专精特新"特色产业集群。发挥行业专家、企业家集聚优势，加强线上线下咨询培训服务，引导中小企业走"专精特新"发展之路，做优做强，催生掌握独门绝技的"单打冠军""配套专家"企业。

弘扬优秀企业家精神，建设发展好"专精特新"中小企业。《中共中央 国务院关于营造企业家健康成长环境弘扬优秀企业家精神更好发挥企业家作用的意见》于 2017 年 9 月 25 日全文发布，中央首次以专门文件聚焦企业家精神。"专精特新"中小企业的企业家要牢记习近平总书记的嘱托，要在爱国、创新、诚信、社会责任和国际视野等方面不断提升自己，努力成为新时代构建新发展格局、建设现代化经济体系、推动高质量发展的生力军。

（北京时间京融智库"专精特新"专题文章，2022 年 2 月）

# 以"专精特新"为企业赋能
# 激发市场主体活力

经过全国上下共同努力，目前我国经济社会运行良好，疫情防控取得重大战略成果，经济发展稳中向好的态势逐渐形成。但面对起伏不定的国际形势和新冠疫情的反复多发，必须正视我国经济发展面临的需求收缩、供给冲击、预期转弱三重压力，广大企业一定要有所作为。企业作为承担与落实国家经济发展任务的关键主体，应该坚决响应国家号召、抢抓机遇、应对挑战，在加快自身转型升级、塑造新时期竞争新优势的同时，成为助推经济社会高质量发展的生力军。

2022年两会召开后的热点话题，与往年相比，更加突出一个"稳"字，各项工作要做到稳字当头，稳中有进。必须看到，企业作为最具活力的市场主体，也是保稳促进的重要力量。广大企业要以深化改革为经，以"专精特新"为纬，编制稳中有进的画卷。

要通过深化改革形成企业持续发展的动力，充分释放创新潜能、提高生产力，把企业的效率与效益提升到更高的水平，建立并不断完善企业治理机制、激励约束机制、动力机制，真正形成经济稳中有进不可逆转的加速器。。

要通过"专精特新"形成企业抵御风险的竞争力，紧紧抓住国家加快构建新发展格局、深入实施扩大内需战略的难得机遇，以创新为魂，着眼全要素生产力的全面提升，加快创新步伐，加速形成激发市场主体活力与内生动力的有力支撑。

面对当前内外部环境和条件的复杂多变，不确定性将有可能贯穿全年相当长的时间。要帮助企业形成发展的信心和稳定的预期，就应更加注重对企业的赋能和减压。对大企业而言，要推动从注重速度到加强质量的转变，从注重规模到创新驱动的转变，从注重单一设备到推进全产业链数字化转型的转变，从注重当前效益到坚持绿色全面发展的转变。对于中小企业，要坚持"专精特新"的方向，形成推动经济实现高质量发展的重要基础，形成扩大就业、改善民生的重要支撑。当前要更加注意基础性信息技术和前沿热点通信技术加快迭代演进的特点与趋势，构建云计算、大数据、区块链、人工智能、移动互联网等数字化转型的支撑。

以"专精特新"赋能是大中小企业融通发展的重要应用场景。大企业作为国民经济的中流砥柱，要统筹兼顾，帮助中小企业发展，在深化改革中充分激发企业活力、全力创新塑造新的竞争优势。中小企业要发挥后起优势、细分特点，通过"专精特新"融入各类产业链，为更多的大企业做好配套服务。发挥"专精特新"优势的各类企业都会成为产业转型升级的中坚力量，积极探索推动新阶段的新业态，创造全新的经济价值和社会价值，充分激发发展活力，把企业发展的成果不断转化为国家繁荣、民族兴盛、人民幸福的动力源。

（2022 年 3 月）

# 以"专精特新"激发中小企业
# 高质量发展新活力

2022年是推进"十四五"规划实施的重要一年,也是中小企业发展的关键一年。随着我国进入新发展阶段,中小企业发展又到了一个新的历史关头。在持续快速增长的基础上,2022年以来很多新问题新挑战摆在中小企业和全社会面前。推进中小企业健康前行的迫切程度、复杂程度、敏感程度、艰巨程度前所未有。

面对新冠疫情和世界百年未有之大变局交织下充满不稳定不确定因素的经济社会环境,一些制造业企业原材料成本上升、订单外流、库存压力加大、产业链供应链堵点卡点增多,现金流吃紧;特别是一些中小微企业经营成本上升,市场不振,经营困难,生存压力巨大。应该看到,政府正不遗余力地伸出援手,全力改善市场环境以帮助中小企业。与此同时,如果只是等待外界环境回到原先状态,仍然盘桓在原有路径,将有一批中小企业难以为继;如果正视遇到的突出困难,努力改革求变,顺应形势变化和市场要求,置身其中经受考验的中小企业就有可能浴火重生,找到新的蓝海。如何在变局中认清方向,在艰难中站稳脚跟,在搏击中抓住机遇,求得持续不断的高质量发展,是每一个中小企业和企业家要认真思考与回答的重要问题。

党中央、国务院高度重视中小企业的发展,集中出台政策措施,以空前的力度帮助中小企业纾困解难,并做出"发展'专精特新'中小企业"的重要工作部署。继2021年年末召开的中央经济工作会议上提出"激发涌现一大批'专精特新'企业"的要求之后,2022年《政府工作报告》中专门布置了"着力培育'专精特新'企业,在资金、人才、孵化平台搭建等方面给予大力支持"的工作任务。显然,中央强调的"专精特新"发展是中小企业在新时期新阶段必须高度重视的政策导向,必须认真把握的路径选择,必须身体力行的有力举措，有必要从新的维度深刻认识并付诸行动。

## 一、冷静面对，正视中小企业面临严重的挑战

2021年以来，在以习近平同志为核心的党中央坚强领导下，全国上下认真贯彻党中央、国务院决策部署，国家高度重视并充分发挥举国体制的优势，使疫情受到有效控制，各类困难得到妥善应对，但经济的稳定恢复和持续发展仍有赖于外界环境的改善和各方共同努力。

面对2022年的宏观大局，我国经济发展面临多年未见的需求收缩、供给冲击、预期转弱三重压力。特别是近期世界局势复杂演变，国内疫情多发，重要经济中心城市承受巨大阵痛，局部生产链供应链循环受阻，有些突发因素超出预期，对经济平稳运行带来更大不确定性和挑战。广大企业作为市场经济的主体，受到不确定性和压力的严峻考验，尤其是中小微企业群体，由于体量小、运营成本高、抗风险能力弱、数量众多，面临着更加巨大的困难。

两年多的抗疫实践告诉我们，当下坚决把疫情"防"住，正是为了经济更可持续的稳定。经济经历的短期"阵痛"和增速下行，不会也动摇不了中国经济的基本趋势。疾风知劲草，坚决听从以习近平同志为核心的党中央指挥，是广大中小企业战胜各种艰难险阻的基本保证。对2022年经济工作的总要求、总基调党中央已予明确，就是要稳字当头，稳中求进。在错综复杂的经济环境里体现稳、突出稳、落实稳，首要就是帮助中小企业卸下包袱，加油打气，坚定信心，轻装上阵。

面对中小企业当前的困难处境，党中央、国务院精心部署，精准施策，加大力度，想方设法做好"六保"特别是"保居民就业""保基本民生""保市场主体"工作，统筹疫情防控和经济社会发展，深化改革开放，加大纾困解难力度，主动作为、应变克难，着力稳增长、稳就业、稳物价。相信只要保护好企业，特别是广大中小企业，增长的基础就不会动摇，发展的活力就不会减弱，我国经济就无惧国际经济风云变幻和"黑天鹅""灰犀牛"冲击，能够重扬征帆，继续健康发展。

## 二、正视困难，全力支持"专精特新"中小企业发展

近年来，我国政府高度重视培育支持"专精特新"中小企业工作，支持中小企业走专业化、精细化、特色化、新颖化发展之路已经蔚然成风，这在当前有着更加特殊的意义。

第一，迎击挑战，保稳促进。在宏观经济运行出现较大幅度波动的时候，有一类中小企业往往具有比其他中小企业更强的抗冲击的能力。尽管这些企业可能分属不同的行业和地域，但有一个值得关注的共同特点——"专精特新"。数据显示，"专精特新"中小企业2021年营收增速、利润率和发明专利成果占有量分别达到了规模以上工业中小企业的2.2倍、1.4倍和3.4倍。实践证明，"专精特新"中小企业发育的地方，经济往往更具活力和韧性，具备较强的抵御市场风险能力。当前要支持中小微企业纾困解难，保护市场主体，发展"专精特新"创新型中小企业是行之有效的重要措施。

"专精特新"中小企业作为排头兵，由于长期以创新为导向，执着专一领域，根系扎得深、基础打得牢，从成长之初开始，就具有更强的抗风险能力。相对于一般中小企业，"专精特新"企业在面对较大困难乃至严峻挑战时，往往体现出更大的韧性，且恢复能力更强。积极支持"专精特新"中小企业发展，带动越来越多的中小企业走"专精特新"之路，将会有力应对当前的各种市场风险与挑战，形成中国经济"稳字当头、稳中求进"中最为有力的支撑。

第二，焕发活力，踔厉创新。我国经济发展到现今阶段，创新能力不足已经成为影响生存、制约发展的大问题。需要一大批企业以更大投入、更多力量投入创新活动，引领创新发展；而大量"专精特新"中小企业正是其中最活跃的部分。

发展"专精特新"中小企业，需要牢牢把握创新灵魂，鼓励广大中小企业的企业家心无旁骛、聚力发展，以专业化和精细化为抓手，以特色发展和市场需求为导向，以自主创新为核心，培育企业核心竞争力，开拓新的市场空间，成为产业链上不可或缺、无法替代的一环。需要金融部门协力各方，下大力气解决好中小企业融资难、融资贵等问题，为企业推进科技创新提供有力金融支

持。需要政府部门着力营造良好的市场环境，加快推进土地、劳动力、资本、技术、数据等要素市场化改革，促进各类企业公平竞争，加强公共服务平台建设，加大共性技术供给，完善知识产权保护制度，激发企业创新动力、培育企业创新潜力、提高企业创新能力。

第三，补齐短板，延链固链。中国制造业面临提升产业链现代化水平、加快发展现代产业体系、推动经济体系优化升级的紧迫任务。在经济结构、发展质量、核心技术等方面亟待延链固链，加快弥补短板，特别是解决部分领域关键核心技术"卡脖子"问题。

大企业是构筑坚强产业链供应链的坚实力量，但仅仅据此还远远不够。实践表明，"专精特新"中小企业天生具有创新基因，以专注铸专长、以配套强产业、以创新赢市场，在产业链关键环节上，常常率先实现关键零部件、关键技术的突破，出现在有效打破国外技术垄断的第一线。制造业"专精特新"中小企业相比大企业，往往能够发挥贴近市场、敏捷决策的特点，主动对接创新资源，做强产业链细分领域关键环节或实现相关配套，起到夯实基础、培育优势的作用。一批"专精特新"中小企业加入骨干大企业为龙头、链长的产业链中，不仅能够提升上下游协作配套水平，而且使产业链供应链的稳定性和效率有效提高，最终提升我国现代产业体系的质量和水平。

第四，再造优势，振兴乡村。近年来，国家采取一系列政策措施，加强规范引导、优化发展环境、加大公共服务，培育壮大乡村产业，大力推动乡村中小企业发展，取得积极成效。农村脱贫之后，支持引导乡村中小企业走"专精特新"发展之路，是巩固脱贫成果、促进乡村振兴最为有效的手段之一。经验证明，只有选择"专精特新"的发展方向，才能使农村中小企业在激烈的市场竞争中找到彰显优势的一席之地。

下一阶段扶持村级中小型企业，有必要聚焦"专精特新"的发展方向与路径，抓住政策上倾斜扶持的机会，围绕当地资源禀赋，用好专业化的组织形式，做强现代种养业、做精乡土特色产业、提升农产品加工流通业、优化乡村休闲旅游业、培育乡村新型服务业、发展乡村信息产业，实现办好村级中小企业、形成制造业、服务业的"专精特新"品牌产品和项目，带动乡村经济发展。

第五，绿色低碳，持续发展。当今世界正迎来一场以绿色低碳为特征的技术革命和产业变革。习近平主席代表中国政府郑重宣布，中国二氧化碳排放力争于 2030 年前达到峰值，努力争取 2060 年前实现碳中和，清楚地向国际社会表明了中国坚持绿色低碳发展的坚定决心。国家层面已经发布了《关于完整准确全面贯彻新发展理念做好碳达峰碳中和工作的意见》和《2030 年前碳达峰行动方案》，出台了科技、碳汇、财税、金融等保障措施，形成碳达峰碳中和"1+N"政策体系，明确了时间表、路线图、施工图。

企业是推动绿色低碳发展的主要力量，大企业义不容辞，中小企业也重任在肩。作为世界上最大的发展中国家，中国产业结构偏重，能源结构偏煤，单位 GDP 的能耗物耗较高，实现"双碳"目标需要付出艰苦的努力。相比经济实力雄厚的大企业而言，中小企业群体在加速低碳转型的过程中，面临更大的困难和挑战。"专精特新"中小企业以创新著称，无疑也是绿色制造和低碳发展的生力军。可以看到，国家在认定和发布支持措施中，都把绿色发展作为必要前提条件予以强调，列入其中的"专精特新"中小企业要把绿色低碳、保护环境发展作为必须完成的任务。近年来，一批中国"专精特新"中小企业活跃在联合国全球契约组织、ESG（环境、社会和公司治理）投资等可持续发展活动中，用行动向全世界展示实现全球可持续发展目标的中国担当。"专精特新"企业代表中国中小企业群体向世界展示，在奔向 2035 年远景目标和参与全球可持续发展过程中，中国企业一定奋力向前。

因此，大力发展"专精特新"企业已经成为抗御经济运行风险，提高我国产业竞争能力、锻造制造业韧性、培育新经济增长点、筑牢经济增长基础、加快可持续发展的关键之举。

## 三、久久为功，培育"专精特新"中小企业高质量发展

目前，国家以"专精特新"为核心的中小企业梯度培育体系已经形成，从规模上看，已培育国家级专精特新"小巨人"企业 4762 家，单项冠军企业 848 家，带动省级"专精特新"中小企业 4 万多家，入库企业 11.7 万家。工业和信息化部在已有的基础上，从国家层面进一步创新"专精特新"中小企业发

展的路径，通过加紧研究制定创新型中小企业评价和培育办法，导引更多中小企业迈上"专精特新"的发展轨道，进一步扩大"专精特新"中小企业的规模和范围，显著提升数量。2022年准备再培育国家级的"专精特新"企业3000家以上，以此带动省级"专精特新"中小企业5万家以上，使"专精特新"中小企业群体不断壮大。力争到2025年，以体系化的方法形成"百十万千"的"专精特新"中小企业梯队，即：培育100万家的创新型中小企业、10万家省级"专精特新"中小企业、1万家国家级的专精特新"小巨人"企业、1000家制造业单项冠军企业。"专精特新"中小企业的发展不可能一蹴而就，体系化的建设要稳扎稳打，重视数量更重视质量，久久为功。

一直以来，国家高度重视中小企业及"专精特新"企业发展，前不久，国务院促进中小企业发展工作领导小组办公室出台了为"专精特新"中小企业办实事清单等一系列培育"专精特新"企业的政策文件，明确了培育目标和工作举措，形成了重视和培育"专精特新"企业的良好氛围。2022年以来国家层面出台包括减税降费、稳岗扩岗、融资促进、畅通物流等各类支持中小企业政策17个，地方层面出台52个；全国累计19个省区市推出专项政策支持"专精特新"中小企业发展，资金支持超40亿元。

当前尤其要健全扶持"专精特新"中小企业的政策体系，使政府支持工作进一步下沉，切实落到企业身上。在中央形成支持政策之后，地方出台"专精特新"配套政策极为重要。只有加快形成上下贯通的办实事措施，例如在财税、信贷、融资、用地、用能、引才、市场开拓、绩效评价等方面具体帮扶，才能激励更多"专精特新"中小企业乘势成长。

一是加大重点产业领域"专精特新"中小企业扶持力度，对属于战略性新兴产业和未来产业的企业精心培育和呵护，对属于传统产业高端化、智能化、绿色化改造升级的企业积极引导和支持。二是加强对"专精特新"中小企业的资金支持，抓紧落实党中央、国务院确定的减税降费等一揽子财政政策安排，建立融资信息沟通平台，加强企业与资本的对接，对精选的优质企业开发专属金融产品定向培育，创造"放足好水、养好活鱼"的健康生态。三是建设赋能"专精特新"中小企业的公共技术服务平台，发挥行业协会等社会组织作用，加快产学研用的创新体系构建，推动科技成果转化，尽快将企业的创新产品带入产业化进程。四是完善"专精特新"中小企业人才导入机制，引导高校、科研单位培育专项领域的实用型人才，并让这些人才向企业流动；最大限度激发广大科技人才的创新活力，形成社会人才多种形式向企业流动的机制与氛围。五是构建一个科学的"专精特新"中小企业评价模式，放开赛道，揭榜挂帅，让所有符合条件的企业都有机会成为"小巨人"。

"专精特新"中小企业兴旺，中小企业群体就会充满生机与活力，我国经济一定能在高质量发展道路上行稳致远。可以预期，在党中央、国务院的坚强领导、在各级党委和政府的帮助支持以及全社会的关心关注下，越来越多"专精特新"中小企业将脱颖而出，成为各自产业领域的"小巨人"企业和单项冠军，带领广大中小企业群体，不惧各种风险挑战，在提升中国产业链供应链稳定性和竞争力、构建双循环新发展格局中发挥更大作用，为经济高质量发展注入更多新活力新动能，为我国建成社会主义现代化国家贡献巨大力量。

（发表于《中国改革报》，2022年5月6日）

# 把握"专精特新"新要求
# 全面提升中小企业竞争力

企业的竞争力是一个企业面对变化的环境与市场，如何牢牢把握发展主动权的能力。对于每一个中小企业和每位企业家来说，如何在变局中找准方位，在危局中站稳脚跟，在困局中创新作为，持续不断地提升竞争力，是要认真思考与回答的重要问题。借此机会，我谈几点认识和想法，供大家参考。

## 一、把握稳经济新形势，以超常力度增强中小企业竞争力

提升中小企业竞争力的重要之举是在波诡云谲的局面中能够把握宏观大势，屹立坚守。2022年是推进"十四五"规划实施的重要一年，也是中国经济在踏上全面建设中国特色社会主义新起点后能否稳步前行的关键一年，广大中小企业面临新的挑战与机遇。"黑天鹅""灰犀牛"突发重大事件叠加多年未见的需求收缩、供给冲击、预期转弱三重压力，使稳定经济增长的迫切程度、复杂程度、敏感程度、艰巨程度无以复加。有些突发因素超出预期，对经济平稳运行带来剧烈扰动。2022年4月，全国规模以上工业增加值同比下降2.9%，固定资产投资环比下降0.82%，社会消费品零售总额同比下降11.1%，宏观经济指标出现了多年罕见的可能滑出正常运行区间的风险，完成2022年GDP增长5.5%左右的预期目标受到严峻挑战。

企业作为经济社会生命力与活力的有机载体，经营状况是宏观经济态势最为直接的反映。一段时间内，一部分企业尤其是量大面广的中小企业群体，由于体量有限、技术含量低、应变力脆弱、运营成本高、抗风险能力不足，背负着巨大困难和压力，一些甚至处在难以为继的紧要关头。至2021年年末，中国中小企业数量在4600万户企业总量中占比达99%以上，容纳了4亿左右

的就业人员，关联着成千上万的家庭，中小企业能否顶住市场波动取得健康发展已经成为社会和谐、经济稳定最为重要的因素之一。

中小企业是我国就业的主要领域，是民生和社会稳定的根本，是经济增长的底盘，是增收入扩消费的源泉。无论是全年退减税总量达 2.64 万亿元、缓缴养老等三项社保费 3200 亿元等减抵免缓的财政政策，还是 2022 年普惠小微贷款支持工具额度和支持比例增加一倍的金融政策，以及打通正常物流通道的堵点断点，党中央、国务院的各项重要举措，都集中指向为中小微企业等市场主体纾困解难，以"六保"促"六稳"始终处在重中之重的核心位置。

中国的中小企业是伴随改革开放发展起来的市场经济主体，总体上不仅容纳了庞大的就业人员，而且积累了丰厚的物质技术基础，应该把当前的考验当作一场凤凰涅槃式的淬炼。面对错综复杂的局面，党中央、国务院带领全国人民应对挑战、带领广大中小企业战胜困难的决心之坚定，目标之集中，措施之广泛，力度之空前，要求之具体，前所未有。中国经济恢复凭借的超大规模市场优势和内需潜力没有改变。广大中小企业唯有认清当前的宏观大势，依据经济规律不断洞察变化，随着市场的变动找准方向调整节奏，用好各项惠企政策，提升自身竞争力，振奋精神，鼓足勇气，克服困难，坚守阵地，就一定能渡过难关，成为稳住经济大盘的生力军。只要中小企业能挺得住、立得住，中国经济就会不惧风浪袭扰，稳步前行。

## 二、把握稳实业新路径，以"专精特新"提升中小企业竞争力

提升中小企业竞争力的重要环节是在错综复杂的环境里能够找到正确路径，执着坚韧。近年来，每当宏观经济运行出现较大幅度波动的时候，有一类中小企业往往具有比其他中小企业更强的抗击冲击的能力。尽管这些企业可能分属不同的行业和地域，但都有一个共同特点——"专精特新"，中小企业群体有必要予以更多的关注和借鉴。

首先，以"专精特新"锻造经济的韧性。我国政府高度重视培育支持"专精特新"中小企业工作，支持中小企业走专业化、精细化、特色化、新颖化发展之路已成为重要政策导向。实践证明，"专精特新"中小企业发育的地方，

经济往往更具活力和韧性，具备较强的抵御市场风险能力。当前要支持中小微企业纾困解难，保护市场主体，加快发展实体经济领域的"专精特新"创新型中小企业是行之有效的重要措施。

实体经济领域的"专精特新"中小企业作为排头兵，由于长期以创新为导向，执着专一领域，根系扎得深，基础打得牢，从成长之初开始，就具有更强的抗风险能力。相对于一般中小企业，"专精特新"企业在面对较大困难乃至严峻挑战时，往往具备更强的适应性，即便跌倒恢复也比一般企业更快。积极支持"专精特新"中小企业发展，带动越来越多中小企业走"专精特新"之路，将会有力应对风险与挑战，形成中国经济稳定发展中最为有力的支撑。

其次，以"专精特新"凝练发展的灵魂。我国经济发展到当前这个阶段，创新能力不足已经成为影响生存、制约发展的大问题，需要一大批企业以更大资金、更多力量投入实体经济的创新活动，引领创新发展，而大量"专精特新"中小企业正是其中最为活跃的部分。

发展"专精特新"中小企业，需要坚持自主创新为核心，为企业推进科技创新提供有力金融支持。需要政府部门着力营造良好的市场环境，加快推进土地、劳动力、资本、技术、数据等要素市场化改革，促进各类企业公平竞争，加强公共服务平台建设，加大共性技术供给，完善知识产权保护制度，激发企业创新动力、培育企业创新潜力、提高企业创新能力。

再次，以"专精特新"突破发展的瓶颈。中国制造业是实体经济的支柱，在经济结构、发展质量、核心技术等方面亟待加快弥补短板，特别是解决部分领域关键核心技术"卡脖子"问题。实践表明，"专精特新"中小企业是国家创新能力提升不可或缺的重要力量，在产业链关键环节上，常常率先实现关键零部件、关键技术的突破，出现在有效打破国外技术垄断的第一线。

最后，以"专精特新"抓住需求的核心。在充分竞争的市场环境中，如何能够立于不败之地，始终赢得用户和消费者的认同，"专精特新"是不二路径。企业"深耕细作"式的生产方式有利于不断提高竞争力，有效提升产业创新能力和发展质量。在经济低迷、市场需求萎缩的情况下，粗制滥造的产品可能混迹于一时，但最终会被市场抛弃。唯有货真价实的品牌产品才能抓住需求的核心，走到最后。

大力发展"专精特新"企业正在成为我国经济抗御经济运行风险，提高产业竞争能力、锻造制造业韧性、培育新经济增长点、筑牢经济增长基础的关键之举，也是广大中小企业应走之路。

### 三、把握稳发展新要求，以绿色智能巩固中小企业竞争力

提升中小企业竞争力的重要方略是在层出不穷的选择下能够保持头脑清醒，勇毅坚定。面对无序发展、脱离监管挣快钱的种种诱惑，要能心无旁骛、站稳脚跟、聚力发展，以特色发展和市场需求为导向，以专业化和精细化为抓手，以自主创新为核心，激发企业内在动力潜力，坚持可持续发展。

一是携手大企业发展，延链固链。大企业是构筑坚强产业链供应链的坚实力量，中小微企业、民营企业渗透于产业链的每个环节，是产业配套链条中不可或缺的组成部分，与大企业之间构成了一个高效合作的生态系统。2022年5月12日，工业和信息化部会同国家发展改革委、科技部、财政部等11部门共同印发了《关于开展"携手行动"促进大中小企业融通创新（2022—2025年）的通知》，将进一步引导"专精特新"中小企业加入骨干大企业为龙头、链长的产业链中，提升上下游协作配套水平，使产业链供应链的稳定性和效率有效提高，最终提升我国现代产业体系的质量和水平。

二是推动数字化发展，转型升级。当前数字化转型已经不是选择题，而是关乎企业生存和发展的必修课。推动中小企业数字化转型，需要从顶层设计和政策层面多管齐下，政府和企业协同发力。培育推广一批适合中小企业需求的数字化产品和服务，推动研发设计、生产制造、经营管理、销售服务等全生命周期数字化，打造一批数字化转型示范案例。培育发展一批中小企业数字化转型的专业服务商，为中小企业数字化转型提供成本低、见效快、实用性强的数字化解决方案。培育支持一批有条件的链主企业打造产业链供应链数字化平台，提升大中小企业协同效率。

三是坚持可持续发展，绿色低碳。当今世界正迎来一场以绿色低碳为特征的技术革命和产业变革。我国已发布《关于完整准确全面贯彻新发展理念做好碳达峰碳中和工作的意见》和《2030年前碳达峰行动方案》，形成碳达峰碳中和

"1+N"政策体系，明确了时间表、路线图和施工图。企业是推动绿色低碳发展的主要力量，大企业义不容辞，中小企业也重任在肩。相比经济实力雄厚的大企业而言，中小企业群体在加速低碳转型的过程中，面临更大的困难和挑战。

"专精特新"中小企业兴旺，中小企业群体就会充满生机与活力，我国经济就能在高质量发展道路上行稳致远。"专精特新"中小企业的发展不可能一蹴而就，要稳扎稳打，久久为功，高度重视学习，以思维的革命来提升企业核心竞争力。

"中小企业竞争力提升工程"旨在充分利用数字化技术，依托"全景沉浸式直播互动教学系统"，通过互联网双向专线与各地智慧教室进行双向联通、实时异地互动，并以电视制作、电影呈现的直播方式，结合 4K+5G+XR 技术，1∶1 全景呈现教学内容，以巨屏直播，营造超强的学习体验，实现高品质的教学内容规模化，助力提高中小企业经营管理者素质和能力水平，推动中小企业转型升级、高质量发展。

2022 年 6 月 2 日，工业和信息化部对外公布了最新组织制定的《优质中小企业梯度培育管理暂行办法》，明确了创新型中小企业、"专精特新"中小企业、专精特新"小巨人"企业的评价或认定标准。今天，首期"中小企业竞争力提升工程"暨衡水市"专精特新"民营企业家培训班的召开，顺风借力，将成为深入贯彻落实党中央、国务院决策部署的重要举措，成为借助工业和信息化部等政府部门政策规定提升中小企业竞争力的重要方式，成为依靠地方党委政府引导、培育中小企业走"专精特新"发展道路的重要途径，成为衡水市创建全国"专精特新"中小企业和企业家培育标杆的重要实践。

我们相信，在党中央、国务院的坚强领导下，在衡水市委、市政府的帮助支持、社会的关心关注以及企业的努力下，衡水地区能够涌现更多"专精特新"中小企业、"小巨人"企业和单项冠军，在提升我国产业链供应链竞争力、构建新发展格局中发挥更大作用，为我国全面建设社会主义现代化国家贡献更大力量。

（在"中小企业竞争力提升工程"暨衡水市"专精特新"民营企业家培训班上的讲话，2022 年 6 月）

# 变局时代中小企业高质量发展之道

多年来，金蝶集团在徐少春主席带领下，一直致力于探索一条以数字化赋能企业的特色鲜明、成效显著的中国式企业管理及发展之路。新冠疫情发生之后，金蝶集团配合政府部门，帮助中小企业化危机迎挑战，加快数字化转型步伐，做出了积极贡献。在党中央、国务院做出稳经济促增长的重要部署之际，"第二届成长型企业数字化创新发展峰会"的召开有着特殊的意义。我代表中国企业联合会、中国企业联合会智慧企业推进委员会向会议的召开表示热烈的祝贺。会议方建议的演讲主题是"变局时代中小企业高质量发展之道"，"变局时代"准确抓住了时代的特征和趋势，我想结合当前形势和中小企业的高质量发展，与大家分享几点看法。

## 一、认清稳经济新形势，以超常力度支撑中小企业的挺立

企业作为经济社会生命力与活力的有机载体，经营状况是宏观经济态势最为直接的反映。一段时间内，相当一部分企业尤其是量大面广的中小微企业群体，由于体量有限、技术含量低、应变力脆弱、运营成本高、抗风险能力不足，背负着巨大困难和压力，一些甚至处在躺倒难以起身的紧要关头。至 2021 年年末，中国中小企业数量在 4600 万户企业总量中占比达 99%以上，容纳了 4 亿左右的就业人员，关联着成千上万的家庭，中小企业能否顶住市场波动取得健康发展已经成为社会和谐、经济稳定最为重要的因素之一。

中国的中小企业是伴随改革开放发展起来的市场经济主体，总体上不仅容纳了庞大的就业人员，而且积累了丰厚的物质技术基础，应该把当前的考验当作一场凤凰涅槃式的淬炼。面对错综复杂的局面，党中央、国务院带领全国

人民应对挑战、带领广大中小企业战胜困难的决心之坚定，目标之集中，措施之广泛，力度之空前，要求之具体，前所未有。中国经济恢复凭借的超大规模市场优势和内需潜力没有改变。广大中小企业唯有认清当前的宏观大势，依据经济规律不断洞察变化，随着市场的变动找准方向调整节奏，用好各项惠企政策，提升自身竞争力，振奋精神，鼓足勇气，克服困难，坚守阵地，就一定能渡过难关，成为稳住经济大盘的生力军。只要中小企业能挺得住、立得住，中国经济就会不惧风浪袭扰，稳步前行。

## 二、把握强实力新路径，以"专精特新"增加中小企业的韧性

首先，以"专精特新"锻造经济的韧性。我国政府高度重视培育支持"专精特新"中小企业工作，支持中小企业走专业化、精细化、特色化、新颖化发展之路已成为重要政策导向。实践证明，"专精特新"中小企业发育的地方，经济往往更具活力和韧性，具备较强的抵御市场风险能力。当前要支持中小微企业纾困解难，保护市场主体，加快发展"专精特新"创新型中小企业是行之有效的重要措施。

"专精特新"中小企业作为排头兵，由于长期以创新为导向，执着专一领域，根系扎得深，基础打得牢，从成长之初开始，就具有更强的抗风险能力。相对于一般中小企业，"专精特新"企业在面对较大困难乃至严峻挑战时，往往具备更强的适应性，即便跌倒恢复也比一般企业更快。积极支持"专精特新"中小企业发展，带动越来越多中小企业走"专精特新"之路，将会有力应对风险与挑战，形成中国经济稳定发展中最为有力的支撑。

其次，以"专精特新"凝练发展的灵魂。发展"专精特新"中小企业，需要牢牢把握创新灵魂，鼓励广大中小企业的企业家心无旁骛，聚力发展，以专业化和精细化为抓手，以特色发展和市场需求为导向，以自主创新为核心，培育企业核心竞争力，开拓新的市场空间，成为产业链上不可或缺、无法替代的一环。需要金融部门协力各方，下大力气解决好中小企业融资难、融资贵等问题，为企业推进科技创新提供有力金融支持。需要政府部门着力营造良好的市场环境，加快推进土地、劳动力、资本、技术、数据等要素市场化改

革，促进各类企业公平竞争，加强公共服务平台建设，加大共性技术供给，完善知识产权保护制度，激发企业创新动力、培育企业创新潜力、提高企业创新能力。

再次，以"专精特新"突破发展的瓶颈。中国制造业在经济结构、发展质量、核心技术等方面亟待加快弥补短板，特别是解决部分领域关键核心技术"卡脖子"问题。大企业是构筑坚强产业链供应链的坚实力量，但仅仅据此还远远不够。实践表明，"专精特新"中小企业是国家创新能力提升不可或缺的重要力量，在产业链关键环节上，常常率先实现关键零部件、关键技术的突破，出现在有效打破国外技术垄断的第一线。

一批"专精特新"中小企业加入骨干大企业为龙头的产业链中，不仅能够提升上下游协作配套水平，而且使产业链供应链的稳定性和效率有效提高，最终提升我国供给体系的质量和水平。

最后，以"专精特新"抓住需求的核心。在充分竞争的市场环境中，如何能够立于不败之地，始终赢得用户和消费者的认同，"专精特新"是不二路径。企业"深耕细作"式的生产方式有利于不断提高竞争力，有效提升产业创新能力和发展质量。在经济低迷、市场需求萎缩的情况下，粗制滥造的产品可能混迹于一时，但最终会被市场抛弃。唯有货真价实的品牌产品才能抓住需求的核心，走到最后。

大力发展"专精特新"企业正在成为我国经济抗御经济运行风险，提高产业竞争能力、锻造制造业韧性、培育新经济增长点、筑牢经济增长基础的关键之举，也是广大中小企业应该选择的发展路径。

### 三、落实抓机遇新举措，以数字化转型找准中小企业的突破口

加快制造强国、网络强国建设是"十四五"时期的主要任务，但不少中小企业囿于成本、技术、人才等因素的限制，对数字化转型存在不敢、不会、不能等问题，成为亟待加强的短板。在当前稳定经济增长的大背景下，要抢抓机遇，趁势发展，把加快中小企业数字化转型，作为应对经济下行风险的突破口。以大力培育生态聚合型平台企业、示范引领型骨干企业、"专精特新"中

小企业、专业化系统解决方案提供商等四类企业带动更多中小企业迈步数字化进程。

一是构建数字化转型新战略。中小企业要积极投身国家数字产业化、产业数字化布局，在推动数字经济和实体经济深度融合中找到发展机会。按照工信部门和地方政府形成的"十四五"时期中小企业加快数字化转型的总体要求、主要任务、重点工程以及保障措施等投入更多力量，以解决当前中小企业数字化转型的关键问题为出发点和落脚点，充分考虑与现有政策配套协同，突出企业数字化系统建设，整合各方资源，稳步推进数字化、网络化、智能化发展进程。

二是抓住数字化基础设施建设新机遇。新型数字基础设施建设是政府加大基本建设投资的重点，中小企业要把握数字经济基础设施建设机会，积极参与经济社会发展、国家和城市的数字化治理。通过对接大型企业，构建数字化发展的基础性、共性平台，注意平台服务型与制造型的中小企业深度合作，加强数据、产品和内容等的资源整合共享，扩大在线教育、协同办公、互联网医疗、在线文旅等在线服务覆盖面，提升企业数字化服务能力。

三是拓展数字化应用新场景。中小企业应踊跃参与新一代信息技术集成创新，积极融入 5G、工业互联网融合应用。围绕产业链、供应链、创新链，推出集成应用的数字化场景，推动企业业务和设备上云，建设智慧生产线、数字车间、智能工厂、智慧企业等新生态，发展新型智能产品、数字化管理、平台化设计、智能化制造、网络化协同、个性化定制、服务化延伸等新产品新模式，培育数字孪生、云制造、众包设计、虚拟仿真等新业态。

## 四、坚持求发展新要求，以绿色低碳夯实中小企业的基础

当今世界正迎来一场以绿色低碳为特征的技术革命和产业变革。中国政府郑重承诺的"二氧化碳排放力争于 2030 年前达到峰值，努力争取 2060 年前实现碳中和"的"双碳"目标，清楚地向国际社会表明了中国坚持绿色低碳发展的坚定决心。国家层面已经发布了《关于完整准确全面贯彻新发展理念做好碳达峰碳中和工作的意见》和《2030 年前碳达峰行动方案》，出台了科技、碳

汇、财税、金融等保障措施，形成碳达峰碳中和"1+N"政策体系，明确了时间表、路线图、施工图，中小企业必须深入领会，坚决随行。

企业是推动绿色低碳发展的主要力量，大企业义不容辞，中小企业也重任在肩。近年来，中小企业的节能减排工作取得了积极进展。一批中小企业在绿色低碳领域表现十分活跃，不但认识领先、率先起步、数量逐步增多，而且商业模式相对成熟，行业跨度上也很大，具有良好的发展前景。总体看，按照环保法规开展企业运营，已经成为中小企业群体发展的刚性要求和自觉行动；多数企业已有认识，并加以遵守；但主动纳入绿色制造轨道还需要外界营造更佳环境和企业自身更多努力。

同时也应看到，作为世界上最大的发展中国家，中国产业结构偏重，能源结构偏煤，单位 GDP 的能耗物耗较高，实现"双碳"目标需要付出更为艰苦的努力。相比经济实力远为雄厚的大企业而言，中小企业群体在加速低碳转型的过程中，面临更大的挑战。我国中小企业占工业企业数量的九成以上，能耗占工业总能耗的 25%～30%。近年来，由于能源管理基础能力较为薄弱，生产技术有待改进，中小企业的能耗总量和污染排放总量未能有效下降，一些领域还呈增加趋势。因此，加强中小企业的节能降耗、低碳减排工作，是深度挖掘节能潜力、大幅提高能源利用效率、努力实现节能减排约束性目标的现实选择。

实现"双碳"目标是一个复杂的系统工程，也是一个不可能一蹴而就的长期任务。在当前经济发展面临压力之际，尤其需要中小企业贯彻新发展理念，按照高质量发展的内在要求，转化可持续增长的现实路径，处理好发展和减排、整体和局部、长远目标和短期目标、政府和市场的关系。通过围绕实现"双碳"目标，学习和借鉴先进的能源管理经验，利用清洁、零碳、负碳、降碳技术与数字技术重塑我国中小企业在绿色低碳发展方面的新动能和新优势，加大先进成熟的绿色低碳技术成果推广应用力度。探索以绿色供应链核心企业、大型采购方等为纽带，通过绿色供应链建设，推动中小企业绿色低碳工作向深度和广度开展。加强创新能力建设和人才培养，在建筑、交通、增加碳汇、绿色生活方式等方面持续不断努力，为中小企业高质量发展和全要素生产率提升提供新的有力支撑。

## 五、找准攀高峰新内涵，以企业家精神激励中小企业的信心

企业家是经济活动的重要主体，是企业的灵魂。中国中小企业的企业家成长路径与发达市场经济国家不同，是在改革开放的市场大潮中搏击风浪、大胆创业、勇于创新成长起来的一代人，并以企业家精神代代相传。中小企业家群体是建立和谐社会、推动经济发展、不断改革创新的重要力量，也是中国经济社会发展中最宝贵的财富和资源。党的十八大以来，习近平总书记在讲话中多次谈及企业家精神，指出"市场活力来自于人，特别是来自于企业家，来自于企业家精神"；要"激发企业家精神，发挥企业家才能"。党的十九大之前，中共中央、国务院印发了《关于营造企业家健康成长环境弘扬优秀企业家精神更好发挥企业家作用的意见》，体现了党中央、国务院对企业家队伍的高度重视和殷切期望，标志着对优秀企业家精神的保护和弘扬进入了一个崭新阶段。为今天中小企业的企业家振奋精神，不惧暴风骤雨的侵袭，指明了前进方向，注入了新的动力。

抗击市场风浪需要有胆识，坚守企业阵地需要凭精神。经济下行压力下坚持中小企业不躺平，在国家全力改善发展环境的同时，还需要生产要素的支撑，更需要企业家精神的引领。在当前复杂严峻的氛围中，中小企业的企业家应弘扬企业家精神，力求做到：一要坚守爱国情怀，勇于担当。把握实体经济发展方向，始终坚守与国家要求同频共振，坚守企业，持续发展，专注品质与追求卓越。二要坚守改革方向，创新驱动。不断深化改革，持续创新投入，向改革要红利，以创新谋发展，迈步"专精特新"路径，敢于挑战产业链供应链的"卡脖子"环节，创建一流企业，增强实体经济发展动能。三要坚守诚信理念，守法合规。面对经营困难的局面，绝不放松法律与道德底线；要信守企业诚信价值观，培育依法经营、诚实守信、公平竞争的企业文化，做诚信守法经营的表率；努力提高合规经营意识，走质量内涵型发展道路，强化合规经营责任，提升合规经营水平，在法治轨道上提升管理水平。四要坚守社会责任，永续发展。统筹疫情防控和企业发展，承担"六稳""六保"责任，努力稳定就业岗位，建立和谐劳动关系，关心员工生活；着眼长远，履行绿色环保低碳发

展义务，积极参与循环经济体系建设，提高环境友好产品和服务供给，主动参与应对气候变化等全球性和长期性风险与挑战的行动；关注关心关爱社会。五要坚守国际视野，内外并举。立足国内大循环，发挥比较优势，更好利用国内国际两个市场两种资源。适应新冠疫情防控形势的转变，加强国际交流，通过参与国际专利布局、国际标准制定提升创新能力；重视"一带一路"倡议落实的机会，争取与产业链上下游的大企业合作抱团出海；不断提高产品品质，增强竞争力，更好满足消费升级需求，改善企业盈利水平，提升企业活力。

中小企业兴，经济兴；经济兴，国家兴。相信在国家稳定经济发展的努力下，中小企业群体一定能激发出新的生机与活力，中国经济一定能在高质量发展道路上行稳致远。可以预期，在党中央、国务院的坚强领导、各级党委政府的帮助支持以及全社会的关心关注下，广大中小企业群体一定能够不惧各种风险挑战，在筑牢经济稳定基础、迈步"专精特新"路径、增强创新发展动力、提升产业链供应链韧性、构建双循环发展的新格局中发挥更大作用，为经济高质量发展注入更多新动能，为我国建成社会主义现代化国家贡献巨大力量。

［在金蝶集团"第二届成长型企业数字化创新发展（北京）峰会"上的发言，2022年6月］

# 沿着"专精特新"路径加快发展
# 促进企业竞争力持续提升

当前我国经济正处在加快向高质量发展目标前进的关键时期,"专精特新"中小企业的发展受到各方的关注与重视,围绕"专精特新"的内涵进行对企业经营管理人才培训有着特殊的意义。为此,我谨代表中国企业联合会和中国企业家协会,对本次特训营的开营表示热烈祝贺,向各位来自一线的企业家、讲课的专家和为筹办此次活动费心尽力的工业和信息化部中小企业人才交流中心、上海创合汇教育科技有限公司以及各位相关同志致以敬意。

2008年至2015年,我在工业和信息化部工作,参加了促进中小企业发展的有关工作,与相关同志们一道,推动了国家层面中小企业领军人才项目的落地实施,下发了支持"专精特新"中小企业发展的政策性文件。需要指出的是,中小企业发展工作是党中央、国务院重视、全社会支持的一项大事情。早在1998年,国家经贸委中单独设置的中小企业司,在政府层面组织协调有关工作,于2000年前后提出了以"专精特新"引导中小企业发展的设想。2011年,为了应对国际金融危机大环境下中小企业面对的困难,我和工业和信息化部中小企业司的同志们形成并提出了以"专精特新"破解中小企业成长困局的想法并开展了相关工作。2019年开始,中央对支持"专精特新"中小企业发展做出了新的指引,对发展"专精特新"企业确定了新定位。对此,我们既要看到"专精特新"企业发展的一以贯之,又要体会到新形势下中央对"专精特新"企业发展的新要求,乘势发展。我想这也是这次培训的初衷之一。下面,我想围绕培训要求,谈一谈在当前形势下,如何通过"沿着'专精特新'路径加快发展促进企业竞争力持续提升"的几点考虑,与大家分享。

## 一、中小企业要努力成为稳住经济大盘的生力军

当前，世界百年未有之大变局和新冠疫情的影响愈加明显，世界正处在一个扑朔迷离、"黑天鹅"频出、"灰犀牛"欲动的时期。越来越多的企业认同这样一个观点：全球社会、经济和环境领域接连不断出现巨大挑战，正在进入一个更加变幻不定的 VUCA 时代，即以不稳定性（Volatile）、不确定性（Uncertain）、复杂性（Complex）、模糊性（Ambiguous）为特征的时代。

企业作为经济社会生命力与活力的有机载体，经营状况是宏观经济态势最为直接的反映。中小微企业是我国就业的主要领域，是民生和社会稳定的根本，是经济增长的底盘，是增收入扩消费的源泉。至 2021 年年末，中国中小企业数量在 4842 万户企业总量中占比达 99% 以上，容纳了 4 亿左右的就业人员，关联着成千上万的家庭，中小企业能否顶住市场波动取得健康发展已经成为社会和谐、经济稳定最为重要的因素之一。一段时间内，相当一部分企业尤其是量大面广的中小微企业群体，由于体量有限、技术含量低、应变力脆弱、运营成本高、抗风险能力不足，背负着巨大困难和压力，一些甚至处在躺倒难以起身的紧要关头。

面对错综复杂的局面，党中央、国务院带领全国人民应对挑战、带领广大中小企业战胜困难的决心之坚定，目标之集中，措施之广泛，力度之空前，要求之具体，前所未有。2022 年上半年中小企业享受新增减税降费及退税缓税缓费近 1.8 万亿元，规模以上中小工业企业增加值同比增长 3.7%，增速高于整体工业，中央扶持中小企业的政策正在逐步显效。

相信随着新冠疫情防控形势向好、政策效应显现，我国经济体量大、市场空间广、发展韧性足、改革红利多、治理能力强的优势将进一步发挥，企业有望重拾发展势头。广大中小企业要在错综复杂的环境中保持定力，在不确定性中把握确定的方向，唯有认清当前的宏观大势，依据经济规律不断洞察变化，随着市场的变动找准方向调整节奏，用好各项惠企政策，提升自身竞争力，克服困难，坚守阵地，成为稳住经济大盘的生力军。只要中小企业能挺得住、立得住，中国经济就会不惧风浪，稳步前行。

## 二、中小企业要努力坚持"专精特新"的发展路径

企业是市场经济的主体，中小企业是经济平稳运行的基础。中国进入社会主义市场经济建设时期之后，中小企业取得了长足发展，不仅数量众多，而且分布很广。如何引导帮助中小企业茁壮成长，克服来自环境和自身不利因素的影响，一直是企业、政府、社会关注的问题。各方面的实践表明，以专业化、精细化、特色化、新颖化为主要特点的"专精特新"中小企业往往具有比其他中小企业更强的适应市场能力和旺盛的生命力，应予以更多的了解与关注。

专业化是"专精特新"企业的首要特征。企业专注核心业务，具备专业化生产、服务和协作配套的能力，其产品和服务在产业链某个环节中处于优势地位，能够为大企业、大项目提供优质零部件、元器件、配套产品和配套服务。如果有志于向专精特新"小巨人"方向迈进的中小企业，一定要认真地加以思考，首先要做出的决断，就是有没有决心持续深耕一个行业、一个领域，几年甚至十几年、几十年如一日，孜孜不倦，日夜以求，不达目的决不罢休。据工业和信息化部中小企业局的一项调查表明，专精特新"小巨人"企业有70%在一个领域里坚持了十年以上。

巴菲特说过，每个人终其一生，只需要专注做好一件事就可以了，这是成为高手的秘籍。稻盛和夫说，一辈子专注于一行一业、不厌其烦、终身努力的人，才能成为名人、高手。以盛产"隐形冠军企业"闻名的德国，企业最注重的是"专业精神"，大量"小而专"的企业建立竞争优势的时间短则十年，长则数十年。如果希望挣快钱，就不要选择"专精特新"模式，只有尊重规律、注重专业精神，才能在时间的河流中淘洗出真正有价值的"专精特新"。

精细化是"专精特新"企业的核心要义。企业在经营管理中建立了精细高效的制度、流程和体系，实现了生产精细化、管理精细化、服务精细化，形成核心竞争力，其产品或者服务品质精良。精细化管理要达到的效果是以专业化为前提、技术化为保证、数据化为标准、信息化为手段，把服务者的焦点聚集到满足被服务者的需求上，以获得更高效率、效益和更强竞争力。精细化的境界就是将管理的规范性与创新性最好地结合起来。

日本 HardLock 工业株式会社是日本中小企业尤其是制造业精细化的典范。这家不到 50 人的日本小微企业，几十年来一直精益求精地对待设计、材料、设备、生产、评测、物流每一个环节，把每一项工作都做到极致，孜孜不倦地专注于做"绝不松动"的螺丝，在世界上成为令人瞩目的典范。

特色化是"专精特新"企业的制胜秘籍。企业针对特定市场或者特定消费群体，利用特色资源、传统技艺、地域文化或采用独特的工艺、技术、配方提供独具特色的产品或服务，达到较强影响力和品牌知名度。现代管理学认为，科学化管理有三个层次：第一个层次是规范化，第二层次是精细化，第三个层次是个性化。

瑞士钟表多年来依靠精美的设计与精湛的技艺稳居世界钟表界顶端，但 20 世纪 70 年代日本石英表的崛起，给瑞士钟表造成了致命的打击。瑞士钟表企业依靠独到的设计，将钟表定位在用来体现个人地位的装饰，顽强地夺回阵地。1994 年至 2009 年，瑞士手表在中国申请专利多达 170 多项，而国产表只有海鸥和飞亚达申请 5 项专利。目前中国钟表界正在急起直追，张建民先生依靠独特的设计理念，并积极拥抱电商平台，其"玺佳"品牌手表大卖，实现了很好的增长。

新颖化是"专精特新"企业的鲜活标志。企业通过产品、技术、工艺、业态和商业模式等创新，挖掘、引领、满足客户需求，创造价值。新颖化集中表现在技术创新和商业模式创新，产品或者服务拥有自主知识产权，应用前景广阔，具备较高技术含量或附加值，具有良好的发展潜力。

据工业和信息化部对 1000 余家专精特新"小巨人"企业跟踪显示，2022 年 6 月，24.6% 的专精特新"小巨人"企业订单量比上月增加。1 月至 5 月，"小巨人"企业营业收入利润率为 10.8%，比规模以上中小企业高 5.2 个百分点。这一成绩的背后，是"小巨人"企业平均研发强度达到 10.3%，高于上市企业 1.8 个百分点。

## 三、中小企业要通过"专精特新"实现高质量发展

近十余年来，支持"专精特新"中小企业发展成为政府部门推进中小企业

工作的一个支点。"专精特新"是中小企业的发展方向，也是部分大型企业应走的道路，有必要深刻认识新阶段如何引导培育更多企业走"专精特新"的道路，激发企业创新驱动、迈步卓越的内在动力，战胜外部危机，进而夯实中国经济高质量发展的基础。

第一，"专精特新"指引企业高质量发展的方向。

党的十九大明确了我国经济发展已由高速增长阶段转向高质量发展阶段，企业面对的外部发展环境和增长的要素条件发生了重要变化，高速增长转向质量与速度并重，更加注重质量。企业的发展方向直接指向把创新作为引领发展的第一动力，而"专精特新"企业的灵魂就是创新，坚持把科技创新和管理创新摆在突出位置、融入生产经营的各环节和各项工作谋划；要不断深化改革，营造良好环境和社会氛围，让创新的源泉充分涌流、创造的活力充分迸发，为高质量发展开掘源头活水。同时，"专精特新"企业用特色化、新颖化来更加充分地满足人民美好生活需要，开拓企业把握市场的新空间。

第二，"专精特新"呼唤企业高质量发展的精神。

实现经济的高质量发展，离不开勇于创新、敢于拼搏、追求卓越的企业家和企业家精神。"专精特新"不只是对企业生产方式、企业产品的描述，本身就是对中国企业家精神风貌的刻画与写照。"专精特新"反映出企业家面对错综复杂的经济形势和喧闹浮躁的市场环境，能够以专注铸专长，深耕专门行业的细分领域，拒绝诱惑，痴心不改；能够以精细提升水平，在技术方面精益求精，在管理方面精准精致，使企业的每一个环节达到最高标准；能够以特色赢得客户，真正做到人无我有，人有我优，人优我特，用鲜明的特点取得市场的最终认可；能够以创新引领发展，以创新赋予产品生命，赢得消费者的心。

第三，"专精特新"勾勒企业高质量发展的模式。

经济发展规律表明，一个国家进入工业化中后期，企业必须及时跟上从规模速度型转向质量效益型的模式变化，才能实现新的发展。"专精特新"的发展就是要求企业必须彻底摒弃一味以规模扩张来降低成本、获取利润的方式，把更多的力量放在提高质量、适应需求方不断变化、具备个性的要求方面。企业坚持"专精特新"的模式，更加有利于企业由单纯生产型向服务型制造转变，以专业、精细的服务延长制造链条，获取更大的发展空间。

第四,"专精特新"揭示企业高质量发展的趋势。

推动企业高质量发展,离不开原有工艺、设备、技术、管理的改革和创新。"专精特新"的生产和管理方式使得企业的改革和创新得以在快速迭代的基础上持续进行。"专精特新"也要求企业把专门技术的精雕细琢作为企业发展的主要方向。多元化的发展可能是一定时期和阶段中部分企业尝试的做法,也有一些成功的案例;但在制造业领域中,坚持"专精特新"无疑是大多数成功企业的做法,也是未来发展的趋势。

第五,"专精特新"描述企业高质量发展的路径。

以"专精特新"推动企业高质量发展可以清楚指出数字化、绿色化是必走路径。绿色低碳经济与数字经济协调发展,是"专精特新"企业为构建新发展格局努力的全新方向。一方面,企业要主动适应绿色低碳发展要求,通过"专精特新"不断提升碳减排效果,形成企业绿色低碳转型的新动力;另一方面,企业要加快数字化转型步伐,实现"专精特新"的要求,重塑企业组织和流程,提高效率、降低能耗、降本增效,催生新产业新业态新模式。用绿色化打造"专精特新"企业的隽永底色,用数字化培育"专精特新"企业的坚强架构。

第六,"专精特新"擘画企业高质量发展的未来。

"专精特新"企业是新时期经济的重要支撑,也是稳定产业链供应链、推动高质量发展的重要力量。实践证明,许多"专精特新"中小企业生产的产品在产业关键领域发挥着"补短板""填空白"的关键性作用。当前需要通过构建全门类政策保障、全生命周期服务、全要素资源配置的"专精特新"服务体系,逐步围绕产业链促进大中小企业融通发展,形成协同、高效、融合、顺畅的大中小企业创新生态,推动高质量发展。

## 四、中小企业要通过"专精特新"持续提升竞争力

中国中小企业竞争力的提升有赖于"专精特新"企业的培育与壮大。目前,工业和信息化部等政府部门正在加快构建创新型中小企业、"专精特新"中小企业、专精特新"小巨人"、单项冠军的企业梯度培育体系,从规模上看,

已培育国家级专精特新"小巨人"企业 4762 家，单项冠军企业 848 家，带动省级"专精特新"中小企业 4.8 万多家，入库企业 11.7 万家。工业和信息化部从国家层面进一步完善"专精特新"中小企业发展的路径，通过引导更多中小企业迈上"专精特新"的发展轨道，进一步扩大"专精特新"中小企业的规模和范围，显著提升数量。现已组织开展第四批专精特新"小巨人"企业培育，2022 年准备再培育国家级"专精特新"企业 3000 家以上，以此带动省级"专精特新"中小企业 5 万家以上。力争到 2025 年，以体系化的方法形成"百十万千"的"专精特新"中小企业梯队，即培育 100 万家创新型中小企业、10 万家省级"专精特新"中小企业、1 万家国家级专精特新"小巨人"企业、1000 家制造业单项冠军企业。"专精特新"中小企业的发展不可能一蹴而就，体系化的建设要稳扎稳打，重视数量更要重视质量，久久为功。

在培育"专精特新"中小企业方面，国务院和地方各级政府首当其冲。2021 年 11 月以来，国务院促进中小企业发展工作领导小组办公室出台了为"专精特新"中小企业办实事清单、"十四五"促进中小企业发展规划、优质中小企业梯度培育管理暂行办法等一系列培育"专精特新"企业的政策文件，明确了培育目标和工作举措，形成了重视和培育"专精特新"企业的良好氛围。当前尤其要健全扶持"专精特新"中小企业的政策体系，使政府支持工作进一步下沉，切实落到企业身上。在中央形成支持政策之后，地方出台"专精特新"配套政策极为重要。只有加快形成上下贯通的办实事措施，例如，在财税、信贷、融资、用地、用能、引才、市场开拓、绩效评价等方面具体帮扶，才能激励更多"专精特新"中小企业乘势成长，提升竞争力。当前尤其要做好各项政策的落实。

一是加强产业导向引领企业竞争力提升。加大重点产业领域"专精特新"中小企业扶持力度，对属于战略性新兴产业和未来产业的企业精心培育和呵护，对属于传统产业高端化、智能化、绿色化改造升级的企业积极引导和支持，引导广大企业沿服务型制造的阶梯迈向产业链高端。

二是加强融通创新赋能企业竞争力提升。引导打造一批大中小企业融通典型模式；激发涌现一批协同配套能力突出的"专精特新"中小企业；形成协同、高效、融合、顺畅的大中小企业融通创新生态，支撑产业链供应链补链固链强链。

三是加强融资支持帮助企业竞争力提升。加强对"专精特新"中小企业的资金支持，抓紧落实中央确定的减税降费等一揽子财政政策安排，建立融资信息平台，加强企业与资本的对接，用好各类信贷工具，对精选的优质企业进入直接融资市场和开发专属金融产品定向培育。以北京证券交易所开市为标志，为"专精特新"企业创造更多更好的上市机会和发展机遇。

四是加强公共服务鼓励企业竞争力提升。建设赋能"专精特新"中小企业的公共技术服务平台，发挥社会组织作用，加快产学研用的创新体系构建，推动科技成果转化，构建一个科学的第三方"专精特新"中小企业评价模式，放开赛道、揭榜挂帅，让所有符合条件的企业都有机会成为"小巨人"。

五是加强培育人才带动企业竞争力提升。完善"专精特新"人才导入机制，引导高校、科研单位培育专项实用型人才向"专精特新"中小企业流动。最大限度激发广大科技人才的创新活力，形成社会人才多种形式向企业流动的机制与氛围。

六是加强集聚发展推进企业竞争力提升。培育一批专注核心业务、生产管理精细、工艺技术独特、创新成效显著、市场竞争力强的"专精特新"中小企业群体，打造一批集聚优势产业、新兴产业、未来产业和数字产业的"专精特新"产业集群和园区，优化"专精特新"企业发展生态。

"专精特新"企业兴旺，企业群体就会充满生机与活力，我国经济就能在高质量发展道路上行稳致远。可以预期，在党中央、国务院的坚强领导下，在各级党委和政府的帮助支持以及全社会的关心关注下，越来越多的企业将选择"专精特新"的赛道，一批"专精特新"中小企业将脱颖而出，迈步卓越，成为各自产业领域的"小巨人"企业和单项冠军，带领广大中小企业群体，不惧各种风险挑战，在提升我国产业链供应链稳定性和竞争力、构建新发展格局中发挥更大作用，为经济高质量发展注入更多新活力新动能，为我国全面建设社会主义现代化国家贡献巨大力量。

(在"专精特新"企业经营管理人才培训创新增长特训营开营仪式上的发言，2022年7月)

# 深刻认识"专精特新"内涵
# 培育发展"小巨人"企业

当前我国经济正处在加快向高质量发展目标前进的关键时期，大中小企业融通创新步伐加快，专精特新"小巨人"中小企业的发展成为各地经济活力与韧性的标志，受到政府与社会各界，尤其是广大中小企业的关注与重视。把握大中小企业融通创新的实质，深刻认识"专精特新"内涵，探讨如何走上专精特新"小巨人"之路是众多企业的共同心愿。为此，我想和大家分享一些我的体会。

因为长期在工业领域工作的关系，我对企业、企业家有着深厚的感情。2008 年至 2015 年，我在工业和信息化部工作，参加了促进优质企业成长、中小企业发展的有关事务，推动了国家层面中小企业领军人才项目的落地实施。六年前我到中国企业联合会、中国企业家协会工作后，一直就如何推进大中小各类企业弘扬企业家精神，坚持高质量发展方向，走好制造强国之路，与众多企业家有过深入的交流，对企业家们永不停步、学习提升的精神印象深刻。今天与大家探讨大中小企业融通创新，加快推动中小企业成长之道，我感到由衷的高兴。因为这是一项重大的国家工程，事业非常光荣，工作非常重要，携手推动企业高质量发展责无旁贷。

"专精特新"是现在的热词，一些同志在网上搜索，把我作为最早提出"专精特新"概念的人士加以提及，实际上这是一个误解。中国的中小企业是随着改革开放诞生出的新事物。伴随着社会主义市场经济建设的进程，中小企业的数量和质量都在逐步提升，对"专精特新"的认识也是这样。在国家层面，对中小企业的重视也不断促进管理体制机制的建立与完善。"专精特新"企业的发展大致可以分三个阶段。

第一阶段（1998—2008）。1998 年 7 月，在当时负责日常工业企业经济运行的国家经贸委中，设立了专门的管理机构——中小企业司。中小企业司不仅开展了法律法规建设工作，还在政府层面组织协调涉及中小企业发展的有关事宜，在 2000 年前后第一任司长卫东同志就提出了以"专精特新"引导中小企业发展的设想。我听中国社会科学院工业经济研究所的老师讲，他们当时也开展过"专精特新"的研究。

第二阶段（2009—2018）。2009 年 12 月 28 日，国务院决定成立国务院促进中小企业发展工作领导小组，由时任副总理张德江同志任组长，我担任成员而后兼办公室主任。在张德江同志指导和工业和信息化部主要领导要求下，2011 年，我和工业和信息化部中小企业司的同志们深入研究，形成并提出了以"专精特新"破解中小企业成长困局的想法，推动发布了相关政策并开展了相关工作。国务院于 2012 年 4 月 26 日发布《国务院关于进一步支持小型微型企业健康发展的意见》，提出鼓励小型微型企业走专业化、精细化、特色化和新颖化，以及与大企业协作配套发展的道路，这是国家层面首次为中小企业发展方向定调。此后，工业和信息化部等政府部门多次出台了意见和通知，鼓励各地支持"专精特新"小企业发展。

第三阶段（2018 年迄今）。2018 年以后，国务院调整了促进中小企业发展工作领导小组，由时任副总理刘鹤担任组长，中央对支持"专精特新"中小企业发展做出了新的指引，对发展"专精特新"企业确定了新定位。刘鹤副总理在 2019 年 7 月 27 日举行的全国"专精特新"中小企业高峰论坛上指出，"专精特新"的灵魂是创新，强调"专精特新"就是要鼓励创新。紧接着 7 月 30 日召开的中共中央政治局会议提出，加快解决"卡脖子"难题，发展"专精特新"中小企业。8 月 26 日召开的中央财经委员会第五次会议上习近平总书记明确要求，要发挥企业家精神和工匠精神，培育一批"专精特新"中小企业。这为我们发展"专精特新"中小企业指明了努力方向。

综上所述，我们可以看到中央支持中小企业走"专精特新"发展道路的考虑一以贯之，在当前又被赋予了新的内涵和要求。面对世界百年未有之大变局和新冠疫情的影响，以专精特新"小巨人"为领军代表的中小企业群体，将是战胜各方困难，稳住经济大盘的最深厚基础。对此，我们要深入学习和领会，了解大趋势，知晓大方向，才能把握实质，乘势发展。

为了便于企业家更多了解国家层面对专精特新"小巨人"企业的认定培育办法，我就大家关注比较多的一些问题谈谈看法，供大家参考。

## 一、创新型中小企业、"专精特新"中小企业、专精特新"小巨人"、单项冠军企业之间是什么关系

创新型中小企业、"专精特新"中小企业、专精特新"小巨人"企业是优质中小企业培育的三个层次，三者相互衔接、共同构成梯度培育体系。

——创新型中小企业具有较高专业化水平、较强创新能力和发展潜力，是优质中小企业的基础力量；

——"专精特新"中小企业实现专业化、精细化、特色化发展，创新能力强，质量效益好，是优质中小企业的中坚力量；

——专精特新"小巨人"企业位于产业基础核心领域和产业链关键环节，创新能力突出、掌握核心技术、细分市场占有率高、质量效益好，是优质中小企业的核心力量。

三类企业代表了优质中小企业发展的不同阶段，在评价或认定标准的设置上，也体现了这一思路。

制造业单项冠军评选是国家为引导制造企业在细分产品领域专注创新和质量提升，培育具有全球竞争力的世界一流企业，促进我国制造业迈向全球价值链中高端，由制造大国向制造强国转变而开展的专项培育提升行动。评选单项冠军产品的关键指标是产品在所在领域占有较高市场份额，市场占有率至少居全球前三位，生产技术或工艺国际领先等，有一批大企业凭借先进产品也位列其中。支持专精特新"小巨人"企业成长为单项冠军。年销售收入 4 亿元以下企业，如申请单项冠军，应为已入选的专精特新"小巨人"企业。

## 二、为什么要确定优质中小企业的梯度安排

优质中小企业是指创新能力强、成长性好，提升产业链供应链稳定性和

竞争力的一批中小企业，是推动经济高质量发展的重要驱动，是构建新发展格局的坚强支撑。在《"十四五"促进中小企业发展规划》中，将优质中小企业培育工程列为九大工程之首。

优质中小企业受到社会广泛关注，但也面临标准不统一、服务不精准、发展不平衡等问题。

比如，创新型中小企业因为缺少评价标准，目前各地都在探索，概念认识上存在差异；

再如，省级"专精特新"中小企业的培育标准由各地自行制定，各成体系，不利于培育工作的持续开展。

为进一步提升优质中小企业梯度培育工作的系统化、规范化和精准化水平，工业和信息化部在前期开展培育工作的基础上，研究制定了《优质中小企业梯度培育管理暂行办法》（以下简称《办法》），不仅对评价认定工作进行规范，更对培育管理提出了系统性要求。优质中小企业的三个梯度，层次分明、相互衔接，既有利于不同层次的企业看清差距和不足，明确努力方向，也有助于各级中小企业主管部门提高服务的针对性、精准性和满意度。

开展优质企业梯度培育工作，绝不仅仅是认定一批优质企业，更重要的是通过培育服务、引导带动，引领广大中小企业坚持走"专精特新"发展道路，实现高质量发展。

## 三、只要是中小企业都可以申报"小巨人"企业吗

国家鼓励各类中小企业创新发展，所有在中华人民共和国境内工商注册登记、具有独立法人资格，符合《中小企业划型标准规定》的企业，不区分所有制，都可以申报。专精特新"小巨人"企业认定标准围绕专、精、特、新以及产业链配套、主导产品共六个方面，分别提出定量和定性指标，考虑"小巨人"企业是优质中小企业的排头兵，被认定企业需满足全部指标要求。同时，为避免一些创新能力突出、产业链作用突出的企业，因为"偏科"无法通过，通过设置直通车的方式，对这类企业进行了适度倾斜。

但是，作为优质中小企业还必须满足一些基本要求，比如：①未被列入经营异常名录或严重失信主体名单；②提供产品（服务）不属于国家禁止、限制或淘汰类；③近三年未发生过重大安全（含网络安全、数据安全）、质量、环境污染等事故；④无偷漏税等违法违规行为；等等。

在产业导向上，培育工作以制造业企业、制造业和信息化相融合的企业为主，突出产业链属性，重点鼓励位于产业链供应链关键环节及核心领域的企业，住宿餐饮、批发零售、房地产、娱乐业等，暂不列为培育的对象。如果发现已被认定的企业有严重违法违规行为或数据造假的，坚决取消认定。

## 四、企业的条件都具备，可以直接申报"小巨人"企业吗

优质中小企业评价和申请，坚持企业自愿、公开透明的原则开展。

专精特新"小巨人"企业认定，由"专精特新"中小企业按属地原则自愿提出申请，省级中小企业主管部门根据认定标准，对企业申请材料和相关佐证材料进行初审和实地抽查，并向工业和信息化部推荐，工业和信息化部组织对被推荐企业进行审核、抽查和公示。公示无异议的，由工业和信息化部认定为专精特新"小巨人"企业。2022年专精特新"小巨人"企业认定工作于6月上旬启动，7月12日结束。

## 五、可以委托中介机构申报"小巨人"企业吗

特别强调的是，工业和信息化部不委托任何机构开展创新型中小企业、"专精特新"中小企业、专精特新"小巨人"企业评价认定相关的培训、咨询、辅助申报工作，企业只需按要求如实填报提交相关材料即可，不收取任何费用，也没有任何特殊捷径。

"专精特新"企业兴旺，企业群体就会充满生机与活力，我国经济就能在高质量发展道路上行稳致远。可以预期，在党中央、国务院的坚强领导下，在各级党委和政府的帮助支持以及全社会的关心关注下，越来越多的企业将选择"专精特新"的赛道，一批"专精特新"中小企业将脱颖而出，迈步卓越，成

为各自产业领域的"小巨人"企业和单项冠军，带领广大中小企业群体，不惧各种风险挑战，在提升我国产业链供应链稳定性和竞争力、构建新发展格局中发挥更大作用，为经济高质量发展注入更多新活力新动能，为我国全面建设社会主义现代化国家贡献巨大力量。

（2022 专精特新国家战略及"小巨人"中小企业<br>认定标准解读，2022 年 7 月）

# 数字化转型和智慧企业

# 以融合创新推动企业数字化转型

很高兴参加"数字中国产业发展联盟成立暨高峰论坛",下面我就企业数字化转型谈一点个人认识以及中国企业联合会开展的一些工作,供大家参考。

## 一、数字经济正在颠覆传统企业范式

企业诞生于工业时代。工业时代最关键的要素是机器,开创了资本雇佣劳动下的大机器工厂的新企业范式,建立了新的价值体系、产业体系和管理体系。进入 21 世纪,全球信息化进入了新阶段,其中最显著的特征就是数据成为经济增长和价值创造的源泉,由此诞生了数字经济这一全新的经济形态。当前,以人工智能、物联网、增强现实、虚拟现实、区块链、下一代网络等为代表的数字技术不断实现突破性创新,快速向经济和社会各领域渗透,推动经济形态、产业结构、市场需求变化调整。从企业内部来看,数字技术、数字经济至少从三个方面对企业产生颠覆性影响:一是企业运作的基础条件和底层设施发生改变。互联互通的内外部网络、大数据、云计算、数字化的技术工具、智能化的装备设施、工业互联网络、电商平台等将在企业中越来越普及,成为企业运作的标配。二是企业增长方式发生改变。工业时代企业增长的源泉是土地、资本、劳动力等生产要素,而在数字经济时代,企业增长的源泉变为数据、知识,如何将数据、知识转变为客户价值和市场价值成为企业增长最核心的命题,成为企业业务布局和商业模式设计的逻辑起点。三是企业管理模式发生改变。我们知道,现代企业管理理论和管理模式诞生于工业革命,不管是亚当·斯密的经济人假设、泰勒的科学管理、韦伯的科层制、法约尔的职能管理,还是科斯的企业理论、福特的流水线生产、丰田的精益生产等都是适应历次工业革命而诞生的,这些管理创新实践极大地促进了工业化进程和工业经济发展。而今天随着数字经济的到来，这些管理理论的社会条件、经济条件、技术条件、市场条件、人力资源条件等都已经发生了根本改变，因此，企业迫切需要重塑经营管理模式，包括企业价值观、企业文化、领导力、企业治理、企业战略、商业模式、组织架构、业务流程、管理机制等。因此，我们认为，企业的数字化转型必须从根本上改变工业时代所形成的思维惯性和发展范式，对企业进行系统性的变革创新，构建起适应数字经济时代的新的企业范式和发展模式。只有这样，企业才能在新的时代赢得新的发展，否则就只能被时代抛弃、被市场淘汰。

## 二、企业数字化转型是一场系统性变革创新

企业数字化转型的目的是要构建一种全新的发展范式。"范式"是美国著名科学哲学家托马斯·库恩（Thomas S.Kuhn）最早提出来的，通常包括共有的世界观、基本理论、范例、方法、手段、标准等这些基本性的东西。对于企业来说，范式转换就意味着企业必须进行一次系统性的变革创新，包括发展理念、治理体系、技术和产品体系、组织体系、价值创造体系、管理模式、岗位和技能等。但长期以来，我们习惯于从信息技术角度来理解和开展信息化工作，许多企业并没有意识到这一轮数字化转型的战略性、系统性和长期性，仅仅重视各种设备、机器人、信息系统的购入，认为有了自动化、智能化的装备、产线、车间就是实现了数字化转型，而对于数字技术与工业技术的深度融合、数字技术与组织、流程、管理等方面的深度融合却重视不够，今天我们必须重新思考信息化在企业发展中的战略地位和引擎作用，需要从企业发展的全局来深刻理解数字化转型，推动企业从传统的工业经济时代的范式向数字经济时代的范式转型，构建一整套适应数字经济时代的商业逻辑和运作模式。2013年以来，中国企业联合会一直在支撑工业和信息化部推进《两化融合管理体系》标准研制推广工作，我们认为这个标准最重要的一点就是在改变企业对信息化建设的认识，引导企业运用系统性变革创新的理念，在引进先进数字技术的同时，同步推进工业化创新和管理变革，实现先进生产力建设与生产关系调整协同推进，从而构建一种新型能力，真正实现数字技术、信息技术在未来企

业发展中的战略引领作用。

## 三、智慧企业可能是数字经济时代的企业新范式

数字化、网络化和智能化是这一轮信息化浪潮三条并行不悖的主线。其中，数字化奠定基础，网络化构造平台，智能化展现能力。基于这样的认识，中国企业联合会2018年联合一些单位，从企业范式的角度对企业数字化转型进行了一些研究，调研了能源、军工、家电、互联网等一些行业的领先企业。大家认为，智慧企业有可能是企业数字化转型的方向，是适应数字经济时代的一种全新范式。以此为基础，我们首次组织编写发布了《智慧企业指引（2018）》，探索性地提出了智慧企业的内涵、特征、框架、运行特点和建设方法，期望为企业数字化转型提供方向指引。

总体来看，我们认为智慧企业是信息化、工业化和管理现代化融合创新形成的新一代企业范式，本质上是企业在数字经济时代为客户、员工、合作伙伴创造价值、实现可持续发展的一种全新发展模式。从当前来看，智慧企业呈现四个基本特征：第一个是数据赋能。数据赋能是智慧企业的本质特征。第二个是人机协同。人机协同是智慧企业的主要运行特征。第三个是最优配置。资源最优配置是智慧企业运行的主要目标。第四个是自主演进。自主演进是智慧企业追求的最高目标。从总体运行来看，智慧企业呈现三个特点：一是完成"数据—知识—智慧"跃迁，实现数据赋能。企业数字化转型的根本目的是企业能够据汇聚和挖掘大数据资源，开发和释放大数据蕴藏的巨大价值。其中关键就是要将大数据转变为企业有价值的知识，并赋能成为员工、机器、设备、系统的智慧能力，赋能企业的生产经营和管理。二是形成人机物三元融合环境下的"感知—分析—决策—执行"循环，实现智慧运行。工业时代是人和物的二元空间，信息时代与工业时代最显著的区别就是增加了信息空间，并且实现了人类空间—物理空间—信息空间的融合贯通。随着数字孪生、数字建模、数字仿真等在企业产品、业务、研产供销等环节的实现，企业将逐步建立起一个与现实企业实时交互的虚拟企业，在人机物三元空间中完成企业运行的"感知—分析—决策—执行"循环。三是形成人机交互的知识创造与学习体系，实

现企业持续创新。随着新一代人工智能技术的应用，企业将逐渐构建起智慧中枢，并与人交互开展分析决策、认知学习和知识创造，将大幅提升企业整体学习能力，推动企业持续创新。

当然从实践来看，虽然 2017 年 7 月国务院正式印发的《新一代人工智能发展规划》中正式提出了智能企业的概念，但是对于绝大多数企业来说，智慧企业的实践还处于早期起步阶段，部分企业开始实现点状的智慧化突破，距离大规模整体性的智慧化还有漫长的道路。

中国企业联合会作为联系政府、企业和企业家的社会组织，始终致力于推动企业改革创新，促进企业不断提高现代化水平和市场竞争能力。近年来，我们一直与工业和信息化部一起开展企业两化融合、智能制造、管理创新等方面的工作。2018 年我们又组建了智慧企业推进委员会，由潘云鹤院士担任主任委员，邀请了 100 多家各行业的龙头企业相关人员担任副主任委员或委员，搭建了企业数字化转型的交流沟通平台；与此同时，我们最近与中国信息通信研究院商量准备共同策划发布数字经济 100 强，开展这些工作的主要目的就是希望引导企业抓住数字化、网络化、智能化的战略机遇，着力推进数字化转型变革，为数字中国建设和制造强国建设贡献力量。

（在"数字中国产业发展联盟成立暨高峰论坛"上的发言，2019 年 1 月）

# 推进智慧企业建设　赋能高质量发展

我们把论坛主题确定为"智能自主全面赋能",就是希望引导广大企业在国内外风险挑战明显上升的复杂局面下,更加积极主动地拥抱新一代信息通信技术,推动互联网、大数据、人工智能和实体经济深度融合,加快建设智慧企业,提升智能能力,全面赋能企业高质量发展。下面我结合会议主题,就智慧企业建设谈几点意见,供大家参考。

## 一、新一代人工智能技术催生智慧企业新形态

习近平总书记强调,要深入把握新一代人工智能发展的特点,加强人工智能和产业发展融合,为高质量发展提供新动能。当前,新一代人工智能已经成为信息技术中创新最活跃、应用场景最广泛、产业爆发力最强、辐射影响最广的领域,成为新一轮产业变革的核心驱动力,正在加速与传统产业深度融合,重构生产、分配、交换、消费等经济活动各环节,形成从宏观到微观各领域的智能化新需求,催生出许多新技术、新产品、新产业、新业态、新模式。当前,许多行业的迭代升级和转型发展都到了一个即将突破的临界点,近期中美贸易摩擦进一步证明,这次新工业革命的确是一次千载难逢的战略机遇,如果我们抓住了,完全有可能再上一个台阶,真正实现从大变强。国家能源集团所属的国电集团2017年正式发布智慧企业建设指导意见,按照"业务量化、集成集中、统一平台、智能协同"的实施途径,全面推进智慧企业建设。航天科工集团提出了企业大脑、企业驾驶舱、云端业务工作室、云端应用工作室、小微企业服务站和企业上云服务的"一脑一舱两室两站"智慧企业建设思路。宝武集团和鞍钢集团也分别开展以一键炼钢为核心的智慧制造和智慧鞍钢的规划设计。广大企业要有这个自觉性、主动性和历史责任感,顺应发展大势,以

智慧企业为抓手，更快更好地运用新一代信息通信技术塑造新产品、新业务、新管理和新服务，培育新优势，赋能高质量发展。

## 二、建设智慧企业的核心目标是提升企业自主智能能力

智慧企业强调新一代人工智能技术应用到企业各环节、各要素，实现整体性的智能协同，核心是提升企业的自主智能能力，本质上是在数字经济、智能经济时代企业为客户、员工、合作伙伴创造价值、实现可持续发展的一种全新发展模式。其主要特征如下：

一是数据赋能。智慧企业要实现"数据—信息—知识—智能"的价值跃迁，释放大数据蕴藏的巨大价值。其中，数据化、在线化、算法化是实现数据赋能的三大基石。数据化不仅包括客户的经营数据，还有更多维度的数据被记录和分析，构成对客户全方位的描摹。在线化是让线下业务变成线上场景，实现数据的自由流动与汇聚，让数据与业务完整融合。算法化是在数据化和在线化的基础上，通过模型和算法实现机器或系统自主决策，从而为企业的员工、机器、设备和系统全面赋能。

二是虚实融合、人机协同。由于芯片和传感器的快速发展和成本的急剧下降，物联网得到大规模应用推广，物理世界中所有的一切包括人都将在虚拟世界中得到映射，企业的运行环境将从传统二元世界转变为"人—物理空间—信息空间"的三元世界。企业将逐步建立起一个与物理企业实时交互的虚拟企业，并通过智慧中枢形成一种全新的人机交互方式，在人机物三元融合环境中完成经营管理活动的"感知—分析—决策—执行"闭环，从而大幅提升企业自主学习、自主创新能力。

三是资源精准配置。精准是商业的核心要素，是产品和服务能否有机会与用户连接的先决条件，更是企业能否存活并做大做强的关键。精准不但要求企业根据不同的用户配置资源，提供个性化服务，还要掌握用户何地、何时、何种场景下需要服务。进入互联网时代后，线上平台处理信息的效率和匹配能力几乎被无限提高，企业通过智能网联产品实现与海量用户持续互动，用大规模网络协同和智能决策的方式完成一对一的个性化服务，并以在线化的产品为

端口实现反馈闭环，持续提升企业精准服务能力。

四是自主迭代优化。大数据、云计算、人工智能等技术的出现，使得今天企业的商业活动开始具备自主迭代优化的能力。以在线产品为载体，企业与用户实时互动产生海量数据，凭借敏捷迭代的算法引擎和智慧决策中枢精准配置资源，并在持续的供需匹配中记录用户的反馈，进一步优化算法、优化服务，从而形成持续改善的良性闭环。蚂蚁小贷就是智能商业的一个经典案例。通过人工智能和大数据技术将过去十分复杂的信贷活动，精简为一个在线的人机交互输入框，通过"输入信贷需求—机器做出决定—资金自动汇入"三个简单动作完成在线实时放贷，时间不超过一分钟。在这个过程中，客户的数据越来越多，数据维度越来越丰富，参数越来越准，算法模型越来越有效，风险控制的成本越来越低，信贷对象的体验越来越好，覆盖的贷款用户越来越广，整个业务进入高速发展的正循环。

### 三、智慧企业建设需要系统性的变革创新

当前，信息技术已经从传统的手段、工具升级为企业发展的战略性资源，正在全方位颠覆传统发展方式。企业要从未来发展全局的高度来认识新一代信息通信技术的战略引领作用，以智慧企业建设为抓手，构建一套适应数字经济、智能经济的新商业逻辑和新运作模式。

一是树立系统创新思维。智慧企业建设是一场深刻而系统的变革，不仅仅是新技术革命，更是一种认知和思维方式的革命，不仅要重视各种信息技术、智能技术的创新性应用，更要重视工业化的产品、技术、工艺、标准等方面的创新升级，还要重视组织、流程、制度、管理等方面的变革调整，更要重视人在智慧企业建设中的决定性作用。在引进先进技术的同时，同步推进管理变革和人的赋能，实现生产力与生产关系同步调整，构建一种适应未来竞争的新型能力。

二是注重组织与管理变革。全新的商业时代呼唤全新的企业形态，全新的企业形态又离不开全新的组织结构。人工智能正在重新定义人的工作边界，将人们从初级低创造性的脑力工作中解放出来，最大限度地释放人的主动性和

创造性。机器不断取代能够被结构化的知识，创造力成为最稀缺的生产要素和组织中最大的竞争力，对组织模式提出了全新的要求。当前，企业不但要做强做大做优，更要依靠新一代信息通信技术做活做久，要将活的数据融入产品，形成能够与客户持续互动的活的产品，实现快速迭代升级。同时，更要通过企业内部的大规模网络协同和智慧决策中枢，构建灵活的组织和灵活的机制。传统管控型公司要变革为以赋能创新为核心功能的新组织。谷歌作为一家全球最具创新性的企业之一，员工最主要的驱动力来自创造带来的成就感和社会价值。对员工来说，最重要的不是来自外部的物质和精神激励，而是赋能，是企业为他们提供的能更高效创造的环境和工具。

三是更加重视人的作用。历次技术革命，将人类从体力劳动中解放出来，升级为专业化、技术性或者管理性职位，而未来可能被智能机器替代的工作机会将进一步增加，但这并不意味着人类的工作机会将必然减少。麦肯锡的调查表明，进入 21 世纪以来，要求创造力和复杂社交技能的工作需求急剧上升。人工智能将人们更彻底地推向富含创意、充满挑战的分工。通过人工智能释放和激发人的创造力，将人的价值观、理论、知识甚至直觉融入算法模型和产品中，通过反馈、学习和迭代提升企业整体智能水平。人的创造力和机器智能进行有机结合，这可能是未来另外一个非常重要的趋势，人工智能和人类智能在交互与碰撞中创造出崭新的智能生产力。

## 四、整合资源，搭建平台，协同推进智慧企业建设

智慧企业建设是一项创新性工作，国内外都没有可以大规模可复制推广的成熟经验，每个企业都要结合自己的行业特点、基础条件选择自己的优先突破点，探索自己的发展路径。中国企业联合会作为联系政府、企业和企业家的社会组织，长期以来始终致力于推动企业改革创新，促进企业不断提高现代化水平和市场竞争能力。近年来，我们一直与工业和信息化部一起开展企业两化融合、智能制造、管理创新等方面的工作。2018 年我们又专门组建了智慧企业推进委员会，很荣幸邀请到了潘云鹤院士担任主任委员，我担任常务副主任委员，搭建了一个政产学研用交流合作平台，目前已经吸引了 300 多家各行各

业的企业加入。2018年，我们组织了20多家单位编写发布了《智慧企业指引（2018）》，期望为企业智慧化转型提供方向指引，并于11月底在成都组织召开了首届"中国智慧企业论坛"。2019年，我们围绕当前智慧企业建设中面临的重点、难点问题，联系国家能源集团、航空工业、阿里巴巴、中国信通院、浙江大学人工智能协同创新中心、中国电信北京研究院、浙江企业联合会等单位，共同开展了一批课题研究，同时启动了首届智慧企业创新实践案例征集活动。2020年，我们将进一步扩充智慧企业推进委员会的委员单位数量，广泛吸引各行业企业和单位加入；同时，围绕智慧企业建设和智慧产业发展，正在酝酿策划由龙头单位牵头成立若干专业工作组，包括智慧企业架构工作组、智慧组织与智慧管理工作组、智慧能源工作组、智慧制造工作组、智能网联汽车工作组等，由这些工作组牵头开展各种研究和标准研制工作。此外，我们将继续做好创新实践案例征集工作，组织开展智慧企业推进委员会委员单位之间的学习考察和交流活动，策划召开好2020年的智慧企业发展论坛，进一步将智慧企业建设工作做深做实，以更好引导企业把握数字化、网络化、智能化发展机遇，积极支撑地方政府产业转型升级和新兴产业发展，为中国经济高质量发展做出贡献。

（在"2019中国智慧企业发展论坛"上的讲话，2019年12月）

# 把握方向　抓住时机
# 以新一代人工智能推进可持续发展

## 一、以可持续发展为目标，把握新一代人工智能发展方向

从两个案例谈起。

案例一：著名的科幻作家阿西莫夫于 1940 年提出了"机器人三原则"：①机器人不应伤害人类；②机器人应遵守人类的命令，与第一条违背的命令除外；③机器人应能保护自己，与第一条相抵触者除外。

案例二：资料称，霍金给人类留下三个警告，第一个就是"谨慎地开发人工智能"。2014 年 5 月，几位科学家与霍金一起在英国《独立报》上撰文，称人们目前对待人工智能的潜在威胁"不够认真"。文章说，"短期看，人工智能产生何种影响取决于谁在控制它。而长期看，这种影响将取决于我们还能否控制它。"

以上案例可以归结为一类问题：新出现的科学技术将向什么方向发展，对人类社会意味着什么。或者说，在技术自身呈多维度演进发展态势时，科学家必须决定应该做什么，不应该做什么，以保证人类文明的延续。

"机器人三原则"中，人的安全是机器人执行各项任务的前提；霍金担心的人工智能发展实际是害怕技术发展超出了人类控制的边界。这些思考给人以警示，面对随着技术革命与产业变革的加速，正在飞速发展的新一代人工智能应及早界定应用条件及伦理原则。显然，仅以人的安全为前提是远远不够的。2015 年 9 月，联合国大会第七十届会议通过了《2030 年可持续发展议程》，所涵盖的 17 项可持续发展领域 169 个细分目标成为其具体的内涵。从各种因素看，在对人类各种优秀文明成果广泛吸收后形成的可持续发展理念，体现了联

合国宪章宗旨和原则,是迄今为止被不同国家、不同方面普遍接受的发展观念。因此,在开展研究时,除对新一代人工智能在技术上予以更多把握之外,应将可持续发展作为发展目标并据此形成伦理原则,在总体研究中给予相应的优先位置,充分加以阐释。这在理论与实践上既是必要的,也是可行的。

## 二、以可持续发展为内涵,拓展新一代人工智能发展领域

此次研究紧扣"可持续发展"的17个主要领域,探讨新一代人工智能作用的发挥,以及如何助力当前疫情防控,可谓是主题突出,选材得当,抓住时机,很有意义。

鉴于技术的进展和形势的变化,研究还可以围绕人工智能在中国后疫情时代的准备与表现,做内容上的适度拓展。

(1)以数字基建为核心的新基建。以5G、工业互联网、数据中心等为代表的"数字基建",将为可持续发展及人工智能的创新注入新动力,成为促进新旧动能转换的重要杠杆,加快新兴产业增长、推动传统产业升级的加速器,推进国家治理体系和治理能力现代化的重要依托。新基建将有助于全面夯实人工智能基础,在保就业、惠民生、优环境、促升级,培植可持续发展新动能方面发挥巨大潜力。

(2)以智慧企业为内容的新实践。智慧企业是信息化、工业化和管理现代化融合创新形成的新一代企业范式,通过新一代人工智能的导入,以数字化奠定基础、网络化构造平台、智能化展现能力,本质上是企业在数字经济时代为客户、员工、合作伙伴创造价值、实现可持续发展的一种新发展模式。近两年来,中国企业联合会在组织成立了智慧企业推进委员会的基础上,征集了一批企业在推进智慧企业方面的实践案例,可以进一步整理研究提炼,予以借鉴。

(3)以全球契约为框架的新组织。联合国全球契约组织是全球企业参与可持续发展活动的新形式。中国网络围绕可持续发展做的工作,可以成为推进新一代人工智能应用的重要领域。通过发挥平台优势,推动国内外企业的交流与合作,协助企业应用人工智能,在实现可持续发展过程中发现新的发展机

会，贡献中国企业的智慧和力量。

（4）以协同创新为代表的新方向。人工智能与5G、大数据等技术结合，又将带动诸多行业，为很多领域数字化智能化转型奠定基础。人工智能产业化的领域极其广泛，涉及智能制造、智能机器人、智能驾驶、智慧医疗、智慧农业、智能金融、智能交通、智慧城市、智能家居、智能教育、智能司法、智能管理、智能经济等。

## 三、以可持续发展为要求，关注新一代人工智能发展特征

围绕可持续发展目标，开展新一代人工智能发展研究，在研究的范围领域已经基本确定的情况下，应注意紧紧把握可持续发展的要求，以人为本，以用为基，把人工智能在经济、社会、环境的实践作为主要场景，注意体现四个特征关系。

一是对加大资金技术投入和加快体制新机制建设的关系。将人工智能技术广泛用于可持续发展领域是一项需要集各方之力的巨大工程。一方面，应加大研发投入，主攻关键核心技术，以可持续发展的17个领域为主要范围，全面增强人工智能科技创新能力，加快建立围绕可持续发展形成的新一代人工智能关键共性技术体系。另一方面，突出体制机制对可持续发展的支撑作用，为人工智能持续创新提供活力。人工智能技术创新的关键在于加快成果转化，促进快速迭代。应动员社会多方面的资源投入，使人工智能创新成果在可持续发展领域的应用能够实现经济、社会等多方面的价值回报，以体制机制的创新带动人工智能发展内生动力的形成。

二是技术创新和人的赋能双轮驱动的关系。应注意探寻可持续发展形成的新需求，通过人工智能技术的不断创新，实现科研应用和产业化，加快企业技术改造升级，培育企业核心竞争力。通过人工智能技术对机械重复性劳动岗位的替代，减少单纯体力和简单劳动人员；同时，通过各种方式开展教育培训，为离开岗位的员工赋能，增加创新型、复合型、专业型人才的应用，不因新技术导致的单纯用工减少，创造和谐的劳动关系。

三是先进制造业和现代服务业协同共进的关系。可持续发展的实践将使

人工智能技术拓展到许多以往被忽视的领域，而借助人工智能核心技术的突破则有望形成全面推动可持续发展的驱动力。这一过程在经济领域将会催生不同于单一产业的新技术、新模式、新业态。人工智能技术需要知识资源、数据基础、核心算法、运算能力协同发展，进而带动先进制造业与现代服务业的结合。因此，在不断提升企业数字化、网络化、智能化水平的同时，应注重加快发展现代物流、信息技术、科技研发、金融保险等生产性服务业，全面提升服务能级。

四是大中小企业融通发展的关系。可持续发展战略中，把更多目光投向经济领域中的弱势群体，特别强调把中小企业放在经济发展的重要位置。通过新一代人工智能技术的深入应用，大企业可以发挥力量雄厚的优势，在基础芯片、传感器研制，应用平台、计算中心构建等方面，重点发挥作用。而中小企业则可以在算法算力、应用场景等方面，展示灵活快捷的特点。以人工智能为纽带，抓住可持续发展的契机，构建大中小企业融通发展的新模式。在研究中，可以更多关注运用人工智能形成的大中小企业融通发展特色载体，取得成功经验的可持续发展试点示范项目。

［在新一代人工智能与可持续发展目标（AIforSDGs）
研究项目专家审议会上的发言，2020年5月］

# 推动数字化转型
# 助力新常态下中国企业的可持续发展

2020年年初以来,突发的新冠疫情给中国的经济社会发展带来了重大影响,也对全球经济造成了巨大冲击,使联合国可持续发展目标的实施经受了严峻考验。

新冠疫情影响之处,人民生活难以正常进行,企业纷纷停工停产。在以习近平同志为核心的党中央坚强领导下,经过全国上下和广大人民群众艰苦卓绝努力并付出牺牲,新冠疫情防控取得重大战略成果。中国经济展现出强大的韧性,工业增长呈现加快发展势头,服务业生产更是由降转升,各项经济指标都呈现V形反弹,可持续发展目标得到稳步推进。

世界发展环境由于突如其来的新冠疫情变得复杂严峻,世界经济严重衰退,产业链供应链循环受阻,国际贸易投资萎缩,大宗商品市场动荡。6月8日,世界银行在半年度《全球经济展望》中称,受新冠疫情影响,预计2020年全球经济萎缩5.2%,成为自第二次世界大战以来最严重的经济衰退。

面对错综复杂的企业外部发展环境,应该更加明确地指出,可持续发展的方向必须坚持,可持续发展的目标应努力完成。新冠疫情的出现,既是对社会的冲击,更是对企业发展的考验。如果只是把企业盈利和扩张作为终极目标,向环境和社会不计代价地一味索取,就一定会受到大自然的惩罚。可持续发展展现的方向,就是强调在人类发展的同时,一定要坚持绿色低碳、和谐包容、可持续发展。

要适应企业发展过程的新要求,智能化、数字化转型已经成为企业生存和发展的必然趋势,数字化的创新方式已经渗透到社会的各个层面,这进一步加速了企业数字化转型的趋势,也成为企业应对挑战、坚持可持续发展的必由之路。

（1）坚持以可持续发展作为数字化转型方向。企业要抓住数字化转型的机遇，必须把握可持续发展的方向，借助数字化加快业务变革，利用新技术实现自身的管理突破，进一步深化数字技术与传统产业的跨界应用，形成贯彻可持续发展理念的覆盖研发设计、生产制造、营销服务等各环节的智能生态系统。

（2）坚持以全方位改革作为数字化转型动力。要引导企业在数字化转型上加大投入，应动员社会各方面的力量和资源投入，使企业数字化成果在可持续发展领域的应用能够实现经济、社会等多方面的价值回报，以体制机制创新带动企业内生动力的形成。

（3）坚持以实践探索作为数字化转型重点。通过大数据、云计算、物联网、人工智能的导入，以数字化奠定基础、网络化构造平台，不仅可以促进企业内部生产关系的转型升级，而且可以为众多利益相关方创造价值，成为可持续发展的一种新发展模式。

（4）坚持以人才培养作为数字化转型保障。新型综合人才是企业实现数字化转型和可持续发展的保证。应该充分加快已有培训项目的完善创新，注意跨学科、跨领域人才和基于互联网新技术、信息新设备、先进新材料等应用人才的培养。

（5）坚持以企业家精神作为数字化转型指引。企业通过数字化转型实现可持续发展，离不开优秀企业家的引领。要弘扬优秀企业家精神，更好地发挥企业家作用，充分调动广大企业家的积极性、主动性、创造性，让广大中国企业在充满活力和创造力、富有远见和抱负的企业家带领下，借助数字化加快业务变革，实现全价值链的企业数字化升级，以全面推动可持续发展。

中国企业联合会作为联系政府、企业和企业家的社会组织，长期以来始终致力于以两化融合推动企业可持续发展，促进企业不断提高现代化水平和市场竞争能力。2020 年，我们携手国资委干部教育培训中心共同举办了"企业的数字化未来"企业家高端对话网络直播公益活动，500 多万人在线收看了相关内容。中国企业联合会 2018 年专门成立智慧企业推进委员会，组织开展了"中国企业智慧论坛""智慧企业赋能高质量发展大讲堂"等系列活动，推动智慧企业的建设和发展。我们愿与众多合作伙伴砥砺前行、携手共进，走出一条新时代企业数字化成长之路，为中国的可持续发展贡献力量。

（在"2020年中国企业可持续发展十大趋势"<br>发布会上的讲话，2020年6月）

# 携手共进聚资源　加快企业数字化转型

围绕大会"商业创新，如此便捷"的主题，我就企业如何协力共进、聚集资源，加快数字化转型谈几点意见。

2020年以来，新冠疫情在全球肆虐，使各国社会受到极大的冲击，各国经济遭到严重影响，不少企业困难重重，甚至一些企业身处破产倒闭的境地。国际货币基金组织（IMF）总裁格奥尔基耶娃日前表示，受新冠疫情影响，2020年全球经济将急剧跌入负增长。

中国在世界上率先走出了新冠疫情的阴霾。只要企业善抓机遇，乘势而上，三、四季度巩固扩大新冠疫情防控和经济恢复成果，努力弥补上半年的损失，取得全年出色成绩是完全有可能的。

面对新冠疫情的多方影响，如何将损失降到最小，从中能够吸取什么教训得到什么启示？可以说，不同地区、不同环境、不同产业的企业可能得出各种各样的结论。但至少在一点上，各国已有共识。未来产业发展将更加取决于企业数字化转型，更加依赖物联网、人工智能、大数据、云计算等为特征的数字经济。某种程度上，谁在数字化转型中拔得头筹，取得先机，掌握先进信息技术、拥有数据优势，谁就控制了国际产业竞争的制高点，谁就将主导新一轮全球的科技革命和产业变革。

抗击新冠疫情的过程中，中国企业的数字化转型按下了快进键。在生产链供应链中断的时候，互联网架起了一座无形的联通之桥，为全社会特别是企业导入了信息流、资金流、物流、员工流。后疫情时代的各类企业，特别是量大面广的中小企业，无不希望能够尽快克服无力转、无能转、无人转的困难，加速数字化转型的步伐，迎接新的挑战和机遇。显然，这样一个进程，对于中国企业来说，必须摒弃单打独斗的思维定式，唯有发挥制度优势，积聚各方力量，携手共进，加速前行，才有可能赢得新辉煌。

## 一、聚合宏观政策推力，加快企业数字化转型

近年来，政府部门陆续发布了诸如《国家信息化发展战略纲要》《"十三五"国家信息化规划》等支持数字化发展的若干政策，对数字化改革的决心可见一斑。但从面对疫情的防控措施来看，相当一部分企业还没有做好准备。据有关机构研究测算，我国有超过 55% 的企业尚未完成基础设备数字化改造，企业数字化转型比例约 25%，远低于欧洲的 46% 和美国的 54%，属于起步阶段，还面临很多急需解决的实际困难。多数开展数字化转型的企业也基本处于"上云"或准备"上云"阶段，缺乏对"用数赋智"的深度理解和推进。把握政府宏观政策取向，加快制度体系建设，对企业数字化转型势在必行，恰逢其时。

政府为发展数字经济保驾护航，加快出台了一批实质性政策以推动全社会的数字化转型，特别是鼓励中小企业数字化，加快完成产业链整体线上线下一体化。2020 年 3 月中旬之后，工业和信息化部发布了《中小企业数字化赋能专项行动方案》，两期《中小企业数字化赋能服务产品及活动推荐目录》；国家发展改革委、中央网信办印发了《关于推进"上云用数赋智"行动培育新经济发展实施方案》等。政府政策的功能主要体现在三个方面。一是充实完善法律法规。研究数字经济与实体经济深度融合的标准规范，在数字技术、应用架构、平台管理上制定可推广的实用性标准保障，切实保护个人隐私和网络、数据安全。二是着力营造发展环境。加快建设 5G、大数据中心、工业互联等关键信息基础设施，构建事前预防、事中控制、事后恢复与惩治的安全保护法律体系，形成有利于企业数字化转型升级的发展环境。三是引导示范支持帮助。推动形成数字经济发展战略布局，出台政策指导，完善政务配套服务体系，及时清理和调整不适应数字经济发展的行政许可、商事登记等制度，多方加大资金投入，推动形成全社会热情拥抱数字经济的良好氛围，鼓励企业数字化转型。

## 二、聚合产业转型动力，加快企业数字化转型

随着产业发展和世界制造业格局改变，数字经济不仅改变了生产和管

理过程，成为新的经济增长点，在科技创新、产业格局重构、中小企业发展、人才培养、社会治理、全球信任合作等方面，也蕴含了更大的机遇。首先，应瞄准产业升级和智能制造发展，引导各方合力建设工业互联网，广泛加以运用。其次，应推动制造业与信息化相关行业的双向开放与合作，消除行业应用壁垒。最后，大力开发并拓展应用场景，适应社会各个层面的数字消费新需求，促进网上办公、远程教育、远程医疗、车联网、智慧城市等应用。

从产业角度看，在推进数字化转型过程中，绝不能只见物不见人，人是第一位的要素。企业要充分发挥企业家精神和工匠精神，积极寻找新的商业模式，大力引进数字经济领域相关专业人才，提升数据利用能力，实现创新发展；深化工业互联网及人工智能等新技术应用，大力推广远程运营、在线服务等新的生产运营模式，降低企业运营成本。

### 三、聚合企业内在活力，加快企业数字化转型

企业的数字化转型是一场深刻而系统的变革。中国企业联合会顺应企业要求，在专家学者指导下力推的智慧企业建设，可以看作企业数字化转型的一个范例。智慧企业建设中，着眼于企业整体架构的系统思维，把技术革命、管理创新、人的赋能看作一个相互作用的整体。这种智慧企业新模式，不仅是新技术革命，更是一种认知和思维方式的革命；不仅重视各种信息、智能技术的创新性应用，更重视工业化的产品、技术、工艺、标准等方面的创新升级。智慧企业建设还要重视组织、流程、制度、管理等方面的变革调整，尤其要重视人在智慧企业建设中的决定性作用。

随着数字孪生、建模、仿真等在企业产品、业务、研产供销等环节的实现，企业将逐步建立起一个与现实企业实时交互的虚拟企业，在人、机、物三元空间中完成企业运行的"感知—分析—决策—执行"循环，同步推进管理变革和人的赋能，实现生产力与生产关系同步调整，构建一种适应未来竞争的新型能力。

## 四、聚合社会资源潜力，加快企业数字化转型

要充分发挥行业协会、教育科研机构、平台性组织的服务协调作用。帮助企业解决数字化转型升级中遇到的实际困难，不能只是依靠政府的行政职能，主要依靠信息化服务商。至 2019 年年底，我国已有市场主体 1.23 亿户，其中企业 3858 万户，个体工商户 8261 万户。对于这样一个庞大的需要信息化转型的群体，只有营造良好环境，深挖社会潜力，广泛动员各方面社会力量，多方搭建数字经济与产业转型升级交流平台，为平台经济发展和行业开放融合积聚资源，才能最终构建互促共赢的数字生态。

社会组织在整合社会信息资源、培育数字经济人才、研发数字经济新技术方面具有优势。行业协会可以做到：一是充分发挥自身资源优势和中介作用，促进政府与企业沟通交流，降低产业数字化转型升级的信息成本，增强产业数字化转型升级政策的实施效果；二是可以进一步完善人才培养机制，利用协会自身知识密集、人才密集的特点，举办各种形式的培训学习，为产业数字化转型升级培育更多人才；三是可以组织开发数字应用技术，组织应用端企业和信息化服务企业交流对接，积极探索应用路径，开发适用性技术，为产业数字化转型升级助力；四是可以加强项目合作，组织政产学研用金沟通合作，帮助解决企业政策、技术、研发、资金等各方面问题，具体推动企业数字化项目的实施，为企业实现数字化转型升级提供全面支持。

企业是数字化转型的主体。中国企业联合会在全力推动企业数字化转型过程中，将以智慧企业推进委员会为平台，围绕企业需求，继续开展创新实践案例征集、学习考察和交流、线上大讲堂、2020 年智慧企业发展论坛等活动。总之，希望进一步将智慧企业建设推进工作做深做实，为企业转型发展和地方产业升级服好务，为中国经济高质量发展做出贡献。

（在"2020 用友商业创新大会"上的发言，2020 年 8 月）

# 数字化转型是构建新发展格局的重要路径

习近平总书记提出并多次强调的"构建以国内大循环为主体、国内国际双循环相互促进的新发展格局"的重要论断引发企业家的普遍关注。面对世界处于百年未有之大变局，我国的国情国力和所面临的国际政治经济形势与前一阶段相比已发生重要变化。"新发展格局"的提法，是中央准确分析判断世界经济发展大势、我国当前与未来经济发展阶段存在的优势与劣势、面临的挑战与机遇，而做出的战略抉择，对我国经济社会未来发展具有重要指导意义。深刻认识"新发展格局"所揭示的未来发展态势，明确数字化转型是构建新发展格局所要倚重的关键路径之一，制定相关对策，加快数字经济发展，对广大企业"于危机中谋新机，于变局中开新局"无疑是重要的推动与支撑。

构建"以国内大循环为主体、国内国际双循环相互促进的新发展格局"的核心是采用行之有效的手段，保证实物、资金、信息、技术、人才等各类要素在国内顺畅循环流动，在平等、互利、共赢原则下有效参与国际交流交换，各类通道畅通，各种链条相通，各型经济联通。在逆全球化思潮涌动和新冠疫情全球蔓延的背景下，中国企业的实践表明，加快数字经济发展应是避免经济活动中断和分割的重要手段。因此，要保持产业链的安全和供应链的稳定，必须坚持以信息技术为突破口，推动我国经济高质量发展，提升产业竞争力和发展的主动权。

借助数字化转型的全面影响，构建新发展格局的重点任务应包括：发挥数字手段的作用，提升创新链、稳定供应链、强化产业链、提升价值链。

一要提升创新链。创新链是由知识创新、技术创新、产品创新等一系列活动及其主体组成。构建自主可控的创新链，要发挥信息化手段的作用，面向企业需求，加大基础性研究和技术创新的投入，整合科技力量，加大核心技术攻关力度，为企业和产业提供先进的科技成果和技术解决方案。

二要稳定供应链。我国供应链协同管理能力不强，产能过剩矛盾较为突出。同时，受新冠疫情和贸易保护主义抬头的影响，我国中小企业发展面临着较大的压力。因此，构建新发展格局，需要借助 5G、物联网、大数据等畅通大中小企业之间的联系，引导中小企业加入国内供应链，为中小企业发展创造国内市场空间。

三要补强产业链。加快发展科技型产业，以数字新基建为契机，导入国内产业配套体系，逐步形成不依赖进口的产业基础，确保我国产业发展协调与产业链畅通，避免产业链中断对经济发展造成损失。

四要提升价值链。由商品和要素流动型开放向规则等制度型开放转变，不断优化营商环境，利用"一带一路"建设带来的新机遇，以数字化、网络化、智能化引路，促进资金、技术、人才、管理等生产要素与相关国家的交流与合作。

当前，新一代信息通信技术引发的数字化浪潮正在全面重构增长方式、产业形态和企业模式，推动工业经济加快向数字经济迈进。新冠疫情给世界经济带来巨大冲击，宏观经济环境、市场需求、行业生态都发生了急剧变化，企业面临前所未有的挑战，数字化转型显得尤为迫切，正在成为经济界、企业界的广泛共识。然而长期以来，我们习惯于从技术的视角来理解和开展信息化工作，许多企业并没有意识到这一轮数字化转型的战略性、系统性和长期性，仅仅重视各种技术、装备、机器人、信息系统、软件等的购入，认为有了自动化、智能化的装备、产线、车间就是实现了数字化转型，而对于数字技术与工业技术的深度融合、数字技术与业务、流程、组织与管理等方面的深度融合却重视不够。因此，我们认为，这一轮的数字化转型与传统的信息化建设有本质不同。过去几十年的信息化建设是基于工业化条件和工业增长范式开展的，主要着力于如何应用信息化技术提升工业化增长的效率、质量和效益。今天的数字化转型却是面向数字经济新时代的全新探索，要从工业化时代的企业范式转型为数字经济时代的企业范式，包括发展理念、治理体系、价值创造、技术和产品、组织与管理、企业文化等，是一次系统性的全方位变革创新。我们必须重新思考数字化技术在企业发展中的战略地位和引擎作用，从企业发展的全局来深刻理解数字化转型，构建一整套适应数字经济时代的商业逻辑和经营管理模式。这对许多企业来说是一次巨大挑战。

对于如何推进企业数字化转型，至少要关注以下几点。

一是以思维模式转换，开启数字经济的大门。数字化转型是一场深刻而系统的变革，不仅仅是数字化新技术应用，更是一种认知和思维方式的革命。数字化转型是在"数据+算法"定义的世界中，以智能数据服务的流动，化解复杂系统的不确定性，优化资源配置效率，构建企业新型竞争优势。其路径是企业汇聚和挖掘大数据资源，开发和释放大数据蕴藏的巨大价值，关键是要将大数据转变为企业有价值的知识，并赋能成为员工、机器、设备、系统的智慧能力，赋能企业的生产经营和管理。企业要勇于否定一度被认为成功而在数字化时代难以维系的经验，面向未来，大胆尝试创新。

二是以业务模式的创新，激发数字化转型的潜力。埃森哲的一份研究报告显示，80%的中国企业都尝试进行数字化转型，却仅有4%的企业真正释放了其数字化的潜力。数字化所要解决的根本问题是企业的资源配置问题，核心是高效运用有限资源实现创新，盲目运用新技术或者是脱离业务的战略革新都将以失败告终。当前，数字化转型已切入诸多产业的非核心业务，初步实现了企业内部的降本增效，但对于企业发展的助力有限。而企业发展的根本在于业务模式的创新及市场拓展。应用架构的方式重新思考企业运行的目标和全过程，以数据为系统全面赋能，使数字化真正深入企业的关键业务流程和每一个单元，才能助力其核心能力重建，发挥全部潜能。

三是以实践模式的调整，驶入数字化转型的轨道。要创新性应用数字技术。数字经济时代与工业时代最显著的区别就是增加了信息空间，并且实现了"人类空间—物理空间—信息空间"的融会贯通。这是过去两百多年的工业化时代从未有过的，各行各业都需要全新探索和实践。企业要与上游供应商、服务商和下游用户等开展合作创新，加快企业产品、业务、研产供销、经营管理等环节的数字化、智能化场景建设，逐步建成基于人机物三元空间、虚实融合的智慧企业。要把握数字化转型过程快速迭代的特点，在目标确定和架构确立之后，借助大数据、云计算、人工智能等手段，通过实践不断试错，取得流程参数的最优化，快速接近最终结果。

四是以管理模式的变革，形成数字化转型的支撑。要注重组织与管理变革。全新的商业时代呼唤全新的企业形态，全新的企业形态又离不开全新的组织结构。机器将不断取代能够被结构化的知识，创造力成为最稀缺的生产要素和组织中最大的竞争力，对组织模式提出了全新的要求。数字化转型不只是传统意义上的一把手工程，而是更加强调系统设计，全员参与。企业要在部署应用数字技术的同时调整组织、流程与管理机制，通过企业内部大规模网络协同和智慧决策中枢，构建敏捷型组织和赋能型管理，激活人的创造力。

五是以文化模式的重塑，树立数字化转型的指引。数字化时代需要的是开拓创新，不是因循守旧。采用数字化技术可以提升企业的生产力，其相应的生产关系、组织架构和企业文化也需要相应的调整。传统的单体应用开发运维模式无法适应新的要求，在监管合规要求下要结合业务和技术积极创新，懂业务、懂技术、懂数据的复合型人才是创新的核心。

金蝶公司作为中国本土领先的软件服务商，一直秉持自我革命的创新理念。早在六年前，金蝶公司已经率先开始了数字化转型。他们认为，传统的ERP时代已经过去，现在进入了EBC即业务能力的时代，IT就是业务，业务就是IT，两者将实现深度融合。EBC将成为企业的一种战略资源，成为一种全新能力。相对于传统的ERP，EBC在AI驱动、以数据为中心、消费化、人力增强、赋能、面向客户等方面都有卓越表现。基于这样的战略认知，金蝶公司开展了一系列变革创新，取得了十分显著的成效，连续14年在中国成长型企业应用软件市场占有率排名第一；连续三年在中国企业级SaaS云服务市场占有率排名第一，金蝶也是目前唯一一个入选Gartner全球市场指南（Market Guide）的中国企业SaaS云服务厂商。

重庆作为传统的"制造大市"，是国内少数几个拥有全部31个制造业大类的城市。近年来，制造业智能化转型步伐在重庆明显加快，"上云上平台"的在渝企业数量不断增长，数字化转型成效显著。相信在未来数字经济发展的道路上，重庆将继续"走在前列"，打造"智造重镇、智慧名城"的新名片。

（在金蝶云数字化转型论坛上的讲话，2020年9月）

# 加快数字经济发展　助力构建新发展格局

很高兴参加"通信展数字经济领导者论坛"。中国正在加速进入以新发展格局为特征的新阶段，探讨新时期如何顺势而为，抢抓先机，以加快数字经济发展为企业和企业家赋能，具有特殊的意义。

## 一、加快数字经济进程是构建新发展格局的重要内容

最近一个时期，习近平总书记多次强调"构建以国内大循环为主体、国内国际双循环相互促进的新发展格局"。认识新发展格局，是构建新发展格局的首要。面对世界处于百年未有之大变局，中国所面临的国际政治经济形势与前一阶段相比已发生重要变化。

突如其来的新冠疫情可以看作对中国经济社会的一场压力测试。面对新冠疫情的冲击，在以习近平同志为核心的党中央坚强领导下，全国上下一心，奋力应对，取得了抗击疫情的战略性成果；一度中断的生产链供应链尽快得以恢复，企业生产经营逐步走上正轨，经济社会进入稳定发展的正常状态。

新发展格局强调要形成国民经济循环的经济主体，是要使发展的主动权牢牢掌握在自己手中，充分发挥内需巨大市场和中国特色社会主义的制度优势，并坚持改革开放不动摇。

在这次新冠疫情的防控过程中，数字经济的作用凸显，长三角地区的企业率先开展了数字化手段的应用，健康码在疫情中诞生并迅速在全国普及，信息技术手段广泛支持了企业复工复产和全国的疫情防控。大量实践表明，加快数字经济进程应是今后构建新发展格局的重要内容，也是推进经济高质量发展的重要手段。只要坚持以发展信息技术为先导，保持产业链的安全和供应链的稳定，就能够提升产业竞争力和发展的主动权。

## 二、抓住新基建机遇，为企业数字化转型注入新动力

新基建是企业关注的焦点。而作为新基建的核心，数字新基建的发展更是被寄予厚望。以 5G、工业互联网、数据中心等为代表的数字新基建，将为企业数字化转型注入新动力，成为促进新旧动能转换的重要杠杆，加快新兴产业增长、推动传统产业升级的加速器。

加快新基建建设，其意义不仅仅是着眼为人民群众生产生活提供基础服务的公共设施，更重要的是借助信息化技术，激发经济发展的内生动力，加快企业数字化转型步伐，进而为高质量发展提供新动力，形成新路径。

加快新基建不仅要"补短板"，而且要"锻长板"。

一是着眼长远，要素引领。通过加强数字化的新配套、新需求以及以大数据为核心的新要素，增强新兴产业发展活力与传统产业转型动力。

二是链为首要，成龙配套。按照发展逻辑，构筑数字化的产业链，以新配套提升产业链，如 5G 基站联通 5G 网络，充电桩保障新能源汽车充电需求，大数据中心服务数据存储和计算，工业互联网支撑制造业数字化转型等。

三是需求牵引，创新动力。新基建的建设将形成对于硬件、软件、生产装备以及服务的大量需求，比如工业互联网近万亿的市场空间将推动物联网专用芯片、工业软件、数控装备等产业快速发展。还可以借助企业的研究力量，努力提升关键核心技术与产品的自研能力。

四是开发数据，超前布局。数据是智能时代最为重要的生产要素，关键是如何有效应用。5G、工业互联网建设能够便捷大数据的流动与共享，人工智能加速大数据的分析与应用，而高铁、轨道交通、特高压、新能源汽车充电桩等设施建设则有利于进一步充分释放海量数据资源，孵化出数字经济新业态。

## 三、加快数字化转型，助力企业高质量发展

中国企业联合会作为联系政府、企业和企业家的社会组织，始终致力于

推动企业改革创新，促进企业不断提高现代化管理水平和市场竞争能力。近年来，中国企业联合会在工业和信息化部的支持和指导下，在开展企业两化融合、智能制造、管理创新等工作的同时，又专门成立了智慧企业推进委员会（简称智推委），搭建企业数字化转型的交流沟通平台，帮助企业加快数字化发展。

智慧企业的建设还在摸索之中，总体来看，智慧企业是信息化、工业化和管理现代化融合创新形成的新一代企业范式，本质上是企业在数字经济时代为客户、员工、合作伙伴创造价值、实现可持续发展的一种全新发展模式。智慧企业与单纯着眼信息技术水平提升的信息化改造不同，确立了基于技术优化创新、管理变革创新、人的赋能创新的三大支撑。

从当前来看，智慧企业呈现五个基本特征：一是以架构引领、全局协同为整体特征；二是以数据赋能、价值跃迁为本质特征；三是以虚实结合、人机互动为运行特征；四是以精准配置、动态调优为核心特征；五是以敏捷迭代、自主演进为目标特征。随着企业的探索实践和机构的研究总结，智慧企业的理论将不断完善，并可更好地指导实践。

针对新冠疫情防控对经济造成的冲击，众多企业特别是量大面广的中小企业，对以智慧企业形式推动企业数字化转型要求十分迫切。为此，智推委在前期工作基础上，正以企业需求为导向，全力做好以下工作：一是优化平台，政企对接。把握发展方向，积极争取工业和信息化部、国家发展改革委、科技部、国资委等政府部门的指导，广泛吸引各行业企业和单位加入。二是以实带虚，以专带面。围绕智慧企业建设和智慧产业发展，由龙头单位牵头业务相关企业，成立智慧企业架构工作组、智慧组织与智慧管理工作组、智慧能源工作组、智慧制造工作组、智能网联汽车工作组等开展应用研究和实践。三是标准引路，攻克难点。由专业工作组牵头开展各种标准制定，梳理工作中的难点和问题，汇集各方力量，研究解决方案。四是创新模式，携手共进。做好创新实践案例征集，组织开展智推委委员单位之间的学习考察和交流活动，筹备2020年的智慧企业发展论坛，加大面向中小企业的宣传服务，推动大企业与中小企业的携手合作，探讨与地方政府合作的各种形式，进一步让智慧企业建设更加有效地服务抗击疫情、复工复产，推动经济社会平稳和谐发展。

希望广大企业能深刻认识新发展格局所揭示的未来发展态势，明确数字化转型是构建新发展格局所要倚重的关键路径之一，制定相关对策，加快数字经济发展，"于危机中谋新机，于变局中开新局"，在未来数字经济发展的道路上走在前列，为率先形成新发展格局，实现高质量发展做出积极贡献。

（在 2020 年中国国际信息通信展览会主论坛数字经济领导者论坛上的讲话，2020 年 10 月）

# 聚焦创新核心地位　加快智慧企业建设

2020年智慧企业发展论坛的主题为"数字新基建智能新场景",希望引导广大企业全面深入贯彻落实党的十九届五中全会精神,准确把握我国发展阶段的新变化新特征,更加扎实地推进智慧企业建设,加快数字化发展,为"十四五"高质量发展谋好局、开好篇。我结合会议主题谈几点意见,供大家参考。

## 一、着眼长远坚持创新,把握智慧企业建设方向

刚刚闭幕的党的十九届五中全会审议通过了《中共中央关于制定国民经济和社会发展第十四个五年规划和二〇三五年远景目标的建议》,描绘了未来5年乃至15年中国发展的宏伟蓝图,凝聚起全党全国人民奋力夺取全面建设社会主义现代化国家新胜利的意志和力量。规划建议中专门讨论了加快数字化发展的问题,为我们做好新阶段的智慧企业建设布局,提供了根本遵循。2020年以来,智慧企业建设迅猛发展,正逐步成为推动我国两化融合的重要力量,成为数字经济发展的加速器和新旧动能转换的新引擎,成为企业未来发展不可或缺的基础性、战略性资源。

随着国家"十四五"规划的逐步推进,将带动硬件、工业软件、网络、系统、装备等众多行业和专业领域的大量市场需求。有条件的企业,将积极研发形成相关技术、产品和服务,率先成为企业数字化转型的供给者和服务者,加快培育形成新的经济增长点,拓展新的发展空间。同时,更多的企业作为数字经济的需求方,要瞄准行业发展方向,加快利用数字新技术赋能传统基础设施迭代升级,同时积极部署各类信息基础设施和融合基础设施,加快推动企业数字化转型和智慧企业建设,夯实企业高质量发展底座。

## 二、瞄准应用推动创新，拓展智慧企业发展空间

新一代信息技术在新冠疫情防控、复工复产中发挥了非常重要的赋能作用，使越来越多的企业意识到数字化转型和智慧企业建设的重要性，开始从倒逼推动转变为主动求变，从可选题转变为必答题。

开展智慧企业建设，既需要强化顶层规划设计，更需要脚踏实地，扎实推进。为了解全国智慧企业建设的最鲜活的实践经验，发挥标杆引领作用，从2019 年开始，我们面向全国征集智慧企业建设创新实践案例，在此基础上，我们联合中国信息通信研究院对这些案例进行深度分析，发布《智慧企业发展报告》，供社会各界和广大企业参考。我想强调三点：

一是智慧企业建设要为客户创造价值。企业是面向客户的经营性组织，客户需求既是企业变革创新的出发点和落脚点，也是智慧企业建设的出发点和落脚点，是否创造客户价值是检验智慧企业建设成效的重要标准。客户价值表现在多方面，可以是效率提升、成本下降、质量提高、服务便捷等，不同客户具有不同的需求，企业需要准确洞察各方需求，以此来确定智慧企业建设的重点和方向。

二是智慧企业建设要找准应用场景。场景是企业经营管理各项活动的时空载体，也是数字技术赋能企业创新发展的能力体现。找不到应用场景，再高级的技术也不过是纸上谈兵。应用场景既可以着眼产业链、供应链，也可以面向客户与供应商，还可以针对企业内部的组织与管理。

三是智慧企业建设需要融合创新。融合创新既表现在新一代信息通信技术与传统行业技术、产品技术、控制技术、管理技术的深度融合；也表现在生产力与生产关系的同步调整，目前许多企业还是将智慧企业建设认知为仅仅是先进技术、软件、系统、装备的部署，而对于相应的体制、机制、组织、流程、制度等管理要素与生产关系调整却并不重视，这恰恰制约了新技术的应用成效；此外，融合创新还表现在企业与服务商之间的合作关系。今天的数字经济发展是前所未有的新大陆，国内外都没有成功经验遵循。因此，传统的单纯买卖成熟软件、系统、装备的建设模式已经难以奏效，需要应用企业与服务商

围绕全新的应用场景联合创新。融合创新既帮助客户实现价值增长，也加快了服务商的技术成熟和服务能力提升，从而实现共同成长。

### 三、架构引领统筹创新，推动智慧企业整体建设

专业化分工是工业化的基石，企业就是专业化分工的产物。专业化分工大幅提高了工业化生产效率，加快了工业文明的演进，但其弊端也日益显现。可以看到，一方面分工使企业组织越来越复杂，驾驭复杂性成为企业进一步发展面临的巨大挑战；另一方面，随着分工越来越细，条块分割、部门墙、信息孤岛等碎片化现象也越来越严重，使得企业往往是局部最优而整体不优甚至内耗。今天的数字化发展要求企业实现互联互通、高效协同，形成基于数据新要素的新模式和新组织，因此，碎片化可以说正在成为企业数字化转型和智慧企业建设的最大的挑战。这两年实践案例也从客观上印证了这个问题，今年近三分之二的案例企业开始重视顶层架构的搭建，开始从战略高度谋划顶层设计，统筹考虑建设的计划和步骤。企业急需一套与国际接轨、科学有效的顶层设计方法为指导，帮助企业构建立足全局的数字化、智能化新能力。

为此，我们在2018年组织研究并发布《智慧企业指引》的基础上，2020年又联合清华大学复杂系统研究中心、中国航空工业集团公司等单位，在张新国教授指导下，借鉴国际通用标准，面向智慧企业建设顶层设计，研究起草了《智慧企业建设参考架构》。

### 四、搭建平台整合创新，推进智慧企业转型升级

近年来，国家发展改革委、中央网信办、工业和信息化部、国务院国资委等相关部门陆续出台相关规划和政策措施，积极推动企业的数字化、网络化、智能化转型。中国企业联合会长期以来致力于推动企业改革创新，促进企业不断提高现代化水平和市场竞争能力。从2018年我们组织成立智慧企业推进委员会以来，在潘云鹤院士的直接领导下，积极探索，主动作为，在课题研究、案例总结推广、培训交流、供需对接、产业落地等方面开展了许多卓有成

效的工作，广泛凝聚了各类优质资源，围绕智慧企业建设初步搭建了政产学研用有效协同的工作平台。

"十四五"时期的发展目标已经确定，全面建设社会主义现代化国家的大幕正徐徐拉开，让我们全力投入，奋勇前行，用智慧企业的推进为中国经济数字化发展助力，为第二个百年奋斗目标的实现贡献力量。

（在"2020 中国智慧企业发展论坛"上的致辞，2020 年 11 月）

# 以智慧企业建设为载体
# 推动"十四五"产业数字化发展

近年来,信息化浪潮方兴未艾。新冠疫情的出现,大大加快了原有进程,防疫抗疫和复工复产使得企业数字化转型迅猛发展,正逐步成为推动我国产业与区域经济发展的重要力量,成为数字经济发展的加速器和新旧动能转换的新引擎,成为企业"十四五"乃至更长时间发展不可或缺的基础性、战略性资源。与此相适应,智慧企业建设登上舞台,成为各方关注的热点。

## 一、新一代人工智能技术催生智慧企业新形态

"十四五"规划建议提出,坚持把发展经济着力点放在实体经济上,坚定不移建设制造强国、质量强国、网络强国、数字中国。习近平总书记强调,要深入把握新一代人工智能发展的特点,加强人工智能和产业发展融合,为高质量发展提供新动能。

新一代人工智能伴随着制造业优化升级,已经成为企业数字化转型中创新最活跃、应用场景最广泛、产业爆发力最强、辐射影响最广的领域,成为新一轮产业变革的核心驱动力。可以清楚看到,借助人工智能等新一代信息技术,许多行业的迭代升级和转型发展都到了一个即将突破的临界点。一些制造业、服务业的领先骨干企业和有活力的中小企业,顺应发展大势,加快数字化转型步伐,力求获得企业高质量发展的先机。

智慧企业在这种形势下应运而生。通过大数据智能、人机混合增强智能、群体智能、跨媒体智能等新一代人工智能技术形成技术支撑,推动企业各领域加速向智能化跃升,逐步形成数据驱动、人机协同、跨界融合、共创分享的智能经济新形态的过程,即是建设智慧企业的过程。智慧企业顺应发展大势,将

数据资源作为新生产要素和新生产力，使技术创新、管理变革、人的赋能三者有机融合，全面推进企业的数字化转型，实现高质量发展。

## 二、三年来智慧企业建设的初步进程

近年来，"互联网＋"等数字化转型的重要战略文件陆续出台，国家对经济社会的智慧化转型进行了有效推动，为智慧企业的发展指明了方向。2017年7月，国务院印发《新一代人工智能发展规划》，对积极发展智能管理、智能生产、智能服务和智能工厂，都提出了明确要求。

为了落实中央精神，回应企业的迫切需要，中国企业联合会成立了由潘云鹤院士担任主任委员的智慧企业推进委员会。一批对此感兴趣的行业专家、企业家、学者及企业人士参与其中，在课题研究、案例总结、培训交流、供需对接、产业落地等方面开展了一些工作，凝聚了各类优质资源，搭建了政产学研用协同的工作平台，推动了智慧企业的建设与研究。

与其他活动的推进形式不同，智慧企业推进采取了自下而上、自上而下循环反复的工作方法。在各方共同形成智慧企业建设工作指南后，由企业提出工作中的兴趣要点，中国企业联合会组织有意为之的企业共同参与。三年来的实践表明，这种方法深受大中小微企业的欢迎，正在形成新的推进路径。

智慧企业强调新一代人工智能技术应用到企业各环节、各要素，实现整体性的智能协同，核心是提升企业的自主智能能力，本质上是在数字经济、智能经济时代企业为客户、员工、合作伙伴创造价值、实现可持续发展的一种全新发展模式。

随着国家"十四五"规划的逐步推进，电子硬件、工业软件、网络、系统、装备等众多行业和专业领域一定会产生大量市场需求。一方面，有条件的企业有望成为企业数字化转型的供给者和服务者，将积极研发形成相关技术、产品和服务，加快培育形成新的经济增长点，拓展新的发展空间。另一方面，更多的企业作为数字经济专业技术的需求方，会瞄准行业发展方向，加快利用数字新技术赋能传统领域迭代升级，加快推动企业数字化转型和智慧企业建设，夯实企业高质量发展底座。这两个方面，都呼唤工业经济研究领域的专家学者给予更大的关注与支持。根据企业在投入智慧企业中的体会，从实证的角度探讨企业数字化转型应把握的一些问题。

## 三、从智慧企业的实践看企业数字化转型的机遇挑战

开展智慧企业建设，既需要强化顶层规划设计，更需要脚踏实地，扎实推进。为了解全国智慧企业建设的实践经验，发挥引领作用，我们在2019年工作基础上，开展了《全国智慧企业建设创新实践案例（2020）征集》活动和《智慧企业建设状况问卷》调查，有257家企业参与。我们联合中国信息通信研究院对案例进行深度分析，一些特点值得关注。

**1. 智慧企业涉及范围拓展**

2020年智慧企业案例广泛分布于制造业（29%），信息传输、软件和信息技术服务业（21%），采矿业（8.3%），金融业（6.5%）等十余个行业类型，其中，工业和信息服务业占到总量的逾七成。中小企业占比明显增加，已达到案例总量的三分之一。我们不但看到了大型企业智慧化建设的初步成效，也看到中小企业开始在部分领域采用智慧化手段提升企业竞争力。

**2. 智慧企业应用水平提升**

智慧企业案例中，智慧业务和智慧管理是重点，均有超过三分之一的企业上报了此类案例，之后是智能装备与智能产品类。显示智慧化在企业的应用领域不断拓宽。有超过10%的企业已经将智慧化建设作为经营常态，且有一半左右的企业已经进入战略规划实施阶段。智慧化建设已上升到公司战略层面，体现出企业对智慧化建设的高度重视、统筹部署。

多数企业开始认识到，智慧化建设首先需要从战略高度谋划顶层设计，统筹考虑；其次是研发设计、人才体系、新技术应用、商业模式和生产制造等关键环节。

**3. 智慧企业促进产业数字化推进**

由于当前新一代信息技术飞速发展，各类生产、管理、业务数字化转型模式逐步成熟，企业智慧化建设将从内部向外部延伸，逐步建立智慧产业生态。

从企业向智慧化迈进的程度来看，多数企业仍处于信息化和数字化阶段，

其中，处于数字化阶段的企业最多，接近四成，但也有近五分之一的企业开始走向局部智慧化。

大数据、人工智能、物联网、云计算、5G 等技术深度融合创新，与行业场景广泛结合，形成众多智慧化应用。人工智能在各项技术中的应用排名较去年明显提升，企业开始重视智慧化应用。物联网技术也较去年排名靠前，说明对于数据的采集和智能控制能力有所提高。

### 4. 智慧企业实施成效已经显现

从战略、经营、技术、管理 4 个维度评估了智慧企业的执行情况，指标共计 22 项，单项指标满分 5 分，平均分 3.51。总体而言，当前企业智慧化建设有效提升了运营效率和客户、员工体验，由于当前仍处智慧化建设初期，投入比较集中，成本下降成效还有待时日。

从行业角度看，数字化原生程度越高的行业，智慧化建设成效越突出，比如金融、ICT 行业企业，而制造、采矿等重资产行业执行成效显现较慢，新一代信息技术与传统行业技术的融合创新任重道远。

### 5. 智慧企业建设中有待进一步克服的困难与障碍

现阶段，绝大多数企业已经认识到智慧化建设的重要性，但仍然面临一些难点和问题。"传统业务模式难以转变"是企业面临的最大难题。其次是人才能力不足的问题，接近半数企业遇到此问题，智慧化建设所需的技术复合型人才、产业复合型人才供需缺口较大，急需加强相关领域人才的培养和储备。另外，企业在资金、效益、技术等方面也面临一定困难，有待在后续建设中加以关注和解决。

## 四、重视架构引领，加快智慧企业建设

专业化分工是工业化的基石，企业就是专业化分工的产物。但分工一方面使企业组织越来越复杂，驾驭复杂性成为企业进一步发展面临的巨大挑战；另一方面，随着分工越来越细，条块分割、信息孤岛等碎片化现象也越来越严重，使得企业往往是局部最优而整体不优甚至内耗。今天的数字化发展要求企业实现互联互通、高效协同，形成基于数据新要素的新模式和新组织，因此，

碎片化可以说正在成为企业数字化转型和智慧企业建设的最大挑战。

前述实践案例也从客观上印证了这个问题，2020年近三分之二的案例企业开始重视顶层架构的搭建，开始从战略高度谋划顶层设计，统筹考虑建设的计划和步骤。企业急需一套与国际接轨、科学有效的顶层设计方法为指导，帮助企业构建立足全局的数字化、智能化新能力。

为此，我们在2018年组织研究并发布《智慧企业指引》的基础上，2020年又联合清华大学复杂系统研究中心、中国航空工业集团公司等单位，在张新国教授指导下，借鉴国际通用标准，面向智慧企业建设顶层设计，研究起草了《智慧企业建设参考架构》。希望更多的专家学者能进入这个领域。

近年来，国家发展改革委、中央网信办、工业和信息化部、国务院国资委等相关部门陆续出台相关规划和政策措施，积极推动企业的数字化、网络化、智能化转型，对推进智能制造、数字化转型和智慧企业建设具有重要指导作用。

"十四五"时期的发展目标已经确定，全面建设社会主义现代化国家的大幕正徐徐拉开，让我们全力投入，奋勇前行，用智慧企业的推进为中国经济数字化发展助力，为第二个百年奋斗目标的实现贡献力量。

（在中国社会科学院工业经济研究所"十四五"时期产业与区域发展论坛上的讲话，2020年11月）

# 数字化转型势在必行

数字经济的发展已经成为关系中华民族伟大复兴的重要战略内容之一。2020年4月1日，习近平总书记在浙江省考察时再次强调要抓住产业数字化、数字产业化赋予的机遇。在新冠疫情防控中，数字化技术的优势凸显，发挥了重要支持作用。众多企业借助互联网、大数据、云计算、人工智能等新技术，生产防疫设备物资，开展疫情防控监测预警，加快病毒检测的诊断、疫苗新药的研发，显著提高了防控的效率。政府部门依托互联网平台开展医疗防疫物资的精准对接，高效生产、统筹调配。

在数字化技术抗疫和复工复产的成功经验中，优秀企业家精神从中彰显。"天下兴亡，匹夫有责"。这次抗疫中，航天科工、海尔、阿里巴巴等企业以强烈的责任感和使命感，慷慨捐赠，按照国家抗疫要求组织生产。"重义轻利，舍利取义，担当作为，成为新冠疫情防控阻击战的重要力量，充分彰显了新时代的商业伦理和优秀企业家精神。"在复工复产中，数字化观察网积极联系院士、专家、学者，以及华为、信融科技集团公司等共同发起了"数字化·暖企行动"公益活动，为政府、为企业排忧解难、提供精准服务。

## 一、数字化转型是企业的"必修课"

虽然新冠疫情对我国的经济社会造成较大冲击，但在推动企业数字化转型中，"大智移云物链"各项实用型新技术，一直都在快速发展，尤其人工智能和5G。自2018年以来，随着新一代人工智能在我国的落地和使用，带动了大量新产品、新产业的发展，形成了溢出性很强的"头雁效应"。因此，我国的不少大企业，特别是中国科工、海尔、浪潮等科技、电子信息和家电等行业的大企业，深入实施了信息化、数字化转型的战略，少数大企业的工业4.0水平已经居于世界前列，工业互联网领域也有长足进步。

相比于大企业，中小企业由于缺乏资金、人才的支持，在数字化转型方面仍然较为缓慢，少数中小企业仍然处于传统生产的模式，主要依靠经验进行管理，从工业4.0的角度划分，不少企业仍然处于工业2.0甚至1.0的阶段。对这些企业而言，数字化转型显然是"从来急，起点低"。

数据显示，我国中小企业的数量达到3000多万家，占企业总数的90%以上，贡献了全国50%以上的税收、60%以上的GDP、70%以上的技术创新成果和80%以上的劳动力就业，是撑起了我国制造业发展的"半边天"，是我国经济的重要组成部分。中小企业的数字化转型，直接决定"半边天"的支撑力。

此前，工业和信息化部发布了《关于应对新型冠状病毒肺炎疫情帮助中小企业复工复产共渡难关有关工作的通知》，明确20条措施助力中小企业渡过难关，其中特别提到了支持企业数字化转型，集中推进"五个一"的工作计划：一是征集一批数字化服务商、优秀数字化产品和服务，进而促进企业之间的资源对接和推广应用。二是总结推荐一批数字化赋能标杆中小企业和实践案例、典型经验，对其他中小企业起到示范引领作用。三是组织一些系列活动，进一步在全社会营造氛围，进而提高中小企业数字化应用意识和能力。四是发动一批电商平台，助力中小企业降成本、拓市场、稳就业，进而帮助中小企业实现数字化转型。在这方面，数字化观察网也推出了一系列为中小企业创造便利的行动。五是开展一批数字化网络化智能化技术培训，以解决不熟悉、不了解的问题，提高中小企业家在这方面的素养和技能。开通了"企业微课"，向企业提供公益免费培训，其中，数字化的应用课程占有相当比重。与此同时，工业和信息化部也鼓励各个地方加强政策激励，本着"企业出一点、服务商让一点、政府补一点"的思路帮助中小企业实现数字化转型。

随着企业数字化转型进程的不断深入，也随着突发新冠疫情的贴身近逼，越来越多的中小企业认识到，企业的数字化转型，不但"必须转"，而且要"加速转""全局转"。企业数字化、智能化转型升级早已不再是一道选择题，而是一道使命题、生存题，是通向新变化的核心问题，是打造未来智慧型企业的共同通道！可以说，谁先积极拥抱数字化技术，谁就能抢得先机、赢得未来。

## 二、如何实现数字化转型

企业的数字化转型，是一种信息技术的变革创新，但远不是一般意义上的"＋互联网""＋智能"，它需要持续性的迭代创新、灵活性的保障机制、敏捷性的组织性结构、可靠性的安全屏障，只有发展理念、发展模式的全新转变，才能迈向新目标。企业应该如何推进数字化转型，解决数字化转型中出现的"卡脖子"问题？至少需要关注五个方面。

第一，以思维模式的转换，开启数字经济大门。数字化转型是一场深刻而系统的变革，不仅仅是数字化技术的运用，更是一种认知和思维方式的革命。数字化转型是在"数据＋算法"定义的世界中，以智能数据服务的流动，化解复杂系统的不确定性，优化资源配置效率，构建企业新型竞争优势。其路径是企业汇聚和挖掘大数据资源，开发和释放大数据蕴藏的巨大价值，关键是要将大数据转变为企业有价值的知识，并赋能成为员工、机器、设备、系统的智慧能力，赋能企业生产经营和管理。企业要勇于否定一度被认为成功而在数字化时代难以为继的经验，面向未来大胆尝试创新。

第二，以业务模式的创新激发数字化转型的潜力。埃森哲的一份研究数据表明，80% 的中国企业都尝试进行数字化转型，却仅有 4% 真正释放了数字化潜力。企业要以数据为系统全面赋能，使数字化真正深入企业的关键业务流程和每一个单元，才能助力其核心能力重建，发挥全部的潜能。

第三，以实践模式的调整，驶入数据化转型轨道。数字经济时代实现了人类空间、物理空间、信息空间的融会贯通，企业要与上游供应商、服务商和下游用户开展合作创新，加快企业在供销、研发、经营管理等环节的数字化、智能化场景建设，逐步建成基于人机物三空间虚实融合的智慧企业。

第四，以管理模式变革形成数字化转型的支撑，注重管理与流程变化。数字化转型不只是传统意义上的一把手工程，而是更加强调系统设计、全员参与，企业要在部署应用数字经济的同时调整组织流程与管理机制，通过企业内部大规模网络协同和智慧决策中枢，构建敏捷型组织和共同型管理，激活人的创造力。

第五，以文化模式的重塑，树立企业数字化转型的指引。数字化时代需要开拓创新，不是因循守旧。采用数字化技术可以提升企业生产力，其相应的生产关系、组织架构和企业文化也需要做好相应的调整。传统的单体应用开发、运维模式，无法适应新的要求。在监管和合规要求下，应结合技术和业务积极创新。懂业务、懂技术、懂创新、懂数据的复合型人才是企业数字化转型的核心。

数字化观察网是打造政府和产业界的沟通交流平台、数字中国各领域的跨界融合平台、大中小企业融通发展的有效对接平台，集众力、汇众智，研究热点难点问题、总结发展经验，支撑政府决策、服务产业创新。希望数字化观察网继续积极发挥好平台引领作用，深化政产学研企之间合作，建立数字化创新发展联盟，加强数字经济研究，开展以数字产业化为基础、产业数字化为主题的经济活动，共同激发数字创新动能，共同促进数字经济繁荣发展，为推动中国经济高质量发展贡献力量。

（在"2020数字化生态大会"上的发言，2020年11月）

# 了解区块链技术　推进数字化转型

当人类迈入 21 世纪的时候，一场重大的经济社会变革正一步一步走来。尽管还存在太多的不确定性，但可以明显看到，新科技革命和产业变革正成为源源不竭的动力推动这场巨大的变化滚滚向前。而在此中间，信息技术无疑是最具影响力的革命性技术。数字变革所向，每每带来旧体系旧传统的土崩瓦解。人们没有把信息技术称作颠覆性技术，但它对人们生产生活的影响，对经济社会治理水平的提升，对生产效率的提高，对创新的提速，无出其右。这次新冠疫情的防控应对，充分证明了这一点。

抗击新冠疫情的过程中，中国的数字化转型按下了快进键。在社会运营的生产链供应链中断的时候，互联网架起了一座无形的联通之桥，为全社会，特别是企业导入了信息流、资金流、物流、员工流。不论是健康码的及时推出和普遍应用，还是线上研讨、经营、交易的实施，复工复产乃至社会生活的全面恢复，都大大借力于信息技术的广泛应用。

未来社会经济发展将更加取决于数字化转型，某种程度上，谁在数字化转型中拔得头筹，取得先机，全面掌握先进信息技术、深度挖掘数据优势，谁就控制了国际社会经济竞争的制高点，谁就将主导新一轮全球的科技革命和产业变革，更多地分享新技术创造的红利。

人们常常用"大云移物智链"来描述数字时代的主要前沿先进信息技术——大数据、云计算、移动互联、物联网、人工智能、区块链。可以说，一个计算能力超强、软件定义一切、网络连接无处不在、宽带永无止境、数据可靠流淌、智慧点亮未来的时代已经触手可及。在人们为之欢呼雀跃时，新兴的区块链技术格外吸引大家特殊的关注。

区块链是数字作为生产要素得以方便可靠应用时，最为适宜又不可或缺的一项重要技术。一种形象的比喻是把区块链作为分布式账本，由许多归属不同主体的服务器来实现同步记账的技术。与以往银行、企业、个人等对于相关的账本记录或数据记录都只是中心化，或者说只有单一的责任主体在记录，因而容易产生数据篡改等信用问题不同，区块链技术可以实现分布式的协同记账和数据存储，从而根除了所记录的数据被篡改的可能，让数据有了真正的信用和价值，让其具备作为一种新资产的可能，将给全社会带来不可估量的创新资源。

2019年10月24日下午，习近平总书记主持中共中央政治局就区块链技术发展现状和趋势进行了第十八次集体学习。很多专家学者注意到，习近平总书记针对某一特定技术组织学习并做专门阐述，以往仅有互联网和人工智能等不多几次。此次，总书记在主持学习时强调，区块链技术的集成应用在新的技术革新和产业变革中起着重要作用，要把区块链作为核心技术自主创新的重要突破口。习近平总书记对于区块链三个层次的发展，即基础技术研究、行业应用落地以及与数字经济的商业激励模式融合等做出明确指示，这让行业未来发展和创新突破方向更为清晰。

区块链的应用前景非常广阔。近年来，区块链应用已经从第一代的比特币，进化到了第二代的支付清算、证券交易、医疗、物流、政务服务等各个领域，发达国家加紧在上述领域进行区块链布局。目前，我国经济环境中的信用成本较高，社会信用环境较弱，区块链技术恰恰很好地提供了一个"低信用成本"的平台，这对于降低我国经济社会整体信用成本、促进信用经济发展具有十分重大的意义。特别是利用区块链技术可以进一步促进企业间在信息、资金、人才、征信等方面更大规模的互联互通，保障生产要素有序高效流动，借以推动区块链和实体经济深度融合。若将区块链技术与生产性服务业协同推进，将会形成带动实体经济质量提升的新引擎。

早在2018年，中国企业联合会就成立了智慧企业推进委员会。在智慧企业推进的过程中，我们充分意识到，大数据、云计算、移动互联、物联网、人工智能、区块链等新一代信息技术和实体经济必须深度融合，才有可能全面重构增长方式、产业结构和企业模式，适应全球加快步入数字经济新时代的潮流。

建设智慧企业要树立系统创新思维，从未来发展全局的高度来认识新一代信息通信技术的战略引领作用，注重组织与管理变革，构建一套适应数字经济、智能经济的新商业逻辑和新运作模式；要更加重视人的作用，在人工智能和人类智能在交互与碰撞中创造出崭新的智能生产力。而在智慧企业的推进过程中，区块链技术必然会成为重要助力。

区块链本质上是一个去中心化的分布式账本数据库，具有"不可伪造""全程留痕""可以追溯""公开透明""集体维护"等特征。基于这些特征，区块链技术奠定了坚实的"信任"基础，创造了可靠的"合作"机制，将成为智慧企业数字化建构的重要手段。

当然，描述这样一个进化过程，正是《区块链进化史》作者的初衷之一。但从我的角度看，其作用还远不止于此，其表达方式尤其可圈可点。与其他信息化新技术相比，区块链技术更不为广大读者所熟悉，是有原因的。尽管近年来，冠以区块链技术的普及读物比比皆是，但真正能起到较好效果的实不多见。其中固有区块链技术本身涉及的理论较为艰深外，也有解读的语言过于凝涩的缘故。不了解区块链技术，有效利用其推进数字化转型就无从谈起。

区块链本身是一串使用密码学相关联所产生的数据块，所以，涉及密码学等技术理论，就很难有人能讲明白。现实中往往是这样，让技术专家用技术语言来讲解区块链很容易，但让他们用直白的语言给非技术专业的人讲，就是一个很大的难题。让我很欣喜的是，这本《区块链进化史》的作者，把这些枯燥的概念巧妙地用生动的故事形式讲给读者，读起来十分有趣。

此前并不认识这本书的作者田君，图书策划人把这本书拿给我看时，我正在出差路上。没想到晚上随便一翻，就被书的内容吸引了，用了两个晚上的时间看了这本《区块链进化史》，感觉这是我目前看到的区块链方面的书中最深入浅出的一本书——用26个故事来诠释区块链发展进化史，能让枯燥的科学技术读起来趣味盎然，实属不易。

从作者的简历了解到，他有多年的通信行业技术经验，也有海外网络管理的经历，还出任过互联网上市公司高管，并且自己创立过互联网公司。由于接触区块链技术较早，又有志于区块链技术的普及，加上对文学的爱好，作者得以从"树哥"解读白皮书开始，又与大学合作开设"树哥解读以太坊"课程，同时建立了"区块链从小白到精通"的视频课程。可以看出，作者已将这些年区块链技术普及的内容进行具象化，转化为一个个小故事。此次奉献给读者的《区块链进化史》，正是作者常年钻研、笔耕不辍的辛勤劳动成果。如果说有什么期许的话，尚感书的结尾有些突兀，希望能形成信息新技术的系列读本，以飨读者。

我想，愿意了解区块链技术的读者，可以把这本书作为入门的参考书，轻松诙谐的描述也可以成为放在枕边的故事读本、出差路上随时翻看的伴读书。

（为《区块链进化史》所作序言，2020年11月）

# 加快数字化转型　　建设智慧企业

当前，由新一代信息通信技术引发的科技革命和产业变革加速推进，数字经济蓬勃发展，数字化、网络化、智能化成为企业创新发展的重要方向。2020年以来，在抗击新冠疫情、复工复产和保持经济社会稳定发展中，新一代信息技术发挥了重要作用，成为我国应对经济下行压力、稳定经济增长的关键动力，加速了产业和企业数字化发展进程。"十四五"规划首次以专篇形式部署"加快数字化发展建设数字中国"，提出要"迎接数字时代，激活数据要素潜能，推进网络强国建设，加快建设数字经济、数字社会、数字政府，以数字化转型整体驱动生产方式、生活方式和治理方式变革"，是今后五年以至更长时期我国经济社会数字化发展的行动指南，为广大企业推进数字化、网络化、智能化转型，建设智慧企业指明了方向。

中国企业联合会长期致力于为企业和企业家服务，搭建政府和企业之间沟通交流的平台。2013年以来，我会作为领导小组副组长单位全程参与了工业和信息化部两化融合管理体系系列国家标准的研制和推广工作，全力推动企业改革创新，促进企业不断提高现代化水平和市场竞争能力。2021年4月，工业和信息化部印发《关于调整两化融合管理体系工作领导小组成员和联合工作组成员单位的通知》，领导小组将按照"十四五"规划的部署要求，进一步研究推进两化深度融合的政策措施，加快数字化转型，推动新一代信息通信技术与制造业融合发展。2018年，为进一步加强中国企业联合会在推进两化融合方面的工作力度，按照相关程序正式组建了智慧企业推进委员会（简称智推委），专职推进企业的数字化、网络化、智能化转型，加快建设适应数字经济发展的智慧企业新模式。在潘云鹤院士的直接领导下，在各省市企联及广大委员单位的支持下，智推委积极探索，主动作为，广泛凝聚了各类优质资源，目前已批准了三批共计400余家委员单位，涵盖了军工、装备制造、材料、汽车、能源、建筑、钢铁、石油、石化、互联网、人工智能、软件等各行业企业以及相关研究机构和高校，初步构建了产学研用各方合作交流平台。智推委近三年主要开展了以下几方面的工作。

一是围绕如何推进企业数字化、网络化、智能化转型和智慧企业建设开展调查研究，发布相关研究报告。近三年，我们组织编制并发布了《智慧企业指引（2018）》《智慧企业建设参考架构（2020）》《中国智慧企业发展报告（2018）》《中国智慧企业发展报告（2020）》等重要报告，为广大企业推进两化深度融合、加快数字化转型和建设智慧企业提供顶层架构参考。同时，我们积极发动智推委委员单位，先后组织编写发布了《智慧水电企业建设指南》《车间数字孪生体构建指南》《企业智慧脑构建指南》《面向智慧企业的组织变革》《智慧院所建设参考指南》等10份专题研究报告，供不同行业、不同企业参考借鉴。

二是挖掘和推广企业数字化转型和智慧企业建设创新实践的典型经验。从2019年开始，中国企业联合会开始面向全国征集智慧企业建设创新实践典型案例，得到了广大企业的积极响应。案例征集采用企业自愿申报、相关单位择优推荐、专家审定的方式，每年公布100个典型案例，涵盖企业两化融合的不同领域。同时，通过线上线下交流和各种方式进行推广宣传，充分发挥标杆引领作用。

三是组织开展各种线上线下交流活动。智推委成立以来，充分发挥委员单位的专长和特长，积极组织开展各种交流活动。2019年我们在成都和江阴分别举行了线下交流活动，大家反响很好。2020年，我们主动适应新冠疫情带来的不利影响，从5月份开始策划举办了"智慧企业赋能高质量发展"在线公益大讲堂，一直延续到12月底，共举办了22期，邀请了潘云鹤院士、干勇院士以及航空工业、阿里巴巴、国家能源、富士康、北汽集团、浪潮集团、金蝶软件等24位知名专家、企业家围绕智能经济、智能传感器、工业互联网、智慧管理、智慧能源、智能制造等热点话题进行专题讲座，累计收看人次超过500万，获得了广大企业一致好评。

四是做好数字化发展相关资源对接服务。我们充分利用中国企业联合会庞大的会员资源优势，为传统企业数字化转型发展和地方政府数字经济相关产业发展提供相关服务。2019年以来，我们先后为江苏省江阴市、浙江省德清县、南京市溧水区等地提供相关服务。

五是组织召开"中国智慧企业发展论坛"。从2018开始，中国企业联合会开始策划组织召开一年一度的"中国智慧企业发展论坛"，主要定位于建立一个围绕智慧企业建设的全国性高端专业交流合作平台，每年11月召开，发布各类研究报告、全国智慧企业建设典型案例，举行各类对接服务，开展专题研讨、学术交流和参观考察等。

在这几年的工作推进中，我们深切感受到，推进两化深度融合是一项长期的系统性变革创新，要大力推进数字化转型，方向就是构建智慧企业新模式，目标就是实现企业数字化发展。企业家要做好长期思想准备，不可能一蹴而就，需要企业全员、全要素共同参与，协同推进，要建立创新的容错机制，鼓励企业各层级积极探索新场景、新应用、新业态、新模式。

一是要重视企业整体架构的规划和设计，避免转型碎片化。从工业化时代产生并延续至今的专业化和职能化分工大幅提高了工业生产效率，但其弊端也日益显现，肢解了企业的整体性。条块分割、部门墙、信息孤岛等碎片化现象越来越严重，"只见树木，不见森林"，"只顾眼前，不顾长远"，使得企业往往是局部最优而整体不优甚至内耗，如何驾驭复杂性正成为企业进一步发展面临的巨大挑战。从我们收集的创新实践案例来看，近三分之二的企业已经开始从战略高度谋划顶层设计，重视企业架构的搭建，统筹考虑智慧企业建设的计划和步骤。2020年，我们联合清华大学复杂系统工程研究中心等单位研究编写了《智慧企业建设参考架构》，提出智慧企业的设计核心是基于复杂组织体架构理论方法，建立完整、清晰的企业总体图像，改变信息化时代以来企业整体架构缺失带来的技术和管理碎片化状态。通过系统化的顶层正向设计，企业内部能够建立有序的业务逻辑连接，形成从愿景概念到业务逻辑、再到实施部署的分层设计、评估、治理的过程路线，各个子系统均能有效建立符合各自运行环境需要的业务模型，不断获取和有效运用数据进行分析，提升各层面的认知和行动能力，企业最终呈现以自身迭代演进能力及成长力为核心的竞争能力。

二是要找准创新应用场景，体现转型价值。大数据、人工智能、物联网、云计算、5G等技术的深度融合创新，与行业场景广泛结合，形成众多智慧化应用。应用场景既可以着眼产业链、供应链、新技术开发、流程优化，也可以面向客户与供应商，还可以针对企业内部的组织与管理。比如2020年的智慧企业建设创新实践案例——黑龙江飞鹤乳业，通过"以ERP为核心的业务运营及管理平台建设""支撑智能制造体系运行的智能制造平台建设""数字化、智能化的统一办公平台建设"这三大平台的建设，将全业务、全流程、全触点进行全面数字化，实现完整、准确、及时地采集获取业务运营及管理过程中的数据。通过系列项目建设，由场景到全局，培育了更高效业务探索和创新的能力，以数字化资产支撑差异化竞争。

三是要重视关键数字技术的突破创新，力争自主可控。这几年，我国新一代信息技术加速突破应用，融合机器人、数字化、新材料的先进制造技术共同加速推进制造业向智能化、服务化、绿色化转型。但同时也要清醒地认识到，我们很多企业在关键核心技术上还没有实现完全自主，自身发展由此受到多方面的制约，难展拳脚。关键核心技术是要不来、买不来、讨不来的，企业是创新的主体，是推动创新创造的生力军，在推进数字化转型、建设智慧企业过程中，要主动增强"四个自信"，结合自身愿景目标和战略规划部署关键数字技术研究规划，加强与产业链上下游和相关方的协同创新，敢于走前人没走过的路，把创新主动权、发展主动权牢牢掌握在自己手中，着力解决"卡脖子"的技术难关，努力实现转型关键核心技术自主可控。

四是要重视转型中的组织管理变革和员工赋能。数字化转型、建设智慧企业不仅仅要解决技术问题，还需要"数字技术+管理创新"的双轮驱动。在愿景驱动、现实需要和技术有效供给等因素影响下，企业需持续评估，推动业务流程改进与变革，实现组织要素结构的持续优化，促进运行体系各环节迭代式发展与相互适配。员工在数字化转型、智慧企业建设中的角色也将发生重要改变，企业要改变"机器换人"的狭隘认知，在部署新技术、新装备、新系统、新软件的过程中，更要高度重视提升员工在转型中的获得感、幸福感，高度重视人才、技能的更新调整，构建具有数字化新技能的员工队伍，提升企业整体创造和创新能力。

2021年，智推委将按照"服务企业做深做实、服务产业起步探索、服务地方取得实效"的工作思路，继续做好课题研究、标杆遴选、线上线下交流、供需对接等已开展项目，不断提升工作水平，同时将在智推委下面适时发起成立智能网联汽车、智慧企业架构、智慧园区等各专业领域专家委，凝聚高端专家和企业资源，努力为广大企业数字化转型发展和地方政府数字经济发展提供更有力的服务。

我们将加强与黑龙江企联智推委、河北企联智推委等地方企联的合作交流，鼓励更多地方企联成立相应机构，不断完善全国企联系统推进企业两化融合、促进数字化发展的组织体系，为积极贯彻落实"十四五"规划贡献企联系统的力量。同时，我们也希望黑龙江企联智推委认真贯彻落实中央全面振兴东北的系列部署，立足新发展阶段，坚持新发展理念，发挥企联优势，勇于担当、敢于作为，为加快黑龙江地区产业转型升级、促进新旧动能高质量转换和加快数字经济发展贡献新的更大力量。

（在"2021龙江智慧企业发展论坛暨黑龙江省企业联合会智慧推进委员会成立大会"上的发言，2021年5月）

# 重视网络安全 提高防护意识

当历史翻过二十一世纪头二十年篇章的时候，信息技术已经毫无争辩地成为现代文明社会最突出的特征。大数据、云计算、人工智能、5G、物联网、区块链等数字新技术像是在科技革命和产业变革原野上奔驰的一匹匹骏马，其快速发展让人有目不暇接、喘不过气的感觉。涉及当今社会生产、生活的每一个领域，都因数字技术的渗透和应用，发生着难以逆转的变化。当人们尽享信息技术带来的种种便利、便捷之时，不经意间一团阴霾已经从天边滚滚袭来。与信息技术被用于推动社会进步相伴而生的，是信息技术被用于危害世界的公共秩序，甚至向人类赖以生存的环境与基础设施发起挑战。由信息技术可能造成损害的范围之广、程度之深、损失之大，远超过人类社会的一般想象。

近年来，全球范围内网络安全重大事件频发，供应链攻击、勒索攻击、工控设备攻击、高级持续性威胁（Advanced Persistent Threat，简称APT）攻击、数据窃取等各种攻击手段层出不穷，网络冲突和攻击早不只是单个黑客、几个黑客团伙的肆意而为，常常表现为国家间博弈和对抗的重要形式。网络安全对国家安全的影响牵一发而动全身，已成为国家安全战略的重要组成部分。网络攻击的手法和破坏性将突破常规，威胁不断升级。随着我们进入万物互联时代，网络攻击无处不在，每一个连接点都有可能成为攻击点。勒索软件攻击正在向APT化演进，形成有组织、有预谋的犯罪商业模式，攻击目标从个人转向政府、重点企业和重点设施；攻击手法变得更加定向化、持续化、专业化。抵御进攻的措施从物理隔离到架构、体系的全面设防，成为网络建设不可或缺的重要部分。

在信息技术的应用场景中，大数据具有不可比拟的重要作用与地位。大数据作为核心生产要素，是将制造过程升维至信息过程的关键，被当作驱动一切业务的基础。数据安全由此变得至关重要，数据被攻击、被损毁、被污染、被丢失或被盗窃都会带来比网络攻击更严重的后果。面对不断变化的网络安全环境，建立前置关口，提升所有使用者的自觉防范意识，对保护公民隐私数据、企业经营信息及国家安全信息，抵御被窃取乃至植入恶意病毒的风险，至关重要。

现代社会把电力作为驱动经济和社会运转的最佳动力，把电网作为血脉与神经。目前，中国已成为电力装机世界第一大国、电力消费世界第一大国、新能源装机和发电量世界第一大国。国家电网已成为全球并网装机规模最大、电压等级最高、资源配置能力最强、运行水平优秀的特大型电网。而确保特大型电网的安全已成为企业、行业乃至国家最为重要的要求。与之相关的关键电力行业信息基础设施既是电网运行的神经中枢，更是网络安全防护的重中之重。

网络安全的制胜之道在于知己知彼。信息技术的快速迭代本身就为安全水平提供了无尽的拓展空间。了解网络安全的基本知识，对于各方人士认识网络安全的重要性，加强网络安全有着非同一般的意义。本书聚焦电力领域，从知晓危害、有的放矢的角度描述了网络空间安全的原理方式和工作路径，不仅强调了能源领域网络安全的极端重要性，而且具象展现了网络空间攻防博弈的残酷性和激烈程度。

"万里云间戍，立马剑门关"。在信息技术高速发展的今天，有一道道看不见的"关卡"护卫着人们的数据、隐私和财产安全，有一批批业界精英时刻防御着突如其来的网络攻击。电力行业承担着满足社会生产生活的基本使命，其网络安全需要全面升级，理念与战法也亟须不断提升。作者团队多年精耕电力企业网络安全领域，通过深入研究和形式多样的实战演练，积累了丰富的网络安全工作经验，这本书可以看作他们辛勤工作的结晶。

网络安全领域的知识结构复杂，学术性强。本书应是这一领域的难得之作，不仅可以为大家普及网络安全的基础知识，而且能够带给社会重视信息安全的明确信号。书中一些生动的国际案例，是作者精心挑选的，有着很强的可读性、实用性。

互联网发展瞬息千里，人类社会要好好利用，必须顺其势、乘其威、尽其能、避其缺，加强网络空间治理。无论你身处哪个领域，只要处于网络中，都不可避免地要重视网络安全。如何树立正确的网络安全观，提高我们的网络安全防护意识和技能，阅读完本书相信你会找到答案。

（为《隐形战场：网络安全防御之道》所作序言，
2021 年 10 月）

# 发挥"智慧企业在线大讲堂"作用
# 深入推进数字经济发展

很高兴与大家相聚在"智慧企业在线大讲堂"。面对当前国际国内的风云变幻和广大企业加快数字化转型的迫切需求,整个活动凸显出不同寻常的重要意义。

第一,这是落实"十四五"数字经济发展的具体行动。当今世界新一代信息通信技术发展应用日新月异,深刻改变各行各业的发展方式,数字经济已成为最具活力最有前景的经济形态。我国数字经济发展以企业为主力军,加快"产业数字化、数字产业化"步伐,数字经济大国地位逐渐稳固,发展前景广阔。2022年1月12日,国务院正式印发了《"十四五"数字经济发展规划》,描绘了未来五年我国数字经济发展的宏伟蓝图,目标是到2025年,数字经济迈向全面扩展期,数字经济核心产业增加值占GDP比重从2020年的7.8%达到10%。近日,在全国政协召开的"推动数字经济持续健康发展"专题协商会上,国务院副总理刘鹤提出,要努力适应数字经济带来的全方位变革,提高综合国力和国际竞争力。要打好关键核心技术攻坚战,提高基础研究水平,重视先进适用技术研发推广。显然,大讲堂活动就是要紧紧把握住党中央、国务院为广大企业数字化发展确定的方向,助力数字经济和实体经济深度融合,抓住难得的发展机遇,加快各种先进适用技术的研发推广,引导更多企业特别是中小企业数字化转型,推动数字经济成为全面推进经济高质量发展的推进器。

第二,这是支持当前经济保稳求进的务实举措。今年以来,国际形势更趋复杂严峻,国内新冠疫情呈现点多、面广、频发的特点,有些突发因素超出预期。前不久公布的经济数据显示,4月份,工业生产受到疫情冲击导致的多方因素影响,工业生产出现了下降,当月规模以上工业增加值同比下降2.9%,其中,制造业下降4.6%。工业经济运行循环不畅,产业链供应链堵点卡点增多，特别是一些中小微企业经营成本上升、市场不振、经营困难。面对当前错综复杂的形势，我们注意到，面对挑战，有一些企业抗击市场风险的韧性较强，究其原因，数字技术应用带来的新变革，是这部分企业不畏困难、逆势前行的重要法宝。大讲堂活动力求帮助更多企业认识到，一方面，唯有坚定信心，认真贯彻落实党中央、国务院决策部署，主动作为、应变克难，统筹疫情防控和企业生产，扎实做好"六稳""六保"工作；另一方面，化危为机，勇于创新，以数字化转型作为应对困难与挑战最有力的支撑与手段，加大用数字化改造推动"降本、增效、提质"的力度，以智慧企业建设推进经济"稳字当头、稳中求进"。

第三，这是构建智慧企业发展框架的有机组成。中国企业联合会自2018年开始，携手众多企业、科研机构和专业人士，成立了智慧企业推进委员会（简称智推委），共同推进企业数字化转型，加快智慧企业建设步伐。智推委成立以来，坚持围绕两个工作重点发力。一个重点是，当好政府和企业之间的桥梁纽带，努力配合政府主管部门和地方政府，积极建言献策，开展研究，帮助营造数字经济发展环境；另一个重点是，当好智慧企业建设的平台枢纽，把企业的数字化需求作为工作的着力点，通过论坛举办、实地考察、案例总结等形式，为企业注入数字化转型的动力。新冠疫情的袭扰打乱了智慧企业推进的进程，许多企业欢迎并且行之有效的实地考察、面对面交流的做法无法开展与进行。面对新形势，智推委发挥自身智力资源汇集的优势，在众多企业的吁请和有力推动下，于2020年5月首次组织开展了"智慧企业赋能高质量发展在线大讲堂"活动。大讲堂活动在线上进行，围绕企业关注的数字化转型展开，基本围绕一个主题，由业内知名专家和成绩显著的企业负责人主讲。到目前为止，已连续开播了六季共26期，分别邀请了中国工程院原常务副院长潘云鹤院士、中国工程院原副院长干勇院士、九三学社中央科技委副主任郭源生、中国信息化百人会执委张新红、清华大学复杂系统工程研究中心主任张新国教授等专家授课演讲，累计收看人数高达550万人次，得到了广大企业的一致好评。大讲堂活动逐步打造成为新形势下智慧企业整体发展的有机组成部分。

第四，这是彰显参与企业智慧成果的重要舞台。大讲堂活动从策划之初，就把企业作为活动的主角。除了专家学者的讲课之外，由企业负责人、CIO和领衔开展数字化改造的一线指挥员讲述企业数字化转型中的思考实践和成败得失，充分展示了中国企业推动数字化转型的艰辛历程和骄人业绩。阿里巴巴、北汽集团、富士康工业互联股份公司、菲尼克斯电气集团中国公司、怡亚通集团、国能大渡河公司、浪潮集团、金蝶集团等数十家企业人士的开讲，是大讲堂深受企业欢迎的一大亮点。下一步，我们还准备为大讲堂注入更多的资源，充分利用中国企业联合会组织开展的全国企业管理现代化创新成果审定和中国智慧企业建设创新实践案例征集活动汇聚的优秀实践经验，邀请这些企业的领导和专家分享他们的成功实践，为广大企业解决数字化转型和智慧企业建设遇到的难点、痛点问题，提供有实操价值的参考。

今天"智慧企业在线大讲堂"第七季正式开播了，主题为"企业大数据治理与应用"，第一讲我们邀请了数据资产管理协会（DAMA）中国区汪广盛主席作为主讲嘉宾。本季大讲堂随后的四讲中，华为技术公司、中国电信集团、哈尔滨电气集团、石化盈科、中国运载火箭研究院、东风日产乘用车公司、国能大渡河大数据服务公司等企业嘉宾还将与大家进行专题分享。

2022年的大讲堂后续活动之中，我们根据工作总体安排，还将围绕智能工厂建设与运营、企业智能化转型与智慧管理、智慧矿山规划与建设等企业关注的专题进行策划，欢迎相关领域的专家和广大企业积极参与，并向智推委办公室提出自己的意见和想法。我相信，以大讲堂为平台，大家碰撞思想、开阔眼界、交流经验，一定会有所启发、有所思考、有所收获，为企业加快数字化转型和智慧企业建设贡献力量。

（在2022年"智慧企业在线大讲堂"开播活动上的致辞，2022年5月）

# 加快制造业企业数字化转型

当前，全国掀起了学习宣传贯彻党的二十大精神的热潮。把握数字经济加快转型的重要契机，以"数字经济、工业互联、制造未来"为主题，深入探讨工业企业如何强化创新驱动，加速实现数字化转型突破，提升工业数字经济发展水平，是贯彻落实党的二十大精神的扎实举措，很有意义。

## 一、深刻把握制造业企业数字化转型总体态势

习近平总书记在党的二十大报告中指出，"建设现代化产业体系。坚持把发展经济的着力点放在实体经济上，推进新型工业化，加快建设制造强国、质量强国、航天强国、交通强国、网络强国、数字中国。"为我们把握今后15年乃至30年制造业企业发展的战略方向与任务指明了方向。

企业是市场经济的主体，是制造业的主力军，作为推动经济发展的主导力量，在稳定宏观经济大盘中发挥着关键作用。面对新时期的科技革命和产业变革，数字技术成为最具革命性、领先性、驱动性的重要力量，在制造企业转型升级中发挥着重大作用与影响。开展数字化转型的广大中国企业作为数字经济的主战场，使中国制造业成为数字应用最集中、创新最活跃、成果最丰富的领域。近年来，制造业企业的数字化转型持续向纵深推进，通过深入推进智能制造，加快工业互联网创新应用，企业数字化转型成功实践的案例如雨后春笋般涌现。制造业企业的数字化进程，不仅推动了产业的质量变革、效益变革、动力变革，而且带动了企业的生态重构与发展模式创新。制造企业的数字化区域协同发展，成为数字经济发展空间格局的亮点。据统计，2022年重点工业企业关键工序数控化率达到58.6%，数字化研发设计工具普及率达到77%；软件业收入超过10万亿元，工业互联网全面融入了45个国民经济大类，具有影

响力的工业互联网平台达到了 240 个，设备连接数超过 7600 万台套。

推进新型工业化，重点在制造业，着力点在企业，路径是高端化、智能化、绿色化，数字技术是最为重要的底层技术和不可或缺的手段。迈步这一历史性进程，需要抓住数字经济、数字技术先机，充分发挥我国综合优势，坚持新发展理念，强化创新驱动，发挥数字经济高创新性、强渗透性、广覆盖性的作用，全面提升我国制造技术、企业管理水平和全球分工地位，提高产业基础高级化和产业链现代化水平，着力接断点、填空白、锻长板，补短板，大力推进先进制造业和现代服务业融合，增强国际竞争力，确保产业安全，还要加快新兴产业发展，前瞻布局未来产业，持续推进我国制造业由大变强变优。

## 二、准确把握制造业企业数字化转型工作方向

面对党的二十大部署的 2035 年中国基本实现新型工业化的任务，制造业企业再出发的基础已经具备，条件正在充实，机遇需要抓住。2022 年，我国制造业规模已经连续 13 年位居世界首位，制造业增加值超过 33.5 万亿元，占 GDP 比重为 27.7%，高技术制造业、装备制造业占规模以上工业增加值比重分别达到 15.5% 和 31.8%，以"上天入地"为代表的载人航天、探月探火、深海深地探测等制造业成果成批涌现。与此同时，我国建成了全球规模最大、技术领先的移动通信网络，累计建设开通 5G 基站 231 万个，全国在用数据中心超过 650 万标准机架，算力总规模位居世界第二，数实融合站在了新起点。目前来看，中国制造业已经在总量和发展速度上领跑全球，但质量、效益相较发达国家仍有一定差距，基础创新能力不足，尤其是数字化转型迫切需要进一步提质加速。我国制造业企业的数量巨大，多数中小企业集中在传统制造业领域。要有效落实今年《政府工作报告》中部署的"加快传统产业和中小企业数字化转型"，应加强统筹考虑与超前把握，化被动为主动，集各方资源加速前行。

### （一）重视各级政府引导作用，确立数字化转型新方向

要把加快企业数字化转型放在贯彻落实党的二十大精神、完成高质量发

展任务的高度加以学习思考，进一步学深悟透习近平总书记关于数字经济的重要论述精神，围绕党中央、国务院近日下发的《数字中国建设整体布局规划》要求，深刻领会制造业企业数字化转型与培育壮大数字经济核心产业在推进新型工业化及经济高质量发展进程中的重要意义，将国家全局部署与地区发展规划有机结合，根据资源禀赋和企业结构特点在国家战略方向上聚集力量做出新的安排。

研究制定推动产业数字化、数字产业化发展的新举措，在打造具有国际竞争力产业集群的领域做文章。推动数字技术和实体经济深度融合，在制造业等重点领域，加快数字技术创新应用，推进工业互联网创新资源落地，积极发展工业互联网应用普及模式，支持建设制造业数字化转型新发展格局。高度重视中央明确的"将数字中国建设工作情况作为对有关党政领导干部考核评价的参考"要求，提升企业对数字化转型重要性和迫切性的认识。

### （二）重视制造业企业融通作用，打造数字化转型新生态

针对规模不同、科技能力不一的企业差异巨大的现状，应把发挥协同作用、形成企业融通发展新生态作为数字化转型的重要路径。以大企业为龙头，发挥数字化牵引作用。数字化力量雄厚的大企业应按照国家引导和市场推动，将自身建设的数字化服务平台向中小企业和社会开放，有针对性地开发一批适合中小企业的优质工业 APP，提供低成本产业链供应链协同解决方案。

以产业链供应链为优先考虑的应用场景，以大带小，按照统一标准加快数字化改造，推动各类生产要素的泛在连接、柔性供给和优化配置，加强对产业链大中小企业的数字化分析和智能化监测。鼓励带动更多有实力的中小企业参与大企业主导的生产供应链条，促进产业链制造能力的集成整合和在线共享，延伸形成服务型制造新环节，提升产业链供应链整体智能化水平。

### （三）重视服务商的支撑作用，用好数字化转型新平台

目前相当一批中小企业不具备自己升级转向数字化经营的能力，迫切需要专业化服务商去帮助开展数字化转型。要充分认识从事产业数字化的专业服务队伍，对加快突破产业数字化转型技术瓶颈、破解企业数字化改造难题、建

立数字化支撑服务体系、打造数字化转型平台具有的重要意义，一批规模各异的信息化服务商已成为提供专业工程技术服务方面的骨干力量。大量中小规模的服务商既要着眼大企业的数字化改造，更要着力帮助中小企业实现数字化转型。

应推动数字化转型服务商和互联网平台企业聚焦中小企业数字化共性需求，研发即时沟通、远程协作、项目管理、流程管理等基础数字应用。鼓励服务商、互联网平台企业、工业互联网平台企业等通过线上线下结合方式，展示数字化场景融合应用和转型方法路径，针对中小企业数字化转型的痛点难点，提供"小快轻准"的产品和解决方案。

**（四）重视产学研创新机制作用，培育数字化转型新队伍**

制造业企业在积极开展数字化转型探索中，不仅应突破数字技术的瓶颈，更应着力企业的生产方式、业务形态、组织方式及创新范式的转变。面对不同于传统制造业的发展路径，要把更多注意力放在以产学研机制的确立形成全面的企业创新战略。应以高效、精准、智能、柔性、协同的标准推动生产方式转变，以服务型制造的理念加快业务形态转变，以扁平化、网络化、平台化、灵活化实现组织方式转变，以"数据驱动、跨界融合、人机协同、共创分享"促进创新范式转变。

应全力打好数字科技关键核心技术攻坚战，发挥促进产学研深度融合联合工作机制作用，建设高能级数字科创平台，加快引进培育高层次数字创新人才，加快发展壮大数字企业梯队；探索数据基础制度体系，抢占数据技术创新制高点；推进以产业链为基础的产业大脑建设，深入推动制造业数字化转型，开展工业互联网核心技术和关键共性技术攻关，加快网络、标识、平台、安全等关键技术与产品研发。

**（五）重视社会组织支持作用，集聚数字化转型新资源**

应充分考虑到，资源汇聚与连接能力是企业数字化转型价值实现的重要手段和途径。数字经济条件下的现代化产业体系中，制造业高质量发展将越来越倚重数字化全面连接。许多企业在改变原有等客上门经营模式的同时，正在大力发展线上线下并行模式。但从实践效果看，仅靠企业自身建立端到端的数字生态仍受到多方条件的限制。利用行业协会、社会组织等第三方平台的资源与渠道优势，无疑是化解困难的有效做法。借助行业协会、社会组织优势，依托数字化手段建立起面向政府（G端）、企业（B端）和消费者（C端）数字化渠道和场景连接，打通全渠道、全场景服务链条，将有助于构建共建共赢共享的数字生态圈。

第三方平台在助力企业数字化转型过程中，还可以借助纵向联系同行业企业、横向汇聚不同方面资源的便利条件，组织、支持企业、行业协会、科研机构、高校等参与行业标准、国家标准、国际标准编制，结合5G、边缘计算、人工智能等新技术应用和产业发展趋势，加快构建涵盖工业互联网关键技术、产品、管理及应用的标准体系，并组织推广应用。引导工业互联网服务商和应用企业完善知识产权管理体系，加快将自主创新技术和解决方案转化成工业互联网标准，促进科技成果转化应用。

［在"2023中国（东营）数字经济峰会暨工业互联网创新发展论坛"上的讲话，2023年3月］

# 绿色低碳和可持续发展

# 坚持工业绿色发展方向
# 推进煤焦化工产业转型升级

山西省吕梁市是全国重要的现代煤化工基地，在 2018 年吕梁市政府和中国经济信息社联手成功举办了第一届"一带一路"煤焦化工产业绿色发展研讨会之后，今天又继续举办第二届煤焦化工产业绿色发展研讨会。政府官员、来自国内外的专家学者、企业家与各方有关人士相聚一堂，阐释煤焦化工产业的相关政策，分析行业运行态势，展示国际前沿技术研究成果，为区域绿色发展建言献策，是一件十分有意义的事。会议有望成为绿色发展领域一个亮点，对山西省特别是吕梁市实现经济转型升级、煤焦化产业绿色发展起到重要促进作用。我谨代表中国企业联合会、中国企业家协会对活动的举办表示热烈祝贺，向与会的各方嘉宾致以诚挚敬意！围绕本次大会的主题，我谈三点意见与大家分享。

## 一、认清新趋势，坚持工业绿色发展方向

"走进生态文明新时代，建设美丽中国"，是中国人民对美好生活向往的集中体现。中国政府强调绿色发展方向，积极倡导绿色、低碳、循环、可持续的生产生活方式。近年来，中央把生态文明建设纳入"五位一体"的总体布局，党的十八届五中全会提出"创新、协调、绿色、开放、共享"的新发展理念，党的十九大又予以明确与强调。

绿色发展是新发展理念的重要组成部分，是生态文明建设和经济高质量发展的基本要求，代表了社会发展与人类进步的方向。工业是绿色发展的主要领域。工业化是各国发展的目标与物质财富积累的标志。而工业化过程中对资源的过度索取和对环境的损坏已经成为各国公认的沉痛教训，必须被深刻汲

取。党的十八大以来，我国大力推进供给侧结构性改革，实施创新驱动发展战略，坚持走绿色、低碳、可持续发展之路，工业绿色发展理念逐步深入人心，生态文明建设取得明显成效。

实施工业绿色发展，关键在于加快经济结构调整和发展方式转变。近年来，工业主管部门与地方政府、有关单位和企业共同努力，加快用新技术改造升级传统产业，培育壮大新产业、新业态、新模式，构建高效、清洁、低碳、循环的绿色制造体系，在推动工业绿色发展方面凸显三个特点：

一是培育机制，汰劣扶优并举。加快制修订质量、安全、环保等标准，综合运用推动产业结构调整，全面推进淘汰落后产能，有效化解过剩产能，积极培育节能环保、新能源汽车等新兴产业。

二是创新引领，节约提效并重。利用信息技术、节能减排技术推动绿色发展，推进制造业绿色改造，引导行业对标达标，提升资源利用效率。

三是构建生态，多方资源并用。大力发挥企业市场主体作用，推动建设绿色制造体系，建立健全节能和绿色标准，不断完善绿色信贷、税收优惠等政策措施，全面发展绿色产品、绿色工厂、绿色园区、绿色供应链。

越来越多的地区都把工业绿色发展作为方向，努力将生态文明建设和绿色发展理念全面融入经济发展和经贸合作，形成生态环境保护与制造业增长相辅相成的发展格局。

## 二、把握新要求，坚持工业转型升级路径

山西作为一个资源型大省，煤炭、煤层气资源的储量分别位居全国第三、第一，是国家重要的综合能源基地。与煤相关的工业始终是山西经济的主体，是工业绿色发展的主阵地。新中国成立特别是改革开放以来，山西省以煤为主的采掘业、制造业实现了从小到大的历史性跨越，有力支撑了中国现代化进程。但是，在煤炭经济呈现高速增长态势的同时，也造成了资源过快消耗、生态破坏、部分产业产能过剩、低效率等后遗症。面对新时代工业绿色发展的要求，山西省各级政府和企业，要在生态脆弱的沟壑上抓环保，在传统产业资源集中区促转型，需要有更坚定的决心和更大的勇气，付出更艰苦的努力。

2017年6月习近平总书记在山西考察时指出，实现资源型地区经济转型发展，形成产业多元支撑的结构格局，是山西经济发展需要深入思考和突破的重大课题。习近平总书记的指示和要求，为山西省的转型发展指明了方向。党的十九大以来，全省协同推进高质量发展和生态环境保护，让资源型经济结构转型全面破题，为资源型地区高质量发展贡献力量。争当能源革命排头兵，把绿色发展作为鲜明特质，以煤焦化（钢）一体化发展为方向，推动焦化、钢铁行业优化产业布局，实施减量置换，提升装备水平，延伸产业链条，已成为上下一致的理念与行动。

需要指出的是，大力推进能源消费革命，加快实现工业绿色发展，政府部门在积极行动。近年来，工业和信息化部相继制定颁布了《工业绿色发展规划（2016—2020年）》《绿色制造工程实施指南（2016—2020年）》以及一系列配套文件，山西省工信系统也发布了山西省传统产业绿色化改造行动方案，分别提出了山西省绿色制造体系建设2018年、2019年行动计划。这些文件明确了工业绿色发展的思路和重点任务，包括持续促进传统行业能源利用高效低碳化改造、积极构建绿色制造体系，为山西省工业绿色发展提供了遵循。

对工业增长长期严重依赖煤炭的资源型大省来说，推进工业领域结构转型，加快推动工业节能与绿色发展，不能一蹴而就，而是一项巨大的系统工程。必须加快产业结构调整，着力推进绿色低碳转型；必须加大技术创新力度，推进传统煤焦化行业绿色改造，推广应用高效节能技术装备；必须加强能源管理，夯实制造业企业能效提升基础；必须加紧体制机制构建，全面推动绿色制造体系建设。

### 三、用好新平台，坚持工业资源整合举措

吕梁是全国重要的现代煤化工基地之一。煤炭探明储量451亿吨，占山西全省的六分之一；全市焦化主体企业20个，建成焦化总产能4000万吨，焦炭年产量2000万吨，焦化行业产值占全市工业经济总量的10%。

吕梁的焦炭产业尽管进行了改造整合，但作为污染较重的行业，环保压力在近两年持续加大，同时面临产品深加工不充分、附加值不高，企业市场竞

争力不强、产业链不配套、产业层次不高、结构性矛盾突出等问题，倒逼煤焦化工产业提档升级。传统能源城市如何寻求环境保护与经济效益的平衡，规模庞大的传统煤焦化工产业如何变成绿色产业，是对吕梁市政府和企业的严峻考验。作为国家能源化工基地，吕梁要把坚持工业绿色发展、推进资源清洁利用、探索资源型地区转型路径作为责无旁贷的使命。

当前，面对吕梁市发展经济的机遇和挑战，有几点建议供参考：一是要坚持清洁高效、绿色发展不动摇。加大淘汰落后与改造提升传统焦化产业力度，推动煤焦化工产业实现园区化、集群化、高端化发展；二是要坚持转型升级、高质量发展不放松。扩大优质产能，尽快建成费托合成蜡、焦油深加工综合利用、乙二醇联产 LNG、超高功率石墨电极等精细煤化工项目，补齐煤焦化工短板；三是要坚持价值引领、创新驱动不停步。积极发展煤焦化工终端产品加工业，构建纵向关联、横向耦合、上下游协作配套的煤炭分质利用的产业生态；四是要坚持内引外联、合作开放不回头。大力引入各方资源，做精做优焦炉煤气制甲醇、煤焦油深加工和粗苯精制三大产业链条，努力打造特色鲜明、绿色循环、国内领先、国际一流的煤焦化工全产业链新型化工产业基地和终端产品加工基地。面向未来，在"一带一路"倡议推动下，山西省煤焦化工产业的创新发展有机会在与沿线及相关国家合作中获得新的空间，共同打造"一带一路"绿色产业链。

由政府和社会平台组织牵头，科研院所、大专院校和相关单位参与，企业作为主体，共同开展立足当前、面向 21 世纪中叶的区域和煤焦化产业绿色发展战略研究意义重大。希望吕梁市在山西省支持下坚持把论坛办下去，将促进绿色增长作为带动经济发展的根本举措，全面把握我国制造业绿色发展的战略取向，认真分析煤焦化工行业发展的现状，研究技术创新趋势，坚持问题导向，探讨有效破解发展面临的资源环境的各种制约瓶颈，提出具有战略性、前瞻性和针对性的制造业绿色发展建议，迎来煤焦化工产业创新驱动、山西经济绿色发展的新局面。

（在第二届"一带一路"煤焦化工产业绿色发展研讨会国际绿色发展论坛上的发言，2019 年 7 月）

# 展现上合示范区风采　打造"一带一路"国际合作新平台

青岛是沿海重点开放城市之一，不仅是山东省的经济中心，也是著名的国际性港口城市。翻开新世纪篇章，青岛被赋予了新亚欧大陆桥经济走廊重要节点和 21 世纪海上丝绸之路主要节点的双重定位，为各方瞩目。近年来，青岛市委、市政府主动谋划、积极作为、深度融入国家"一带一路"建设，进一步奠定了对外开放新格局。特别是党中央、国务院把建设中国—上海合作组织地方经贸合作示范区（以下简称上合示范区），打造"一带一路"合作新平台的重任历史性地赋予青岛，使城市的发展增添了强劲的动力。胶州市作为青岛的一颗明珠，是古代"海上丝绸之路"东线起航地，现在，因"一带一路"建设，上合示范区从这里起航，又迎来了千载难逢的发展机遇。

在这样宏伟的大背景下，今天的活动有着特殊的意义。一方面，讲好"一带一路"主题下的中国故事，会为青岛国际合作新平台营造更加适宜的发展环境；另一方面，上合示范区"一带一路"国际合作新平台的成功实践，会为讲好中国故事增添丰富多彩的内容。我想借此机会与大家分享几点看法。

第一，讲好"一带一路"中国故事要有新视角，用好上合示范区的新元素。讲好"一带一路"中国故事需要登高望远。"一带一路"倡议和建设是中国向国际社会提供的公共产品，反映了人类的共同价值追求和当代国际关系现实。上合示范区有望成为"一带一路"建设的新亮点，讲好中国故事的信息源。上合示范区的建设有三个基点需要把握。一是上合示范区将是山东企业新旧动能转换，加快转型升级的先行区，是建设现代化国际都市的重要组成，是长江以北地区国家纵深开放新的重要战略支点。二是上合示范区将全力打造面向上合组织国家的对外开放新高地，提升与上合组织沿线国家经贸合作水平。三是上合示范区将进一步成为面向整个"一带一路"区域，而不仅仅是上合组织成员国家的"一带一路"国际合作新平台。

第二，讲好"一带一路"中国故事要有新创意，用好上合示范区的新内容。讲好"一带一路"中国故事不只是讲道理，要用生动鲜活的实例，特别是中国企业秉持的先进理念和卓越实践，来赢得人心。进入上合示范区的企业，要坚持可持续发展，积极履行社会责任，树立公司良好国际形象。要秉承做有社会责任的企业公民的理念，与上合组织国家的合作伙伴、政府等结成互利共赢的共同体，分享积极的文化价值观、先进的专业技术和管理经验，实现风险共担，利益共享，共同发展。在海外投资贸易中要注重环境保护，尊重所在国习俗，维护员工合法权益。

第三，讲好"一带一路"中国故事要有新形式，用好上合示范区的新主体。讲好中国故事不应局限在中国媒体，与"一带一路"建设相关的中国企业更应成为发声的新主体。各类企业，特别是上合示范区的落户企业，要能够积极主动地把正能量传递给自己的合作伙伴，亲身展示企业发展带来红利是最能打动投资者和观望企业的。上合组织示范区也要凭借独一无二的政策优势，着力为企业搭建与上合组织和"一带一路"沿线国家的交流合作平台。联系上合组织及"一带一路"相关的各国商会组织，是一个国际通行的有效做法，方便、快捷实现对接，导入项目资本技术，为发展注入活力。

第四，讲好"一带一路"中国故事要有新框架，用好上合示范区的新支撑。建设高水平的对外合作示范区必须注重提升合规经营能力，防范风险，形成坚强支撑。海外业务绝不是纯粹的商业事务，而是政治、外交、社会、环境、族群、宗教、冲突等非商业事务与商业事务的复杂结合。上合组织内部国家法律制度与文化差异较大，企业海外经营要增强国别风险意识，做好合规风险管理；要将法务工作由事后应急处理转化为事前风险防控。要借力商会协会的作用，提高我国企业整体应对海外商业风险和非商业风险的能力，提高中国国家和企业的集体品牌价值，为民心相通、政策沟通、贸易畅通、资金融通、设施联通保驾护航。

第五，讲好"一带一路"中国故事要有新动力，用好上合示范区的新资源。以体制机制创新为示范区建设第一驱动力，鼓励和尊崇首创性改革，支持和倡导攻坚性改革，在上合示范区力争实现开放型经济发展机制、模式、业态的全面创新和系统突破，发挥好示范区的示范引领作用。同时，汇集各方资源，推进单向招商引资目标模式向双向投资合作新模式转变、单一境内园区发展模式向境内外多园合作新模式转变，加强我国同上合组织国家互联互通，实现与上合组织国家共商共建共享示范区发展成果。

第六，讲好"一带一路"中国故事要有新效果，用好上合示范区的新案例。上合示范区作为构建东西双向互济、陆海内外联动开放格局的重要平台，在拓展国际物流、现代贸易、双向投资合作、商旅文化交流等领域合作方面有望取得丰硕成果，讲好中国故事，要能够确切把握其各方面的进展，更好地发挥青岛在"一带一路"新亚欧大陆桥经济走廊建设和海上合作中的作用，加强我国同上合组织国家互联互通。

（在"2020'讲好中国故事'创意传播大赛'一带一路'主题赛"上的讲话，2020 年 8 月）

# 共同行动　　助力碳达峰碳中和

当今全球经济社会格局出现了新的变化，气候与环境、能源和资源安全等全球性问题更加突出，绿色发展、可持续发展受到各国普遍关注，应对气候变化成为国际政治博弈和科技竞争的焦点之一。习近平主席在2020年9月第七十五届联合国大会一般性辩论会上做出承诺，我国"二氧化碳排放力争于2030年前达到峰值，努力争取2060年前实现碳中和"。这是以习近平同志为核心的党中央经过深思熟虑做出的重大战略决策。"双碳"目标是中国政府向世界做出的重要承诺，是构建全球人类命运共同体的必然选择，是应对气候变化、解决环境治理问题的有效途径，同时也是推动我国经济社会高质量发展的内在需求，落实"双碳"目标，必将有力推进经济社会发展全面绿色转型，对发展方式、能源结构、社会观念等方面产生深刻影响。

企业是国民经济的微观主体，承接了经济社会发展主力军的职责，在现代化经济体系的建设中发挥着重要作用，在推动可持续发展方面有着义不容辞的责任。作为实现碳达峰、碳中和目标的关键主体，"双碳"目标对企业而言，既有发展的挑战，也是绿色转型的重要机遇。

在此，我想围绕企业"双碳"工作谈几点意见。

## 一、坚持目标引领，牢牢把握政策导向

广大企业要在国家政策顶层设计基础上，着眼"双碳"目标实现，不断增强社会责任意识，凝聚生态环境保护共识，切实增强贯彻新发展理念的自觉性和坚定性，紧跟高质量发展步伐，积极践行"两山论"，从战略层面出发，转变运营方式，加快绿色低碳转型。

## 二、坚持企业联动，尽快构建绿色生态

充分发挥大企业引领带动作用，中小企业积极参与，探索全产业链供应链"碳减排、碳中和"的绿色低碳可持续发展模式。大企业要主动将新发展理念全面贯彻到发展全过程各领域，中小企业要发挥全员投入的主动精神，履行社会责任，做依法经营、合规守信，保护环境、节约资源，以人为本、企业和谐的可持续发展表率。龙头企业要积极发挥链长作用，不断优化减碳技术路线，带动全产业链上下游企业甚至跨行业的协同减排，推动建立全生命周期的碳中和管理体系，提升产业链供应链的现代化水平，实现绿色可持续发展。

## 三、坚持全面创新，大力提供可持续发展动能

降低碳排放已经成为全新共识，我国以及全球能源格局都将发生重大变革。企业要坚持技术创新和管理创新，力争在全球产业链的关键节点占据重要位置。要更加注重绿色低碳技术开发及应用，防止技术上被"卡脖子"，增加防范技术壁垒的风险意识，积极应对欧美各国的碳税机制。要积极开展产学研用协同创新，在清洁能源替代、能效提升，提高资源利用效率和二氧化碳回收利用等方面，加强低碳、零碳、负碳重大科技攻关，同时注重成本、性价比和安全性方面的综合把握，不断探索绿色能源管理的创新应用，逐步建立完善企业碳资产管理体系，优选减碳技术路径，科学制定减排目标和实施方案，为实现"双碳"目标提供驱动力。

## 四、坚持高质量发展，系统推动"双碳"工作

要帮助企业和企业家坚持新发展理念和系统观念，处理好发展与减排、近期与长远、全局与重点的关系，以大格局、大思路开辟一条高效率、高质量发展的中国碳达峰、碳中和之路。大力支持新经济和传统经济企业，秉承高质量发展理念，在实现碳达峰、碳中和过程中，坚持科学系统性思维，避免排浪

式运动，坚持实事求是的原则，分阶段、有步骤地推进"双碳"工作，确保企业在高质量发展中实现"双碳"目标。

中国企业联合会、中国企业家协会作为企业、企业家和企业团体的联合组织，在实现碳达峰、碳中和过程中，坚持全面贯彻落实习近平生态文明思想，发挥好企业与政府之间的桥梁纽带作用，发挥自身优势，开展了多个相关课题研究；我们在近期与国务院国资委一道，组织了以"践行碳达峰碳中和，共创美好未来"为主题的企业家高端对话活动、积极开展企业对标学习交流等，助力企业尽早实现碳达峰、碳中和。

在建党一百年之际，让我们一起回望百年奋斗路，携手努力，共同行动，放眼未来，为了万物和谐的美丽世界开启新征程。

（在"共同行动　助力碳达峰碳中和"
高层论坛上的致辞，2021 年 6 月）

# 贯彻绿色发展理念　推动产业转型升级

中国绿色产业发展论坛经过两个多月的紧张筹备，今天终于召开了，我代表中国企业联合会、中国企业家协会，对本次论坛的召开表示热烈的祝贺！

近年来，世界进入动荡变革期，世界经济和全球产业链受到严重冲击，我国经济和企业发展环境面临深刻复杂变化。面对百年未有之大变局，习近平主席代表国家向全世界做出庄严承诺，我国二氧化碳排放力争在 2030 年前达到峰值，力争在 2060 年前实现碳中和。这既是我国应对气候变化提升国家自主贡献的需要，也是我国产业绿色发展和转型升级的有力抓手。本次绿色产业发展论坛的主题定为"'双碳'目标驱动高质量发展"，就是向企业界宣传和传递党中央、国务院的重大战略部署，进一步落实好《中华人民共和国国民经济和社会发展第十四个五年规划和 2035 年远景目标纲要》的有关精神，将"双碳"目标对绿色低碳发展的驱动作用和企业的主动作为结合起来，全力推动我国经济由高速增长阶段向高质量发展阶段转型。

当前，我国产业结构整体偏重，高耗能产业所占比重过高的问题仍然比较突出，实现"双碳"目标首当其冲就是要调整和优化产业结构。重化工产业是二氧化碳排放大户，能够率先实现绿色低碳发展，关系我国经济绿色低碳转型的全局。宁东是我国重要的煤化工煤制油基地，二氧化碳排放总量约占全国的百分之一，近年来积极探索向绿色低碳转型，取得了丰硕的成果，其中最有影响的是，宝丰能源建成了全球单厂最大、单台产能最大的光伏发电水制氢项目，实现了绿氢和绿氧在煤化工过程中的资源化利用。我们的论坛选在宁东召开，也为大家创造了共同学习探讨重化工产业基地绿色化发展的良好契机。借此机会，我也针对企业向绿色低碳转型，实现高质量发展谈几点看法，供大家参考。

## 一、加快产品结构和业务布局调整，优化供需关系实现减碳发展

我国是全世界唯一拥有联合国产业分类当中全部工业门类的国家，近年来我国钢铁、建材、石化、高铁、电子、航空、航天等产业通过锻长板、补短板、强弱项，在迈向全球产业链和价值链的中高端方面取得了巨大的进步。2020 年，我国制造业增加值达到 26.59 万亿元，占全球比重接近 30%，重点领域创新发展取得重大突破，一些前沿方向开始进入"并跑""领跑"阶段，技术创新加快从量的积累向质的飞跃、从点的突破向系统能力提升转变。但总体上看，我国企业创新能力还不强，特别是关键核心技术受制于人，高端产品有效供给能力不足，产品结构性矛盾突出。低效和无效供给造成了大量的资源和能源浪费，增加了不必要的碳排放，必须大力调整产业和产品结构，通过提升供给质量实现减碳发展，要继续深化落实供给侧结构性改革，淘汰低效产能，落实好产能置换，严控新增产能；要优化原燃料和能源结构，优化工艺流程结构，淘汰落后工艺和设备，构建循环经济产业链。有条件的高耗能企业要积极构建上下游紧密结合的一体化产业链，发展产业集群，形成聚集发展态势，探索有利于碳减排的发展模式。例如，中国建材集团通过光伏玻璃与新型房屋相结合，推进绿色建材与绿色建筑的一体化应用，打造集智慧房屋、光伏发电、智慧农业于一体的绿色产业综合体，在全球市场赢得了良好的口碑。另外，要不断推进产能布局优化。在坚持生态环境承载力的前提下，电解铝、工业硅、金属镁等碳排放量高的企业应该向可再生能源富集且消纳能力不足的地区转移；高耗能企业要通过提升与完善产业基地和产业园区的功能，继续向基地化、规模化、清洁化、一体化方向发展。

## 二、加快绿色低碳技术创新和推广应用，提升节能降碳能力

近年来，我国企业不断加大节能减排力度，着力加强生产过程管理，提高能源利用效率；不断优化能源结构，积极构建清洁低碳的能源体系。随着

风、光等绿色能源的发电成本逐步下降，绿色电力比重增加的趋势更加明显，未来电能在终端用能结构中的占比将持续提升，终端电气化将是脱碳最直接的路径。当前企业应该重点关注储能、智慧电网、高效电转蒸汽、大规模电制氢、高温电加热工艺等技术的发展，积极参与研发核心技术装备并推广应用。大企业要带头支持行业建立低碳创新联盟，建立标准体系，聚集合力研究辐射效应广、带动性强的低碳技术发展路线；抓紧部署低碳前沿技术研究，推广节能清洁降碳的用能设备，研发实现资源循环利用的链接技术。例如，钢铁行业重点围绕氢冶炼、冶金渣余热回收及综合利用等低碳前沿技术，发展直接还原、熔融还原等非高炉炼铁技术，发挥非高炉炼铁与电炉短流程炼钢的协同减碳效应，实现产业化示范应用；有色行业重点围绕原铝低碳创新技术、铝电解槽余热回收，火法冶炼余热利用等开展研究，实施共性技术、前沿技术、低碳技术示范。

要积极探索二氧化碳资源化利用的途径、技术和方法，建设完整的二氧化碳捕集、利用一体化试点项目工程，加快实现规模化推广应用。例如，中石油在吉林油田建成国内首个二氧化碳分离、捕集和驱油等全产业链项目基地，在保障了气田清洁生产的同时，二氧化碳埋存率达到93%以上。盛虹石化捕集高浓度的二氧化碳生产碳酸二甲酯，已实现几十万吨规模的利用，未来与绿氢结合生产甲醇等大宗化工上游原料，可以开启千万吨级别的二氧化碳捕集利用项目。碳达峰碳中和技术根据不同应用场景不断推陈出新，谁在技术上走在前面，谁将在未来国际竞争中取得优势。

## 三、利用新一代信息技术赋能，强化数字化智能化应用

新一代信息通信技术具有泛在感知、敏捷响应、自主学习、精准决策、动态优化等特点，已经深入应用到各行各业。在生产制造设备层面，通过迭代升级，提升制造设备单位作业量及作业精细度，可以实现能耗逐步降低，碳排放逐步减少；在制造工艺流程层面，可以对整个流程进行建模仿真，借助AI技术持续优化工艺流程，减少工序、提升工效，直接降低能耗及碳排放强度；在人员及工序管理层面，可以对人员管理、运营管理等方面实现综合管

控，结合先进技术，减少人为因素导致的过多作业，进一步降低冗余能耗及碳排放。5G+工业互联网对行业应用场景的深度开发，通过建设智能化平台，可以实现基于数字化、自动化的端到端智慧工厂与智能控制；数据链接与运营管理，生产潜力优化与碳排放协调；数据分析驱动的预测性维护与质量预测分析。例如，国家电网积极响应电力需求和供应的新变化，持续推动"源—网—荷—储"一体化互动的能源互联网建设，不断提高新能源消纳水平，提升增强不确定性条件下电力系统的平衡调节能力。宝钢集团结合大数据综合分析实现设备远程运维，成本和效率都有明显改善。针对"双碳"目标，企业要积极利用工业互联网的平台赋能效应，充分融合工业机理、工业数据、人工智能分析方法，主动探索和研发深度应用场景，驱动企业由局部粗放向全局精细的变革。

### 四、加强人才队伍建设，提高碳排放管理能力

碳达峰、碳中和、碳交易都离不开碳排放监测、核算、核查的能力培养，离不开一支高水平的碳排放管理人员队伍。增强碳排放监测、核算核查、交易、咨询等职业能力建设，提高人员队伍低碳发展知识储备和实操经验，是企业实现"双碳"目标的重要基础。我们注意到，2021年3月人力资源和社会保障部向社会正式发布的新职业目录中，"碳排放管理员"新职业应运而生，石化等少部分行业已经针对这个新职业开发了职业标准和培训课程，我们希望更多的行业和企业能够重视起来，从建立和完善行业"碳排放管理员"标准认证和培训体系着手，抓紧做好人才培养和储备，助力"双碳"目标早日实现。

碳达峰碳中和将会带来一场由科技革命引起的经济社会环境的重大变革，其意义不亚于三次工业革命。中国企业联合会长期致力于推动可持续发展。贯彻落实绿色发展理念，推动产业转型升级和创新发展，是我们长期坚持的一项工作。碳达峰碳中和目标提出后，我们在原有工作的基础上，积极承担了中国工程院重大咨询项目"我国碳达峰和碳中和战略及路径研究"的部分工作，与电力、石化、交通等主要行业的"双碳"研究机构及专业人员，以及美国落基山研究所、全球能源转型委员会等国际机构形成了协同研究网络，共同走访调

研地方和企业，了解它们在"双碳"目标下发展的实际需求。我们将组建由技术专家、行业组织和政府相关部门共同参加的"'双碳'达标促进委员会"，推动企业碳减排和清洁能源发展，使企业在资源整合、项目对接、技术交流、产融结合、政策咨询等方面获得广泛支持。未来，我们将和大家一起，继续发挥好综合性协会的协调优势，发挥好各专业机构的力量，共同为推动我国绿色产业发展和经济低碳转型贡献更大的力量。

（在中国绿色产业发展论坛上的讲话，2021年7月）

# 践行绿色低碳发展新理念
# 开启"十四五"发展新征程

人类进入工业文明时代以来，在创造巨大物质财富的同时，也加速了对自然资源的攫取，打破了地球生态系统平衡，人与自然深层次矛盾日益显现。近年来，气候变化、生物多样性丧失、荒漠化加剧、极端气候事件频发，给人类生存和发展带来严峻挑战。今夏我国河南省部分地区的特大暴雨，给人民生命财产造成极大损失，牵动着亿万中国人的心。此前，欧洲西部也遭遇了罕见极端强降雨，美国西海岸、中东部分地区气温则不断创下历史最高纪录。全球范围内极端天气发生频率和强度明显增加，不断给人类敲响警钟。与此同时，新冠疫情持续在全球蔓延，导致世界经济陷入低迷，全球产业链供应链面临重塑，不稳定性不确定性明显增加，使各国经济社会发展雪上加霜。

人类是一个整体，地球是一个家园。面对共同挑战，任何人任何国家都无法独善其身，各国只有采取积极的行动，将气候变化的挑战转变为绿色低碳转型创新的机遇，才能应对好全球气候环境挑战。基于推动构建人类命运共同体的责任担当和实现可持续发展的内在要求，2020年9月，习近平主席在联合国大会上做出"努力争取2030年前实现碳达峰，2060年前实现碳中和"的承诺。2021年《政府工作报告》强调：扎实做好碳达峰、碳中和各项工作，制定2030年前碳排放达峰行动方案。我国要实现碳排放和碳中和目标，需要付出艰巨的努力，需要全国上下凝心聚力，众志成城，其中企业家的作用尤显重要。本届活动日主题定为"践行绿色低碳发展新理念，开启'十四五'发展新征程"，就是要深入贯彻习近平新时代中国特色社会主义思想，全面贯彻党的十九届五中全会精神，贯彻落实《中华人民共和国国民经济和社会发展第十四个五年规划和2035年远景目标纲要》战略部署，弘扬优秀企业家精神，进一步激发企业家活力，更好发挥企业家示范引领作用，在应对气候变化中积极作为，探索"碳减排、碳中和"的绿色低碳可持续发展模式，促进企业高质量发展，为"十四五"开局起步凝心聚力。

## 一、提高政治站位，深刻领悟"双碳"目标的重要意义

近年来，我国通过不断加强生态环境治理和生态文明建设，不仅超额完成了《联合国气候变化框架公约》及其《京都议定书》框架下的履约义务，提升了《巴黎协定》框架下的国家自主贡献力度，而且为全球气候治理体系朝着更加包容、普惠和高效的方向发展做出积极贡献。

习近平主席向全世界宣布中国二氧化碳排放力争于2030年前达到峰值，努力争取2060年前实现碳中和，是党中央经过深思熟虑做出的重大决策，事关中华民族永续发展和构建人类命运共同体。从全球看，气候变化已经成为正在发生的紧迫而严峻的危机，威胁全人类的生存发展和子孙后代的福祉，在气候危机面前没有一个国家能够置身事外、独善其身。人类是一个命运共同体，坚持多边主义、合作共赢是世界各国的唯一选择。尽管各国的国情发展阶段不同，力度有所差异，但都在努力转型、创新，走绿色低碳发展之路。

从碳达峰到碳中和，发达国家过渡期短则45年，长则70年。而我国作为一个发展中国家，承诺力争用30年左右的时间去实现从碳达峰到碳中和，这意味着我国作为世界上最大的发展中国家，将完成全球最高的碳排放强度降幅，无疑需要付出更多艰苦的努力。这不仅体现了大国责任，也为构建人类命运共同体提供中国方案。长期以来，我国不断以实际行动向世界表明，在应对气候变化上我国始终言行一致，是全球环境治理的积极参与者与贡献者。从碳达峰到碳中和，这是向世界释放出我国坚定不移走绿色低碳发展道路的信心和定力，为各国携手应对挑战、共同保护好人类赖以生存的地球家园贡献了"中国力量"。广大企业要从全球视野着眼"双碳"目标实现，深刻领悟"双碳"目标对树立中国国际形象，体现大国责任的重要意义，坚决贯彻落实党中央决策部署，不断增强社会责任意识，凝聚生态环境保护共识，切实增强贯彻新发展理念的自觉性和坚定性，从战略层面出发，转变运营方式，加快绿色低碳转型。

## 二、发挥引领作用，积极践行绿色低碳发展新理念

碳达峰、碳中和是一场广泛而深刻的经济社会系统性变革，绝不是轻轻松松就能够实现的，特别对于我们这样一个还处于工业化、城镇化深化发展阶段的发展中大国，面临的困难和挑战前所未有。因此我们必须完整、准确、全面贯彻新发展理念，保持战略定力，坚持系统观念，把"双碳"纳入经济社会发展和生态文明建设整体布局，以经济社会全面绿色转型为引领，以能源绿色低碳发展为关键，加快形成节约资源和保护环境的产业结构、能源结构、生产方式、生活方式和空间格局，坚定不移走生态优先、绿色低碳的高质量发展道路。

企业是经济活动主体，不仅在生态文明建设和绿色发展中扮演着重要角色、承担着重要责任，坚持绿色发展也是企业实现可持续发展的必由之路，是培育发展优质企业的必然要求。企业家是企业的统帅和灵魂。无论在什么时候，企业家都要做好引路人，带领企业坚持绿色发展不动摇。要坚持新发展理念和系统观念，处理好发展与减排、近期与长远、全局与重点的关系，以大格局、大思路开辟一条高效率、高质量发展的碳达峰、碳中和之路。要转变片面强调速度和规模的传统思维，摆脱要素投入、资本投入的路径依赖，探索推进技术创新、管理创新、业态创新等，加快推进企业生产经营活动的"绿色化"。坚持企业发展与生态文明建设协同共进，大力采用新技术、新工艺，提高能源资源利用效率和循环利用，节能减排，做到绿色生产、清洁生产，建设资源节约、环境友好型企业。

## 三、勇于担当使命，把握绿色转型重要机遇

碳中和是中国经济发展模式的战略转变和生活方式变化，会带动整个经济结构的变化和经济技术再造。"双碳"目标为产业发展设定了清晰明确的方向。在发展目标约束下，能源结构、产业结构、交通结构等将面临深刻的低碳转型，将倒逼钢铁、水泥、石化、有色等高碳排放行业改造装备、提升技术水

平，推动电池、风电、光电、氢能、电网传输、智能电网、储能等能源技术的开发与应用，形成绿色经济增长新引擎，推动产业低碳化、绿色化发展。随着我国低碳化进程不断加快，市场蕴含的机遇非常大。绿色经济有着广阔的发展前景，蕴藏巨大商机，环境治理与修复、生态建设等都有很大市场。

企业是应对气候变化的主力军。对企业而言，碳中和既是发展的重要挑战，更是企业绿色转型的重要机遇。虽然短期内会增加企业的研发、运营成本，加大人力、物力、财力支出，面临当前利益与长远利益的抉择。但环境保护功在当代，利在千秋，企业家只有以国家政策为指引，紧跟绿色高质量发展，超前布局，加大资金、科技投入，加快企业绿色低碳转型，才能永葆企业健康可持续发展。企业家应抓住机遇，把握绿色低碳发展潮流，积极作为，加大在"双碳"重点领域、重点行业的投入力度，以市场为导向，大力推进节能低碳技术研发推广和应用。发挥自身优势，积极参与国际竞争与交流合作，取长补短，通过发展新模式新业态壮大自己。

## 四、坚持双轮驱动，推动绿色低碳创新

随着国家创新体系不断完善、相关产业政策的精准支持，我国绿色低碳领域的创新发展取得了明显成效。我国建成了全球最大规模的清洁能源系统、最大规模的绿色能源基础设施、最大规模的新能源汽车保有量，并为全球清洁能源产品的快速扩散和应用提供了坚强的后盾。但我们要充分认识到，推进能源绿色低碳转型已经成为全球经济竞争的关键，美国等发达国家在科学技术方面仍然整体领先，在前沿技术、高端设备、先进材料领域具有较大优势，并试图通过科技脱钩阻止中国在绿色低碳领域巩固现有成果和进一步实现突破，我们决不能掉以轻心。

面对新形势，企业家要坚持"双轮驱动"，大力推动企业开展管理创新和技术创新。围绕低碳技术研发、产品设计、生产过程管理、供应链管理等方面开展工作，从节能减排、能源替代、原料替代等方面进行改进，逐步建立企业全生命周期的碳中和管理体系，支撑企业长期的碳减排、碳达峰、碳中和发展目标，推动产业结构不断转型优化。要更加注重绿色低碳技术开发及应用，防

止技术上被"卡脖子"，增强防范技术壁垒的风险意识，积极应对欧美各国的碳税机制，力争在全球产业链的关键节点争取主动。积极开展产学研用协同创新，在清洁能源替代、能效提升、提高资源利用效率和二氧化碳回收利用等方面加强低碳、零碳、负碳等重大科技攻关，同时注重成本性价比和安全性方面的综合把握，不断探索绿色能源管理的创新应用，携手绿色金融，逐步建立完善企业碳资产管理体系，优选减碳技术路径，科学制定减排目标和实施方案。加大绿色低碳技术创新投入，引导企业研究发展成本低、效益高、减排效果明显、安全可控，具有推广前景的低碳、零碳、负碳技术。加强绿色低碳重大科技攻关和推广应用，充分利用"揭榜挂帅"等政策机制，推进低碳、零碳、负碳和储能、新材料、新技术、新装备领域的科技攻关和规模化应用。以数字化和低碳化相结合，充分利用物联网、大数据、云计算、人工智能等先进技术手段，推动企业绿色转型，引领"双碳"目标实现。

### 五、发挥协同效应，共同构建绿色生态体系

碳中和不是哪一个企业、哪一个行业能够单独完成的艰巨任务，需要全社会、产业链上下游企业共同努力。协同降碳将是今后一段时间企业绕不开的课题。企业家在推动企业开展决定中国未来的关键、前沿技术大规模开发上，一定要走协同创新之路，特别是在关键低碳技术方面，要在研发组织上实现变革和突破。在实施路径协同方面，要积极开展多能互补、发挥减污降碳协同效应，重视运用基于自然的解决方案减缓和适应气候变化。在科技创新协同方面，要加强产业链协同创新、推动绿色化数字化转型。要坚持企业联动，尽快构建绿色生态。大企业要将新发展理念全面贯彻到发展全过程，积极发挥龙头作用，不断优化减碳技术路线，带动产业链上下游企业甚至跨行业的协同减排，推动建立全生命周期的碳中和管理体系，提升产业链供应链的现代化水平，实现绿色可持续发展。中小企业要发挥全员投入的主动精神，积极参与，探索全产业链、全供应链碳减排、碳中和的绿色低碳可持续发展模式。

2016年的7月，习近平总书记到宁东能源化工基地考察，发出了"社会主义是干出来的"伟大号召，为这座荒原上崛起的现代煤化工基地高质量发展

指明了方向，注入了强大精神动力。5 年来，宁东人用拼搏实干谱写了"社会主义是干出来的"生动实践，生动描绘着实干成就事业、实干创造未来的精彩画卷，把基地发展成为国家重要的大型煤炭生产基地、国家产业转型升级示范区、现代煤化工产业示范区、循环经济示范区、绿色园区、新型工业化产业示范基地。"十四五"时期，宁东基地将奋力践行"社会主义是干出来的"伟大号召，立足新发展阶段、贯彻新发展理念、融入新发展格局，坚持以推动高质量发展为主题，加快推动产业向高端化、绿色化、智能化、融合化方向发展，奋力建设国家现代能源经济示范区、国内一流现代煤化工产业基地、国内领先的新能源新材料产业集聚区、西部先进制造业发展创新区，争做建设黄河流域生态保护和高质量发展先行区的排头兵，不断续写"社会主义是干出来的"辉煌篇章。全国企业家活动日在宁东能源化工基地举办，吸引全国各地的企业家走进宁东、了解宁东，进而在宁东投资兴业，与宁东企业家重温习近平总书记重要讲话精神和伟大号召，以实际行动响应习近平总书记在企业家座谈会上提出的企业家要增强爱国情怀、勇于创新、诚信守法、承担社会责任、拓展国际视野五点希望，共同践行习近平总书记"社会主义是干出来的"伟大号召，全面提升企业治理能力和治理水平，加快企业绿色转型步伐，为宁东、为全国的绿色低碳可持续发展不懈奋斗。

"十四五"时期是我国乘势而上开启全面建设社会主义现代化国家新征程、向第二个百年奋斗目标进军的第一个五年。让我们更加紧密地团结在以习近平同志为核心的党中央周围，以功在当代、利在千秋的使命感与责任感，凝聚绿色低碳发展最广泛的共识，汇聚推动经济社会发展的强大绿色动力，打赢碳达峰碳中和这场硬仗，为推动经济社会发展全面绿色转型，建设美丽中国贡献力量！

（在 2021 全国企业家活动日暨中国企业家年会上的主旨讲话，2021 年 7 月）

# 持续优化营商环境　集聚绿色发展能量充分激发企业活力

这些年中，每年一次的企业营商环境研讨会都有各方嘉宾积极参与，看到许多地方政府、园区管理部门在打造优良的营商环境上不遗余力、成效显著，一大批企业顺势成长、快速发展，让人感到由衷的高兴和赞许。中国政府高度重视能源结构调整和绿色发展，企业是当仁不让的主力军，探讨碳中和之道正当其时。

借此机会，围绕主题，我从营商环境、绿色发展、企业活力等三个方面，与大家分享几点看法。

## 一、突出重点，以优化营商环境为企业发展加油赋能

营商环境是市场经济发育必不可少的基础要素，是企业得以生长的外部条件。近年来在党中央、国务院的全力推动下，各地区、各部门在优化营商环境方面开展了大量行之有效的工作，并不断取得举世公认的成效。据世界银行于2019年10月发布的《全球营商环境报告2020》，中国营商环境全球排名继2020年从此前78位跃至46位后，又一次提升至第31位，跻身全球前40，连续两年入列全球优化营商环境改善幅度最大的十大经济体。对这一成就，企业的感受最为直接与强烈。

企业是市场经济的主体，是经济高质量发展的生力军，是社会和谐安定的稳定器，是构建新发展格局的重要支撑。营商环境建设的评价标准有很多，如开办企业、办理施工许可证、电力获取、财产登记、信贷获取等，但是最为直接、最为实际的评价，还是要看市场主体，特别是企业的感受和企业的发展。新冠疫情对营商环境的建设是一个不折不扣的压力测试与检验。包括企业在内的市场主

体，一度遇到空前的障碍，供应链、生产链乃至人员链条的阻隔与中断，使得众多企业经营难以为继。党中央、国务院在全力抗击新冠疫情的前提下，把支持企业复工复产、促进就业作为"六稳"工作、"六保"任务的首要，加大宏观调控力度，扩大财政、金融支持，着力营造有利经济复苏的市场环境。各地区各部门奋力向前，集中各种资源，加大协调力度，帮助克服各种困难，打通供应链生产链，改善生产态势。这些努力取得了实实在在的成效。

中国成为 2020 年世界主要经济体中唯一经济增速正增长的国家，2021 年上半年国民经济持续稳定恢复，GDP 增长 12.7%，规模以上工业增加值增长 15.9%；考虑 2020 年基数较低的原因，两年平均分别增长 5.7%、7%，就业比较充分，日均净增企业 1.2 万户，总体保持了稳中加固、稳中向好的态势。不少企业反映，2021 年上半年已经进入与疫情前类似的通道，经济供需循环较为畅通，宏观基本面为下半年企业经济增长打下了比较好的基础。但一些企业感到担忧，全球疫情持续演变，国际市场不稳定不确定因素较多，国内经济恢复不均衡，原材料等大宗商品价格居高不下，制造业企业生产经营成本上升，应收账款增加。

面对当前错综复杂的经济环境，唯有各方共同努力，使营商环境得以进一步优化，发展基础进一步巩固。各地方各园区要坚决贯彻党中央、国务院决策部署，进一步加大对企业特别是中小微企业的支持力度，进一步采取措施改善营商环境，稳住市场主体、稳住就业，保持经济运行在合理区间。一是加大执行中央帮扶政策力度。要及时通过支持地方法人银行，落实 2021 年再新增的 3000 亿元支小再贷款额度，使更多符合条件的小微企业和个体工商户得以获得贷款，缓解资金紧张压力。二是加大改善优化营商环境力度。进一步深化"放管服"改革。针对目前企业面临的困难，研究出台具体帮扶措施，实实在在减轻中小微企业成本上升压力，继续开展清理拖欠中小微企业账款专项行动，严禁乱收费、乱摊派。鼓励创新创业，降低制度性交易成本，保护产权和知识产权，保护公平竞争，增强发展信心。三是加大更好统筹疫情防控和经济社会发展工作力度。要继续优化常态化疫情防控，提高快速处置和精准管控能力，促进服务业加快恢复，帮助企业供应链生产链畅通。根据中央精神和省级统一安排，动态调整优化外防输入管控措施，为中外人员往来创造安全便利条件，提升国际货物运输保障能力。要及时清理取消疫情防控中新增的审批事项。

总之，只要坚持不间断地改善优化营商环境，将企业发展作为重点，加强政策储备，研究和适时出台部分惠企政策到期后的接续政策，赋能企业提高应对困难挑战的能力，就一定能够求得"十四五"顺利开局，保持经济平稳健康发展。

## 二、低碳前行，以坚持绿色成长为企业发展校准方向

当今企业面对的全球经济社会格局出现了新的变化，气候与环境、能源和资源安全等全球性问题更加突出，应对气候变化成为国际政治博弈和科技竞争的焦点之一，绿色发展、可持续发展成为企业迈向国际市场的通行证。习近平主席宣布，中国力争于 2030 年前二氧化碳排放达到峰值、2060 年前实现碳中和。这是以习近平同志为核心的党中央经过深思熟虑做出的重大战略决策。企业是国民经济社会发展的基本力量，在现代化经济体系的建设中发挥着重要作用，在推动可持续发展方面有着义不容辞的责任。企业作为实现碳达峰、碳中和目标的关键主体，既有发展的挑战，也是绿色转型的重要机遇。

### （一）把握政策导向，坚决践行绿色理念不动摇

中国要在 21 世纪中叶实现现代化，让企业在满足人民幸福生活的物质文化需求过程中实现低碳绿色发展，这在人类历史上没有先例，需要付出艰苦卓绝的努力才能实现。中国将碳达峰、碳中和纳入生态文明建设整体布局，正在制定碳达峰行动计划，广泛深入开展碳达峰行动，支持有条件的地方和重点行业、重点企业率先达峰。企业只有以降碳为重点战略方向，推动减污降碳协同增效，逐步建立健全绿色低碳循环发展经济体系，才能促进经济社会发展全面绿色转型。广大企业要在国家政策顶层设计基础上，着眼实现碳达峰、碳中和的目标，不断增强社会责任意识，凝聚生态环境保护共识，切实增强贯彻新发展理念的自觉性和坚定性，紧跟高质量发展步伐，积极践行"绿水青山就是金山银山"理论，从战略层面出发，转变运营方式，坚定绿色低碳转型理念。

## （二）把握发展路径，坚守构建绿色生态不放松

充分发挥大企业引领带动作用，中小企业积极参与，探索全产业链供应链"碳减排、碳中和"的绿色生态发展模式。大企业要主动将新发展理念全面贯彻到发展全过程各领域，中小企业要发挥全员投入的主动精神，要共同履行社会责任，做依法经营、合规守信，保护环境、节约资源，以人为本的可持续发展表率。龙头企业要积极发挥链长作用，不断优化减碳技术路线，带动全产业链上下游乃至跨行业企业协同减排。要推动绿色生态中各类企业建立全生命周期的碳中和管理体系，全面提升产业链供应链的现代化水平。

## （三）把握创新驱动，坚持打造绿色动能不停步

降低碳排放已经成为全球共识，我国以及全球能源格局都将发生重大变革。企业应抓住绿色转型带来的巨大发展机遇，以创新为驱动，坚持技术创新和管理创新，大力推进经济、能源、产业结构转型升级，力争在全球产业链的关键节点占据重要位置。要更加注重绿色低碳技术开发及应用，增加防范技术壁垒的风险意识，有效应对欧美各国的碳税机制。要积极开展产学研用协同创新，在清洁能源替代、能效提升，提高资源利用效率和二氧化碳回收利用等方面，加强低碳、零碳、负碳重大科技攻关；同时注重成本、性价比和安全性方面的综合把握，探索绿色能源管理的创新应用，逐步建立完善企业碳资产管理体系，优选减碳技术路径，科学制定减排目标和实施方案，为实现绿色低碳发展提供动力。

## （四）把握统筹发展，坚定推动绿色发展不偏航

要帮助企业和企业家坚持新发展理念和系统观念，坚决摒弃个别"扩大碳达峰基数有利发展"的错误认识，处理好发展与减排、近期与长远、全局与重点的关系，以大格局、大思路开辟一条高效率、高质量发展的中国碳达峰、碳中和之路。坚持科学系统性思维，避免排浪式运动，坚持实事求是的原则，分阶段、有步骤地推进降碳减排工作。能源企业要坚持实施能源安全新战略，推进能源消费、供给、技术、体制革命，加强国际合作，切实推进能源转型。制

造业企业要加快创新步伐,一手抓"整顿调整",严控质量低、能耗高、消耗大的产品产出规模,促进循环利用,加大技改力度;一手抓"转型升级",大力发展三新产业,推进数字化转型,发展节能环保产品。

### 三、凝心聚力,以加快改革创新为企业发展增添活力

党的十八大以来,党中央、国务院把正确处理政府与市场关系、转变政府职能作为全面深化改革的关键,大力推进"放管服"改革——简政放权、放管结合、优化服务,企业从1300多万户增到4500多万户,成为迈向第二个百年奋斗目标的中坚力量。如何使众多企业在新时期不断增添活力,持续提升实力和竞争力,是各级政府高度关注的重要问题。

毋庸置疑,一流的营商环境是形成一流企业群体的沃土。党中央、国务院高度重视改善优化营商环境,《优化营商环境条例》已全面实施,《市场主体登记管理条例》前不久出台,营商环境法规体系逐步完善,市场化、法治化、国际化营商环境建设正在加速整体推进。这一系列重大举措促进了大企业"顶天立地"、小企业"铺天盖地"局面的形成。在宏观环境不断优化的同时,广大企业特别是中小企业自身的努力,更是活力迸发的重要因素。

一是找准中小企业"专精特新"发展方向。近年来,我国涌现出一大批专业化、精细化、特色化、新颖化四大优势明显的"专精特新"中小企业,成为突破关键核心技术、提升产业链供应链稳定性和竞争力的重要力量。2021年7月30日,中共中央政治局召开会议分析研究当前经济形势和经济工作、为下半年经济发展把脉定调时,又一次强调,要发展"专精特新"中小企业。目前工业和信息化部公布,已培育三批4762家专精特新"小巨人"企业,五批596家"单项冠军"企业,带动各地培育省级"专精特新"中小企业4万多家。2021年年初,财政部、工业和信息化部共同发文,明确"十四五"期间启动中央财政100亿元以上奖补资金,分3批支持千余家并培育万家能够发挥示范作用的国家级专精特新"小巨人"中小企业。显然,国家全力支持并对广大中小企业加以引导的信号非常强烈,各地相关政府部门要更加重视,企业要据此精准地选择发展方向。

二是加大企业数字化转型力度。广大企业充分认识到新一代科技革命和产业变革的重大意义，正以前所未有的热情投入其中。沿着"两化"深度融合的路径，国内外许多企业已走过了数字化技术与计算机集成制造系统应用的数字化制造初级阶段，开始步入了信息技术深入应用与规模化个性化定制、网络协同制造的网络化制造中级阶段，充分展示了应对市场快速变化的旺盛活力。但对于国内大多数中小企业来说，未来五年还是要将产业数字化作为开启数字经济新一轮增长的主攻方向，做好为高质量发展拓展新空间的工作。应鼓励和引导制造业龙头企业、工业互联网平台企业发挥生态构建的核心作用。推动形成大企业建平台、中小企业用平台的协同发展机制，形成大中小企业融通发展的产业生态，帮助中小企业形成自身数字化能力。

三是大力弘扬企业家精神。习近平总书记2020年7月21日在京主持召开企业家座谈会时强调，"企业家要带领企业战胜当前的困难，走向更辉煌的未来，就要弘扬企业家精神，在爱国、创新、诚信、社会责任和国际视野等方面不断提升自己"。习近平总书记的要求应成为每一个与国家同呼吸共命运的企业家的根本遵循，也应成为企业家激发澎湃活力的动力源。面对新时期企业面临前所未有的机遇与挑战，企业和企业家应保持信心，不畏困难，大力弘扬企业家精神，要善于在危机中育先机、于变局中开新局，努力激发广大员工创造力，引领企业不断迎击风浪，实现新的发展。

［在第八次全国企业营商环境研讨会暨中国企业碳中和行动（厦门）峰会上的发言，2021年9月］

# 贯彻新发展理念　提升 ESG 绩效助力绿色低碳转型

很高兴参加新浪财经举办的 2021 年金麒麟论坛·ESG 峰会，与致力于推动可持续发展和 ESG 理念在中国"生根发芽"的社会各界朋友共同探讨如何切实增强贯彻新发展理念，通过 ESG 实践助力绿色低碳转型，贡献联合国可持续发展目标实现，开启可持续发展的新征程。我谨代表全球契约中国网络及其主办机构中国企业联合会对本次峰会的召开表示热烈祝贺！

2005 年联合国全球契约组织发布的《在乎者即赢家》首次提出 ESG 概念。2006 年联合国全球契约组织和联合国环境规划署可持续金融倡议共同发布了负责任投资原则。经过多年发展，ESG 投资逐渐成为广大企业家和投资者认可接受的投资方式，并进一步推动企业提升可持续发展水平。随着我国经济由高速发展向高质量发展转变，ESG 关注的重点领域和我国新发展理念要求高度契合，为企业贯彻新发展理念，将理念与实践紧密结合提供了切实可行的抓手。"创新、协调、绿色、开放、共享"的新发展理念也与联合国可持续发展目标相统一。企业打造 ESG 能力应成为呼应投资者关切，符合国家发展战略需要，满足全球可持续发展期望的有效举措和着力点。

2021 年是"十四五"的开局之年，也是奔向 2035 年远景目标的新起点，我国在推进高质量发展和参与全球可持续发展上加快了脚步。7 月，历时多年筹备的全国碳排放交易体系正式上线，建立起我国气候治理的市场化机制。9 月，习近平主席在第七十六届联合国大会一般性辩论上提出了"全球发展倡议"，表明了中国在可持续发展问题上的原则与立场。10 月下旬，党中央、国务院发布了《关于完整准确全面贯彻新发展理念做好碳达峰碳中和工作的意见》及《2030 年前碳达峰行动方案》，确立了我国碳达峰碳中和"1+N"政策体系纲领文件。11 月，我国与欧洲共同完成了《可持续金融共同分类目录》，与美国共同发布了《强化气候行动的格拉斯哥联合宣言》。一系列行动向全世界展示了实现全球可持续发展目标和构建人类命运共同体的中国担当。

企业是社会财富的创造者，在追求经济效益的同时应注重社会效益和环境效益，通过负责任的投资和生产经营，实现可持续发展以及与利益相关方的合作共赢。在中国进入新发展阶段，构建新发展格局的关键时期，企业应该以新发展理念为引领，抓住新机遇，走出新道路，取得新成就。

一是坚持环境友好，实现绿色发展。高质量发展的底色是绿色发展。企业作为可持续发展的排头兵要立足所在地区的资源环境现状与规划发展要求，持续提升绿色制造水平，不断改善区域环境质量。要加大对绿色产业投入，推进资源合理开发和循环利用，加强绿色运营管理，倡导绿色消费与生活，积极开展向更加绿色和低碳的商业模式转型。负责任的企业不仅要提供社会所需的产品和服务，更要把握绿色低碳发展潮流，采取绿色低碳的生产方式，实现企业经济责任与环境责任的有机统一。

二是坚持以人为本，实现共享发展。中国的可持续发展之路是坚持以人民为中心，在高质量发展中促进共同富裕的发展道路。人是可持续发展的最终目的，也是实现可持续发展的核心力量，可持续发展的本质就是人的全面发展。企业不仅要关注产值、利润等经济指标，更要关注员工福利、人才培养与发展、社会投资及乡村振兴建设等领域。企业要挖掘发现商业活动中的公益价值，更有效率地解决社会问题，在可持续的经济与社会价值创造中实现共识、共生、共创与共享。

三是坚持合规经营，实现稳健发展。国内外实践已经证明，合规是国家治理体系现代化对企业的要求，是企业面对机遇和挑战行稳致远的基石，是企业实现高质量发展的有力保证。企业要全方位提升合规管理能力，实现全面合规，以主动合规为思想统领，推进文化建设、优化管理架构、健全制度体系，构筑"不能违规、不敢违规、不愿违规"的长效机制，形成"人人参与，时时合规，事事合规"的局面，建设"合规受益、违规责罚"的合规生态圈，为企业可持续发展夯实基础。

四是坚持创新引领，实现高质量发展。当前世界已经进入数字经济时代，数字化、网络化、智能化并行发展，企业要在大变革时代实现持续发展，就要以创新形成可持续发展的动能,实现依靠创新驱动的内涵型增长。要加大技术和产品研发投入,加快构建鼓励自主创新的激励机制,大力提高创新能力,坚持用高新技术和先进适用技术改造提升传统产业。既要重视科技创新,也要重视管理创新,通过科技创新提升企业硬实力,通过管理创新提升企业软实力,以质量变革、效率变革、动力变革全面实现高质量发展。

五是坚持国际视野,实现合作发展。面对疫情冲击和国际形势变化,中国市场对外开放不但没有放缓,反而呈现出速度加快、力度加大、范围扩大的特点。企业要抓住我国构建以国内大循环为主体、国内国际双循环相互促进新发展格局的有利契机,充分利用国际国内两个市场、两种资源,坚持开放、包容、普惠、平衡、共赢的发展方向,不断拓宽全球化格局和视野,与国际各利益相关方积极开展对话合作,共同打造公平、可持续的全球供应链和互利共赢的全球商业合作模式,实现更加强劲的可持续发展。

全球契约中国网络作为联合国全球契约组织在中国的合作网络将进一步发挥平台优势,充分借助全球可持续发展领域各方力量,推动国内外企业交流与合作,协助企业提升ESG绩效,发现新的商机,宣传推广中国企业可持续发展优秀实践,展示中国企业对可持续发展的贡献。

我们愿意与广大合作伙伴一起,推动更多企业秉持可持续发展理念,采取自觉行动,实现高质量发展,走出中国特色的可持续发展之路。

(在"新浪财经2021金麒麟论坛·ESG峰会"上的讲话,
2021年12月)

# 聚力企业绿色变革　助力产业低碳发展

党的十八大以来，党中央以前所未有的力度抓生态文明建设，全党全国推动绿色发展的自觉性和主动性显著增强，生态文明建设、绿色发展取得显著成效。企业作为践行绿色低碳发展的重要主体，在绿色发展中承担着重要的责任，企业实现绿色低碳发展关乎经济高质量发展，关乎生态环境保护，关乎民生福祉。本次活动以"聚力企业绿色变革　助力产业低碳发展"为主题，突出了新时代的要求，对促进企业进一步落实新发展理念、构建新发展格局，具有积极的意义和作用。

当前，全国上下正在认真学习贯彻党的十九届六中全会精神。《中共中央关于党的百年奋斗重大成就和历史经验的决议》强调，要坚持高质量发展主题，而企业的绿色变革和低碳转型正是其题中之义。结合本次论坛活动主题，围绕企业高质量发展，我谈三个方面看法，供大家参考。

## 一、实现"双碳"目标是中国企业高质量发展必须坚持的历史责任

党中央对国家发展与节能减排、经济建设与生态文明、发展权利与国际责任进行综合判断，经深思熟虑做出了"2030年前碳达峰、2060年前碳中和"的重大战略决策部署，这是事关中华民族永续发展和构建人类命运共同体大局的大事情。中国企业必须充分意识到，实现碳达峰、碳中和是一项复杂的系统工程，将倒逼中国经济社会发展全面向低碳转型，既是推进高质量发展，促进能源结构、产业结构、经济结构转型升级的战略选择，也是缓解资源环境约束、建设生态文明和美丽中国的重要路径，对实现社会主义现代化强国目标和在未来的大国博弈中占据绿色低碳竞争优势具有重大意义，挑战巨大。中国企

业应该看到：

首先，实现"双碳"目标是必经考验。中国是人口大国、生产大国、消费大国、出口大国，也是排放大国。统计数据显示，中国 2019 年碳排放总量达 98.25 亿吨，占世界排放总量的 28.8%。这与我国工业化时间相对较短，第二产业占主体的产业结构和石油等化石能源占比很高的能源结构密切相关。

其次，实现"双碳"目标是必负之重。我国实现碳达峰、碳中和的时间紧任务重。欧盟、美国、日本等国家已分别约在 1990 年、2007 年、2013 年碳达峰，背后是其历史碳排放总量、人均历史碳排放总量远远高于中国等发展中国家。同时这些发达国家从碳达峰到碳中和的时间有 40～50 年，远远长于我国的 30 年。

最后，实现"双碳"目标是必担之责。完成高质量发展目标要求中国企业在按承诺实现碳达峰的前提下，保证中国的发展权利，完成中国的工业化进程，满足人民不断追求美好生活的需要，解决我国发展不充分的问题；要求中国企业在继续保持和增强我国经济竞争力和发展活力的前提下，用比发达国家短得多的时间在 2030 年前实现碳达峰，再用不超过 30 年的时间实现碳中和，这是中国企业必须破解的世界难题，更是中国企业必须承担的历史责任。

## 二、绿色低碳转型是中国企业高质量发展必须坚持的发展路径

毫不动摇地实施可持续发展战略，坚持绿色低碳循环发展，坚持节约资源和保护环境，是新时代的基本国策。近期，党中央、国务院发布《关于完整准确全面贯彻新发展理念做好碳达峰碳中和工作的意见》，这是做好绿色低碳全面转型发展的新指引、新部署。随着支持绿色低碳发展政策、措施的逐次部署和全面落实，将进一步拓宽我国企业及经济高质量发展的绿色之路。

2020 年以来，中国企业经受住了疫情带来的考验，产业及产业链低碳成长、绿色发展，充分发挥创新的重要作用，整体表现出了市场韧性不断增强、自主创新能力提升、绿色转型更加强劲的特点，尤其以"专精特新"为代表的创新型企业集群的出现，充分展示了绿色转型能力、市场竞争价值，为产业及产业绿色升级提供了可持续的新动能。

企业要前瞻把握、主动适应绿色低碳发展要求。近期国务院发布了《2030年前碳达峰行动方案》，准备实施"碳达峰十大行动"，明确提出引导企业强化环境责任意识，加强能源资源节约，提升绿色创新水平。重点领域的中央企业纷纷制定实施各自的碳达峰行动方案，发挥了示范引领作用。重点用能单位应该梳理核算自身碳排放情况，深入研究碳减排路径，"一企一策"制定专项工作方案，推进节能降碳。相关上市公司和发债企业要按照环境信息依法披露要求，定期公布企业碳排放信息。更为明确的是，推进碳达峰、参与碳中和是企业保持和增强竞争力、实现高质量发展的刚需。带来的不仅是能源结构变化，更是中国经济社会发展模式的全面转型，对整个生产方式都会产生颠覆性的影响，同时也将改变我们的生活方式，并从供需两侧同时影响企业发展。推进碳达峰、碳中和，既是企业无法回避的战略挑战，也是企业千载难逢的战略机会。中国企业唯有结合自身情况，形成碳达峰、碳中和路线图，才能加快步伐，迈向高质量发展。

### 三、绿色创新是中国企业高质量发展必须坚持的战略支撑

党的十九届六中全会通过《中共中央关于党的百年奋斗重大成就和历史经验的决议》（简称《决议》）强调，坚持实施创新驱动发展战略，把科技自立自强作为国家发展的战略支撑。生态文明建设是关乎中华民族永续发展的根本大计，保护生态环境就是保护生产力，改善生态环境就是发展生产力，决不以牺牲环境为代价换取一时的经济增长。更加自觉地推进绿色发展、循环发展、低碳发展，坚持走生产发展、生活富裕、生态良好的文明发展道路。

企业应把贯彻落实《决议》作为首要任务，在实施绿色创新发展中不只是探索者、组织者，更要做活跃于一线的自主创新力量，要发挥绿色低碳发展的主力军作用。"十四五"规划依据新科技革命和产业变革趋势，对发展壮大绿色制造在内的战略性新兴产业所涉及的物力、人力、财力、平台和体制机制等进行了系统规划，同时明确了要通过强化国家战略科技力量来推动绿色创新。应围绕低碳发展目标，推动生产组织创新、技术创新、市场创新，重视技术研发和人力资本投入，有效调动员工在节能减排、绿色发展中的创造力，真正使

企业成为强大的绿色创新主体。同时，要让各类创新资源向企业集中，完善科研院所与企业的协同机制，加强产业共性技术供给，鼓励绿色低碳产业链核心企业带动上下游企业协同创新，提升绿色创新链产业链水平。

企业要将绿色创新纳入发展战略。《2030年前碳达峰行动方案》也提出了操作路径，将绿色低碳技术创新成果纳入高等学校、科研单位、国有企业有关绩效考核，支持企业承担国家绿色低碳重大科技项目，鼓励设施、数据等资源开放共享。在"双碳双控"协同管理下，基于可再生能源消纳、数字化应用等逻辑的转型升级，通过赋能产业链、供应链、创新链、人才链协同，推动企业转型与发展。

企业要主动为国担当、为国分忧，更多承担推动绿色发展的社会责任。特别是大型骨干企业要加快"双碳"工作计划与布局、引领关键项目攻关，真正为相关行业的创新发展带来积极的新局面的大突破；"专精特新"中小企业要发挥后起优势、细分特点，侧重于相关绿色低碳产品的研发和推广；各类企业都应聚焦绿色低碳，打破传统边界，以科技赋能产业转型升级，积极探索推动新阶段的新业态，协调区域存量经济，创造全新的经济价值和社会价值，把企业发展的成果不断转化为国家繁荣、民族兴盛、人民幸福的动力源。

高质量发展关系我国社会主义现代化建设的全局。我们要坚持以习近平新时代中国特色社会主义思想为指导，全面贯彻新发展理念，广大企业、企业家要因地制宜、因企制宜，扬长补短，积极探索一条适合企业实际、符合产业规律、绿色低碳的高质量发展之路，以企业高质量发展新的成绩迎接党的二十大胜利召开。

（在第十九届中国企业发展论坛上的讲话，2021年12月）

# 破解 VUCA 时代企业成长的迷局

非常高兴参加可持续发展领导力论坛暨"金钥匙——面向 SDG 的中国行动"启动仪式。联合国 2030 年可持续发展目标提出后，我们欣喜地看到，中国政府给予了全力支持，社会上下呼应，越来越多的在中国土地上经营的各类中外企业投身其中并取得了显著成绩。我谨代表中国企业联合会和中国企业家协会，对本次论坛活动的成功召开表示热烈祝贺，向重视可持续发展的企业和企业家致以敬意。

习近平主席于 2022 年 6 月 24 日、25 日分别在金砖国家领导人第十四次会晤和全球发展高层对话会上发表了重要讲话，指出"要认清世界发展大势，坚定信心，起而行之，拧成一股绳，铆足一股劲，推动全球发展，共创普惠平衡、协调包容、合作共赢、共同繁荣的发展格局"。习近平主席在讲话中再次强调"要把发展置于国际议程中心位置，落实联合国 2030 年可持续发展议程，打造人人重视发展、各国共谋合作的政治共识"。这些真知灼见为解决长期发展难题、增进全人类福祉提出"路线图"，为企业走高质量发展之路擘画了充满希望的光明未来，也为此次论坛做出了指引。

本次论坛的召开正逢世界进入一个更加变幻不定的 VUCA 时代，地区安全冲突和新冠疫情叠加，全球社会、经济和环境领域接连不断出现巨大挑战，不稳定（Volatile）、不确定（Uncertain）、复杂（Complex）、模糊（Ambiguous）成为当前最为显著的特征。放眼望去，企业落实 2030 年可持续发展议程从来没有像今天这么重要与急迫。17 项可持续发展目标勾勒出改善全球治理和数十亿人生活的愿景，国际社会只有团结一致、开放合作，企业只有积极采取行动，才可能冲破 VUCA 时代不确定性的迷局，创造一个更美好的世界。我想与大家分享几点基于中国企业实践的共识。

## 一、坚持包容增长，凝聚可持续发展目标

中国企业是中国经济增长的主力军。企业群体在为完成消除贫困和饥饿等目标做出积极贡献的同时，促进社会公平正义，实现保护环境、发展经济、创造就业、消除贫困等多面共赢，推动经济强劲、可持续、平衡、包容增长，在经济、社会、环境三大领域形成良性循环，走出一条经济繁荣、社会进步、环境优美的可持续发展之路。

## 二、突出以人为本，共享可持续发展成果

中国企业的可持续发展之路始终坚持以人民为中心，坚持人的发展与经济发展相统一。越来越多的中国企业把履行社会责任作为自身应尽的义务，不仅致力于经济效益的实现，而且关注员工福祉，致力社会贡献。通过ESG投资、公益活动、有效解决社会问题等方式，与更广泛的利益相关方分享发展成果，增强各相关方的获得感、幸福感、安全感。

## 三、强化创新驱动，增强可持续发展动能

广大中国企业充分认识到面对当今科技革命和产业变革不断加速的世界，只有致力创新，才能在大变革时代生存发展。企业必须适应数字化转型要求，加快数字化、网络化、智能化发展步伐，稳步进入可持续发展的轨道。企业在加大关键技术攻关的同时，要全面推进技术创新、管理创新和模式创新，提升核心竞争力，以质量变革、效率变革、动力变革加油打气，全面实现高质量可持续发展。

## 四、践行绿色理念，提升可持续发展水平

中国企业深刻意识到绿色发展是当今时代发展的大趋势、大方向，是转

变经济发展方式、调整优化经济结构、实现可持续发展的必然选择。坚持走节能降耗、减污降碳、循环经济的发展道路已成为企业的共同意愿与行动。通过开展技术改造，建立科学能源管理制度等措施，持续提升绿色制造水平，开展向更加绿色和低碳的商业模式转型。同时积极结合"双碳"目标的落实，提升企业应对气候变化能力，打造企业低碳发展竞争力。

## 五、加强国际合作，扩展可持续发展伙伴关系

可持续发展目标的实现不仅需要单一企业自身的努力，更需要团结更多的伙伴携手前行。中国企业积极响应"一带一路"倡议、全球发展倡议和2030年可持续发展议程，与国际上各利益相关方开展对话交流，与价值链、产业链、供应链伙伴开展更广泛合作，共同打造可持续的发展模式。

面对肆虐全球的新冠疫情，中国企业坚持国际义务，已相继向20多个国家转让技术并合作生产疫苗，在海外形成了10亿剂的新冠疫苗年产能。截至2022年5月上旬，中国已累计向153个国家和15个国际组织提供了46亿件防护服、180亿人份检测试剂、4300余亿个口罩等抗疫物资，向120多个国家和国际组织提供了超过22亿剂新冠疫苗。中国企业用实际行动践行了对全球可持续发展做贡献的承诺。

用好"可持续发展"这把"金钥匙"，破解当前各种全球性问题和成长的迷局，是企业与社会各方的机会与责任。2030年可持续发展议程及其目标，重新定义了可持续发展的框架，为企业规划了新路径。中国企业联合会将与广大有志于此的中外企业和合作伙伴携手奋进，与各利益相关方加强交流沟通，坚持开放包容，着力破除阻碍企业发展的障碍，引导推动可持续健康发展，让技术和创新充分涌现，让智慧和理想交相辉映，共同打造包容性、可持续、有韧性的未来，为落实2030可持续发展议程、构建人类命运共同体，创造更加美好的世界做出新贡献。

（可持续发展领导力论坛暨"金钥匙——面向SDG的中国行动"
启动仪式致辞，2022年6月）

# 加快数字化转型　坚持绿色低碳方向
# 推动可持续发展

　　我围绕会议的主题"碳达峰碳中和背景下的企业高质量发展",谈谈在当前形势下,如何通过加快企业的数字化转型,坚持绿色低碳方向,推动可持续发展的几点考虑。

## 一、不惧风云变幻,坚持可持续发展方向不动摇

　　当前,可持续发展正受到重大考验。2015年9月25日联合国可持续发展峰会通过的《2030年可持续发展议程》得到了193个会员国一致赞成。这一包括17项可持续发展目标和169项具体目标的纲领性文件,将消除极端贫穷、战胜不平等和不公正以及遏制气候变化作为共同努力的目标与方向。在华的中外企业予以积极响应,在不断提升可持续发展共识的基础上,取得一系列成果。但是,近期也有一些令人不安的情况出现。逆全球化的潮流不时泛起,全球新冠疫情打乱了正常发展的节奏。2022年2月份以来,俄乌冲突使得世界局势急剧演变,国际环境更趋复杂严峻和不确定,石油、天然气、粮食价格飙升,国际能源安全、粮食安全和气候行动等方案的实施遇到了困难。尽管各国应对气候变化的国家自主贡献和长期目标没有改变,但战争及其带来的影响使得许多国家无暇他顾,一些国家碳排放出现反弹。国际社会迫切期待实现更加公平、更可持续、更为安全的发展。

　　习近平主席于2022年6月24日、25日分别在金砖国家领导人第十四次会晤和全球发展高层对话会上发表了重要讲话,指出"我们要认清世界发展大势,坚定信心,起而行之,拧成一股绳,铆足一股劲,推动全球发展,共创普惠平衡、协调包容、合作共赢、共同繁荣的发展格局"。习近平主席在讲话中

再次强调全球发展倡议，推动构建全球发展共同体，为解决长期发展难题、增进全人类福祉提出"路线图"，为企业走高质量发展之路擘画了充满希望的光明未来。

中国企业是中国经济增长的主力军，也是推动可持续发展的中坚力量。对于广大中国企业来说，秉持人类命运共同体理念，坚持可持续发展的决心与信心从来没有动摇。面对当前形势，各国企业犹如穿行在沙漠中的驼队，如果碰到沙暴，就各行其是，自顾前行，最后就只会困毙沙海；唯有稳步前行，相互支持，才有可能共渡难关，迈向绿洲。困难是暂时的，中国企业将坚持以实际行动促进和平发展，维护公平正义，以可持续发展的实际行动为处于动荡变革期的国际关系注入稳定性和正能量。

尽管国际变局和世纪疫情使得企业正承受着前所未有的沉重压力，但是在中国政府有力果断的指挥下，广大企业有决心奋力拼搏、积极应对，克服困难，为稳住经济大盘做出贡献。与此同时，中国企业群体将积极履行中国政府代表企业对落实可持续发展议程目标做出的承诺，在为中国完成消除贫困和饥饿等目标实现积极贡献的同时，致力于促进社会公平正义，实现保护环境、发展经济、创造就业等多面共赢，推动经济强劲、可持续、平衡、包容增长，在经济、社会、环境三大领域形成良性循环，走出一条经济繁荣、社会进步、环境优美的可持续发展之路。

## 二、用好数字化转型新手段，坚持可持续发展路径不犹疑

可持续发展目标的确立，对中国企业转型升级形成了有力推动。不同行业、不同规模的企业在转型路上虽然各有不同侧重，但核心目标和路径，都是确定绿色低碳发展方向，采用数字新技术，提升整体运营效率，推动企业升级。

新冠疫情大大加快了企业数字化转型的步伐，在供应链生产链运行不畅甚至中断的情况下，不管是大型企业还是小型企业都在寻找实现数字化转型的最佳路径。应该看到，数字化转型带来的不仅是效率的提升，而是以数字化为基础，推动企业组织的重构，形成运营管理新模式，构建全新的生产链供应

链，形成适应数字经济的新发展模式。

中国企业联合会依据企业推动数字化转型的需要，突出人工智能的应用，在政产学研用各方的支持下，于 2018 年成立了智慧企业推进委员会，积极开展了一系列活动。我们希望通过更多企业参与智慧企业建设，从可持续发展全局的高度来认识数字技术特别是人工智能的战略引领作用，树立系统创新思维，注重组织与管理变革，构建一套新商业逻辑和新运作模式，使人工智能和人类智能在交互与碰撞中创造出崭新的智能生产力，将可持续发展事业大大向前推进。

## 三、大力优化产业结构，坚持可持续发展进程不放松

"十四五"时期，中国进入了以降碳为重点战略方向、推动减污降碳协同增效、促进经济社会发展全面绿色转型、实现生态环境质量实质性改善的关键时期。虽然在经济社会持续健康发展的同时，碳排放强度已出现下降，但能源消费总量始终处于上升通道。运用科技力量，激发数字化创新的潜能，汇集全社会资源，全面推动制造业数字化转型和绿色低碳发展，构建包容性绿色低碳经济，更加刻不容缓。

### （一）以数字化检测评估为支撑，强化能源消费强度和总量双控

运用新型在线监测方法，严格控制能源消费和二氧化碳排放强度，合理控制能源消费总量，建立二氧化碳排放总量控制制度。围绕终端产品，建立用能预算管理制度。做好产业布局、能源规划、重大项目等与能耗双控目标统筹衔接。强化能耗及二氧化碳排放控制目标分析预警，严格评价考核。加强甲烷等非二氧化碳温室气体管控。

### （二）以传统产业数字化改造为重点，全面实施绿色低碳转型

全面实施重点行业领域以数字化转型为引领的绿色制造降碳减污行动，加快推进钢铁、石化化工、建材等行业绿色低碳改造和清洁生产。推进高耗能行业的清洁能源替代，优化原料结构，推动能量梯级利用、物料循环利用；引

导企业从生产链源头开展绿色设计，向轻型化、集约化、循环化转型，加强低碳产品研发应用。建立以碳排放、污染物排放、能耗总量为依据的产量约束机制。逐步推广应用碳捕集利用与封存技术，推动实现近零排放。

### （三）以数字技术为牵引，大力发展绿色低碳产业

加快发展新一代信息通信、生物医药健康、新能源、新材料、绿色环保等战略性新兴产业，推动电子信息、互联网、大数据、人工智能等数字技术与各产业深度融合。吸引聚集国际国内高端科技创新资源，打造一批低碳零碳负碳产业化基地。推动生产性服务业向专业化和价值链高端延伸。

### （四）以数字化新基建为机遇，大幅提升能源利用效率

大力建设 5G 引领、工业互联网支撑的数字化能源管理网络，深入推进工业、建筑、交通运输、公共机构等重点领域节能，优化数据中心等新基建空间布局和用能结构，提高电能利用效率和非化石能源消费比重。强化企业节能管理。探索开展能耗产出效率评价，推动能耗要素向单位能耗产出效率高的优质产业、企业、项目流动。

朗朗乾坤，大道无垠。中国企业联合会愿与中外企业秉承可持续发展的理念和努力方向，抓住新的数字经济和绿色低碳产业发展机会，加强交流、相互沟通、同心协力、勇毅前行，加快建设人类命运共同体，为共创共享和平繁荣的美好未来做出贡献！

（在"CBCSD 第十八届可持续发展新趋势报告会"上的发言，2022 年 6 月）

# 服务型制造和服务经济

# 绿色设计是推进可持续发展的重要着力点

当设计的话题已经为越来越多的企业家、政府领导和社会各界关注的时候，深圳设计联合会联手中国工业设计协会、北京光华设计发展基金会、广东省工业设计协会在连续多年成功举办全国设计师大会的基础上，以"绿色、设计、共生"为主题，举办了2019全国设计师大会。这次大会突出可持续发展理念，坚持绿色设计方向，展示绿色设计创新产品，将有望成为绿色发展领域一个亮点，会对深圳实现绿色发展产生重要促进作用。我谨代表中国企业联合会、中国企业家协会向大会的召开表示热烈祝贺，向与会的各方嘉宾致以诚挚敬意！围绕本次大会的主题，我谈三点意见与大家分享。

## 一、绿色设计代表新时代的发展方向

生态设计，又称绿色设计或生命周期设计或环境设计，是指将环境因素纳入设计之中，从而帮助确定设计的决策方向。当中国从高速增长转入高质量发展轨道的时候，开始加速进入一个以绿色为标志、为向往、为希冀的生态文明时代，绿色设计应运而生。

绿色设计作为生态文明建设的利器，它以工业设计为基础，绿色低碳为方向，融合科技、文化、环境、生态，通过设计工具智能化、设计组织网络化、设计成果产业化、设计商业模式多元化，导引设计产业的发展潮流，造就别具活力的创新平台，推进可持续发展。可以说，绿色设计代表一种理念，"绿水青山就是金山银山"，将影响一代人的发展观、文化观、价值观。绿色设计同时是一种规则，它将影响经济社会发展过程中的道路选择。

绿色设计秉持的方向已经成为国际设计界的共识。当今世界，资源和环境问题是人类面临的共同挑战。综观世界各国工业化的进程，不少国家和地区都面临较为严峻的生态环境问题。绿色设计从诞生之日起，就与生态文明建设密切关联，采取务实举措加以推进。越来越多的国家和地区都把进一步坚持社会、经济、环境三位一体作为发展方向，用绿色设计描绘发展底色，努力将生态文明建设和绿色发展理念全面融入经济发展和经贸合作，形成生态环境保护与经贸合作相辅相成的发展格局。

中国政府强调绿色的发展方向，积极倡导绿色、低碳、循环、可持续的生产生活方式，也使绿色设计在新时期愈加受到高度重视。近年来，中央把生态文明建设纳入"五位一体"的总体布局，党的十八届五中全会提出"创新、协调、绿色、开放、共享"的新发展理念，党的十九大又予以明确与强调。绿色设计遵循的发展方向逐渐明确，就是要坚持绿色发展的原则，坚持节约资源和保护环境的基本国策，坚定走生产发展、生活富裕、生态良好的文明发展道路，加快建设资源节约型、环境友好型社会，形成人与自然和谐发展现代化建设新格局，推进美丽中国建设，为可持续发展做出新贡献。

## 二、绿色设计是推进绿色制造的首要环节

中国作为一个经济大国，制造业始终是实体经济的主体，是绿色发展的主阵地，也是绿色设计的用武之地。新中国成立以来特别是改革开放以来，制造业实现了从小到大的历史性跨越，有力支撑了中国现代化进程。但是，中国经济呈现高速增长态势的同时，也造成了资源过快消耗、生态破坏、部分产业产能过剩、低效率，错过了结构调整和技术创新最佳时机等后遗症。这样的增长方式是不可持续的。面对国际绿色发展趋势和国内资源环境瓶颈，要加快工业转型升级，实现可持续发展，绿色设计是最为重要的切入点。用好绿色设计手段，努力实现工业绿色发展，全面推行绿色制造，必将成为推进生态文明建设、建设美丽中国的必由之路。

"中国制造2025"把"创新驱动、质量为先、绿色发展、结构优化、人才为本"作为基本方针，部署实施智能制造、绿色制造等五大工程。导入绿色设计，加快我国制造业绿色发展，推进产业结构升级，提高资源能源利用率，减少工业领域温室气体和污染物排放，培育绿色品牌，打造制造业竞争新优势，

已经刻不容缓。

绿色设计从产业链的起始段入手，是实现产品全生命设计周期优化设计的最佳工具，是构建绿色生产体系的核心。中央政府部门和地方各级政府积极落实中央有关决策部署，将绿色设计作为首要，不断健全绿色制造政策标准体系，大力推进传统制造业绿色化改造，推进工业能效提升，强化工业资源综合利用，推动清洁生产水平提高，积极培育节能环保、新能源汽车等新兴产业。

工业和信息化部高度重视生态设计工作。从2015年，就开始生态设计企业的试点工作，先后发布了两批99家试点企业，每家企业都制定了具体的实施方案。力争通过两到三年的努力，能够从这99家试点企业当中，打造和培育一批生态设计的示范企业，带动行业的绿色发展。从对这99家绿色试点企业进行验收的情况来看，已有一批企业脱颖而出，例如联想、华为、万事利、超威等一批企业，在三年试点过程中，效果非常显著，能源和资源的利用效率明显提升，污染物的排放大幅度降低。工业和信息化部将通过两到三年打造和培育一批生态设计的示范企业，带动行业绿色发展，力争到2020年在绿色制造重点领域制修订300项重点标准，基本建立工业节能与绿色标准体系。

放眼看去，绿色设计是一种约束，倒逼发展机制转型；绿色设计也是一种激励，激励以科技创新替代单一要素投入。在全球可持续发展的大概念下，要实现绿色低碳发展，必须充分考虑生态环境影响，将绿色设计贯穿到产业链供应链价值链全过程，在产品开发的所有阶段均考虑环境因素，从产品的整个生命周期减少对环境的影响，最终引导产生一个更具有可持续性的生产和消费系统。

### 三、以绿色设计助力制造业高质量发展

产品设计生态化是绿色制造的龙头，借助两化融合的思想、方法和技术提升绿色设计和绿色制造能力，是一条可行和有效的路线。在新时期，设计企业应抓住绿色发展新机遇，积极融入可持续发展新战略，不断探索企业发展的新模式新路径，把建设绿色设计企业作为行业的共同追求。

一是要把握新机遇，找准绿色设计企业战略定位。在全面建成小康社会

的决胜期，在各个方面深入贯彻中国的可持续发展战略。以绿色设计引领，坚持生态优先、绿色发展的可持续发展战略，推动生态文明建设向广度、深度发展。

二是研发新技术，培育绿色设计企业竞争优势。坚持以绿色设计打造企业的核心竞争力。鼓励设计企业围绕绿色发展特点，支持制造端发展网络化协同研发制造、大规模的个性化定制、云制造等业务。

三是形成新机制，促进绿色设计企业融合发展。以绿色设计为核心，鼓励处在产业链不同位置的关联企业制定各具特色的、有针对性的双边、三方或多边合作机制，共同塑造更加平衡和更加优化的合作发展格局，形成生态环境问题共商、绿色设计服务共享的多赢局面。

四是注重新问题，加快绿色设计企业编制规范。充分考虑环境因素，认真研究绿色设计相关行业的国际标准，抓紧制定绿色设计企业的行业标准，努力把握好经济增长、社会进步和环境保护之间的平衡。

五是探讨新模式，推动绿色设计企业延伸链条。研究以绿色设计企业为引领的供应链管理体系，从采购、生产、包装、流通、消费和循环利用等各个环节加强绿色供应链合作，将绿色产品、绿色工厂、绿色工业园区和绿色企业的发展有机结合。

六是研究新路径，帮助绿色设计企业获得融资。争取绿色设计企业可以获得金融机构绿色金融的信贷支持，探索绿色投融资的管理标准、认定程序和方法，帮助绿色设计企业减轻经济负担。

七是坚持新开放，加强绿色设计企业交流合作。加大宣传推广绿色设计力度、促进国内国际交流合作。积极倡导尊重自然、顺应自然、保护自然的绿色设计理念，促进企业之间增进了解与互信，在资源节约、环境保护等方面形成共识。

八是用好新手段，发挥绿色设计企业宣传作用。在绿色设计合作中，以企业、机构、组织为主体的民间力量不可或缺。探讨研究利用诸如公益慈善活动、论坛、展会等多种形式的新手段，促进全社会对生态文明建设的关注，推动形成绿色发展共识。

深圳是全国第一个获得联合国教科文组织"设计之都"称号的城市。工业设计、平面设计等设计产业全国领先，获 iF 国际设计奖数蝉联全国首位。一批以工业设计为主题的双创园区影响卓著，拥有影响力巨大、创新力强劲、数量众多的设计企业，因此，支持绿色设计，推行绿色制造，发展绿色产业，意义尤为重大。

希望深圳市坚持把绿色设计作为推动深圳战略性新兴产业发展的重要手段和措施，加快建设体现绿色设计理念、以创新为引领的现代化产业体系，打造竞争力影响力卓著的创新引领型全球城市，坚持把促进绿色增长作为带动经济发展的重要举措，进一步发挥创新生态和设计人才优势，打造设计企业和其他各类企业并驾齐驱、先进制造业和现代服务业蓬勃发展的大好局面。

希望深圳工业设计联合会继续做好服务，为设计企业搭建好合作平台，深入整合设计企业的技术装备资金人才需求等各类资源，提供更多的制造业和设计产业的需求对接机会，为政府服务，积极提出推动绿色设计工作和产业发展的政策建议，促进产业高质量健康发展。中国企业联合会将进一步加强与深圳设计联合会的战略合作，大力支持深圳企业深入贯彻落实制造强国、网络强国等重大战略部署，不断提升工业绿色发展水平，加快促进产业迈向中高端。

（2019 年 5 月）

# 提高售后服务质量
# 着力推进制造业转型升级

## 一、全力推进制造业高质量发展

实体经济是经济发展的主导性力量，而制造业在实体经济中又占据主体地位，因此，制造业被称作立国之本和兴国之器。中央经济工作会议在部署2019年重点工作任务中，将"推动制造业高质量发展"排在七项重点任务的第一位，提出了一系列具体要求，为当前和今后一个时期提升制造业供给质量、建设制造强国指明了方向。

推动制造业从数量扩张向质量提高的战略性转变，是推进供给侧结构性改革的主攻方向，是提高产业核心竞争力的关键环节，也是满足广大人民群众需要的重要举措。目前，我国制造业规模居世界第一，在载人航天、卫星导航、超级计算机、5G通信等领域，颇具国际竞争力的优势产业已形成。

然而，与发达国家相比，我国制造业依然大而不强，优秀企业数量不够多，像华为这样的世界一流大品牌企业尤其缺乏，自主创新能力、资源利用效率等方面亟需提升。

适应新一轮科技革命和产业变革，贯彻党中央、国务院部署，要发挥市场机制作用，提高创新能力，支持企业激发市场活力，不断增强发展后劲，全面推动制造业高质量发展。

一要把握方向，夯实基础。促进制造业迈向中高端，强化关键核心技术攻关，推动制造业加快向智能、绿色、服务型制造转型升级。把工业互联网等新型基础设施建设与制造业技术进步有机结合。

二要培育支柱，多方扶持。强化企业创新主体地位，支持企业增加研发投入。加大对各类所有制企业的创新政策落实力度。强化财税金融政策支持，完善税收优惠政策，支持发展创投、风投等基金，鼓励金融机构提高制造业中长期贷款比例，支持广大实体经济企业更好发展。

三要转换动能，汇聚资源。完善创新体系，激发企业创新活力。推动重大科研设施、基础研究平台等创新资源开放共享。支持企业深入开展"双创"，集聚社会创新资源。加强对中小企业创新的服务。

四要市场导向，开放合规。支持社会组织提供服务，参与标准制修订，加快科技成果转化和推广应用。鼓励企业开展国际创新合作，强化知识产权保护，加大侵权惩罚力度。

## 二、服务型制造是制造业走向世界的必由之路

制造业步入高质量发展轨道，当然要在制造业自身下功夫，但也要借力生产型服务业特别是以信息通信技术为主的知识密集型服务业，要全力推进先进制造业和现代服务业深度融合。在制造业与现代服务业深度融合和互促互动基础上产生的服务型制造，代表着制造业转型升级的方向，其实践不仅推动制造业做强，也为现代服务业创造了新的发展空间。

服务型制造作为一种新型的产业形态，是重塑我国制造业价值链，推动产业升级的有效途径。中国制造的优势在于能够以较高效率为全球市场提供价廉物美的产品。不足之处是核心竞争力和创新能力仍然较弱，在国际产业价值链中总体处在中低端。发展服务型制造，就是要推动企业拓展产品服务能力、提升客户价值，推动我国制造业自全球价值链中低端向中高端拓展。

目前我国的服务型制造已经呈现出蓬勃发展的势头，一批制造企业积极向服务环节延伸，新兴的服务型制造企业不断涌现，集中体现了三个特点。

一是新技术助推制造业服务化转型。以新一代信息技术为平台，以拓展供应链增值服务为核心，制造业与服务业深度融合。大力发展量子通信、人工智能、智能网联汽车、智能装备制造、软件服务等制造业服务化新产业，加快制造业向柔性化、智能化和高度集成化转型，鼓励企业利用信息网络技术在供应链内及供应链间实现服务化。

二是新模式提升生产性服务业发展水平。以产业转型升级为导向，引导企业进一步打破大而全、小而全的格局，分离和外包生产性服务业务，向价值链高端延伸。着力推动工业设计、节能环保、维护维修、软件和信息服务、工业物流、检验检测和人力资源等服务。

三是新业态提高公共服务支撑能力。加强公共服务平台、产业孵化基地、要素市场及产权保护等服务能力建设，为制造业服务化发展提供支撑服务。加强宽带网络、数据中心等信息基础设施建设，着力提升数据采集、数据挖掘、云计算以及数据安全传输的保障能力。加快完善5G基建和推进5G网络覆盖，扩大热点覆盖范围，提高大流量移动数据业务承载能力。

### 三、以提升售后服务质量，加快制造业转型升级

有观点认为，售后服务就是商品的一种促销手段，这是一种狭隘的看法。制造企业整条供应链，从大的层面可分为供、产、销三个环节。随着产业的转型升级，三个环节中都衍生出以服务为主的增值环节。

一是由供应商与制造企业合作形成的供需服务环节。针对生产需要，不只有原（辅）材料的供需，还有设备供应商和物流服务供应商提供的服务，即"供应服务"。

二是由制造企业与维修保障服务商合作形成的生产服务环节。由于设备复杂程度增加，制造企业需要引入维护维修供应商，以使生产设备和生产线良好运行，即"工业服务"。

三是由制造企业与用户合作形成的供需环节。用户需求的不仅仅是产品，而是能满足其需求的整体解决方案。因此制造企业与用户的供需环节就包含了产品和"维护维修服务"，即"售后服务"。制造企业也有可能通过购买第三方服务来支撑向客户提供的售后服务。

如果从供应链价值增长的视角来思考制造业的服务形态，"生产服务、工业服务、售后服务"中与顾客相关联的就是售后服务。制造端的要求集中一点就是要能最大限度满足消费对象的要求，唯有售后面向顾客提供规范、标准、科学、周到的服务才能真正赢得顾客的心。面对数字经济的发展，制造企业要

通过"互联网＋售后服务",将经营从研发设计、生产制造延伸到服务终端,全面提升售后服务的水平。

第一,售后服务是质量的体现。可以通过大数据和互联网,使生产环节与销售服务有机结合;通过贯彻标准,提高售后服务规范性和严谨性;通过建立全程可追溯体系,找出生产链条中的薄弱环节,堵塞漏洞;深入互动,提供令消费方满意的延伸服务。

第二,售后服务是品牌的保障。要大力弘扬包括创新文化、工匠文化在内的新时代工业精神,通过建立健全激发创新意识、保障创新环境、鼓励创新思想和行为的制度体系,努力营造勇于创新、宽容失败的创新文化氛围,使各类企业用好信息化手段,创新活动充分涌现,创新人才的作用得以充分发挥。

第三,售后服务是诚信的体现。"经营之道在于诚,赢利之道在于信",诚实守信既是企业搏击市场赖以生存的前提,也是做好售后服务的基本道德准则。从服务型制造长远发展看,坚持诚信服务,要充分用好基于大数据的方法,确保企业提供合规、优质、精准服务,培育良好的企业信誉,形成可传承的品牌。

第四,售后服务是市场的要求。消费升级并不意味着盲目追求昂贵和超前透支,消费者在市场上以合理价格获得更好的商品体验和售后服务才是制造品质提升的真正内涵。应借助信息技术,扩大售后服务的可及性、便利度、舒适度,提高消费对象的满意感和获得感。

(在"第九届全国售后服务评价暨标准宣贯活动"的讲话,2019年6月)

# 发展服务型制造是
# 我国制造业由大变强的必由之路

## 一、制造业是立国之本，必须坚持制造业发展不动摇

制造业是实体经济的核心，是国民经济的根基，是国家综合实力的源泉，制造业的发展与国家命运息息相关。

没有坚实的制造业基础，就很难有大国的崛起和复兴。第一次工业革命为英国打下了坚实的制造业基础，带来了英国 300 多年的经济繁荣，成就了日不落帝国的辉煌；第二次工业革命奠定了美国经济腾飞的基础，自 1895 年成为世界制造业龙头开始，美国产业界就一直引领全球制造业发展潮流；第二次工业革命同样打牢了德国作为世界制造强国的根基，甚至在"二战"之后，这个几乎被夷为废墟的国家，依然能够依靠长期积累下来的重工业基础迅速恢复元气。中国必须紧紧抓住当下新技术变革、飞速发展的历史机遇期。

没有坚实的制造业基础，就不可能有强大的国防和大国地位。鸦片战争之前，中国曾是世界上最富有的国家，1820 年中国 GDP 占世界 GDP 的比例超过 30%。但是英国人凭借工业革命打下的制造业基础，用坚船利炮打开了中国的大门，老迈的农业国家在武装到牙齿的现代工业国家面前不堪一击。鸦片战争之后，到 1949 年中华人民共和国建立前，中国 GDP 占世界 GDP 的比例已经不到 5%，成为最穷的国家之一。新中国成立之后，中国共产党吸取了历史教训，带领全国各族人民勒紧裤腰带，大力发展重工业，推动我国制造业从无到有、从小到大，逐步建成了门类齐全、独立完整的工业体系，成为世界第一制造大国。

没有坚实的制造业基础，再繁荣的经济也是泡沫，一碰就破。自 20 世纪 70 年代开始，欧美发达国家出现"去工业化"的现象，经济脱实向虚、实体产业空心化问题暴露，是酿成 2008 年全球性金融危机的原因之一。欧洲大部分国家纷纷陷入债务危机，而德国却凭借坚实的制造业基础扛住了全球金融危机和欧洲债务危机的双重打击，快速开启了复苏势头，成为欧洲大陆的主心骨。

世界大国的兴衰史、中华民族的发展史、全球格局的变化都表明，制造业是立国之本、兴国之器、强国之基。先进的制造业是大国博弈的重要筹码，是支撑中华民族屹立于世界民族之林的坚实基础，是实现中华民族伟大复兴的重要保障，中国经济的发展必须牢牢坚持制造业这个根本。

## 二、我国制造业大而不强，面临新的挑战和机遇

当前，从产量和规模来看，中国已经是毫无疑问的世界第一制造大国。但是，由于我国制造业起步较晚，底子薄，基础弱，发展大而不强。

从制造业自身发展来看，我国仍处于工业化进程中，与先进国家相比还有较大差距。

一是制造企业自主创新能力不足，关键核心技术不足，对外依存度较高，"卡脖子"问题突出。二是制造产品总体档次不高，发展过于关注规模和速度，对质量和品质重视度不够。三是制造业处于价值链低端，主要依靠资源要素投入和规模扩张，重生产轻研发，重制造轻服务，发展相对粗放，生产效率不高，附加值较低。四是制造业产业结构不尽合理，技术密集型产业比重偏低，具有较强国际竞争力的企业和掌握核心技术的"专精特新"企业偏少。

从外部发展环境来看，全球产业竞争加剧，我国制造业面临发展中国家和发达国家双重挤压。

一是部分发达国家实施"再工业化"战略，积极引导制造业回流，重塑制造业竞争优势。2008 年奥巴马提出了"再工业化"；特朗普推出大规模减税方案，大力推动美国制造业回流。英国政府和产业界也推出了"英国工业 2050 战略"。日本将制造业作为产业政策核心，制定了《制造基础白皮书》。

二是一些发展中国家正在加快谋划和布局，积极参与全球产业再分工，承接产业及资本转移。随着国内人口红利逐步耗尽，一些制造企业向成本更低的新兴市场国家进行转移，国内制造业外迁风险加大。

三是贸易保护主义出现抬头趋势。随着全球产能相对过剩、供需失衡，逆全球化思潮暗涌，全球贸易争端频发。中美贸易摩擦跌宕起伏，不确定性风险进一步加大。

但是，新一轮科技革命和产业变革也给我国制造业带来了新的发展机遇。以大数据、云计算、物联网、人工智能、5G通信为代表的新一代信息通信技术的发展和应用正在重塑制造企业的竞争优势。从生产方式来看，信息技术的发展和应用正在推动制造业向数字化、智能化、柔性化和高度集成化转型，使得大规模定制和个性化定制生产成为可能。从组织方式来看，产业链上下游环节的信息交互更加方便迅捷，创新资源、生产能力和市场需求之间的匹配和协同更加智能、高效。从管理方式来看，业务流程之间信息沟通更为流畅，作业调度更加科学合理，供应链管理、全生命周期管理更加容易。

总之，当前我国制造业的发展风险与机遇并存，要抢抓信息技术变革机遇，直面国内外市场竞争，转变发展方式，推动制造业转型升级，实现高质量发展。

### 三、服务型制造是我国制造业由大变强的必由之路

要改变我国制造业大而不强的发展局面，既要在制造业自身下功夫，也要借力生产性服务业特别是以信息通信技术为主的知识密集型服务业，全力推进先进制造业和现代服务业深度融合。

在制造业与现代服务业深度融合和互促互动基础上产生的服务型制造，既是先进制造业和现代服务业融合发展的产物，又是推动两业融合发展的着力点，可以有效延伸制造业价值链，提高产品附加值，提升资源利用效率，代表着制造业转型升级的方向，其实践不仅推动制造业做强，也为现代服务业创造了新的发展空间。

发展服务型制造，以创新设计为桥梁，深化信息技术服务和相关金融服务等应用，升级产品制造水平提升制造效能，拓展产品服务能力提升客户价

值，能够在转变发展方式、优化经济结构中实现制造业可持续与高质量发展。

发展服务型制造，引导制造业企业以产需互动和价值增值为导向，由提供产品向提供全生命周期管理转变，由提供设备向提供系统解决方案转变，有利于改善供给体系质量和效益，破解产能低端过剩和高端不足的矛盾。

发展服务型制造是推动先进制造业和现代服务业深度融合的重要举措，是改善供给体系、适应消费结构升级的重要方式，是促进制造业高质量发展、加快制造强国建设的重要途径，是中国制造和中国品牌走向世界的必由之路。

道阻且长、行则将至！在全球经济增长乏力、中美贸易形势恶化的大背景下，我国产业界和战略界需要坚定信心，以服务型制造为导向，以高质量发展为目标，向全球产业价值链高端攀登，推动我国制造业转型升级、由大变强。

（在"第三届中国服务型制造大会"上的讲话，
2019 年 8 月）

# 厘清服务业发展历程
# 阐明服务业发展规律

每年中国企业 500 强的发布，已经成为社会各方关注的焦点。同期发布的中国服务业 500 强，由于内容的丰富翔实和分析报告的较高质量，形成了整体工作有机组成的一个重要板块。日前，负责这项工作的高蕊博士手捧书稿找我，本以为是关于服务业 500 强的审校问题，没想到是她的关于服务业发展的新书即将出版，请我作序。略做沟通后，我欣然从命。年轻学者依工作中的积累观察，做学术上的深入思考，结合大量工作中的生动实例，利用闲暇笔耕不辍，终于结集成书，真是一件令人高兴的事情。尤其是翻阅书稿过后，不仅觉得观点鲜明，文笔清新，而且节奏明快，以实代虚。书中大量企业的案例，特别是近年来服务业中的明星企业的跌宕起伏，成为论述、理解服务业作用与发展的难得写照。

服务业在国民经济中的地位和作用不言而喻，大量事实充分证明，我国服务业发展实力日益增强，在经济增长、就业等方面发挥着"稳定器""助推器"的作用。2020 年，"黑天鹅"频现，"灰犀牛"蠢蠢欲动。新冠疫情的发生，加剧了业已开始的大国之间的战略竞争，世界性的公共卫生危机进而演变为全球经济危机和全球治理危机。国际政治经济格局和力量深刻调整，世界局势变幻莫测，逆全球化潮流势头汹涌，全球治理遭遇严峻的挑战。就业与经济增长问题成为世界各国应对疫情冲击的首要问题。中国政府在恢复经济、社会稳定发展中，把就业问题放在"六稳"工作和"六保"任务之首，服务业的作用凸显。

联系到近几年服务业的发展，书中做了明晰阐释。过去这些年，我国服务业快速增长，占 GDP 比重从 2006 年的 39.5%，提升至 2019 年的 53.9%，在中国经济发展占据了半壁江山的地位。2012 年以后，服务业继续保持 4.4%

的增长速度，平均每年增加就业人员1375万人。截至2019年年末，全国就业人员7.7亿人，其中第三产业就业人员占47.4%。工、农业作为我国吸纳就业主体的状况已经改变，第三产业就业人员占比连年上升，成为我国吸纳就业最多的产业。

更为重要的是，新一代信息技术支撑下的平台型服务、供应链服务、互联网服务等生产性服务模式崛起，正盘活着制造资源，推动中国制造业的进步。新冠疫情影响下，在线教育、餐饮外卖、云办公和零售电商等新兴服务逆势增长，成为拉动经济增长的新动能。无论是在总量还是结构上，服务业的发展都成了推动中国经济腾飞的力量，未来将和中国制造并驾齐驱，推动中国经济高质量发展。从这个角度来说，总结阐明服务业的发展规律意义重大。

高蕊博士从读研阶段就开始关注、研究服务业企业的成长问题，而后又结合自己的工作与兴趣，持续跟踪研究中国服务业企业500强，形成了自己的学术观点和学理支撑。她注意到，这些年来，传统服务业态在转型，新兴服务业态在崛起，服务业和制造业不断融合，企业的边界发生了很大的变化，形成了区别于以往的企业成长态势和规律。书中力求展示与传统服务业研究不同的视角，从互联网技术、政策、资本、需求等外部力量观察、分析了新的要素在推动服务业发展中是如何发挥作用，如何与企业和企业家、创业者产生化学反应，才成就了服务业欣欣向荣的态势。基于这几年的研究成果，高蕊博士对未来服务业的发展和企业成长的路径也做出了颇有见地的判断，显示了一个年轻学者的努力和自信，让我们拭目以待。

服务业包罗万象，企业千差万别，以此为对象做研究实不容易。相比制造业而言，服务业的统计数据不完整、不详尽，产业内部的跨度巨大。从涉及居民生活的不断丰富的海量消费需求，到金融、通信、创意设计等生产性服务业，研究不仅需要广博的学识和广泛的涉猎，还需要大量艰苦细致的研究积累和敏锐的感觉。高蕊博士勇于挑战传统、挑战自我，花费了大量的精力，在浩瀚资料的基础上，用回顾历史的方式，以时间轴串联出了代表性的事件和行业，分析服务业的跌宕起伏，描述相关企业的胜败兴衰，全景式观察过去十多年服务业的发展历程。在为她的这种精神和执着追求点赞的同时，每位拿起书浏览阅读的读者一定也会从中受益。

此外，中国企业联合会长期致力于研究包括服务业企业在内的中外企业成长规律，以此推动我国企业做强做大做久。这本书既是高蕊博士作为中国企业联合会年轻一代学者代表茁壮成长的一个例证，也可以看作中国企业联合会研究中国服务业 500 强发展历程而奉献给社会的一个成果。

在此祝贺高蕊博士的新书出版，期待她不断有新作问世！

（为《破局：中国服务经济 15 年崛起与突破之路》

所作推荐序，2020 年 8 月）

# 形成"以人为本"服务文化
# 着力提升服务质量

客服人,是一个非常有朝气、有担当的群体,客服人用自己的默默奉献、执着坚守,为人民群众牵线搭桥,传递各种信息。在新冠疫情期间,客服工作的重要性凸显。面对肆虐的新冠疫情,客服人逆势前行,舍小家顾大家,没有一个地方的政府热线因人员缺乏而中断。一个又一个呼叫中心架起了政府与百姓、医院与病人、企业与用户、平台与用户的坚实桥梁,为抗击疫情期间的全国服务保障贡献力量。一位又一位客服人坚守在岗位,解决难题,守望相助,把"热线"变成客户和百姓的"安心线",为暴风骤雨中的行人撑起一把保护遮蔽的大伞。

2020年是全面建成小康社会和"十三五"规划的收官之年,也是保障"十四五"顺利起航的奠基之年。党中央准确判断当前我国所面临的国内外形势发生的重要变化,提出要"构建以国内大循环为主体、国内国际双循环相互促进的新发展格局"。这是党中央准确分析判断世界经济发展大势做出的战略抉择,也是客服工作的基本遵循。我们要深刻认识"新发展格局"所揭示的未来发展方向,使客服工作在原有基础上进一步提升,实现"于危机中谋新机,于变局中开新局"。

新发展格局的首要是在原有基础上,加快推进国内大循环成为发展的新主体,将发展的主动权牢牢把握在自己手中。以数字经济为支撑的先进制造业和现代服务业,都是国内大循环要重点并优先发展的领域。客户联络中心作为现代服务业的重要组成部分,属于低消耗、低污染、多就业、高产业关联度的绿色产业,对促进社会就业、拉动经济增长、保护生态环境进而形成新发展格局具有积极的现实意义。

客户联络中心是政府与企业、企业与用户之间的直通车,是百姓和消费者的连心桥，也是现代社会的亮丽名片。提升客户服务的质量，首先要提高认识，把协助解决群众衣食住行和方方面面的问题，看作企业和个人的神圣使命和责任；其次要提高技能，熟悉解决问题的途径和处理问题的技巧；最后要加快转型，将数字化、网络化、智能化作为优质服务的重要手段和努力方向。借此，就客户联络中心产业在新时期加快发展提出几点建议。

第一，着力应用牵引，加快数字化转型。客户联络中心有着天然的数据优势，数字化转型是必由之路并要加快进行。要借助客户联络中心的具体应用场景及特殊性，助力政府的数据治理、科学治理，推动大数据产业的集聚，坚持应用牵引，加快技术融合落地，营造良好的发展生态。

第二，着力人才培养，加快专业队伍建设。客户联络中心和大数据产业发展核心是人，形成思想好、业务精的专业人才队伍，既需要大力引进高素质人才，更需要着力培养现有的工作骨干和其他人员。要通过科学性、系统性、按岗位所需培养各级专业技能人才，特别是以人工智能和大数据为新兴业态的专业技术人才，最终形成完善的人才体系。

第三，着力用户体验，加快服务新模式形成。客户联络中心作为劳动密集型和科技密集型行业，既便于解决就业、发展经济，又能通过人工智能、大数据等的运用来促进和推动高新技术产业的发展，包括智能客服系统、智能质监系统、人机合成系统、云客服平台、客户大数据等创新技术，通过技术创新全面提升整体用户体验。

第四，着力理念提升，加快企业文化完善。在市场经济条件下树立以人为本的服务文化，是客户联络中心在激烈的市场竞争中占有优势，实现持续、快速、健康发展的有效途径。只有形成先进的以人为本的服务文化，才能最大限度地发挥管理者和广大客服人的工作积极性、创造性。建标杆、树榜样，以文化引领企业、以企业带动整个服务产业和社会经济发展。

客户联络中心产业未来有广阔的发展前景，相信广大客服人坚持初心，团结奋进，一定会为新发展格局的构建，为社会和谐进步发展贡献力量。

（在"2020年中国客户服务节"开幕式上的讲话，
2020年9月）

# 做好顶层设计　　营造服务型制造良好生态

制造业是国民经济的主体，是立国之本、兴国之器、强国之基。党的十八大以来，以习近平同志为核心的党中央把发展实体经济特别是制造业摆在更加突出的位置，做出建设制造强国和网络强国的重大战略部署。在各地区、各部门、各行业全面深入推进下，我国制造业发展取得了历史性成就，重点领域创新取得重大突破、产业结构加快升级、制造业实力显著增强，为推动我国制造业高质量发展、全面建成小康社会做出了重要贡献。服务型制造作为体现习近平新时代中国特色社会主义思想指引下制造业转型升级的重要方向之一，是先进制造业和现代服务业深度融合、协同发展的产业新形态，对制造业高质量发展具有十分重要的意义。

《中华人民共和国国民经济和社会发展第十四个五年规划和2035年远景目标纲要》明确提出："深入实施智能制造和绿色制造工程，发展服务型制造新模式，推动制造业高端化智能化绿色化"。2020年7月，工业和信息化部等十五部门出台《关于进一步促进服务型制造发展的指导意见》，提出加强示范引领，健全服务型制造发展生态，形成制造与服务全方位、宽领域、深层次融合发展的格局，并且面向企业列示了"9+X"模式的服务型制造发展具体方向。在党中央、国务院高度重视、各级政府积极推进、社会各界的共同努力下，我国服务型制造发展成效显著，服务型制造对企业提质增效和转型升级的促进作用进一步增强，社会各界对服务型制造的认识和理解显著提高，逐步形成了"政产学研用"多方合力推动发展的良好局面，为我国制造业转型升级，加快构建以国内大循环为主体、国内国际双循环相互促进的新发展格局提供了有力支撑。

推动服务型制造创新发展是一个长期性、系统性、战略性的任务。结合服务型制造发展的实际，深入贯彻落实中央服务型制造相关规划及指导意见，当前应当重点做好以下四个方面工作。

一是应加强服务型制造的理论研究和实践经验总结。服务型制造是全球产业融合趋势背景下制造业创新发展的新型产业形态，中国需要以实践为导向建立科学的理论体系，以全面指导产业变革和企业创新。当前已经有大量制造业企业开展与服务型制造相关的创新活动，取得了明显成效，但是服务型制造理论远远落后于具体实践。由于在基本概念上缺乏统一认识，一些重要的理论问题处于尚待厘清的状态，已经影响到从点到面的全局性、系统性推动。因此，要高度重视理论研究，尽快建立服务型制造的理论基础和分析框架，准确掌握服务型制造运行规律和发展趋势，以便及时、正确地指导服务型制造实践。一方面，要进一步加强理论研究，在服务型制造基本概念达成统一认识的基础上，以跨领域、跨产业、跨产品、跨场景的视野和思维切实从理论上解决相关标准、统计评价、共性技术、产业关系及企业组织、使能技术基础、平台和网络赋能、阶段性运行机制等方面的重大问题；另一方面要强化对企业和行业典型创新实践的总结，通过案例研究不断提炼出可复制、可推广的服务型制造发展模式与路径，从而鼓励更多的企业投身服务型制造实践并从中受益。

二是发展服务型制造要注重激发企业内生动力。作为市场经济的运营主体，企业是经济高质量发展的生力军，是社会和谐安定的稳定器，也是构建新发展格局的重要支撑。要充分认识到，发展服务型制造既是政府对企业的指引，更应成为每一个中国制造企业的内在要求。服务型制造的创新发展既然是产业演化的必然趋势，那么就意味着这是每一个制造企业都必须经历的产业形态转变甚至变革过程。因此，要通过"政产学研用"多方合力，着眼企业自身转型升级需要，引导企业激发内生动力，积极主动地开展先进技术支撑下的服务型制造创新实践，帮助企业不断强化制造与服务融合、协同的能力建设，建立新产业形态下的市场竞争力，在新发展格局中获取新的竞争优势。同时还要增强宣传力度，让服务型制造发展理念更加深入人心，不断提高企业服务型制造创新的自觉性。

三是发展服务型制造要进一步延伸产业链条。要高度重视服务型制造对产业链水平提升的积极作用，推动制造业企业从制造环节向研发设计和营销服务两端延伸。一方面是向前延伸，不断提升工业设计、技术研发等环节的服务能力和水平；另一方面是向后延伸，鼓励开展检验检测、全生命周期服务、再制造及物流等与生产环节紧密相关的工业服务，打造基于制造环节优势的全产业链优势，鼓励制造业企业以发展服务型制造为切入点，与供应商、客户、专业服务机构等共享资源，差异化发展、相互服务，形成分工协同、优势互补、上下衔接、稳定合作的关系，在深度参与、交互服务中创造价值。

四是发展服务型制造要培育制造业的新生态。服务型制造是一项复杂的系统工程，既要做好顶层设计，又要注重营造良好新生态。"十四五"时期，发展服务型制造要充分发挥大企业的重要作用，带动产业链上下游企业协同发展；也要重视中小企业参与其中，百花齐放，百家争鸣，不断创造服务型制造的新模式。一方面，应加强龙头骨干企业的引领作用，鼓励具有领域优势的大中型制造企业进行能力外溢，为产业链上下游企业提供专业化、社会化生产性服务，促进区域、产业全方位、多层次的制造与服务融合发展。另一方面，要发挥中小企业的敏捷特点，能够快速捕捉增值服务的市场机会，创新能力强，试错成本低，善于以灵活形式连接服务型制造不同部分，更好发挥整体效能。在这一过程中，要注意完善中小企业服务体系，加大金融支持力度，引导中小企业走"专精特新"的道路，形成大中小企业融通发展的服务型制造新生态，为推动经济持续健康发展做出贡献。

为全面总结我国服务型制造实践成效，进一步推动服务型制造创新发展，服务型制造研究院、中国服务型制造联盟及时组织众多高校、科研院所、企业专家共同撰写《服务型制造蓝皮书》，从理论认识、区域形势、示范城市、典型企业四个角度出发，梳理总结了2016年以来我国服务型制造发展实践，全面、系统地阐述我国服务型制造发展情况，分析推动服务型制造过程中存在的主要问题及其成因，提出对策建议及前景展望，以描绘我国服务型制造发展蓝图。《服务型制造蓝皮书》立意深刻、观点鲜明、数据翔实、论证充分，较好地反映了近年来服务型制造领域的理论研究前沿动态，从不同层面展示了服务型制造领域所取得的成绩。毫无疑问，《服务型制造蓝皮书》将有助于指导服务型制造实践，为各级政府经济管理部门提供工作参考，为企业创新发展提供指引。为此，衷心感谢参与撰写工作的全体同志的不懈努力！感谢相关部门及产业界、学术界同人给予的高度关注和鼎力支持！我相信《服务型制造蓝皮书》的出版，一定能够为推进我国制造业和服务业深度融合，推动制造业转型升级及高质量发展，加快制造强国建设起到积极作用，也期待"蓝皮书"能够实现年度出版，成为我国服务型制造发展征途上的里程碑。

推动制造业和服务业深入融合，发展服务型制造，是我国充分把握全球产业发展大势、全面推进制造业转型升级的必然选择。立足当前，着眼长远，面向未来，我们应主动担当，加快重要领域和关键环节的服务型制造创新步伐，不断形成基于服务型制造的新增长点，以更多实质性、突破性、系统性的成果，构筑和巩固服务型制造发展新格局。

是为序。

[为《服务型制造蓝皮书：中国服务型制造发展报告（2021）》所作序言，2021年10月]

# 服务型制造构筑产业发展新格局

2022 年上半年，在国际环境复杂严峻，国内新冠疫情多发散发的大背景下，我国经济实现了 2.5% 的正增长，实属不易。其中，工业经济的企稳回升功不可没。统计显示，二季度规模以上制造业增加值占 GDP 比重达到了 28.8%，比 2021 年增加了 1.4 个百分点，这是一个非常有利的信号。

前不久，中央政治局会议在分析研究当前经济形势，部署下半年经济工作时，明确要求巩固经济回升向好趋势，保持经济运行在合理区间，力争实现最好结果。毫无疑问，制造业依然要充分发挥好宏观经济"压舱石"的作用。

面对正在蓬勃兴起的新一轮科技革命和产业变革，我国制造业急需通过转型升级实现高质量发展，其中服务型制造就是一个非常重要的方向。党中央、国务院高度重视发展服务型制造工作，自 2015 年服务型制造作为制造强国 9 项战略任务之一被提出后，在相关部门、地方政府、行业组织、研究机构以及广大制造业企业的共同努力下，我国服务型制造发展稳步推进。《中华人民共和国国民经济和社会发展第十四个五年规划和 2035 年远景目标纲要》提出发展服务型制造新模式，以服务制造业高质量发展为导向，推动生产性服务业向专业化和价值链高端延伸，服务型制造发展迈入了新的发展阶段。

近年来，我们先后成立了中国服务型制造联盟、我国首个服务型制造研究院，累计开展了四批示范遴选工作，连续举办五届中国服务型制造大会，这些都是服务型制造发展过程中的标志性工作。

在看到成绩的同时，也要看到当前我国"制造"与"服务"的融合仍处于初级阶段，仍面临高层次人才短缺、信息化技术能力不足、生态体系不完善等问题。推动服务型制造发展"时间紧、任务重"，有必要坚持问题导向和需求导向，进一步思考厘清行业发展的难点和重点。

## 一、服务型制造是制造业高质量发展的必然要求

首先，服务型制造是企业延伸价值链的重要手段。

从微笑曲线看，在价值链中，附加值更多体现在两端，即设计和销售，处于中间环节的生产附加值相对较低。通过发展服务型制造，企业可以向产业链上下游环节拓展，不断增加服务要素在投入和产出中的比重。实际上，从世界制造业发展实践看，制造业服务化已是大势所趋，一些著名制造企业的服务收入占比已超 50%，通过拓展服务路径，业务规模和效益实现大幅增长。

其次，服务型制造是提高产业基础能力和产业链水平的有效途径。

目前，我国仍处于全球产业分工链条的中低端，国内市场和生产主体的良性循环尚未完全形成，产业基础不够牢固，产业链整体水平不高。积极推进服务业和制造业深度融合，加速形成服务型制造新业态，是提高产业基础能力和产业链水平的有效途径。发展服务型制造，提升产业链水平的过程，就是打破阻碍要素流动的壁垒和障碍，促进新的生产要素向生产效率较高的领域和环节流动，强化现代要素支撑，进而有效提高要素配置效率。

最后，服务型制造有助于实现绿色、可持续发展。

我们可以看到，当大量专业的知识、技术和管理等服务要素进入制造环节，能够提高企业的运行效率。服务要素替代了能源要素投入，降低了制造过程对能源的消耗，在同等能耗下创造了更大的价值。与此同时，服务型制造的转型要求企业以用户需求为导向进行服务设计，并进行全生命周期管理，企业要综合考虑经济效益、环境效益与社会效益等方方面面。这就是在满足节能环保的前提下对制造业企业进行转型升级，有利于"双碳"目标的实现，有助于可持续发展。

## 二、推动服务型制造发展要进一步共建适宜产业发展的生态圈

总体来看，虽然我国服务型制造起步较晚，但在各方面的共同努力下，近年来发展势头强劲，发展水平明显提升。特别是在新冠疫情等外部环境变化

的冲击下，企业更加重视利用现代信息技术改进生产技术、提升产品质量、转换商业模式，服务型制造理念深入人心。

以浙江为例，截至目前，浙江已拥有国家级服务型制造示范企业（平台、项目）35家，示范城市3座，省级服务型制造示范企业（平台、项目）446家，良好的服务型制造生态正在形成。

未来要更好推动服务型制造发展，关键是要建立一个适宜产业发展的生态圈。如何共建适宜产业发展的生态圈？有六个方面格外值得关注。

### （一）形成大中小企业融通发展的服务型制造新生态

在推动服务型制造发展的过程中，大企业拥有优厚的条件，可以将能力扩散到中小企业并形成新的共同体，是产业生态中至关重要的组成部分。要鼓励制造业各行业的优势领军企业，在研发设计、供应链管理、总集成总承包、远程运行维护等方面发挥优势，共享可开放资源，围绕产业基础能力提升和产业链延伸，向中小企业提供共同发展的空间与机会，扶持专业化队伍，形成覆盖面广、带动性强、技术精深的服务型制造新生态。同时发挥中小企业公共服务平台网络作用，强化服务支撑。

### （二）建设数字化、网络化、智能化的服务型制造新基础

着眼全价值链条，引导制造业企业稳步提升数字化、网络化技术水平，积极开展人工智能新技术探索。加强新一代信息技术基础设施的建设与完善，加快利用5G等新型网络技术开展工业互联网内网改造及外网连接，在低时延、高可靠、广覆盖的5G网络基础上，推动企业上云，加快数字化转型步伐，推进服务型制造的广泛应用。

### （三）拓宽国内国际双循环的服务型制造新领域

在积极拓展国内业务的同时，打造双循环的良好氛围，加强与"一带一路"沿线国家的合作，深度融入全球产业链分工体系，推动产业合作由加工制造环节向研发、设计、服务等环节延伸。创新合作方式，搭建多层次国际交流合作平台，推动服务型制造"引进来"和"走出去"。

### (四) 培育产学研用各方协力的服务型制造新平台

鼓励在各级政府的引导下，催生一批以专业化机构搭建的平台核心，组成"产学研用"及金融机构共同用力的产业联盟，构建服务型制造共同发展的良好生态。不断提升机制创新，全力支撑政府和社会需要；深化资源整合，集聚高端专业人才，打造产业链数据库，加强能力建设，提升公共服务水平；丰富工作举措，全面对接企业实际需求，开展专业服务，切实推动服务型制造政策贯彻落实。

### (五) 树立以人为本为核心的服务型制造新精神

坚持服务型制造的内核是制造，特征是服务的理念，使每一位企业员工由面对产品到面对消费者，实现从提供产品到提供"产品＋服务"的转变，树立以人为本的服务精神。从不断满足人民群众日益增长的物质文化需要出发，一方面，在设计研发、生产制造、销售服务的全流程中，把客户需求放在核心位置。另一方面，高度重视企业员工的多样化需求，提升服务型制造的意识，强化创新型、应用型、复合型人才培养，构建服务型制造人才体系。

### (六) 找准可持续发展的服务型制造新目标

推进服务型制造与可持续发展紧密结合。通过坚决贯彻"创新、协调、绿色、开放、共享"的新发展理念，形成开展服务型制造的整体架构和系统方案。在服务型制造发展中，着眼可持续发展目标，统筹考虑经济增长、社会发展、环境保护，从制造业源头入手，以绿色发展应对气候变化和产能过剩问题，促进共同发展，携手构建人类命运共同体，为全球实现可持续发展目标做出积极贡献。

## 三、要进一步推动服务型制造行稳致远

当前，面对世界百年未有之大变局，叠加新冠疫情全球大流行的冲击，

进一步促进服务型制造创新发展，要立足于新发展阶段、贯彻新发展理念、构建新发展格局的背景下，坚持推动经济高质量发展。总体来看，需要强调以下几个方面。

一是把握方向，找准目标。要把服务型制造放在推动经济高质量发展的全局中认识，置于制造强国的大格局中系统谋划。要充分认识到，加快服务型制造的发展是供给侧结构性改革、产业链高级化以及制造业和服务业深度融合的重要环节，持续加大工作力度，确保"十四五"期间实现制造业企业服务投入和服务产出显著提升，制造业比重持续稳健，制造与服务全方位、宽领域、深层次融合发展格局基本形成的目标任务。

二是抓住机遇，积极探索。要牢牢把握国家推动服务型制造发展的有利时期，充分发挥好中国服务型制造联盟、服务型制造研究院等平台资源，下一步推动服务型制造迈上新台阶夯实基础。各地方也要积极培育服务型制造公共服务平台和产业园区，围绕产业链条的价值提升，创新工作思路，多措并举，综合施策，延伸产业链条，提升制造能力，渗透先进技术，不断促进制造业向产业链高端迈进。

三是营造环境，落实举措。做好政策引导和统筹谋划，深入学习领会党中央、国务院的战略部署和精神，积极推动有利于服务型制造发展的财税、金融、土地等政策，支持各地因地制宜开展服务型制造；开展示范总结和培育推广，发挥示范城市引领作用，注重梯度培育，形成一批可复制可推广的经验；提升基础能力和服务水平，在优化环境、制定标准、培育人才上下大力气，夯实发展基础，健全公共服务体系。

服务型制造是转型方向，也是新事物，有赖于更多实践去丰富完善。我们要把推动服务型制造发展看作一项长期性、系统性工作，通过深入学习党中央、国务院关于推动先进制造业和现代服务业深度融合以及建设制造强国的战略部署，探索创新，久久为功；也要抓住时机，大胆实践，扎扎实实抓好促进服务型制造发展政策文件的贯彻落实，深入推动服务型制造在新阶段实现新发展。

我国拥有培育服务型制造的肥沃土壤和良好环境，不但新一代信息技术发展迅速，制造业门类齐全，基础设施完善，服务平台活跃；而且具有超大规模市场，企业数量巨大，应用场景丰富，政策大力支撑。相信将会有更多企业不断投身服务型制造的新模式新形态的实践，在探索中前进，在创新中发展，服务型制造将为制造业插上翅膀，助力高质量发展的中国经济振翅翱翔。

（在"第五届中国服务型制造大会"上的讲话，<br>
2022年8月）

# 推动服务型制造发展
# 构筑服务贸易增长新优势

## 一、中国企业施力服务贸易跃上开放发展新台阶

十年风雨路，细思量，终难忘。中国企业是中国经济增长的主力军。随着改革开放的进程，中国企业将放眼世界的视野从货物贸易扩大到服务贸易。2012年以来，我国服务贸易进出口年均增长6.1%，高出全球增速3.1个百分点，保持了快速增长势头。中国进出口企业乘势而舞，创造了我国服务贸易总额连续八年稳居世界第二位的成绩。十年来，我国服务业规模持续扩大，在优化结构、促进就业、拉动消费等方面发挥了重要作用。每年举办的服贸会充分展现了这方面的进展，致力于联通国内外服务市场，不仅推动中国企业的服务"走出去"，而且把国外企业的优质服务"引进来"，推动中国企业在中外交流中加快转型升级步伐，助力国家构建优质高效、充满活力、竞争力强的现代服务业体系；帮助越来越多的国外企业了解中国服务贸易的政策与市场环境，捕捉更多的发展机会。

习近平主席近两年连续在服贸会上发表重要致辞，表明了中国政府推进高水平对外开放的指向和鼓励支持服务贸易发展的决心。越来越多的中外企业通过服贸会明确了发展方向，把握趋势，探讨新技术展示的新动向，为服务贸易开放发展做出贡献。

## 二、中国企业开展服务型制造探索拓展服务贸易新空间

2022年是"十四五"规划实施的第二年，中国经济以高水平开放，加速

构建新发展格局的特征愈加明显。中国制造业企业沿着"高端化、数字化、绿色化、服务化"的方向全面推进转型升级的进程，服务型制造是其中的重要内容。

所谓服务型制造，是指制造业企业通过创新优化生产组织形式、运营管理方式和商业发展模式，不断增加服务要素在投入和产出中的比重，从而实现以加工组装为主向"制造＋服务"转型，从单纯出售产品向出售"产品＋服务"转变。服务型制造是一种制造和服务融合发展的新型产业生产方式和产业形态，有利于推动现代社会创造新的经济增长点。推动服务型制造发展迈上新台阶，不仅为加快高水平开放、构建新发展格局、助力制造强国建设提供有力支撑，而且为服务贸易打造新蓝海形成了巨大空间。

当前世界产业变化的进程，最重要的特点之一是产业的融合。回顾工业化过程可以了解到，制造与服务因为生产过程的特征不一样，市场不一样，所以形成了独立的运行体系和知识体系，分别被归入第二产业和第三产业。服务贸易与传统制造业正是据此被分在社会生产的不同部分。新的科技革命和产业变革正以排山倒海之势而来，数字新技术带来产业演进的过程已经打破过去的产业分立，不断走向融合新业态。全球产业变化出现的重要方向中，制造和服务的融合首当其冲。

从产业链、供应链、价值链角度观察，可以一目了然。从研发、设计开始，到材料供应、生产、检测，最终产品形成，乃至销售、物流和终端服务，对于同一物品的生产制造和服务，不过是处在同一链条不同位置的两个功能。以服务型制造将其全面考量，不但有助于提升效率、节约成本，而且可以在服务端衍生出大量新的业务，充分体现服务贸易的特点，开拓巨大的市场空间。

需要指出的是，生产制造与服务贸易融合形成的服务型制造新模式有赖于5G、大数据、云计算、物联网、人工智能等数字化新手段，全流程、全方位的数字对接，使满足各类需求的适应能力大大提升，也有条件把这种产业融合进行下去。

### 三、中国企业加快服务型制造增长构筑服务贸易新支撑

把服务型制造导入服务贸易发展过程的行动，实际发达国家早已开始。GE、ABB、霍尼韦尔、西门子等跨国公司从产品导向转为服务和整体解决方案导向，通过以系统服务输出替代产品输出，已经为企业形成持续的收入来源、稳定的客户关系、正面的企业形象及显著的社会效益。通过发展服务贸易隶属的服务型制造，一批跨国公司演变成全球公司，牢牢把握住全球价值链的前端，形成对冲低成本竞争并不容超越的差异化竞争优势。广大中国企业充分认识到面对当今变化不断加速的世界，正在致力开放创新，大力推动服务型制造建设，加快转型升级步伐，构筑服务贸易的坚强支撑，争取在大变革时代求得持续生存发展，跃过低端锁定的峡谷，登上全球价值链的高端。

第一，高度重视服务型制造新业态。把发展服务型制造，作为提高产业基础能力和产业链水平的有效途径。通过现代生产要素新的组合提高产业发展的质量和效益。探索打破阻碍要素流动的壁垒和障碍，强化现代要素支撑，有效提高要素配置效率。

第二，充分认识服务型制造新目标。把绿色作为服务型制造的底色，坚持体现新理念的可持续发展目标，以节能降耗、减污降碳、循环经济为发展路径。以用户需求为导向开展产业链前端的服务设计，并进行全生命周期管理。以服务要素投入优化能源管理水平，力求获取同等能耗下的更大价值。综合考虑经济效益、环境效益与社会效益，形成节能环保为前提的制造业企业与服务贸易企业转型升级，促进"双碳"目标的实现。

第三，大力运用服务型制造新举措。企业适应数字化转型要求，加快数字化、网络化、智能化发展步伐，形成更多应用场景，稳步进入服务型制造发展的轨道。制造业企业在加大关键技术攻关的同时，要全面推进技术创新、管理创新和模式创新，带动服务贸易创新，形成服务型制造的核心竞争力，以质量变革、效率变革、动力变革加油打气，全面实现高质量发展。

第四，积极开展服务型制造新合作。加强国际合作，通过服务型制造扩

展服务贸易伙伴关系，团结更多的伙伴携手前行。以服务型制造为引导，积极响应"一带一路"倡议、全球发展倡议和《2030年可持续发展议程》，与国际上服务贸易相关方开展对话交流，与价值链产业链供应链伙伴开展互利共赢的广泛合作。

（在2022年中国国际服务贸易交易会"服务贸易开放发展新趋势高峰论坛"上的致辞，2022年9月）

# 大力推动服务型制造发展
# 构建强大的现代化产业体系

当前，中国经济进入了以高质量发展为中心任务的新阶段，服务型制造被赋予了全新的内涵。党的二十大报告提出，建设现代化产业体系，坚持把发展经济的着力点放在实体经济上，推进新型工业化，加快建设制造强国、质量强国、航天强国、交通强国、网络强国、数字中国。制造业是实体经济的核心，是国家创造力、竞争力和综合国力的重要体现，是实现共同富裕的产业基础。面向"十四五"时期，以服务化为制造业赋能形成的服务型制造，已经成为制造业加快高质量发展的重要标志与特征。深刻认识发展服务型制造的意义，对于深入贯彻落实党的二十大精神，推动制造业高质量发展，实有必要。

从国家战略维度看，服务型制造是赢得大国实力竞争的必由之路。服务型制造是制造与服务融合发展的新型生产方式和产业形态。发达国家在制造业发展的高级阶段，一般都要依据先发优势，把生产制造过程等生产链低附加值环节转移到发展中国家，把设计研发、供应链协调控制等生产链高附加值环节紧紧抓在手中，以获取高额利润和产业竞争控制权。在从制造大国转向制造强国的过程中，我国一定要打破少数西方国家实施的低端锁定，通过服务型制造升级路径，创新优化生产组织形式、运营管理方式和商业发展模式，推动传统制造业提升自主创新能力、提高生产经营效率、拓宽盈利空间、创造新的经济增长点，获取国家制造业竞争的主动权。

从产业发展维度看，服务型制造是构筑产业发展新格局的关键抓手。我国制造业已形成了世界上最为完整的产业体系和大宗制成品的生产能力，在一些高端领域也有所建树。但若进行全面考量，就会发现在一些重要生产链供应链中，还存在断点堵点、短板弱项。构建新发展格局，需要以服务型制造助力，夯实制造业基础，加快提升产业链供应链现代化水平。一方面，通过加大在制造过程的服务要素投入，促进技术、信息、资金等高端要素密集进入生产制造过程，帮助提高制造业技术水平和创新能力，促进产业基础高级化；另一方面，通过创新服务方式提升制造过程的增值能力，推动单纯制造向全生命周期各环节延伸、推动价值链从低端向高端拓展，进而提高产业链现代化水平。通过发展服务型制造来支持构建竞争力更足、韧性更强、附加值更高、安全可靠性更充分的产业链供应链，推进现代化产业体系建设。

从企业成效维度看，服务型制造是培育企业核心竞争能力的重要手段。许多企业，特别是数量众多的中小型制造企业，一度把低成本快速扩张当作发展、做大企业的必由路径。随着中国经济进入高质量发展新阶段，依靠低价竞争策略盲目扩张的道路已经行不通。企业要通过服务型制造的方式，走"专精特新"之路。企业要将服务型制造作为提质增效、做优变强的"密码"，以用户需要为中心来组织生产，为下游企业和用户提供定制化、差异化、针对性的整体解决方案，获得更加持久、稳定的利润来源；进而拓宽企业盈利空间，提升用户黏性，全面重塑企业的核心竞争力。

2022年，我国服务型制造的发展步伐不断加快。一些大型制造业企业加快服务模式建设，一批服务业企业与制造业企业的业务延伸融合，服务型制造发展取得显著成效。在各级政府积极推进、企业主体大胆创新以及社会各界的共同努力下，我国服务型制造发展有以下几个方面可圈可点。

第一，服务型制造的发展方向更加明确。继《中华人民共和国国民经济和社会发展第十四个五年规划和2035年远景目标纲要》明确提出要"推动现代服务业同先进制造业深度融合，发展服务型制造新模式，推动我国制造业高质量发展"之后，习近平总书记在党的二十大报告又明确指出，"推进新型工业化，加快建设制造强国、质量强国、航天强国、交通强国、网络强国、数字中国。""构建优质高效的服务业新体系，推动现代服务业同先进制造业、现代农业深度融合。"发展服务型制造已经成为按照党中央、国务院部署，顺应新一轮科技革命和产业变革、增强制造业核心竞争力、培育现代化产业体系、实现高质量发展的重要途径。

第二，服务型制造的发展环境更加优化。继工业和信息化部等十五部门出台《关于进一步促进服务型制造发展的指导意见》之后，各地方政府主管部门依据产业实际，纷纷出台了更为翔实的行动方案，为服务型制造的发展提供了政策保障；同时，以 5G、人工智能、工业互联网、物联网、数据算力为代表的数字新基建，作为服务型制造发展的基础设施逐渐完善，有力助推服务型制造借助数字技术应用向深度广度推进。

第三，服务型制造的发展支持更加有力。工业和信息化部把推动服务型制造创新发展作为落实制造强国战略的重要举措，着力优化政策环境，加强示范引领，搭建交流平台，推动服务型制造创新模式不断涌现，服务要素对制造业发展的贡献持续提升。工业和信息化部在 2022 年 8 月 17 日与浙江省人民政府共同主办了第五届中国服务型制造大会之后，前不久发布了第四批服务型制造示范名单。有 111 家公司被评为示范企业，46 家服务平台被评为示范平台，共享制造类的 11 家平台入选示范平台，22 个项目被评为共享制造示范项目，多个城市被评为示范城市。

第四，服务型制造的发展势头更加强劲。初步形成了国家引导、地方政府支持、企业投入、服务机构与社会组织相助的良好局面。服务型制造作为推动制造业高质量发展的重要方向正在成为各方共识。政府部门着力加强政策引导、企业模式创新蔚然成风，服务机构和社会组织服务供给形成保障，若干服务型制造发展高地逐步形成，示范效应开始显现。

第五，服务型制造的发展动力更加充足。制造企业依托数字技术开展的全方位优化升级成为服务型制造创新发展的强劲动力，具体表现为要素融合、技术融合、设施融合和产品融合，已成为带动制造业企业沿着产业链供应链首尾两端拓展业务并获得更好效益的积极举措。

第六，服务型制造的发展前景更加明朗。随着高质量发展成为主题，大企业牵引，中小企业广泛参与，以服务型制造形式形成更具韧性的安全可靠产业链，已经成为越来越多企业的主动选择，也将成为制造业产业升级的稳固阶梯。但也要看到，服务型制造仍面临发展不平衡、协同性不强、新模式有待探索，政策环境、体制机制难以完全适应发展进程等问题。更好把握服务型制造发展趋势，需以统一标准、延伸链条、技术创新、快速迭代来不断优化业态、模式、路径，以求得制造强国战略的加快推进。

为进一步推动服务型制造发展，服务型制造研究院、中国服务型制造联盟组织众多高校、科研院所、企业专家共同撰写了"服务型制造蓝皮书"。自《中国服务型制造发展报告（2021年）》首度发布以来，该书得到了社会各界的高度关注和积极反响。今年的蓝皮书系统性地介绍服务型制造，更加关注服务型制造的发展成效：一是构建科学的评价体系，对标国际重要经济体，客观总结我国服务型制造自2016年工业和信息化部等三部委发布《发展服务型制造专项行动指南》后的发展成效；二是回顾了2022年部委及地方推动服务型制造发展的工作举措以及取得的各项工作成果；三是在大力推动服务型制造发展的过程中，锚定我国稳经济的阶段性目标，通过已经公布的数批示范遴选结果的相关数据分析发展服务型制造对于对抗经济下行、促进经济稳增长的产业成效。在此基础上，针对制约我国服务型制造发展的障碍性因素和产业自身发展所存在的问题，提出并详细阐述了加快我国服务型制造发展的对策措施。

本书可作为有关部门、各省区市和地方制定经济或产业发展规划的参考资料，指导社会各界正确、客观地认识产业发展趋势。最后，要再次感谢"服务型制造蓝皮书"全体编委的努力付出，为服务型制造理论研究和实践探索提供了有益参考，也希望服务型制造工作不断深入，为支撑构建强大而有韧性的现代化产业体系发挥更大作用。

［为《服务型制造蓝皮书：中国服务型制造发展报告（2022）》所作序言，2023年2月］

# 产业链供应链与先进制造业

# 循环发展与先进制造的转型之路

## 一、立足低碳发展，向绿色制造转变

进入 21 世纪以来，气候变化问题一直成为全球关注的焦点。据有关数据统计，自工业革命以后人类活动已经导致地球表面大气平均温度上升 0.74 摄氏度，如果这个平均温度的上升幅度在 2020 年超过 2 摄氏度，将给地球的生态系统造成难以估量的破坏。为此，世界各国对控制碳排放，延缓和改变气候变暖趋势已达成共识，并按照各自的规划，逐步实现减排目标。我国是制造业大国，也是二氧化碳总量排放大国，在工业化的进程中，我们付出了资源和环境方面的沉重代价。根据国家应对气候变化问题所确定的目标，到"十三五"末（2020 年年底），我国单位国内生产总值二氧化碳排放要比"十一五"初（2016 年年初）下降 40%～45%，力争实现集约、高效、无废、无害、无污染的绿色发展。制造企业要肩负起低碳发展的历史重任，切实落实节能减排的责任目标。

应对气候变化，改善人类赖以生存的生态环境，既是一种道德责任，也孕育着巨大的商业机会。一方面，制造业企业要以供给侧结构性改革为契机，把资源节约、环境保护和发展新能源、新材料等绿色产业作为转型升级的重要内容，不断发现和培育新的增长点；另一方面，大力开发和运用低能耗、低排放、资源循环利用好的绿色产品、绿色技术、绿色工艺，不断提高绿色制造能力。其中，发展循环经济是一种综合考虑环境影响和资源利用效率的现代制造模式。无论是政府还是企业都应结合自身发展的优势和资源特点，力求从规划布局、产业结构优化，以及产品设计、生产、营销等各环节入手，建立循环经济生产链，使企业生产制造过程更低碳、更清洁、更节约，以达到经济效益、社会效益和生态效益的统一。

## 二、立足自主创新，向先进制造转变

中国作为世界制造业大国，在全球制造业中已具有举足轻重的地位。从20世纪末开始，我国制造业在对外贸易的强力拉动下获得了迅速发展，世界制造业的中心逐渐向中国转移。2018年我国制造业增加值已相当于美日德三国之和，其中钢铁、水泥、化纤、家电、集成电路、手机等许多行业的产品产量跃居世界前列。但是我国制造业"大而不强"的状况还没有得到根本转变，制造业产出的人均水平仍落后于发达国家，具有高技术含量、高附加值的技术装备和产品，特别是真正具有国际竞争力的制造企业还为数不多，多数还是低成本、低利润、缺乏技术含量与自主品牌的劳动密集型制造企业。中国企业要想在世界制造价值链中占据高端位置，在世界制造的分工中居于有利地位，摆脱受制于人的局面，就必须逐步淘汰落后生产能力，依靠技术创新推动产业升级。

技术创新是决定制造业发展水平的最重要因素，只有坚持技术研发和技术创新才是我国制造业的根本出路。技术创新能给中国制造业带来的首先是先进的制造技术、制造工艺和制造设备，随之而来的是先进的制造产品和具有国际竞争力的制造企业。近年来，国际贸易争端虽然给我国制造业带来较大冲击，但也为我国企业获得由"中国制造"向"中国创造"的转变提供了历史性的机遇。对此，我国制造业企业应进一步强化创新驱动发展战略，着力提升企业自主创新能力，不断提高产品的科技含量和附加值，从创新决策、创新研发投入、创新活动组织、创新平台建设等方面建立完备的技术创新体系，加快培育自主创新能力，为实现由中低端制造向先进制造业转变，提供强有力的支撑。

## 三、立足信息化建设，向现代服务型制造转变

随着信息技术和互联网的迅速发展，信息化建设已成为企业实现管理现

代化和转型升级的重要途径。加强信息技术在企业生产经营中的广泛应用，提高工业化与信息化的融合度，有助于制造业企业通过计算机辅助设计、现代集成制造系统等信息化手段，提高自动化水平。通过信息化管理平台，建立研发、设计、生产、营销的流程化和一体化运营体系，有助于企业对资金流、物流和信息流进行集成化运作，形成供应链管理、渠道管理、客户关系管理的网络化，有效降低运营成本，提高企业管理效率。

信息化作为现代化管理的重要手段，对我国制造业从传统的装备制造向现代服务制造转型起着加速器和助推器的作用。进入"后工业化时代"，单纯的产品制造已无法满足用户的需求，只有不断提供产品增值服务，提升为用户创造价值的能力，才能摆脱同质化竞争，形成差异化的竞争优势。值得注意的是，在发达国家，生产性服务业发展迅猛，甚至超过消费性服务业，许多跨国公司的主要业务已由单纯的产品制造业向服务业延伸和转移。据统计，美国服务型制造企业占所有制造企业的58%，而中国只有2.2%。在这方面，我国制造业企业必须迎头赶上，改变生产性服务相对落后的局面，特别是产业链完备的制造企业要加快向服务型制造的战略转型，不断提升产品附加值，增强企业竞争力。

除此之外，为适应正在到来的智能化、数字化和万物互联的时代，企业要在进一步加强两化融合的基础上，大力推进智能化改造升级，利用网络平台，不断创新经营模式，完善供应链体系，使企业尽快融入现代化经济体系建设之中。

鹤壁市以煤建市，是一座既古老又充满活力的年轻城市。说它古老，是因为它的历史可以追溯到中国的商朝时期（朝歌所在地）；说它年轻，是因为经过改革开放40多年的快速发展，它已经成为一座现代化的工业城市。近年来，当地政府在大力推进供给侧结构性改革的过程中，积极调整产业结构，优化提升产业供应质量，逐步形成了以煤化工为主导的循环经济产业，以数码芯片为龙头的高端制造产业，以及汽车零部件、金属镁产品制造、食品加工五大产业布局，具备了相当的集群规模和竞争实力，发展潜力巨大。同时，通过不断改善投资营商环境，加大减税、金融支持力度，持续提升新型物流、网络经济、休闲旅游、文化创意、健康养老等现代服务水平，最大限度地发挥自身的区位优势和资源优势，使发展质量迈上了新台阶。希望与会的企业和企业家利用这次座谈交流的机会，深入了解和考察当地的投资项目，本着务实开放、融合共享的方式深化合作。

加快推进经济结构调整和产业转型升级，走高质量发展的道路，是一项艰巨而紧迫的战略任务。希望各级政府和广大企业抢抓机遇，把握国内外市场变化趋势，按照新时代改革开放的要求，积极主动应对各种严峻挑战，着力推进绿色产业与先进制造业的发展。中国企业联合会愿意进一步加强同各地政府、企业和社会各界的交流与合作，与大家共同为推动中国企业持续健康发展、振兴民族经济做出新的更大贡献。

（在中国企联在河南省鹤壁市召开的企业家座谈会上的讲话，2019 年 5 月）

# "十四五"时期我国汽车产业
# 高质量发展的再定位

以"泰达"命名的中国汽车产业发展论坛，长盛不衰，至今已经举办了十七届。每次论坛由政府部门有关领导阐释政策，经济及行业专家分析宏观形势、介绍行业动态，企业家交流发展经验体会，已经成为业内重视、社会关注的品牌。2021年是"十四五"开局之年，汽车行业面对前所未有的机遇与挑战。一方面，随着我国进入"十四五"新发展阶段，在全面建成小康社会基础上开启全面建设社会主义现代化国家新征程，我国汽车产业将书写全面进入高质量发展阶段的新篇章。另一方面，新冠疫情仍在困扰全球经济和影响着我国经济发展，全球气候变暖趋势已成为各国不容回避和亟待行动的问题，美国掀起遏制中国发展的浪潮并阻挡全球化进程，世界经济复苏、发展的前景存在许多不确定性。在这样的大背景下，讨论我国汽车产业如何把握大势、直面困难、持续发展，很有意义。我将围绕"汽车产业发展趋势与企业对策"主题，就如何认识"十四五"时期我国汽车产业高质量发展的新地位与新作用谈几点意见，与大家分享。

"十四五"时期是我国"两个一百年"奋斗目标历史交汇期，也是中国汽车产业由大转强的战略窗口期。高质量发展是"十四五"时期国民经济乃至制造业发展的目标与要求，也是汽车产业需要牢牢把握的方向。从"十四五"新阶段审视汽车产业的发展，必须对现在的宏观经济环境有清醒的认识。2021年7月30日召开的中共中央政治局会议指出，今年上半年经济持续稳定恢复、稳中向好，但当前全球疫情仍在持续演变，外部环境更趋复杂严峻，国内经济恢复仍然不稳固、不均衡；在部署下半年工作时，明确提出"要挖掘国内市场潜力，支持新能源汽车加快发展"的要求。必须看到，这是党中央对当前形势做出的重要判断，也是我们把握汽车行业进一步发展的重要基点，有必要放在更大的尺度上认识汽车产业新的定位。

## 一、汽车产业是"十四五"时期国民经济高质量发展的坚强支撑

汽车产业不断发展壮大，在国民经济和社会发展中的地位和作用持续增强，汽车相关产业税收占全国税收比、从业人员占全国城镇就业人数比均连续多年超过10%。2020年新冠疫情突袭而至，中国的经济发展受到了严峻考验。在以习近平同志为核心的党中央坚强领导下，中国经济战胜困难，成为世界主要经济体中率先恢复增长势头的国家。2021年上半年GDP增长12.7%，工业经济运行延续稳定恢复态势，规模以上工业增加值同比增长15.9%。汽车行业在制造业增长中表现突出，汽车产销分别完成了1256.9万辆和1289.1万辆，同比增长了24.2%和25.6%。

截至2021年6月底，我国汽车保有量已经达到了2.92亿辆，连续6年位居世界首位，每千人拥有汽车超过200辆。特别是新能源汽车增长势头强劲，2021年上半年产销分别完成了121.5万辆和120.6万辆，同比都增长了两倍。近几年，汽车零售额在社会消费品零售总额中占的比重一直在1/10左右，是扩大内需、拉动消费的"重头戏"。在房地产行业经历重要结构调整、增长速度放缓的情况下，汽车行业对国民经济的重大支撑作用更加彰显，承担比以往任何时候更重的责任。

## 二、汽车产业是"十四五"时期稳定制造业比重的主阵地

制造业是立国之本、强国之基、兴国之器，保持制造业占国民经济的比重基本稳定，是"十四五"时期经济领域的重要任务。从制造业占比看，2010—2019年，中国制造业占比从31.61%下降到27.17%，下降4.44个百分点，必须止住下降趋势。而汽车产业一直是制造业中链条长、集成度高、创新性强、产出巨大、体现综合竞争力的标志性行业，也是制造业比重保持稳定必须倚重的行业。据2013年、2018年两次经济普查的数据，汽车行业是我国仅有的从业人员正增长的主要制造业行业。"十四五"时期应进一步巩固完善以汽车行业的持续增长推进制造业整体稳定增长的机制。

### 三、汽车产业是"十四五"时期加快科技自立自强的坚实力量

当前,新一轮科技革命和产业变革深入发展,国际力量对比深刻调整,科技竞争力成为推动世界各国汽车实力乃至综合实力变化的重要力量。谁能持续且有效提升科技创新能力,把发展主动权牢牢抓住,谁就能在汽车发展中占领先机,赢得未来经济社会发展的领先优势。

经过多年持续努力,我国汽车产业技术水平显著提升、产业体系日趋完善、企业竞争力大幅增强,特别是新能源汽车的快速崛起,与传统汽车一道推动我国汽车产业进入叠加交汇、融合发展新阶段。"十四五"时期是我国从汽车大国迈向汽车强国的关键阶段,加速提升产业技术创新能力是实现这一转变的重要举措。针对汽车行业目前仍然有很多关键材料、核心部件、高端装备和先进技术需要进口的现状,尤其是在芯片"荒"危机之后,我国汽车产业迫切需要建立自主可控的车规级芯片、新型传感器产业体系,需要打造韧性十足的新材料、新能源电池、汽车半导体与集成电路的生产链供应链,需要及早谋划自主可控的操作系统,把关键核心技术掌握在自己手里。汽车行业有效提升技术创新能力将是"十四五"时期我国全方位加强科技自立自强的重要组成。

### 四、汽车产业是"十四五"时期实现产业基础高级化、产业链现代化的重要推手

当今世界国与国之间的经济竞争表面看是产品、企业和产业的竞争,背后实际上是纵横交错、相互关联的产业基础水平、产业链能力和国家综合实力的竞争。中国汽车产业历经几代汽车人的奋斗拼搏,已经初步建立了技术门类齐全、产品品种丰富、生产能力充实的产业体系。但面对汽车强国的竞争,在汽车全产业链基础性支撑的保障条件方面仍存在许多薄弱环节,尤其是冠之以基础的核心零部件、工艺、材料、技术、动力和软件等方面的研发条件、质量水平、生产能力,尚与汽车强国的标准有不小差距。

习近平总书记在 2019 年 8 月 26 日召开的中央财经委员会第五次会议上

提出"打好产业基础高级化、产业链现代化的攻坚战","十四五"规划中也明确做出了"加强产业基础能力建设""提升产业链供应链现代化水平"的具体部署。必须清醒看到,作为体量巨大、影响深远的汽车行业,形成坚实基础及完整且有韧性的产业链供应链,对于增强我国制造业产业链供应链自主可控能力意义重大,刻不容缓。

要大力加强产业基础对汽车产业形成和发展的支撑保障力度,提升汽车全产业链水平,实施强链补链行动,加快补齐车用芯片、核心零部件、关键技术、材料和软件等传统短板。加强汽车产业链上下游联合攻关,加大原始和底层技术创新投入,补短板,锻长板,全面提升产业综合竞争力。

### 五、汽车产业是"十四五"时期绿色低碳发展的重点领域

十九届五中全会提出,促进经济社会发展全面绿色转型,加快推动绿色低碳发展。汽车产业在生态环境保护和绿色低碳发展方面,一直坚持探索,积累了一些成果。特别是国家提出碳达峰和碳中和的目标任务以后,广大汽车企业在新能源汽车发展和传统汽车节能改造升级方面积极响应,加大投入力度,实行了能源结构、产业结构、交通结构的全方位推进,社会反应热烈,取得明显成绩。从前7个月情况看,新能源汽车产销分别完成约150万辆和148万辆,增长两倍,已超过去年全年水平;纯电动汽车、插电式混合动力汽车生产销售都有成倍以上增长,燃料电池汽车也在积极推进,产销增长幅度接近50%。

"十四五"期间,政府的产业政策指向明确,汽车企业要加大新能源汽车关键技术攻关,鼓励车用操作系统、动力电池等开发创新。支持新能源汽车与能源、交通、信息通信等产业深度融合,推动电动化与网联化、智能化技术互融协同发展,推进标准对接和数据共享。汽车产业推动产业低碳化、绿色化发展的努力,将会使汽车真正成为低碳社会发展与绿色经济增长的新引擎。

### 六、汽车产业是"十四五"时期搭建国内国际有效联通的桥梁纽带

在新冠疫情冲击下,中国汽车产业经受了一场严峻考验。疫情之初,比

亚迪 3 天出设备图纸，7 天完成口罩机的研发制造，迅速发动 10 万员工，在 50 万平方米的洁净厂房里建成口罩生产线 2000 条，最大日产量达 1 亿只，成为全球最大的口罩生产商。包括五菱在内的一批中国汽车企业积极投入抗疫物资生产，展示了中国汽车行业良好的制造能力和社会责任心。在全球经济艰难恢复之际，中国汽车企业挺立潮头，伸出援手，体现了积极向上的企业形象。2021 年 1—7 月，中国汽车整车出口 100.2 万辆，同比增长 123.6%。分车型看，乘用车出口 77 万辆，同比增长 131.3%；商用车出口 23.2 万辆，同比增长 101.5%。

"十四五"时期，尽管逆全球化的潮流还会时掀浊浪，但中国构建人类命运共同体的理念将会越来越深入人心，为更多国家和地区认可。中国汽车产业将用好国内国际两个市场两种资源，通过"一带一路"建设为全球产业链合作提供坚实平台，打造连接中外各方的通畅桥梁和坚韧纽带。在构建国内大循环为主体，国内国际双循环相互促进的新格局中，越来越多的汽车企业将加强高端制造创新投入，在汽车产业优势领域精耕细作，以技术创新优化产业链布局，进一步保障我国产业链的完整性。同时，深度融入全球产业链分工合作，吸引更多外资在合法合规基础上，投向先进制造业，鼓励跨国公司在华设立研发中心、采购中心、财务管理中心等机构，创造合作共赢的新局面。

"十四五"时期的大幕已经拉开，中国汽车产业比以往任何时候都接近汽车强国的目标，也被赋予了新的使命和新的责任。中国企业联合会、中国企业家协会是中国最大的企业、企业家、企业团体组织之一，许多汽车相关企业都是成员。中国企业联合会长期致力于弘扬优秀企业家精神，推动企业的可持续发展，助力企业管理创新与技术创新发展。我们希望为汽车领域的企业和企业家助力，把"十四五"规划当作新时代改革开放再出发的动员令，彰显奋斗精神，不辱使命责任，扬起新的风帆，乘风破浪，再续辉煌，为创造让世界刮目相看的汽车行业新成绩贡献力量！

[在"2021 中国汽车产业发展（泰达）国际论坛"上"汽车产业品牌向上发展形势及实施路径"环节的发言，2021 年 9 月]

# 智能网联汽车开启美好生活

此次大会，通过抢抓智能网联汽车产业发展战略机遇，努力打造智能网联汽车人才高地及产业聚集区，探讨汽车强国建设之路，以及数字经济、人工智能、大数据、信息安全技术发展，很有意义。借此机会，围绕大会"科技引领·智享未来"的主题，我分享几点看法。

## 一、不断深化对智能网联汽车健康发展的认识

第一，智能网联汽车是数字经济时代的重要标志。当今世界，科技革命和产业变革日新月异，数字经济已经成为全球经济发展的新引擎，新能源汽车作为数字经济时代的移动储能单元和数字空间正在加速发展。新冠疫情发生后，我国汽车产业在遭受较大冲击后逐步恢复，新能源汽车增长势头强劲。今年上半年新能源汽车产销分别完成了121.5万辆和120.6万辆，同比都增长了两倍。发展新能源汽车是我国实现由汽车大国走向汽车强国的必经之路。而智能网联汽车是电动汽车迈向高端化的必经阶段，从提供辅助驾驶功能到最终实现具备无人控制的自动驾驶功能，成为新能源汽车在汽车电动化基础上向高科技、高附加值、高智力密集型发展的标志。智能网联汽车不仅成为工业化和信息化深度融合的结晶，也将使众多消费者拥有具备行驶功能智能终端的梦想成为现实。据不完全统计，目前我国从事智能网联汽车相关业务的企业已超1500家，发展势头强劲。

第二，智能网联汽车是带动制造业转型升级的重要应用场景。制造业正处于两化深度融合发展的历史交汇期，信息技术的发展大大推动了制造业的效率、质量、水平提升。智能网联汽车随着5G、AI、大数据、物联网等新技术的加速导入，形成了基于万物互联、人机交互、天地一体空间网络的智能交通

工具，积极构建了汽车产业的新赛道。"电动化、智能化、网联化、共享化"是汽车产业发展的新趋势，也是体现制造业数字化转型的新应用场景。我国超大规模的汽车市场优势，加上实力不断增强的产业体系优势，使得我国汽车产业有可能在新能源汽车发展阶段实现并跑乃至部分领域的领跑，智能网联汽车就是这个阶段中的一个重要环节。智能网联汽车的发展有利于加速各类信息化科技成果向制造业生产力的转化，也有利于制造业新技术快速大规模的应用和叠加优化。

第三，智能网联汽车是循序渐进发展的产物。随着数字化推进和产业升级，智能网联汽车产业加速布局，技术快速演进，供应链生态不断变化，消费市场日趋活跃。当智能网联汽车结构改进、功能跃升时，传统汽车的质量检测标准和安全要求已有相当部分不能适应。特别是智能网联汽车信息技术的导入，使得电子元器件、各类传感器、控制系统与机械装置的耦合联动大大增加，新的车辆安全要求与技术参数需在实验验证中不断改进，不断完善。生产及使用过程中产生的数据安全、网络安全、道路交通安全等风险问题，必须随着政策法规、技术标准体系的不断完善，沿着安全使用的阶梯逐步攀升，稳步推进，任何急躁冒进的想法都不可取。

## 二、高度重视智能网联汽车发展中的挑战

前不久，国家网信办会同有关部门颁布了《汽车数据安全管理若干规定》、工业和信息化部印发了《关于加强智能网联汽车生产企业及产品准入管理的意见》；国家发展改革委等政府部门出台了《智能汽车创新发展战略》等政策文件。这些文件根据当前我国智能网联汽车发展的态势、技术经济特征和消费使用中出现的主要问题与挑战，做出了指引和规制，应为企业充分重视。

一是把全方位安全作为智能网联汽车发展的核心。智能网联汽车被定义为搭载先进传感器等装置，运用人工智能等新技术，成为智能移动空间和应用终端的新一代汽车。因其明显的跨界特征，在道路交通安全之外，还要高度关注数据与网络安全，稍有不慎就可能酿成大祸，造成难以弥补的安全损失。

具有辅助驾驶功能的电动汽车上市以来，一方面，有些销售方夸大其词，

以脱手自动驾驶为噱头，混淆驾驶中"辅助"与"自动"的概念，一些厂家也欠缺宣传与警示；另一方面，少数消费者对辅助驾驶的风险意识不够，忽略违反辅助驾驶规定可能造成的危害。国内外都不乏由此发生恶性事故的实例。另外，最近还有互联网平台公司因数据安全问题受到国家网信办等部门进驻审查的报道。情况表明，随着智能网联汽车的加快发展，"坚守安全底线，确保各方面的安全"已经成为全社会的共识和政府的规制。可以看到，汽车智能化、网联化发展在带来便利的同时，也会产生诸如未经授权的个人信息和重要数据采集、利用等数据安全问题，网络攻击、网络侵入等网络安全问题，驾驶自动化系统随机故障、功能不足等引发的道路交通安全问题，以及在线升级（OTA升级）改变车辆功能、性能可能引入的安全风险。

因此，迫切需要在智能网联汽车从生产到使用的每一个环节中，政府部门加强生产企业及产品准入管理，明确汽车数据安全、网络安全、在线升级等管理要求；企业单位加强能力建设，严把产品质量安全关；消费者切实依法合规，维护公民生命、财产安全和公共安全。

二是把系统协调作为智能网联汽车制造的关键。智能网联汽车是汽车与信息通信、人工智能、软件、互联网等深度融合发展的产物，生产制造过程需要跨行业跨领域系统协调、协同发展。应基于工业互联网全面赋能，提升整车设计制造和测试验证水平，提升动力电池系统安全防护和可靠性，将关键零部件供应体系纳入云端智能物流管理。

在具体开发过程中，形成智能网联汽车"智能系统、联网平台、电动汽车和共享系统"的升级基础架构；开发模块化、轻量化、分布式、纯电动底盘平台以及新型电子电气架构，研究高安全与长寿命动力电池产业技术解决方案；运用智能网络融合电子产品制造技术，实现电动车的轻量化和精密化。

三是把依法合规作为智能网联汽车生产使用的底线。智能网联汽车在跨行业跨领域协同发展中，充分体现出相辅相成、相互促进的特点。政府部门在实施监管过程中定位清晰，就是明确管理要求、制定管理规范，指导企业加强能力建设，严把产品质量安全关，同时逐步探索开展准入管理，坚守安全底线要求。而智能网联汽车企业和相关方要充分意识到智能网联汽车发展中多生产供应系统、多技术体系、多行为主体而安全要求极高的特点，一定要主动接受政府的指导，在依法合规的基础上，形成步调一致的行动。通过建立统一标准形成数据链，应用融合到设计、研发、供应、生产、物流、服务、使用等所有环节。另外，在交通出行领域强调严格遵守法律法规，坚决摈弃侥幸心理，支撑实现安全可靠、便捷高效、绿色智能、开放共享的现代化的综合交通体系。

### 三、智推委助力智能网联汽车健康发展

中国企业联合会、中国企业家协会是改革开放以后最早成立的经济类社团组织，致力于当好政府和企业间的桥梁纽带，为企业和企业家服务。中国企业联合会长期致力于推动新一代信息通信技术与制造业融合发展，组建了智慧企业推进委员会（简称智推委），专职推进企业的数字化、网络化、智能化转型，加快建设适应数字经济发展的智慧企业新模式。智能网联汽车是制造业企业和信息化企业高度关注的领域，也是智推委开展工作的重要方面，在进一步助力推动智能网联汽车发展中将做好三方面工作。

首先，积极推动信息共用。建立企业了解政策和沟通交流的渠道。发挥企业集聚的优势，帮助政府部门在制定政策过程中了解企业想法，完善支持智能汽车发展的产业政策体系。引导企业了解政策，接受引导，充分沟通交流。沿着智能网联汽车的生产链创新链价值链，开展实践案例整理与汇集，重点围绕技术创新、管理创新推进，帮助夯实企业基础。

其次，积极推动平台共建。培育支持智能网联汽车公共服务平台建设。智推委针对产业发展过程中需要诸多资源和要素供给、企业迫切需要又无法自行解决的情况，加强与政府部门、产业园区、社会力量沟通联系，通过推动各方共建公共服务平台来支持智能网联汽车事业发展。加强平台建设过程中，着眼企业、要素、市场等方面，发挥好组织、培育和支持作用。

最后，积极推动资源共享。中国企业联合会的优势是拥有不同规模、不同行业、不同所有制的企业会员，便于沟通互动；通过整合产业链条上中下游资源，协同各方，信息互通，资源共享，携手共力，推动智能网联汽车企业平稳健康有序发展。

沈阳是智慧城市发展的先锋，拥有发达的智能制造产业集群和科研力量，是战略性新兴产业和先进制造业的主要聚集区，发展智慧企业、智慧交通、智慧出行方式，具有得天独厚优势。我们希望以本次"智能网联汽车国际大会"为契机，各方进一步加深了解，加强合作，为开创新模式，打造"科技引领·智享未来"新生活共同努力。

［在"2021 中国（沈阳）智能网联汽车国际大会（CIVC 大会）"上的发言，2021 年 9 月］

# 以中欧班列扩容增效
# 助力打造我国更具韧性的生产链供应链

我从推动国际多式联运发展、中欧班列扩容增效助力打造我国更具韧性的生产链供应链的角度，与大家分享几点看法。

## 一、中欧班列的开行成为我国对外贸易中的一抹亮色

中欧班列在我国亚欧方向国际贸易运输中扮演着重要角色，有四个特点引人注目。

一是发展势头持续不减。商务部的数据显示，2020年，中欧班列开行1.24万列，运送的货物货值超过500亿美元。相比于班列最初开通的2011年，中欧班列开行数量年均增速达108%。其中1至7月中欧（义新欧）班列进出口货值267.1亿元，同比增长130.7%，提前5个月超过去年266.7亿元的总货值。

二是大幅增长各地报捷。2021年以来，中欧班列开行保持强劲增长态势，截至8月底，中欧班列累计开行10030列，发送集装箱96.4万标箱，同比分别增长32%、40%，较2020年提前2个月实现年度开行破万列。自2020年5月起连续16个月单月开行千列以上，自2021年5月起连续4个月单月开行超1300列，为保障国际产业链供应链稳定畅通、助力国内国际双循环做出了积极贡献。

三是携手抗疫彰显大国风范。在支援国际抗疫合作方面，将国际合作防疫物资运输纳入中欧班列重点保障范围，实行优先承运、优先装车、优先挂运，做到快装快运、应运尽运，新冠疫情发生以来已累计向欧洲国家运送防疫物资1280万件、9.9万吨。

四是制造领先畅通链条。经过十年来的持续发展，中欧班列辐射的地区扩展到 30 个国家的 130 座城市，输出输入的货物除部分原材料、生鲜农副产品外，主要涵盖纺织品、高档衣帽、陶瓷用品、汽车整车及零部件、医疗器械、医药食品等工业制成品。中欧班列已经逐渐成为连接"一带一路"的重要纽带，成为贯通中欧、中亚供应链的重要运输方式，成为沟通中国及沿线国家生产链条的重要手段。

## 二、中欧班列为产业链供应链发展带来新机遇

要从加快构建新发展格局的高度充分认识开行中欧班列的重要意义。我国完整的工业体系和较好的产业链供应链生态，为构建新发展格局提供了坚实的基础。我国是联合国产业分类中工业门类最齐全的国家，拥有世界上最完整的供应链条。近年来，随着制造业自主创新能力的增强，产业深度融入全球价值链，产业聚集明显，交易成本较低，我国在全球产业链供应链中的地位不断提升，具有不可替代性。

2021 年上半年，我国经济持续稳定恢复、稳中向好，科技自立自强积极推进，制造业比重提升，GDP 增长 12.7%，规模以上工业增加值增长 15.9%；考虑去年基数较低的原因，两年平均分别增长 5.7%、7%，推动产业链供应链发展的新动能正在成为引领经济转型发展的新引擎。

同时也要看到，当前我国面临的国际形势日趋复杂，贸易保护主义抬头，逆全球化趋势加剧，再加上新冠疫情在全球仍未收敛，我国经济发展面临的不确定性不稳定性明显增加，产业参与国际循环的畅通与稳定受到威胁。一段时间以来，国内市场原材料与上游零部件供应失序、产品和服务销售渠道受阻、物流渠道阻塞、用工短缺、经济下行压力增大等问题，从供给和需求两端对产业链供应链造成冲击。

我国产业链供应链与全球生产网络高度融合，进出口贸易占全球贸易约 12%。通过全面参与全球化分工，我国制造业形成了难以复制的规模经济效应、产业集群优势和物流网络体系，各类产业链都演化出了独特的竞争优势。其中，中欧班列的作用非常醒目。

中欧班列发挥战略通道作用，全力承接空运、海运转移货源，优先运输防疫物资，为稳外贸做出了积极贡献。中欧班列带动中西部经济发展的成效明显，中西部中欧班列集结中心开始发挥主力军作用。数据显示，2020年中欧班列开行数量排名前四的城市包括西安、重庆、成都、郑州，合计开行量预计超过全国中欧班列开行总量的70%以上。另外山东、义乌（含金华）、长沙、江苏（含苏州、徐州）、武汉、合肥等地也有亮眼表现。

受多重因素共同影响，我国产业链供应链的断链风险增大。特别是一旦疫情有所缓解，发达国家经济出现恢复，有可能出现重拾对我国加大遏制的不利局面。因此，构建新发展格局，必须高度重视增强产业链供应链自主可控能力，同时深耕我国制造业产品已产生正向影响的外部市场，中东欧是必须高度重视的方面。

中欧班列早期所运货物品类相对单一，后来扩大到电子产品、机械设备、化工产品、木材纸浆、服装鞋帽、粮食、葡萄酒、咖啡豆、冷鲜食品、医药和医疗设备等众多品类。如果从货物附加值角度审视就会发现，中欧班列不仅运输了汽车、笔记本电脑等高附加值产品，也同样吸引了很多低附加值产品和大众货物，为我中西部地区和中小企业提供了不可多得的市场，也为产业链供应链增加韧性提供了机会。

中欧班列不仅是货物运输的载体，也正在发展成为中国制造业新技术商业化、新产品产业化、新模式扩散化的有力推动者，成为打磨我国产业链供应链韧性的加油机。

## 三、以中欧班列扩容增效加强产业链供应链的韧性

当前，我国中欧班列正处于一个发展的关键时期和加速增长的窗口期。诸多因素交织影响，可能会使多年来处于扩张状态的中欧班列出现前所未有的挑战。唯有把供应链、产业链的韧性打造与中欧班列的扩容增效充分对接，才能形成全新的发展优势。

第一，依托中欧班列拓展市场，提高产业链供应链稳定性。中东欧购买力份额的相对变化，一直是推动产业链供应链空间位移的重要动力，大规模的

内需市场是稳固一国产业链供应链的重要基础。我国有14亿人口，中等收入群体超过4亿人，超大规模内需市场优势明显，有能力为各类新产品和新业态提供规模化创新平台。抓住中东欧国家的特点，推动提振消费与扩大投资有效结合、相互促进，在完善公共服务、优化收入分配结构、满足新的消费需求等方面下功夫，发挥中欧班列对产业链供应链的"黏合剂"作用。

第二，依托中欧班列改善环境，提高产业链供应链协同性。需要看到，中欧班列的开行对沿途企业都有带动影响与作用。尤其是优化营商环境的重点在于完善基础设施和提高地方政府的服务效率。但是，信息技术特别是工业互联网技术快速发展，叠加制造业服务化的趋势，已经使得中欧班列需在提升开行效率、加强运营规范、打造线路口碑等方面实现重大突破，从而推动发展模式由政府主导型向市场主导型转变。探索和确立适应新环境和新要求的路径，成为推动和实现中欧班列高质量发展的当务之急。加快地方政府角色转换，从输血者变为引导者；加快平台公司建设整顿，进一步提升市场竞争意识，降低内耗；加快承运商找准定位，深度参与业务，真正发挥国际运营商的作用。

要结合新情况新趋势，通过加强中欧班列集结中心建设，创造新营商环境，以5G为平台融合人工智能、大数据分析、云服务和物联网，加强产业链上下游的需求对接，提升供应链的运转效率和协同性。

第三，培养中欧班列人才队伍，提高对产业链供应链的控制力。将中欧班列作为支撑产业链供应链调整的重要主体，成为资金网络、物流网络、创新网络的设计与参与者。推动中欧班列在开放竞争的环境中成长，结合"走出去"和"引进来"，加大"补短板"力度，构建协同上下游企业的产业平台，推动建立多渠道、多层次的国际供应链体系，促进国内产业链和国际产业链的对接。与此同时，打造更多"专精特新"企业，推动我国升级成为提供中间品和资本品的"全球供应商"，中欧班列成长为"一带一路"的明星。

（在人民政协报·人民政协网举办的"中欧班列扩容增效与义新欧发展座谈会"上的发言，2021年9月）

# 夯实微观基础是应对全球供应链产业链创新链重构的根本举措

我从宏观与微观结合的角度谈谈对全球供应链产业链创新链重构的一些看法。

## 一、世界步入供应链生产链创新链重构的新阶段

全球供应链、产业链是全球化的产物,一般是指在全球范围内为实现某种商品或服务的价值而连接起来的跨企业网络组织,它包括所有参与者和销售活动的组织及其价值、利润的分配。20世纪90年代之前,产业链条往往是依据传统的比较优势在一个国家或地区内形成。在这之后,跨国公司依赖强大的资源控制与整合能力、高技术实力及其背后的国家机器,逐步演进成为全球公司,形成了组织全球资源提供巨量终端产品的产业链,最终成为全球化价值链。

全球产业链一旦形成,具有相对的稳定性和依赖性,围绕产业链形成高效的供应链,支持分布于全球不同地区的生产得以顺畅运行;而创新链则是保证最终产品具有市场竞争优势的根本条件。参与全球产业链的企业主要依据提供产品和服务的科技含量决定其在价值分配中的地位。

以全球化水平很高的波音飞机公司为例。20世纪50年代,波音707只有大约2%的零部件是在外国生产的。从20世纪60年代开始,波音公司决定走全球化道路。经过长达40年的奋斗,如今的波音尽收全球产业链之利。按照波音787初期生产价值计算,波音飞机公司本身只负责生产大约10%——尾翼以及最后组装,其余的生产是由遍布于全球各地的40个合作伙伴来完成:飞机机翼是在日本生产的,碳复合材料是在意大利和美国其他地方生产的,起

落架是在法国生产的。至于其数以万计的零部件，则是由韩国、墨西哥、南非等国来完成的。波音公司通过牢牢把控产业链高端的设计、供应链、营销和品牌的管理环节，获取了整机产品 90% 的利润。

必须指出的是，中国企业抓住经济全球化战略机遇，通过改革开放引领，积极参与国际产业分工合作，逐步融入全球产业链，获得了巨大的发展空间，形成了强劲的制造能力和产品配套能力，在全球产业链中的地位也日趋巩固。但亦应看到，中国在全球产业链分工中，仍基本处于产业链中下游，需要通过创新链迈向高端。携手各国共同维护全球产业链供应链稳定，可以看作中国维护世界经济整体稳定的积极之举。

面对新冠疫情，处于全球产业链、供应链上游，主导全球核心价值链的发达国家企业受到的冲击最为严重。从需求端看，超过全球 65% 的终端需求是由价值链上游国家贡献的。从供给端看，超过全球 50% 的航空航天设备、光学医疗以及机械设备等出口，超过全球 40% 的电气设备、车辆以及塑料制品等出口，均是由美、德、中、日、韩等供应链上中游国家贡献的。中国由于成功抵御了疫情冲击，充分发挥制度优势，为深陷疫情影响的世界各国提供了大量工业产品。而其他供应链上中游国家，无不因供应链紊乱而深受其害。

目前，疫情对于全球产业链、供应链的实际影响尚难以定论，但重构供应链产业链创新链的声音不绝于耳。参与全球化产业分工的企业家们不得不思考，疫情之后全球产业链供应链创新链的重构，企业将如何在变化调整中求得生存？

## 二、中国企业积极应对供应链生产链创新链重构新形势

改革开放 40 多年，特别是加入 WTO 的 20 多年来，抓住经济全球化战略机遇，中国企业积极参与国际产业分工合作，不断巩固拓展在全球供应链产业链中的位置，推动中国成长为世界最大的制造业国家。中国企业成长为一直不容小觑的市场力量。

2021 年适逢中国企业联合会发布中国 500 强企业榜单 20 年，对照世界 500 强企业，可以从中国大企业的特点看中国企业如何面对全球供应链产业链

创新链重构。

一是入围门槛提高，发展势头强劲。2021中国企业500强入围门槛（营业收入）由上年的360亿元提高到392亿元；营业收入合计90万亿元，比上年增长4.43%；同期世界500强营业收入下降4.81%。面对疫情影响，一个增长，一个下降，表明中国大企业供应链产业链的韧性更强。

二是利润实现正增长，发展质量持续提高。2021中国企业500强盈利水平整体好于世界500强和美国500强。中国企业500强实现利润总额6万亿元、净利润4.1万亿元，同比分别增长7.8%、4.6%，同期美国500强和世界500强净利润分别大幅下降29.8%和20.0%。

三是"千亿俱乐部"扩容，影响力进一步增强。2021中国企业500强中营业收入超过1000亿元的企业达222家，其中，有8家企业营业收入逾万亿元。

四是制造业企业数量增加、利润占比上升。2021中国企业500强中的制造业企业达到249家，比上年增加11家，逆转了前两年制造业企业数量减少的态势；服务业176家，比上年减少5家；其他行业75家，比上年减少6家。同时，制造业利润占比上升、银行业利润占比有所下降。

五是产业结构优化升级，新兴产业上榜企业数量增加。2021中国企业500强共涉及75个行业，传统行业与战略性新兴产业发展出现明显分化。战略性新兴产业、现代服务业上榜企业数量分别增加8家和6家，房屋建筑业和煤炭采掘及采选业分别减少10家和6家。

六是研发强度创历史新高，创新链持续增强。2021中国企业500强研发费用投入共计1.3万亿元，增长21.5%，占当年全社会研发投入的53.5%；研发强度为1.77%，创历史新高，也是研发强度20年来提高最快的一年。

## 三、企业应对供应链生产链创新链重构的若干举措

企业是市场经济的主体，也是夯实供应链产业链创新链的微观基础。我国企业数量众多，已经积累了不可替代的巨大制造业企业群体，特别是还有一支宝贵的企业家队伍。要在新形势下，打通我国产业链条的断点堵点，补齐短

板，锻造长板，争得发展先机，应全力做到：

一是进一步改善企业发展环境。要围绕企业发展需求和面临的困难精准施策，提升公共服务水平，持续激发市场主体活力，提振市场主体信心，营造各类所有制企业竞相发展的良好环境。扩大高水平对外开放，保障产业链供应链稳定。

二是进一步完善创新驱动发展战略。应加快建立以企业为主体、市场为导向、产学研用深度融合的技术创新体系，打造统一开放、竞争有序的协同创新网络，协力解决共性技术问题，加快科技成果从实验室走向市场，形成联动效应，催生一批掌握新技术、拓展新业态、立足新产业的创新型企业。

三是进一步营造良好企业生态。推动产业链上中下游、大中小企业融通创新，让"顶天立地"的领军企业与"铺天盖地"的小微企业融通发展，在产业链重要节点形成一批专精特新"小巨人"企业和制造业"隐形冠军"，为创新链和产业链对接奠定坚实的产业基础。

四是进一步弘扬企业家精神。把发挥企业家示范作用，造就优秀企业家队伍作为应对供应链产业链创新链重构的核心要素。建立一套孵化、弘扬企业家精神的生态系统。深度挖掘优秀企业家的精神特质和典型案例，进一步营造有利于企业家作用发挥的法治环境、市场环境和社会氛围，更好调动广大企业家的积极性、主动性、创造性。

五是进一步融入全球化进程。发挥企业、企业组织作用，提升产业对外开放水平。坚定不移地坚持全球化进程，把握全球产业链、供应链、创新链重构的历史机遇，深度参与全球价值链合作，让更多产业部门和企业加入全球市场体系。

（在"全球经济形势与科技发展"研讨会上的讲话，
2021年12月）

# 产业数字金融是
# 金融支持实体经济的鼎力之举

"中国数字金融合作论坛"由金融领域与产业领域的领导、专家和业内人士参加,落实党中央、国务院部署,通过不同视角交流产业数字金融的发展之道,探讨金融支持实体经济的作用和感悟,以进一步提高产业金融工作水平,为党的二十大献礼。因此,这次研讨会有着特殊意义,我想谈对几点看法与大家分享。

## 一、从实体经济视角看金融支持

长期以来,金融业通过保持自身的稳定和有效运转,成为实体经济发展过程中必不可少的要素支撑,促进了制造业的快速增长和经济稳定。与此同时,实体经济的发展又为金融稳健提供了良好的基础,企业与金融领域形成了互为支撑的关系。

经过多年的发展,我国逐步探索出适合中国国情、符合时代特点的金融发展道路,金融服务体系更加健全。资金作为血液,支持了我国着力做强做优做大制造业,制造业综合实力和国际影响力大幅提升。从 2012 年到 2021 年,我国工业增加值从 20.9 万亿元增长到 37.3 万亿元,年均增长 6.3%;制造业增加值从 16.98 万亿元增加到 31.4 万亿元,占全球比重从 20% 左右提高到近 30%,持续保持世界第一制造大国地位。同时,数字经济已经成为驱动我国经济发展的关键力量,由消费领域正在向生产领域扩展,产业数字化让传统赛道产生新赛道。2021 年我国数字经济规模 45.5 万亿元,名义增长 16.2%,连续十年数字经济增速超过 GDP 增速。

世纪疫情使国内实体经济各类企业特别是数量众多的中小企业面临空前

挑战，面对产业链供应链的阻隔甚至中断，不少企业正常运行无法持续。国家采取了一系列强有力的财政与货币政策手段，超预期投放流动性等，力求对冲负面因素影响。特别是2022年以来，货币政策持续发力，通过增强信贷总量增长，加大普惠小微贷款支持力度，支持中小微企业稳定就业，将2022年普惠小微贷款支持工具额度和支持比例增加一倍等，货币政策工具的总量和结构双重功能的有力发挥，为实体经济主动应对经济下行挑战，提振信心提供了更有力支持。

必须看到，从实体经济企业的感受看，仍对金融部门有更大的期待。希望企业贷款利率更加优惠，企业综合融资成本能进一步降低，金融有效支持实体经济的体制机制能加快形成，金融支持实体经济创新体系的力度进一步加大，金融机构能够增加制造业中长期贷款，着力稳定产业链供应链，努力做到金融对制造业企业的支持与其对经济社会发展的贡献相适应。应该指出，破除这些问题与障碍，除了大力营造有利于产业数字金融发展的环境并加以实实在在推动，别无他途。

## 二、产业数字金融的若干着力点

目前，我国实体经济转型升级的数字经济特征体现得愈加明显，正加速向结构更优化的4个方向发展，即：产业数字化、数字产业化、数字化治理、数据价值化。产业数字化是主要方面，2021年我国产业数字化规模37.2万亿元，数字产业化8.4万亿元。

在产业数字化过程中，制造业企业的数字化转型是最重要的领域。要加速制造业企业的数字化转型，一是需要数字信息技术的改造赋能，基于5G技术的工业互联网推动垂直行业转型，探索离散行业共性问题解决和个性化发展。二是需要产业金融的输血赋能。光有技术没有金融，传统产业特别是产业链中下游各类民营企业和中小企业无法承受巨大的技术转型成本，数字化转型推动不起来；光有金融没有数字技术，势必难以摆脱目前产业金融服务难下沉、成本难降低的困局。

因此，产业数字金融服务和产业数字化技术服务相辅相成，双轮驱动才能真正让产业完成自身的数字化转型，数字经济的全新社会形态才能真正落地。产业数字金融通过提供精准服务，可以针对产业链供应链的每一个环节，服务内容可以涵盖从产品设计到生产制造、销售流通，再到售后服务的全流程，极大地增加了金融服务实体经济的有效性。

值得一提的是，产业数字金融应该不是针对单一的产品和服务，而是着眼整个生产链条的全方位服务。金融企业向制造企业提供产业数字金融服务的过程中，不能局限于某一领域的数字化，应从制造业企业公司战略、管理体系、生产体系、销售体系乃至企业文化各个环节进行全面梳理，使其与数字金融环节实现无缝对接，使两个不同系统最终实现统一标准化，真正落地形成数字化转型成果。

产业数字金融对制造业企业数字化转型的融合将成为驱动实体经济变革的重要力量，在创新发展、生产经营、资源配置、商业模式、组织机制方面都可能出现1+1大于2的结果。融合的直接作用将使基于数字化的制造作业和金融服务，从企业内转向产业链，从传统赛道产生新赛道。展望未来，我国产业数字金融的发展将随着企业数字化转型步伐加快而加速进入新的阶段，进入加速深化应用、规范发展和普惠共享的新阶段。预计"十四五"末期我国数字经济的规模增长将超过60万亿元，产业数字金融也将获得巨大发展空间。

## 三、切实加强制造业与金融领域的数字化合作

产业数字金融必须依靠制造业企业与金融机构共建才能形成生态。当前，金融机构的数字服务改造，正在努力探索"主动开放"的全新发展路径，银行业提出的"开放银行"是未来商业银行数字化转型的必经之路，与制造业企业的数字化转型过程不谋而合。当前正是制造企业和金融机构合作创新的最佳时点，产业数字金融将成为金融服务实体经济战略的最佳着力点。

产业金融的数字化是一个全新的模式，落地实践需要一个与制造企业密切合作并逐渐被市场接受的过程。从事产业金融数字化赋能的金融企业和制造业企业应在加快合作步伐的基础上，得到政府、社会更多的关注与支持。

一是更加周全的顶层设计。应由政府牵头，第三方社会组织参与，企业

作为主体，进行产业数字金融与实体经济融合的政策和应用场景设计。利用金融机构业已形成的账户、数据、交易和开放四大优势，通过提供数字金融服务，助力供应链上下游企业发展和产业链数字化升级。探索通过动产及货权质押授信、"1+N"供应链金融模式，推动"数字化、场景化、生态化"供应链金融服务，把智能网联、智能制造、智慧能源、智慧企业、智慧基建、智慧物流六大领域作为优先试点，接入物联网终端设备，支持实体经济融资。

二是更加规范的合规准入机制。金融机构与制造业企业探索制定产业数字金融数字化的各类行业标准，凡达到行业技术标准的资产数字化服务，均应得到各金融机构认可其数据的公信力，建议监管机构通过设立产业数字金融科技牌照等方式提高行业准入门槛，以类金融机构的方式规范产业数字金融科技行业的日常监管。

三是更加协同合作的生态思维。产业数字金融是数字金融的一个重要领域，数字金融又是国家数字经济大战略的一个重要分支。不同于传统金融服务，产业数字金融要靠金融机构与制造业企业的合作去实现进展。在政府部门、金融监管部门的指引下，第三方社会组织和信息化服务平台积极参与，金融机构、实体经济企业携手，平等互助，彼此赋能，开放包容，共建生态，真正实现数字信息技术为金融机构、为产业发展全方位赋能，助力中国经济高质量发展。

（在"中国数字金融合作论坛"上的发言，2022 年 8 月）

# 十年回眸：发展新能源汽车是
# 具有重大意义的战略举措

中国汽车技术研究中心与日产（中国）投资有限公司、东风汽车有限公司自 2013 年就开始共同出版《新能源汽车蓝皮书》，至今已经连续出版了 9 年。中外汽车领域的政府官员、企业人士、专家学者汇聚一堂，抚今追昔，回顾新能源汽车发展过程的风风雨雨，共同探讨新形势下推进发展问题，很有意义。我想围绕会议的主题谈谈自己的一些体会，与大家分享。

## 一、回顾新能源汽车发展的十年重要历程

十年风雨路，细思量，终难忘。2008 年工业和信息化部成立后不久，新能源汽车发展问题就摆在了面前。企业急需了解国家的政策取向，政府部门也需要就一个前景光明、道路曲折的新兴产业形成自己的意见。党中央、国务院高度重视新能源汽车产业发展。习近平总书记指出，发展新能源汽车是我国从汽车大国迈向汽车强国的必由之路。李克强总理多次主持会议研究新能源汽车产业发展问题。国务院有关领导针对发展中出现的困难与障碍，明确指出了"发展节能与新能源汽车的国家战略不变，以纯电驱动作为新能源汽车发展为主题的战略趋向不变、发展目标不变、政府扶持政策不变"的决策。

面对新能源汽车发展的大环境，政府、企业、社会形成了协同推进的有利局面。国家退休的老领导，政府部门的重要领导，机械装备、汽车领域的老领导、老专家都殚精竭虑、认真思考、献计献策，为国家政策的制定和产业的发展贡献力量。企业层面，随着社会主义市场经济体制的逐步确立，企业家精神得到激发弘扬，积极试水其中。地方政府和社会层面也给予了支持与包容。在政府部门层面，从一开始就意识到，要坚持改革开放的基本原则和社会主

市场经济的导向，避免因选择性政策代替或干预市场选择，在推动功能性新能源汽车产业政策时，注意释放政府长期致力汽车电动化的信号，在不干预技术路线情况下使激励和倒逼双向发挥作用，根据碳排放原则确定在高排放与零排放或者小排放之间的补贴原则且形成推出路径，发放便于检测和监督的普适性指标，支持企业开发，依托市场自行发展多样化的产品和商业模式。

在新能源汽车发展的早期，由政府释放明确的引导信号，随着产业化阶段的到来，发掘消费者需求，打开市场出口，走向政策支持下的市场驱动发展轨道。政府坚持保持技术中立，鼓励企业以新产品、新商业模式提升当前的技术成熟度，支撑经济上被用户接受的细分市场，实现以空间换时间，推动电动车产业走向成熟。

如果把十年作为一个周期，2012年可以看作新能源汽车发展的一个重要节点。至2012年，我国经过近10年的研究开发和示范运行，新能源汽车基本具备了产业化发展基础。其间国家启动了新能源汽车推广示范工程，不断推出涉及行业管理、财税、科技创新和基础设施的支持政策。新能源汽车的电池、电机、电子控制和系统集成等关键技术取得一定进步，纯电动汽车和插电式混合动力汽车开始小规模投放市场。但总体上看，我国新能源汽车整车和部分核心零部件关键技术尚未突破，产品成本高，社会配套体系不完善，产业化和市场化发展受到制约。

2012年6月，国务院发布了《节能与新能源汽车产业发展规划（2012—2020年）》，次年11月，国务院批准成立了工业和信息化部牵头，国家发展改革委、科技部、财政部、公安部等多部门参加的节能与新能源汽车产业发展部际联席会议制度，可以说，号角已经吹响，大幕徐徐拉开。自此以后，新能源汽车产业发展犹如注入了充沛的动力，在党中央、国务院的直接关心下，中央各有关部门主动作为，先后推出了约60项支持新能源汽车产业发展的政策措施；各地方政府相继成立了产业发展协调机制，构建了横向协同、纵向贯通的工作推进机制，出台了涵盖研发、投资管理、生产准入、市场监管、优惠鼓励、推广使用、安全监管等500多项配套政策，构建了新能源汽车发展的有力支撑。行业企业也纷纷加大研发投入、加快创新步伐，共同推动我国新能源汽车产业发展取得了积极成效。

近两年，国家陆续出台了《新能源汽车产业发展规划（2021—2035年）》、国家"十四五"规划纲要等一系列相关政策，进一步完善了政策体系。不仅新能源汽车产销量连续数年居全球首位，而且产业技术水平明显提升，产业生态体系逐步建立，配套环境不断完善，新能源汽车已经成为我国经济社会发展的新动能之一。

## 二、当前新能源汽车发展更具新的重要意义

中国进入"十四五"以后，经济发展进入了全新的阶段，既面对重要的发展机遇，也面临一系列严重挑战。新能源汽车发展作为国家战略，与前十年相比，有着不同以往的特殊意义。认真研究并深入思考，将有助于更加深切体会新能源汽车在国民经济高质量发展中的重要位置。

第一，新能源汽车发展是稳住经济大盘的重要着力点。2022年4月29日中央政治局会议做出了"疫情要防住、经济要稳住、发展要安全"的明确要求。国务院部署出台了一系列惠企助企政策，明确了全国稳住经济大盘的工作任务，也专门强调要采取有效措施，推动汽车尤其是新能源汽车消费。

当前汽车产业增长势头强劲，成为中国经济毋庸置疑、不可替代的重要拉动力量。7月份汽车制造业的工业增加值增速进一步提升6.3个百分点，达到22.5%；而一度增长强劲的计算机通信、医药制造业的拉动有所减弱，医药制造业降幅扩大1.8个百分点，至-10.3%，计算机通信同比增速下降3.7个百分点，至7.3%，二者是7月高技术制造业增速显著回落的主要原因；其他已公布工业增加值的行业同比增速也多数较上月有所下降。从制造业投资来看，比较上半年各行业对制造业投资增长的贡献率，汽车制造包括新能源汽车，其自身以及通过产业链所带动的电气机械、通用设备、有色金属行业，较2020—2021年显著增强，而计算机通信、医药制造、黑色金属三大行业的拉动较2020—2021年显著减弱；可见，增强汽车行业增长的持续性，并扩大新能源汽车作为新增长点的有力支撑，对于当前稳增长颇为关键。

新能源汽车是最具影响力和市场潜力的重要工业消费品，生产企业是各地政府保证经济增长的重要力量。新能源汽车快速增长态势在4月份一度有所

放缓的情况下，在有关各方共同努力下，产业链供应链逐渐畅通，产销势头逐渐恢复向好。2022年1—7月我国新能源汽车累计产量328万辆，销量319万辆，同比均增长1.2倍。可以预测，如供应链不受重大扰动，2022年中国新能源汽车市场产销量可能达到创纪录的600万辆，为保持国民经济运行在合理区间，力争实现最好结果做出贡献。

第二，新能源汽车发展是加快创新发展的重要驱动器。近十年来，国家在鼓励新能源汽车消费的同时，努力构建政产学研用协同技术创新体系，发挥企业潜力，大力引导市场资源投入，加快创新发展，取得了积极成效。通过国家重点研发计划，促进关键核心技术攻关，积极鼓励共性技术的研发与应用，加快动力电池、智能网联、电动汽车等制造业创新中心的建设，集中行业的优势资源协同攻关，充分发挥企业的主体作用，支持企业在新能源汽车平台、整车集成等方面的创新，重点攻克锂电池和固态电池等新体系电池的关键核心技术。推动企业提升正向设计开发能力，不断提高整车的轻量化和智能化水平，使整车性能达到甚至超过燃油汽车。

第三，新能源汽车发展是建设制造强国的重要标志点。我国新能源汽车为建设制造强国拓展了新的路径，奠定了坚实基础。近十年新能源汽车的快速发展，已经形成了全球领先的产业规模。在制造环节，由于从起步阶段就着眼于形成坚实基础，产业链条上下游全面贯通，所以发展涵盖关键材料、动力电池、电机电控、整车及充电设施、制造装备、回收利用等的全产业链各个环节，形成结构完整、安全可控、协同高效的新能源汽车产业体系，电池、电机、电控三大核心技术基本实现自主可控，动力电池技术水平处于全球前列，驱动电机达到世界先进水平，整车电控与世界先进水平基本同步。我国新能源汽车累计推广达到千万辆，全球占比超过50%，成为迈向制造强国的重要标志。

第四，新能源汽车发展是推动智慧转型的重要发动机。新能源汽车正逐步改变汽车是交通运输工具的传统概念，成为产生海量数据的互联网终端平台。据此衍生出的智能网联不仅催生出汽车控制技术和运行方式的变革，成为实现自动驾驶的关键支撑，也是智慧城市、智能交通实现融合的抓手。当前，智能网联汽车技术呈现车路协同、融合发展的趋势，车路融合可以为自动驾驶提供超越感知视野的认知智能，在提升自动驾驶安全性的同时，有效降低附加传感器和芯片的成本。与此同时，智能网联可以打通客流、物流、信息流，实现信息与城市、交通、充电设施的互联互通，为 5G、智能化道路、能源互联网、智慧城市管理、大数据应用、信息安全等诸多行业提供产业融合的平台，最终将形成新型的市场生态体系。

第五，新能源汽车发展是实现"双碳"目标的重要压舱石。汽车行业的低碳零碳转型是实现碳中和、打造国际竞争力的重要领域。一般认为，交通运输业的碳达峰时间会滞后于总体碳达峰时间，而新能源汽车的发展则可能造成逆转。近十年的实践表明，加快推广应用新能源汽车，用好用足运营补贴政策，是交通领域低碳发展的重点。政府可以通过公共基础设施和公共产品的提供，形成对达到"双碳"目标的有力支持。如优先发展新能源为主的城市公共交通和货运体系，坚持充换电基础设施先行，广泛建立绿色出行服务体系。

第六，新能源汽车发展是破除产业藩篱的重要突破口。新能源汽车已成为我国汽车出口的亮点，一些企业已成功进入欧洲等发达国家和地区市场。7 月我国新能源汽车出口 5.4 万辆，环比增长 89.9%，同比增长 37.6%，占汽车出口总量的 18.62%，呈快速增长势头。中国的日益强大令以美国为首的西方至上者担忧，正在酝酿一场"新冷战"遏制中国崛起。美国已将中国列为战略对手，处心积虑找借口实现中美脱钩。中国绝不会跟着美国节拍迈步，汽车制造业特别是新能源汽车领域完全可以作为打破人为隔离的突破口。充分发挥中国市场巨大、产业链供应链完整、创新势头强劲、绿色理念鲜明、整体效益高的优势，将新能源汽车推动减碳合作作为率先起步的破局之道，形成互利共赢、联系紧密的新能源汽车国际合作，向世界各国传达中国加快新能源汽车发展以应对气候变化，推动开展全球行动、全球应对、全球合作。

希望更多中外企业秉承可持续发展的理念和努力方向，抓住新能源汽车产业发展机会，加强交流、相互沟通、同心协力，勇毅前行，加快建设人类命运共同体，为共创共享和平繁荣的美好未来做出贡献！

［在中国新能源汽车产业发展报告（2022）暨新能源汽车
蓝皮书新书发布仪式上的发言，2022 年 8 月］

# 加快制造业动能转换
# 推动中国企业迈步新征程

我们正处在世界百年未有之大变局之中，中国制造业、中国制造业企业犹如在波涛汹涌大海中的航船，通过有经验的船长指挥，辨识海情海况，掌握风向，确定航路，全体船员共同努力，战风斗浪，一定能顺利到达理想的彼岸。我围绕课程的主题"中国产业高质量发展新动能"，结合学习党的二十大精神，谈谈在当前环境下，如何认识中国制造业发展的新形势，把握产业演进的新特点，探讨提高产业基础能力、提升产业链水平的途径，助力制造业企业群体进军卓越的一些思考，与大家分享。

## 一、新形势：了解中国制造业战略机遇的信心与坚持

古人云，"不谋万世者，不足谋一时；不谋全局者，不足谋一域"；"不审势即宽严皆误"。必须看到，在每一个历史发展的重要关头，党中央都把对形势的客观冷静分析作为制定正确战略和策略的前提。对新时期中国产业高质量发展的整体把握，一定要建立在对当前经济形势的分析之上。

习近平总书记在党的二十大上明确指出，"发展是党执政兴国的第一要务。没有坚实的物质技术基础，就不可能全面建成社会主义现代化强国。"这是我们考虑中国产业重塑发展新动能时首先要高度重视的战略问题。

战略是对全局性、关键性、长期性重大问题的筹谋与运作。纵观中外历史，战略的正确判断与抉择，往往是大国竞争成败的关键因素。中国共产党在艰苦卓绝、流血牺牲的武装斗争和筚路蓝缕、砥砺前行的国家建设中，凭借对形势的正确判断、对机遇和挑战的科学把握，在战略上遵循规律并制定正确策略，带领中国人民战胜千难万险，克服各种艰难险阻，从一个胜利走向新的胜

利。党的十八大以来，以习近平同志为核心的党中央高度重视总结历史规律、分析判断历史方位、把握历史发展大势。在刚刚召开的党的二十大上，面对我国开启全面建设社会主义现代化国家新征程的历史关头，以习近平同志为核心的党中央做出"高质量发展是全面建设社会主义现代化国家的首要任务""建设现代化产业体系。坚持把发展经济的着力点放在实体经济上，推进新型工业化，加快建设制造强国、质量强国、航天强国、交通强国、网络强国、数字中国"的号召。这对于了解认识我国制造业发展所处的战略形势并据此形成战略支撑，把握今后15年乃至30年制造业发展的战略方向与任务，有着十分重要的意义。

当今世界正经历百年未有之大变局，我国正处于实现中华民族伟大复兴的关键时期。世界大发展、大变革、大调整时期和我国发展关键时期都显示战略机遇突出，重大矛盾凸显。风险挑战与矛盾层出不穷，既有国内的也有国际的，既有政治、经济、文化、社会等领域的也有来自自然界的，既有传统的也有非传统的，而且各种矛盾风险挑战交织叠加，给我国经济乃至制造业发展带来了严峻考验。清楚地掌握宏观经济形势的变化和特点，从战略上形成对我国制造业发展的把握与支持，既有可能，也十分必要。

2022年2月以来，俄乌冲突使得世界局势急剧演变，国际经济秩序越发混乱，大宗原材料商品流通受阻，价格急剧波动，经济下滑乃至衰退的阴影重重。近期突发的北溪天然气海底输气管道被炸、克里米亚大桥遭袭、美联储持续加息等重大国际政治经济事件如何影响国际市场，企业家们正拭目以待。国内新冠疫情叠加多年未见的需求收缩、供给冲击、预期转弱三重压力，一度使稳定经济增长的难度加大。国内为了应对新冠疫情多变的重大挑战，上海等重要经济中心城市承受了前所罕见的巨大阵痛，局部生产链供应链循环不畅甚至一度中断，有些突发因素超出预期，对制造业的平稳运行带来剧烈扰动。2022年4月，全国规模以上工业增加值同比下降2.9%，固定资产投资、社会消费品零售总额等宏观经济指标出现了多年罕见的可能滑出正常运行区间的迹象。

面对错综复杂的国际国内环境，从战略上看问题，既要看到影响发展的风险挑战，更要看到时代赋予的难得机遇，尤其是我国经济发展、制造业发展仍具有诸多根本性的有利因素：中国共产党的坚强领导、中国特色社会主义体制、符合客观规律的经济政策策略、在持续发展基础上形成的完整工业体系、覆盖生产链条中除部分高端领域外的产业要素、与巨大国际国内市场相匹配的消费品生产能力等。这是我国战略机遇得以实现的条件所在，是制造业发展长期向好的优势所在，也是企业和企业家不惧各种风险挑战、迎难而上的信心和底气所在，要为我们所明了，所坚持。近期，欧洲、日韩一些跨国企业纷纷加大对华投资，寻找制造业发展的避风港，就是我国经济发展环境优势尽显的一个证明。

刚刚过去的三季度，按照党中央"疫情要防住，经济要稳住，发展要安全"的要求，随着国家稳经济一揽子政策持续发挥效能，加之高温天气影响消退，经过全国上下携手奋斗、努力拼搏，制造业景气度回暖，经济下滑态势得到扭转，9月份PMI为50.1%，重返扩张区间，经济总体回稳向好。相信随着各项政策陆续到位和各方共同努力，四季度经济情况有望逐步好转，全年经济将会运行在合理区间。

党的二十大确定了党的中心任务，就是团结带领全国各族人民全面建成社会主义现代化强国、实现第二个百年奋斗目标，以中国式现代化全面推进中华民族伟大复兴。迈向社会主义现代化强国离不开发展实体经济，而制造业作为强国之基、兴国之器、立国之本，是实体经济的坚实基础和坚强支撑。大力发展制造业是落实强国战略的有力举措，是新形势下党中央提出的统一号令，各级地方政府和企业一定要身体力行。

## 二、新特点：认识中国制造业成长壮大的演进与特色

世界经济发展史表明，18世纪60年代工业革命开始后，制造业极大提升了人类物质财富生产的能力，有力改变了国家的实力。一国的强盛与制造业的发展密切相关，制造业兴，则经济兴、国家强。19世纪中叶到1949年的中国，尽管经济体量一度占到世界经济总量近三分之一，但由于没有踏进工业革命的门槛，制造业衰，经济衰、国家弱，深受帝国主义列强的欺凌。实业救国、工业救国，成为一代又一代仁人志士的抱负与追求，但除了"落后就要挨打"的惨痛教训，当时工业化的努力无不以失败告终。

全面抗日战争前的一段时间，即便中国民族资本获得了一定发展，中国制造业仍是支离破碎。外资控制着大约42%的中国工业资产，外资企业生产了中国60%以上的煤炭、88%的钢以及76%的发电量；即使是在中国民族资本最强大的棉纺织工业中，外国企业也拥有54%的纱锭和44%的织布机；外资还控制着中国造船工业73%的船舶吨位及公用事业的大部分、轻工业（包括木材加工、皮革、卷烟和饮料）一半以上的产量。历史宣告，旧中国实现中国工业化的道路不通。

中国共产党无惧流血牺牲，百折不挠，领导中国人民推翻了压在头上的三座大山，新中国的成立成为现代意义上的中国工业化的开端，中国制造业从此获得新生。回望历史可以使我们清楚了解到新中国制造业逐步成长壮大的进程。

第一阶段：1949年至1978年，中国制造业从无到有。新中国成立后，加快发展以制造业为主体的独立工业体系成为经济建设的首要任务。从1953年起，围绕工业体系建设的战略目标，我国在苏联援助下启动建设156个重大项目，基本涵盖各个工业门类，其中153个为重化工项目。"一五"期间，我国工业生产能力迅猛增长，为推进国家工业化和国防现代化奠定了物质和技术基础。进入20世纪60年代，党中央加快制造业全面布局，做出开展"三线建设"的重大决策部署，大力发展国防工业，突破尖端技术，建成武钢、包钢、成昆铁路、大庆油田等标志性项目，成功研制"两弹一星"，极大增强了中国制造业实力，有力提升了我国的国际地位。20世纪70年代，面对国际环境的变化，我国尝试利用国外先进技术提升中国制造业水平，成功进行了两次大规模的成套技术设备引进。这一时期，我国实行高度集中的计划经济体制，国有和集体企业是推动工业发展的绝对主导力量，初步完成了工业化的原始积累，打下了制造业现代化的基础。

第二阶段：1979年至2012年，中国制造业由小到大。党的十一届三中全会以来，我国开始由计划经济逐步向市场经济转变，工业管理体制不断调整，制造业发展焕发出巨大生机与活力。从1978年开始，我国逐步推进以国有企业改革为主的工业经济体制改革，企业逐渐成为自主经营、自负盈亏的市场主体。进入20世纪90年代，党的十四大做出建立社会主义市场经济体制的决定，经济体制改革得以深入推进，极大释放了工业经济发展活力，生产制造能力大幅提升，产品供需格局发生根本转变，彻底告别了"短缺经济"。1990年，我国制造业增加值占全球的比重为2.7%，居世界第九位；2000年提高到6%，上升到世界第四位。

与此同时，我国制造业成为国家扩大对外开放最为活跃的力量，从建设经济特区、沿海开放城市到建立各类开发区，从大进大出、三来一补到中外合资、外商独资，制造业加快融入国际大循环，开放范围逐步由沿海向内地延伸。尤其是2001年我国加入世贸组织之后，制造业国际化步伐明显加快，依托低成本优势，大量承接国际产业转移，深度融入全球产业分工体系。2004年，我国制造业规模超过德国，居世界第三；2007年超过日本，居世界第二；2010年超过美国，跃居世界第一。这一时期，在市场化和国际化双轮驱动下，我国制造业快速发展，生产能力大幅跃升，众多产品在国际市场占有重要位置，基本建成了全世界最完整的现代工业体系。

第三阶段：2013年至今，中国制造业由大向强。党的十八大以来，以习近平同志为核心的党中央做出加快建设制造强国的重大战略决策，为新时代我国工业体系建设指明了方向。习近平总书记在广西柳工集团考察调研强调的关于"制造业高质量发展是我国经济高质量发展的重中之重，建设社会主义现代化强国、发展壮大实体经济，都离不开制造业，要在推动产业优化升级上继续下功夫"等一系列重要论述，已经成为推动新时期制造业发展的重要指引与力量。2012年到2021年的统计数字表明，国家着力增强制造业核心竞争力，制造业加快转变经济发展方式，从"高速增长"转向"高质量发展"，从三个维度看成效突出。

一是制造业增速稳步增长。2008年国际金融危机之后，中国制造业增长从高速向中高速过渡。近十年，全部工业增加值（以不变价计算）年均增长6.3%，远高于同期全球工业增加值2%左右的年均增速。尽管遭遇新冠疫情等冲击，2022年规上工业增速依然会保持在合理区间。

二是制造业规模稳步增强。工业增加值从20.9万亿元增长到37.3万亿元，其中制造业增加值由17万亿元增长到31.4万亿元，占全球比重从22.5%提高到近30%，已经连续12年位居世界首位。我国制造业有31个大类、179个中类和609个小类，是全球产业门类最齐全、产业体系最完整的制造业。在

500 种主要工业产品中，我国四成以上工业制成品产量居世界第一，个人计算机、空调、太阳能电池板、手机等产品产量占全球一半以上。

三是制造业贡献稳步增加。我国制造业布局建设动力电池、增材制造等 24 个国家级制造业创新中心和国家地方共建制造业创新中心，推动建设 223 个省级制造业创新中心，支持建设 125 个产业技术基础公共服务平台，共性技术供给能力大幅提高。制造业努力适应国内人民群众不断增长的物质文化需要，节能智能家电全面普及，汽车快速进入寻常百姓家庭，千人汽车保有量由 2012 年的 89 辆提高到 2021 年的 208 辆。我国制造业以互利共赢形式参与国际大循环，开放合作层次提升，与"一带一路"沿线数十个国家签署产能合作协议，我国货物出口总额由 2012 年的 12.9 万亿元提高到 2021 年的 21.7 万亿元，制造业中间品贸易的全球占比达 20% 左右。

放眼世界，中国连续多年稳居世界第二大经济体、第二大消费市场、制造业第一大国、货物贸易第一大国、外汇储备第一大国，2020 年成为第一大外资流入国；具有全球最完整、规模最大的工业体系和强大的生产制造能力、完善的配套能力；拥有 1.6 亿市场主体和 1.7 亿多受过高等教育或拥有各类专业技能的人才。我国制造业总体趋势稳中向好，实现了市场快速响应，体现出对各类生产要素的强大动员组织能力，呈现出迎难而上、愈战愈勇的"韧性"，制造强国建设进程基本按照预期目标前进。

中国制造业由大向强过程中，具备了持续发展的要素与条件，但也还存在一些必须克服的困难与挑战，突出反映在，企业创新能力亟待加强，原创性技术积累不足，产业基础存在短板，产业链中存在断点堵点，高端制造仍处于攻坚阶段。制造业企业必须以坚韧不拔的意志，汇聚各方资源，辛苦耕耘，久久为功，实现高水平的发展与跃升。

## 三、新思考：把握中国制造业转型升级的路径与目标

中国制造业由大向强，是制造业通过转型升级向制造强国目标迈进的过程。完成这一历史性进程，需要把握新一轮科技革命和产业变革机遇，充分发挥我国综合优势，坚持新发展理念，强化创新驱动，全面提升我国制造技术、

企业管理水平和全球分工地位。转型升级的新路径注重缩小我国在产业链关键环节与发达国家之间的技术差距，提高产业基础高级化和产业链现代化水平，着力接断点、填空白、补短板，大力推进高端化、数字化、绿色化、服务化转型，增强国际竞争力，确保产业安全，还要前瞻布局未来产业，抢占新兴产业发展新机，不断提升我国制造业在全球价值链中的地位。

第一，以提升自主创新能力催生制造业发展新动能。

中国把自主创新作为持续发展的不竭动力，既是激发内生潜力的需要，也是抗击国际狂风恶浪的举措。一段时间以来，美国违反公平竞争、市场经济原则和国际经贸规则，以各种莫须有名义，围追堵截具有国际竞争力的中国高科技企业，已将一千多家中国企业列入各种制裁清单；划定生物技术、人工智能等重点管控技术，强化出口管制，严格投资审查；打压包括 TikTok、微信在内的中国社交媒体应用程序。继 2022 年 5 月 22 日美国政府将共计 33 家中国公司及机构列入了受到管控的"实体清单"之后，10 月 7 日又将 31 家中国公司列入所谓"未经核实的名单"，限制对这些机构出口、进口或转口以及获得某些美国半导体技术、产品的能力。

毋庸置疑，加快提升自主创新能力已成为我国增强制造业核心竞争力、有效应对"脱钩"风险挑战的关键所在。一方面，要着力提升原始创新能力，推进制造业前沿技术和新兴产业发展，形成在高技术领域的追赶、并跑直至领跑之势；另一方面，要着力提升科技成果转换能力，推进先进适用技术在制造业的广泛应用，加快技术改造步伐，持续提高制造业企业效率、质量和综合素质。要引领制造业大企业发挥龙头带动作用，把握创新驱动发展战略方向，实施大中小企业融通创新，积极参与关键核心技术和产品攻关工程，着力突破技术瓶颈，建设重点技术和产品生态体系。深入推进制造业协同创新体系建设，强化基础共性技术供给。创造有利于新技术快速大规模应用和迭代升级的独特优势，加速科技成果向现实生产力转化，提升制造业整体水平。

第二，以打造韧性产业链供应链构建制造业发展新体系。

确保产业链供应链的畅通与安全，关系到企业的生存与发展，关系到国民经济全局。着力提升产业链供应链的韧性和稳定，是畅通国民经济循环、保障制造业安全的必然要求。要从国家战略角度出发，立足产业链供应链，全面系统梳理我国制造业发展状况，分行业做好战略设计和精准施策，建立安全风险评估制度。实施制造业强链补链行动和产业基础再造工程，聚焦核心基础零部件（元器件）、工业基础软件、关键基础材料、先进基础工艺、产业技术基础等关键瓶颈和"卡脖子"环节，全面加大科技创新和进口替代力度，构建自主可控、安全可靠的国内生产供应体系；以地方政府为对象，以企业为支点，利用现有产业集群功能，挖掘产业存量的潜力，打通断点堵点，振兴传统产业链，建设新兴产业链。

中国将坚定不移维护产业链供应链的公共产品属性，以实际行动深化产业链供应链国际合作，通过维护产业链供应链安全稳定、推进产业链供应链协同创新、加快产业链供应链智能化绿色化升级、推动产业链供应链开放合作等举措，与各国共同构筑安全稳定、畅通高效、开放包容、互利共赢的全球产业链供应链体系。

第三，以加快数字化转型形成制造业发展新优势。

随着移动互联网、物联网、云计算、大数据、人工智能等技术的突破、成熟，数字技术、智能技术和制造业深度融合，引发影响深远的产业变革，形成新的生产方式、产业形态、商业模式和经济增长点。数字化智能化成为制造业发展的方向，推动工业部门的生产要素、生产方式、组织结构、生产流程、产品形态等发生全方位的深刻革命。

大力推进产业数字化和数字产业化。这是顺应世界经济数字化发展大势、催生发展新动能的必然选择。要推进产业数字化，以制造业数字化转型行动为基础，推进智能制造工程、工业互联网创新发展工程，对制造业进行全方位、全角度、全链条改造，推动制造业数字化、网络化、智能化发展。推进数字产业化，全面部署新一代通信网络基础设施，有序推动5G、数据中心、工业互联网等的建设部署和创新应用，培育壮大人工智能、大数据、区块链、云计算、网络安全等新兴数字产业，提升通信设备、核心电子元器件、关键软件等产业水平。增强网络安全保障能力。

第四，以落实绿色低碳发展重塑制造业发展新路径。

绿色低碳发展是当今时代科技革命和产业变革的方向，绿色是制造业的底色，这对制造业生产过程中所需的原材料以及生产工艺、最终产品、环境影响、回收循环等提出更高的标准。制造业企业要认真落实碳达峰碳中和部署，全面提升制造业绿色发展水平。

大力推进绿色低碳转型，实施工业低碳行动，加快节能低碳绿色技术创新和应用，提升绿色产品、服务供给能力，严控重化工业新增产能规模，从而更好为推动经济社会发展全面绿色低碳转型提供支撑。持续推进产业结构优化升级，坚持深化供给侧结构性改革这条主线，完成"三去一降一补"的重要任务，全面优化升级产业结构。深入开展质量提升行动，努力增品种、提品质、创品牌。大力改造提升传统产业，发展壮大战略性新兴产业，以绿色低碳为目标和路径，加快培育一批世界级先进制造业集群。

第五，以开展服务型制造拓展制造业发展新领域。

服务型制造是一种制造和服务融合发展的新型产业生产方式和产业形态，有利于推动创造新的经济增长点。服务型制造集中体现为先进制造业和现代服务业的有机融合，已经成为增强制造业核心竞争力、培育现代产业体系、实现高质量发展的重要途径。服务型制造的资本密集度和技术密集度不断上升，逐步呈现出规模经济和效率经济特征，且可贸易度不断提升，服务型制造成为新引擎的呼声日益高涨。

制造业企业有必要通过服务型制造发展迈上新台阶，向产业链高端攀登，而且可以通过贸易、服务打造产业链延伸的巨大空间。随着制造业企业转型进程加快，服务型制造将通过现代生产要素新的组合提高企业发展的质量和效益，有力打破阻碍要素流动的壁垒和障碍，强化现代要素支撑，有效提高要素配置效率，成为制造业的新蓝海。

第六，以坚持国内国际双循环培养制造业发展新活力。

进一步深化改革开放，积极应对外部环境变化，激发制造业发展动力活力。鼓励制造业企业助力政府部门坚持市场化改革方向，持续深化"放管服"改革，推动要素市场化改革、建设高标准市场体系，进而增强制造业对各类资源要素的吸引力，提升制造业国际竞争力。

制造业企业技术进步离不开国际合作和竞争，动员更多企业参与国际产业链供应链的协同配合，拓宽国际化视野、增强国际化思维，用好国内国际两个市场两种资源，提升制造业领域对外开放水平。推动更多有实力的企业走出去融入全球产业链、供应链、创新链、价值链，依托共建"一带一路"，加强产业链国际合作，构筑互利共赢的产业链供应链利益共同体。以高水平对外开放打造中国制造业国际合作和竞争新优势。

## 四、新作为：筑牢中国制造业迈向卓越的基础与支撑

制造业的发展是国家走向强盛的底蕴，制造业企业作为经济活动的主体形成了经济的底盘与发展的支撑。面对波诡云谲的国际环境和多重压力的国内市场，制造业成为保障国家安全、维系经济运行、引领创新进步、支撑产业发展、抵御市场风浪、托住就业阵地、建设绿色环境、保持社会稳定的关键领域，制造业企业是定盘压舱的基本力量。在推动中国制造业在新时期做强做优做大的过程中，要厘清认识定位，抓住关键环节，务求全面推进。

### （一）努力保持基本稳定的制造业比重

至 2022 年 6 月末，中国企业总数达到 5038.9 万户，制造业企业占有较大比重。我国制造业增加值从 2012 年的 17 万亿元增加到 2021 年的 31.4 万亿元。从国际看，制造业增加值占全球比重从 22.5% 提高到近 30%，持续保持世界第一制造大国地位。从国内看，制造业增加值占 GDP 比重 2011 年为 32.1%，2020 年底下降到 26.3%，这种下滑趋势引起了社会各方注意，在多种因素作用下，2021 年回升至 27.4%，2022 年二季度为 28.8%。

保持"制造业比重基本稳定"是"十四五"时期的一个重要目标。从时间维度看，制造业比重基本稳定在 27% 左右，近期具有合理性；中长期则要更多考虑保持产业链安全以及制造业对经济增长、就业、创新的支撑作用。从行业维度看，资源、能源和劳动密集型的传统产业发展速度可以相对慢一点，比重降低一点，而高技术产业、战略性新兴产业需要有更快的发展速度，并着眼于更长远的制造业发展提前谋划、战略性布局未来产业。从区域维度看，各个地方、城市应立足当地的资源、区位优势和制造业基础，发挥各自优势，利用逐步完善的产业集群，形成国内地区间合理的产业链价值链分工，畅通国内制造业大循环。

### （二）努力增强重中之重的制造业核心竞争力

继 2021 年年末中央经济工作会议提出"提升制造业核心竞争力"后，2022 年《政府工作报告》再次强调，要"增强制造业核心竞争力"。显然，这项工作已经成为当前重要而紧迫的任务。制造业的核心竞争力通常由占据产业链高端的先进技术和高新技术产业体现，同时，也表现在独特的资源禀赋优势，不断激发潜力活力的体制机制，难以简单替代模仿的关键技术诀窍，不惧冲击破坏快速恢复的韧性能力，动力充沛意志顽强的高水平人才队伍。在世界各国竞相发展、改造和提升制造业，巩固或形成自身竞争优势的时候，中国制造业企业要想突出重围，挺立潮头，必须在核心竞争力培育上狠下功夫。

大力增强制造业核心竞争力提升，应鼓励企业应用先进适用技术，加强设备更新和新产品规模化应用，持续加大对企业升级改造的支持，促进生产环节制造业投入占比基本稳定。加快重点领域核心技术突破和产业化，增强制造业竞争新优势。聚焦《中华人民共和国国民经济和社会发展第十四个五年规划和 2035 年远景目标纲要》明确的高端新材料、重大技术装备、智能制造和机器人、新能源汽车、高端医疗装备和创新药、农业机械装备等 8 个重点领域，积极扩大有效投资。加快重大创新成果产业化项目建设，提升行业技术水平，打造重点领域产业链竞争优势。坚持创新驱动，推动体制机制改革，促进企业特色化、差异化发展，培养企业家精神和工匠精神，打造有激情、能力强、能担当的职工队伍。

### （三）努力把握着眼未来的制造业发展趋势

新一轮的科技发展正在孕育重大的革命性突破，制造业企业正面对一个难能可贵、不容错过的时间窗口。数字科学、材料科学、生命科学、环境科学等基础学科依靠新兴科技手段的运用实现了创新的加速与学科的融合，进而带动了与制造业息息相关的科技领域的重大进展。制造业企业绝不能只顾及眼前的利益而忽略了长远的发展，要紧盯新科技革命可能带来的冲击甚至是颠覆性影响，尤其要关注三大趋势。

一是可能率先突破的技术创新。"智能、低碳、健康"是各国制造业企业集中关注的创新方向，特别是对数字信息技术、人工智能、量子技术，生物能源、氢能、低成本核能，新生物技术、疫苗研发、精准医疗等前沿技术集群的部署。二是可能影响全局的管理创新。数字化推动专注生产环节的传统企业和各类型的新业态企业形成从研发、生产、物流到服务的全新管理模式，进而引发企业的组织变革和生态重构。三是可能普遍应用的融合创新。主要体现在传统产业和战略性新兴产业融合拓展并孵化大量新的细分产业和应用领域。

### （四）努力构建世界一流的制造业企业生态

制造业大企业是行业龙头，也是国家经济实力和技术水平的象征。大型工业企业资产从2012年的38万亿元增长到2020年的60.4万亿元，中国制造业企业500强资产总额、营业收入分别从2012年的21.4万亿元、23.4万亿元增长到2021年的47.7万亿元、47.1万亿元。通信设备、电力装备、轨道交通、工程机械等领域涌现一批国际竞争优势突出的领军企业，73家工业企业进入2021年世界500强榜单，比2012年增加28家。

国家明确提出加快建设一批产品卓越、品牌卓著、创新领先、治理现代的世界一流企业的号召，制造业大企业应积极响应和行动。要以制造业各领域的骨干大企业为龙头，形成产业链配套能力全球领先，具有强大韧性和发展潜力的制造业体系，使装备先进、配套完善、组织协作能力强的产业优势成为制造强国建设的重要支撑。坚持把培育发展优质制造业企业摆在突出位置，积极推进企业兼并重组政策措施，保护和激发企业内生动力与活力，显著增强企业核心竞争力和综合实力，着力培育建设大中小企业融通创新的良好制造业企业生态。

### （五）努力夯筑"专精特新"的制造业坚实基础

"专精特新"是近年来工业领域优秀中小企业集中体现的特点和制造业中小企业努力的方向。截至2021年年末，全国中小企业数量达到4800万家，比2012年末增长2.7倍；其中，全国规模以上的工业中小企业户数达到40万户，营业收入逾75万亿元，利润总额达到4.7万亿元，较十年前增长23%～39%。到目前为止，全国已培育形成5万多家"专精特新"企业、

8997家"小巨人"企业和848家制造业单项冠军企业，其中专精特新"小巨人"企业超六成深耕制造业基础领域，超八成进入战略性新兴产业链，超九成是国内外知名企业的"配套专家"。

制造业中小企业形成了工业经济平稳运行的基础。随着改革开放的进程，制造业中小企业取得了长足发展，不仅数量众多，而且全国各地都见其身影。引导帮助制造业中小企业克服来自环境和自身不利因素的影响茁壮成长，一直是政府、社会关注的问题。各方面的实践表明，在制造业领域，以专业化、精细化、特色化、新颖化为主要特点的"专精特新"中小企业往往具有比其他中小企业更强的适应市场能力和旺盛的生命力，需要全力帮扶，促进发展。

"十四五"期间，"专精特新"中小企业将迎来发展的高潮期，为制造业夯实发展基础注入新动能。通过各级政府的大力支持和全社会的关心帮助，形成并不断完善优质企业梯度培育体系，争取到2025年，培育一百万家创新型中小企业、十万家"专精特新"中小企业、一万家以上"小巨人"企业、一千家以上制造业单项冠军企业。发挥制造业"链主"企业带动作用，推动大中小企业融通发展，引导"专精特新"企业参与制造业强链补链。支持中小企业集聚发展，打造一批特色制造业产业集群。以政府部门、社会组织、市场化服务机构组成的中小企业服务体系也将进一步健全，促进制造业中小企业数字化转型和绿色发展，提升国际合作水平。

"长风破浪会有时，直挂云帆济沧海"。党的二十大胜利召开，进一步推动了"制造强国战略"的实施，中国制造业的高质量发展又被注入了新的动能。对此，政府部门和地方各级政府将会加快建设现代化经济体系，着力提高全要素生产率，着力提升产业链供应链韧性和安全水平，着力推进城乡融合和区域协调发展。制造业企业一定能够深入学习党的二十大精神和贯彻中央部署，重整行装再出发，在提高制造业发展的质量和效益上切实发力，稳步攀登产业链高端，使制造业真正成为国民经济发展的牢固基础和坚强支撑，奋力谱写全面建设社会主义现代化国家崭新篇章。

（在清华大学继续教育学院举办的在线直播学习项目《中国新发展》上的授课内容，2022年10月）

# 构建绿色供应链　　建设美好未来

当前，世界百年未有之大变局和新冠疫情叠加，不稳定性、不确定性、不均衡性显著上升，气候变化、生物多样性丧失和生态退化等全球性危机对人类生存和发展构成的挑战更加严峻。由于全世界大豆、牛肉、棕榈油和林产品等大宗软性商品价值链造成全球至少 40% 的毁林，构筑确保可持续生产和消费的绿色供应链已经成为应对这些危机的先决条件之一，也是企业实现可持续发展应该关心的重要议题，本次对话会的举办恰逢其时。

我想就会议的主题从企业组织角度谈几个观点，与大家分享。

第一，着眼未来，携手共进。软性大宗商品的生产与供给既与人们当前生活息息相关，也与人类生存赖以维系的森林、绿地密不可分。全球企业必须坚决摈弃一味索取、不顾其他的短视观点，凝聚共识，对接 2030 年可持续发展议程，实现更加强劲、绿色、健康的全球发展。习近平主席在 2021 年第七十六届联合国大会上发出全球发展倡议，呼吁各国加大发展资源投入，构建全球发展命运共同体。中国企业将以此为原则，坚持人与自然和谐共生，构建人与自然生命共同体，积极构建绿色供应链。

第二，保护耕地，严守底线。大宗软性商品的生产中，不计代价，毁坏森林、破坏植被的情况，在中国曾经发生，但当前已经杜绝。中国企业在发展过程中，始终坚持依法合规，遵照政府 18 亿亩耕地保护红线的规定，无论是粮食、肉类、林产品等软性大宗商品生产企业还是其他制造业企业，都能够做到严格保护耕地，有力保障资源供给，通过绿色生产供应，有效支撑高质量发展、高品质生活。

第三，遵守公约，保护生物。中国是全球植物多样性最丰富的国家之一，也是最早签署和批准《生物多样性公约》的缔约方之一。中国政府一贯高度重视生物多样性保护，带动企业在内的社会各方不断推进生物多样性保护，使软性大宗商品的供应能做到与时俱进、绿色发展。中国企业联合会一直坚持开展可持续发展相关工作，推动企业重视生物多样性保护，要将这一理念融入生态文明建设全过程，提高各类企业保护生物多样性的自觉性和参与度。

第四，低碳引领，绿色发展。中国碳达峰碳中和目标的提出和"1+N"政策体系的建立，进一步为生物多样性保护夯实了政策基础，也对建立绿色供应链提出了更为具体的要求。按照政府部门在工业领域碳达峰实施方案中提出的构建绿色低碳供应链的要求，中国企业联合会组织行业龙头企业和专业研究机构，发起设立企业绿色低碳发展委员会，推动各类企业坚持绿色低碳发展，在产业链供应链全链条整合等关键领域发挥引领作用，发布企业实现"双碳"目标的社团标准，总结发布企业绿色低碳发展的实践案例。

第五，企业参与，全面推动。建设软性大宗商品的绿色供应链需要全社会的共同努力，企业是当仁不让的主要力量。中国企业通过学习、实践绿色供应链管理，将有助于打造企业核心竞争力，增强软性大宗商品的绿色属性。一是加强生产低碳管理。推进企业向产业结构高端化、能源消费低碳化、资源利用循环化、生产过程清洁化、产品供给绿色化、生产方式绿色化方向转型。二是加强绿色供应链管理。围绕"绿色"制定供应商的选择原则、评审程序和控制程序，以绿色原材料保障绿色制造。三是加强 ESG 管理。提升全产业链供应链参与方的 ESG 管理能力，开展风险评估，提升供应链可持续发展水平。四是加强协同管理。通过供应链上下游的绿色供需对接，推动全球企业的可持续开放合作。

全球绿色供应链的建立能够促进经济韧性发展，有效应对生物多样性和气候变化。构建绿色可持续的软性大宗商品供应链，不但增强软性商品供应的安全性，而且通过保护森林资源进一步在生物多样性保护议题上发挥着重要作用。让我们携起手来，和衷共济，推动包括软性大宗商品在内的全球供应链转型，共同打造更加绿色、更具韧性、更可持续的供应链，共同建设一个更加美好的未来。

（在"软性大宗商品绿色供应链对话会"上的致辞，

2022 年 12 月）

# 以构建现代化产业体系为目标
# 全面推进先进制造业发展

中国企业联合会、中国企业家协会（以下简称中国企联）成立于1979年，是改革开放以后成立最早、规模最大的以企业和企业家为成员的非营利社会组织，把为企业、企业家服务当作协会的宗旨，致力成为企业和政府之间的桥梁纽带。包括厦门企联在内的全国各地企联组织，是我们携手共同开展为企业和企业家服务工作的企业代表组织兄弟单位。

厦门经济特区建立40年来，各项事业长足发展，探索积累了许多发展成果和创新经验，在自然生态、营商环境、开放合作、社会治理等领域形成了显著优势。特别是近年来在厦门市委市政府领导下，通过抓招商促发展，抓项目增后劲，形成了大力推进先进制造业倍增计划，开展了"4+4+6"梯次发展的现代产业体系建设工作，全力推动了"五中心一基地"建设。

当前，中国经济社会发展进入关键时期，经济发展稳步恢复，新业态新模式快速涌现。通过学习党的二十大精神，进一步深刻理解加快建设现代化经济体系的内涵，更加有力地发挥企业与企业家作用，积极推动厦门先进制造业发展，为中国企业高质量发展赋能，为中国经济和社会发展助力，为人类命运共同体的构建和全球可持续发展做出贡献，具有十分重要的意义。

## 一、深刻理解：加快建设现代化产业体系意义重大

产业兴则经济兴，经济兴则国家强。进入新发展阶段，国内外发展环境的新变化、全面建设社会主义现代化国家的新使命，都对经济发展提出了新要求，建设现代化产业体系不仅重要，而且有着十分紧迫的意义。党的二十大报告强调，"没有坚实的物质技术基础，就不可能全面建成社会主义现代化强

国。""建设现代化产业体系。坚持把发展经济的着力点放在实体经济上，推进新型工业化，加快建设制造强国、质量强国、航天强国、交通强国、网络强国、数字中国。"面对党中央做出的这一重大战略部署，我们只有深刻理解其核心要义，从思想到行动上认真对待，扎实推进，大力发展先进制造业，在产业转型上加快突破，着力建设现代化产业体系，取得构建新发展格局、推动高质量发展的新胜利。

## （一）建设现代化产业体系是加快建设现代化经济体系的重要基础

"现代化产业体系"作为新概念，在党的二十大报告中首次提出，在前不久召开的中央经济工作会议上，"加快建设现代化产业体系"又被作为2023年经济工作的重要任务予以强调。显然，"现代化产业体系"不仅是以习近平同志为核心的党中央为全面建设社会主义现代化国家进行的谋篇布局，而且是中国经济面向未来、获取产业竞争力的重要着力点。只有对其深刻理解，透彻把握，才能积极推进建设进程。

党的十九届五中全会审议通过的《中共中央关于制定国民经济和社会发展第十四个五年规划和二〇三五年远景目标的建议》，专门阐述了"加快发展现代产业体系，推动经济体系优化升级"。从"现代产业体系"到"现代化产业体系"，看起来是一字之差，实际反映了党中央在加快高质量发展进程中的新把握、新要求。

由于我国经济已由高速增长阶段转向高质量发展阶段，正处在转变发展方式、优化经济结构、转换增长动力的攻关期，建成现代化经济体系是我国初步实现社会主义现代化的战略目标，而以实体经济为主的现代化产业体系是现代化经济体系的基础和支撑。

党的二十大报告在论述"加快构建新发展格局，着力推动高质量发展"的时候，首先强调了"加快建设现代化经济体系"，进而明确了"建设现代化产业体系"的一系列具体任务和要求，不仅有对发展实体经济、新型工业化的强调，还有对下一步攻关目标、企业定位、产业布局、新技术应用、关键领域等工作的部署。因此，可以认为，党的二十大报告中"现代化产业体系"的提法，与前期"现代产业体系"的提法一脉相承，方向一致，但更加清晰、明确、具体，具有更强的规范性、针对性和指导性，不仅完善了"现代化经济体系"的内涵，而且与其形成更加紧密的对接，更有利于工作的落实和延伸，要成为今后经济工作的指向。

### （二）加快建设现代化产业体系是实现新型工业化的重要途径

党的二十大确定的"推进新型工业化"是全面建设社会主义现代化国家长期坚持的重要任务，现代化产业体系的构建要紧紧围绕这一目标综合施策。早在 2002 年，党的十六大报告中就指出，要"走出一条科技含量高、经济效益好、资源消耗低、环境污染少、人力资源优势得到充分发挥的新型工业化路子"。二十年来中国工业的发展一直没有偏离这条道路，而今天再次强调，"新型工业化"的方向不变，将更多体现在，依靠科技创新战略推动发展，采用先进技术提高经济效益，坚持绿色发展减少资源消耗防止环境污染，发挥人力资源优势促进转型升级。

新型工业化作为一项庞大而复杂的系统工程，必须突出构筑现代化产业体系这一基本框架的作用，做好统筹规划和顶层设计。面对当前经济发展遇到的风险挑战，要把加快建设现代化产业体系作为促进经济恢复发展的主要投资方向，瞄准提升产业层次、补齐产业链短板、抢抓产业新机遇、完善结构体系、加大投资力度，形成新的战略支撑。

新型工业化的持续推进，使中国站稳了工业大国的位置。用现代化产业体系的标准衡量，还需要发挥企业的市场主体作用，以科技创新全面提升产业发展的层次和水平，提高全要素生产率，加大创新驱动，集聚力量进行科技攻关，加快实现高水平科技自立自强，坚决打赢关键核心技术攻坚战。

### （三）加快建设现代化产业体系是保证国家发展安全的重要内容

建设现代化产业体系必须坚持发展和安全并重，这是有效应对国际环境深刻复杂变化的迫切要求。当前，全球产业链供应链加快调整和重塑，这既有中长期变量的作用，也受到短期因素影响。中国制造业在入世之后，比较优势充分显现，发展规模迅速扩张，但产业链供应链尚存在依赖于人的薄弱环节，高端生产能力不足。美国自特朗普政府到拜登政府，不仅掀起逆全球化浪潮，而且将遏制中国发展的举措频频祭出，搭筑"小院高墙"，出台《芯片和科学法案》，组建芯片四方联盟，对涉华高科技相关设备和人员实施前所未有的限制措施。近三年来，新冠疫情叠加俄乌冲突，打乱了全球产业链供应链的正常运作，大宗原材料和重要商品不时出现供应紊乱和价格大幅波动。

这种情况下，中国要走好走稳社会主义现代化关键的发展之路，加快建设现代化产业体系，一定要加强产业链供应链的安全保障。要发挥体制优势，集中骨干大企业和"专精特新"型企业的力量，全面梳理，找准关键，夯实基础，协同发力，力求产业链供应链的核心技术率先突破，在建设现代化产业体系的过程中确保自主安全。要坚持国内国际双循环的道路，在产业先进技术上开展国际合作，从建设人类命运共同体的角度出发，推动全球产业链供应链的韧性和稳定。

## 二、战略视角：推进制造业高质量发展面临的机遇和挑战

制造业是实体经济的代表，也是国际产业角逐的主要领域。要推动实体经济行稳致远，完善现代化产业体系，必须坚持走中国特色新型工业化道路，牢牢抓住制造业高质量发展这个关键，把我国建设成为稳居世界制造业发展第一方阵的制造强国，为提升综合国力、保障国家安全、全面建成社会主义现代化强国打下坚实基础，构筑未来发展的战略优势。

### （一）我国制造业取得了历史性进步

迈向社会主义现代化强国离不开发展实体经济，制造业作为强国之基、兴国之器、立国之本，是实体经济的坚实基础、中华民族腾飞的坚强支撑。大力发展制造业是落实强国战略的有力举措，是新形势下党中央提出的统一号令，全社会一定要身体力行。

回望历史，中华人民共和国成立后，与现代工业接轨的中国制造业经历了从无到有、从小到大的发展历程。党的十八大以来，以习近平同志为核心的党中央做出加快建设制造强国的重大战略决策，为新时代我国工业体系建设指

明了方向。习近平总书记关于"制造业高质量发展是我国经济高质量发展的重中之重,建设社会主义现代化强国、发展壮大实体经济,都离不开制造业,要在推动产业优化升级上继续下功夫。"等一系列重要论述,成为推动新时期制造业发展的重要指引与力量。

十年来,我国制造业稳步走入由大向强的发展阶段。2012年至2021年,我国制造业增加值从16.98万亿元增加到31.4万亿元;高技术制造业和装备制造业占规模以上工业增加值比重分别从2012年的9.4%和28.0%提高到2021年的15.1%和32.4%;制造业占全球比重从22.5%提高到近30%,规模连续12年位居世界第一。

十年来,我国制造业产业体系优势进一步巩固。按照国民经济统计分类,我国制造业有31个大类、179个中类和609个小类,是全球产业门类最齐全、产业体系最完整的制造业。在500种主要工业产品中,我国有40%以上的产品产量多年稳居世界第一。钢铁、水泥、棉纱等基础工业制成品产量位居世界之首,具备较高技术含量的新能源汽车产销量连续8年世界第一。产业链配套能力全球领先,具有强大的韧性和发展潜力,这种体系完备、配套完善、组织协作能力强的优势在应对外部冲击过程中得到了充分彰显。

十年来,我国制造业产业结构进一步优化。移动互联、大数据、云计算、物联网、人工智能等新一代信息技术与制造技术的融合,成为制造业转型升级的重要驱动力。新兴产业加速发展,服务机器人、智能可穿戴装备等产品增势强劲,新材料产业产值实现翻番。区域布局不断优化,重点地区龙头带动作用进一步增强,电子信息、轨道交通、装备制造等领域形成一大批先进制造业集群。

十年来,我国制造业的惠民贡献进一步彰显。制造业努力适应人民群众不断增长的美好生活需要,节能智能家电全面普及,汽车快速进入寻常百姓家庭,千人汽车保有量由2012年的89辆提高到2021年的208辆。我国货物出口总额由2012年的12.9万亿元提高至2021年的21.7万亿元,制造业中间品贸易的全球占比约20%,中国制造业为世界经济发展做出了积极贡献。

过去十年间,中国制造业发展取得历史性成就、发生历史性变革,产业体系更加健全,产业链更加完整,实现量的稳步增长和质的显著提升,综合实力、创新力和竞争力迈上新台阶。目前中国制造业正处于加快推动高质量发展的关键阶段。

**（二）我国制造业面临着严峻的挑战**

我国制造业取得了举世瞩目的成绩，为实现社会主义现代化国家的宏伟目标创造了必不可少的物质条件。但客观地讲，要进入世界一流制造强国行列，还要付出艰辛的努力，克服更多困难障碍，面对并且迎接更多严峻挑战的考验。

一是自主创新能力亟待提升。装备研发设计水平不高的情况普遍存在，缺乏精密度高的国产测量设备，试验检测手段从软件到硬件不能满足实际需要，关键共性技术缺失。企业技术创新仍处于跟随模仿阶段，多数停留在应用层面，许多底层技术久攻不克，缺乏正向设计一些核心产品的能力。

二是基础配套能力亟待增强。基础零部件、基础材料、基础软件、基础工艺、关键技术基础成为制造业整体跃升的软肋。一些"卡脖子"的核心基础零部件、关键基础材料仍大量依赖进口。基础设施的服务支撑能力不足，严重制约了整机和系统的集成能力。尽管高铁、民航客机等重要产品已能生产，但生产链条尚存在断点堵点，部分核心元器件、零部件以及工艺受制于人。

三是产品整体质量亟待提高。一些使用同样机械设备制造的同类产品，国内产品的质量、精度、寿命都明显差于国外产品，反映出产品质量安全性、质量稳定性和质量一致性等管理方面存在明显不足。部分产品和技术标准不完善、实用性差，跟不上新产品研发速度。部分重大技术装备的质量和性能有待提升，配套件质量难以满足整机用户需求。另外，品牌建设滞后，缺少一批能与国外知名品牌相抗衡、具有一定国际影响力的自主品牌。

四是产业结构亟待优化。在一些行业产能严重过剩的同时，大量关键装备、核心技术、高端产品还不能满足需求，进而导致低端供给过剩和高端供给不足的现象。产业内部同质化竞争问题仍很突出。而真正体现综合国力和国际竞争力的高精尖产品和重大技术装备生产不足，远不能满足国民经济发展的需要。

五是产业技术进步亟待提速。一些行业内使用的设备生产过程中存在能耗高、污染重的情况，面对绿色低碳的发展要求，迫切需要改造提升。制造业推进数字化转型的速度较为迟缓，技术水平和效果有待迭代升级，改造所需装备和软件还要依赖进口，推广应用的多是行业骨干的大企业，广大中小微企业受资金、技术、人才、经验的制约，处于观望状态。

### （三）我国制造业需要把握的重要机遇

当前，我国制造业发展面临难得的历史机遇。新型工业化正在催生以新技术加快科技革命和产业变革。新一代信息技术、新材料技术、新能源技术正在推动中国制造业出现群体性技术突破。特别是新一代信息技术和先进制造技术的深度融合，呈现了颠覆性创新与延续性创新并存的创新态势，技术创新浪潮对制造业发展产生重大而深远的影响，已经催生出柔性制造、网络制造、智能制造等一批新经济、新业态、新模式，促进传统产业和基础设施转型升级，形成新的经济增长点，为我国构建制造业国内国际双循环相互促进的新发展格局提供了新供给和新动能。

我国是制造业大国，也是互联网大国，拥有完备的产业体系、坚实的制造基础和吸收新技术的巨大国内市场，在新兴科技和产业领域已取得一定突破，具有抓住这次科技革命和产业变革机遇的有利条件。面对历史机遇，如果能做到顺势而为、前瞻部署，并加强战略谋划和统筹协调，就可以推动互联网、大数据、人工智能和制造业深度融合，真正促进先进制造业快速健康发展。

新型工业化驱动力来自高端化、数字化和绿色化。在初步完成信息化之后，新型工业化发展最核心的就是实现数字技术、人工智能技术、绿色低碳技术与工业技术的结合。部分地区有很好的制造业基础，现代化产业体系构建的一个重要方面，就是加快推动这样一种结合，以工艺、装备为核心，以数据为基础，依托制造单元、车间、工厂、供应链等载体，构建虚实融合、知识驱动、动态优化、安全高效、绿色低碳的智能制造系统，推动制造业实现数字化转型、网络化协同、智能化变革。同时不断完善与制造业发展相配套的区域创新体系，集中力量解决关键核心技术领域"卡脖子"问题。如果一个地区能在产业链短板上率先突破，完善的不仅是国家产业体系，而且能够塑造区域产业优势，这对于地方经济发展的意义重大。

## 三、他山之石：了解参考发达国家发展先进制造业的经验

纵观世界近现代历史，制造业的持续发展和转型升级，是主要发达国家现代化的共同经验。18世纪中后期，第一次工业革命开启于英国，以大规模工厂化生产取代个体工场手工生产为标志的现代制造业快速崛起，推动英国率先完成工业化，登上世界第一制造大国的宝座。19世纪末，美国抓住第二次工业革命的历史机遇，在电力、机械等领域形成领先优势，成为世界第一制造大国。第二次世界大战后，德国、日本在钢铁、电子、汽车等产业快速发展的支撑下，跻身发达国家行列。在这些国家的现代化进程中，把握准制造业的发展方向，不断培育制造业体系升级，发挥了至关重要的作用。而一些曾经也在工业化上取得不俗成绩的发展中国家，由于忽视推动制造业转型升级，陷入了经济增长缓慢、收入提升停滞的"中等收入陷阱"。发达国家发展制造业中的经验做法值得借鉴参考。

### （一）美国：牢牢把握制造业创新的领先优势

美国始终强调在全球制造业发挥领导地位的意愿，把先进制造业的发展作为保证世界第一强国地位的基础。《美国先进制造业国家战略（2022年版）》中明确表示，制造业是美国经济实力和国家安全的推动力，在美国经济的几乎每个部门（从航空航天到生物制药等）都发挥着重要作用。美国服务业占经济总量的80%左右，但其中60%以上都是为制造业服务的。美国力求制造业保持领先优势的一个重要做法在于既关注发展新兴产业，又重视对传统制造业的升级改造。在实践中，后者涉及融合信息技术、自动化、计算、软件、传感和网络的制造业；前者主要指基于物理和生物科学且使用新材料和新技术（如纳米技术、化学和生物学）的制造业，还涉及3D打印、智能机器人、先进传感器、先进材料制造、微电子器件等领域。

在支持先进制造业发展方面，美国通过设立若干个国家创新中心推动核心技术研发，并加强成果转化，以此保持其在全球创新方面的领先优势。一方

面，产学研政协同创立国家创新中心。创新中心由原白宫制造业政策办公室、高端制造业国家项目办公室牵头，能源部、商务部等相关部门发起设立，成员包括公司、研究型大学、社区学院和非营利机构。创新中心由联邦政府和私营部门按照 1∶1 比例共同出资筹建。另一方面，以需求为导向，构建技术发展链条。相关部门联合创新中心会员，通过召开技术路线图研讨会来确定研发需求优先级。同时，还积极采取措施，促进技术成果的应用。

### （二）德国：倾力打造"隐形冠军"的制造业支撑

德国制造业始终坚持实体化、精细化、高品质路线，拥有数量最多的高精技术但知名度不高的中小企业，即"隐形冠军"。这些企业以家族企业为多，传承德国追求完美、严谨的工匠精神，在制造业中的细分领域深耕精作，致力于精湛的工艺和技术，长期在细分市场保持全球领导地位。

德国把突出智能化先进制造的"工业4.0"作为提升制造业水平的核心发动机。德国非常重视技术研发与需求的紧密结合，通过采用创新集群政策，将政府、企业界、学术界以及其他社会力量纳入创新网络。德国的职业教育体系完善，涵盖各个专业，对应300多个职业岗位。通过"双元制"教育体系培育出优秀的制造业者成为德国制造业质量经久不衰的秘诀。德国政府重视对制造业的引导支持。通过建设完善科技公共服务体系，为企业提供无偿的综合咨询类服务，包括技术咨询、专利保护、交易项目的受理与评估等。

### （三）英国：着力提升制造业发展的价值标准

尽管近年来与其他发达国家相比，英国制造业在经济中份额有所下降，但以航空航天产业、汽车工业、生命科学工业、信息通信产业为代表的先进制造业在国际上具有较强的竞争优势。英国主要是以高价值制造引领先进制造业的发展，并且努力打通从基础研发到技术市场化的路径。所谓的"高价值制造"是指应用前沿和尖端的技术及专业知识，创造能带来持续增长和高经济价值的产品、生产过程和相关服务。据此，英国提出了高价值制造的部分关键技术，如材料、纳米技术、生物科学、信息交互技术等，确定了一些具备开展高价值制造相关条件的重点行业，包括交通、药物和生物科学、特殊化学、高价值精密设备、系统和机械、特殊材料、石油天然气等。

英国政府还通过确定产业投资重点、使用"制造业能力"作为投资依据以及设立"高价值制造弹射中心"等措施，大力推动技术的商业化利用。英国通过将产业按研发强度由小到大、增长率由低到高进行排序，重点选择研发强度大或增长率高的产业，形成了包括5大领域22项"制造业能力"的标准体系，并以此作为投资的参考依据。通过推动科学家、工程师和市场之间的协同，实现从基础研发到应用技术，再到商业化的过程，促进研发和科技成果产业化，打造与制造业紧密结合的创新体系。

### （四）日本：精心引导制造业企业的方向路径

日本高度重视先进制造业地位的保持，既积极开展传统优势制造业的升级改造，如以人工智能结合物联网的方式改造汽车、家用电器、机械制造等；也加强新技术的研发应用与普及，如与大数据、物联网、纳米技术密切相关的产业等。

日本政府重视通过政策引导促进先进制造业发展，并及时评估实施效果。《日本制造业白皮书（2022年版）》要求在5G移动通信系统、量子计算机等数字技术方面，提升日本的竞争力。政府对制造业生产服务系统和运营模式进行优化升级的战略规划，还通过减税、补贴等方式降低技术应用推广成本及企业采购成本，大幅降低中小企业应用新技术的门槛。政府支持主要集中在基础设施和公共研发环节，同时以普惠性政策支持中小企业加大研发力度，推动先进技术的应用。日本政府规定，凡中小企业开展研发活动，可减免试验研究经费12%的税额。同时，由政府出资向中小企业提供技术人才支撑，培养和派遣有先进制造业经验及物联网、机器人等技术的人才协助制造业中小企业进行升级改造。

### （五）发达国家发展先进制造业的启示

他山之石，可以攻玉。从制造业居领先地位的发达国家采取的维护先进制造业领先地位的做法中，可以看到几个共同点。

一是以政策体系的创新引导先进制造业发展。制造业的发展，要充分发挥市场机制的调节作用，但也需要政府的顶层设计。即便是号称奉行最为自由的市场经济国家，近年来也加强了政府管理方式的创新，在一些代表未来制造业制高点的重点领域通过制定战略规划等形式的产业政策来加强政府引导。比如，《美国先进制造业国家战略（2022年版）》《德国工业战略2030对于德国和欧洲产业政策的战略指导方针》《日本制造业白皮书（2022年版）》等，无一不是遵循着这种路径。此外，在确立制造业发展目标后，各国围绕技术创新、人才培养、财政税收资金支持等先进制造业发展的关键问题，密集出台相关法律和支持政策，为制造业发展营造有利的制度与发展环境。

二是以技术管理体系的创新打造先进制造业动力。全方位的技术和管理创新是各国推动先进制造业发展的根本动力，也是孕育新经济增长点、推动经济层级跃升的关键所在。新世纪以来，以信息技术、新材料、人工智能等新技术为代表的新兴产业取得了长足发展，数字经济催生出全新的管理理念和经营模式，培育出了一批增长迅猛的高新技术企业。各国政府充分意识到这些新兴领域、按照新模式运行的企业对推动新旧动能转换、解决就业问题、增强国家综合实力的重要意义，纷纷下大力气打造先进制造业的新技术、新产业、新模式、新生态，为其制造强国地位培基强体。

三是以人才体系的创新打造先进制造业支撑。重视对企业和人才的培育，是各国维持产业竞争力的关键。任何一个制造强国的崛起，都离不开世界级制造企业和活力四射的中小企业，更离不开一大批企业家及技术技能人才。美国作为全球头号制造强国，始终注重营造法律和制度环境以汇集全球顶尖人才，以此作为对大企业和创新型中小企业的支持。

### 四、突出重点：注重把握先进制造业的若干发展取向

中国制造业落实高质量发展要求，关键是加快发展先进制造业。先进制造业既包括新技术催生的战略性新兴产业，也包括利用先进适用技术、工艺、流程、材料、管理等改造提升后的传统产业。加快发展先进制造业是实现发展方式转变的重要抓手，是破解发展不平衡不充分问题的重要途径，也是建设现代化产业体系的重要支撑。制造领域的企业和企业家要把促进先进制造业发展当

作自身必须长期坚持的战略使命，也要当作眼下刻不容缓的重要任务抓紧抓好。

### （一）抓技术创新，促进先进制造业构建新优势

推进先进制造业发展，要坚持调优存量和做强增量并举。长期发展形成的制造业企业和人才队伍是中国制造业攀登先进制造业高峰的基础。要立足制造业存量，以先进技术的产业化应用为导向，推动产业链、创新链、资金链、政策链相互支撑，形成高效立体的制造业创新体系。改造提升传统制造业企业，要充分运用好、发挥好比较优势，积极开发新产品，提高产品性能，持续改进生产工艺，实现优质制造，更好地适应和引领消费需求。

要以深化制造业与互联网融合发展作为传统企业改造升级的关键，加快数字化、网络化、智能化转型步伐，大力发展个性化定制、网络化协同、云制造，促进形成数字经济时代的智能供给能力。按照聚焦战略性、引领性、基础性的要求，抓好以企业为主体、产学研深度融合的技术创新机制建设，提升科技成果转移转化的辐射带动力，强化需求导向、循环发展的商业模式创新，形成细分领域明确、区域竞争合作、上下衔接发展的新优势。

### （二）抓项目投入，促进先进制造业引领新发展

统筹谋划，瞄准未来，立足本地资源禀赋和人才特点，以大企业带动大项目，做强做大战略性新兴产业。按照国家制造强国战略，突出抓好大飞机、航空发动机和燃气轮机、集成电路、新材料、新能源汽车、5G 等重点领域创新突破。加强规划和政策引导，对新技术新业态采取鼓励创新、包容审慎的监管模式。在夯实基础、掌握核心技术上下功夫，推动重大技术突破和关联技术升级，培育一批战略性新兴产业集群和龙头企业。

当前，为推动先进制造业共性技术开发和科技成果转化，国家已布局建设了动力电池、增材制造等 26 家国家级制造业创新中心和国家地方共建制造业创新中心，推动建设 223 个省级制造业创新中心，支持建设 125 个产业技术基础公共服务平台。要抓住制造业创新中心建设的重要机遇，立足本地制造业特点和基础，加快区域创新平台建设，着力解决行业反映突出的专用设备、材料、工艺等共性问题，并筹划能力升级，助推战略性新兴产业实现跨越式新发展。

## （三）抓服务型制造，促进先进制造业充实新内涵

发展服务型制造是重塑我国制造业价值链、推动产业升级的有效途径，对于制造业高质量发展具有重要的推动作用。从制造活动角度看，服务型制造所包含的服务不是仅能交付产品、保持产品运行状态和使产品正常运行的一般服务，而是需要数字技术支持、能够为企业带来额外价值的增值服务，是先进制造业的重要内容。抓服务型制造将赋予先进制造业更多新内涵。

第一，抓服务型制造增强先进制造业竞争力。先进制造业带来产品科技含量提高和技术升级加快，从而造成产品结构越来越复杂。服务型制造可以通过精细、精准的专业化服务满足用户越来越高的要求，有效提升制造企业的竞争能力。第二，抓服务型制造提供先进制造业新空间。发展服务型制造将产品与服务融合形成一个产品服务系统，将一次性的产品销售收入转变为持续性的服务收入，企业可以通过向产品用户提供服务获得源源不断的现金流。第三，抓服务型制造提高先进制造业利润率。通过加强制造环节上游的研发设计服务，可以改进产品的设计、技术和质量，使产品具有更大竞争优势。通过加强制造环节下游衍生出的在线监测、全生命周期管理、信息增值等服务活动，使先进制造企业形成差异化优势，增加高附加值服务活动在营收中的比重。

## （四）抓前瞻研究，促进先进制造业抢跑新赛道

未来产业是面向未来社会需求、由当下尚未成熟技术突破驱动、有望发展成为战略性支柱产业的新兴产业。未来产业是包括深海空天开发、尖端生命科技、类脑智能、量子计算等在内的一系列推动全球经济社会变迁的关键产业。未来产业的发展，取决于找寻找准前沿性、颠覆性技术方向，深入前瞻研究，设置应用场景，加快科技成果转化，抢占未来发展制高点，抓住发展的长期主动权。未雨绸缪、统筹考虑有助于应对与解答这一重要命题。

推动未来产业发展，要以更长远战略眼光谋划布局。要从重大科技创新产业化的规律出发，针对本地区的人力及物质资源特点和需求，考虑可能对未来经济社会发展和文明跃迁起到关键性、支撑性的作用，超前安排。但是，未来产业因其发展前景不明，技术突破难以把握，具有高不确定性、高风险性和

长周期性的特点，政府的投入要经过前瞻研究和反复论证，不可用行政手段代替科学论证程序。由于未来产业在短期内无法转化为利润，企业的持续投入要给予理解和关注。有效培育未来产业要求政府给予精准引导，凝聚科教资源和企业力量，加强前沿技术多路径探索、交叉融合和颠覆性技术供给，找到未来产业的新赛道。

### （五）抓融通发展，促进先进制造业培育新生态

先进制造业的主体是制造领域的具备创新能力的各类企业。加快先进制造业建设，要按照产业链供应链中的不同地位与作用，形成具有重大影响力的骨干企业为龙头、"专精特新"中小企业为链条的融通发展企业新生态。

打造一批世界一流企业，发挥这些企业在先进制造业建设中的领军作用。历史表明，一批创新引领的世界级企业是一个国家、一个地区现代化水平的标志，也是发展先进制造业的基础。世界一流企业在建设先进制造业中具有引领创新链、组织产业链、影响供应链的特殊作用。当前培育世界一流企业要紧扣"产品卓越、品牌卓著、创新领先、治理现代"的标准，对标看齐国际同行优秀企业，在全球产业竞争格局中占据重要地位，形成在技术标准、价格制定、供求关系等方面的话语权和影响力，同时体现中国式现代化企业制度和管理的特色。

培育一大批专精特新"小巨人"企业，发挥这些企业在先进制造业建设中的骨干作用。一支完整的先进制造业企业队伍，不仅要有若干个世界级企业和一批分行业的龙头企业，还要有数量众多的从事专项经营或以零部件配套见长的中小型企业。培育发展一大批在专业化、精细化、特色化和创新能力方面有独特建树，形成创新竞争力的"小巨人"企业。这些企业可以成为行业的"单打冠军"或"隐形冠军"，构筑起先进制造业的坚实基础。

## 五、集聚动能：学习借鉴领先地区先进制造业的做法

先进制造业集群是国家经济高质量发展的标志，是提升全球竞争力和创新能力的区域根基。我国制造业正处于由大变强的关键时期，不同地区依据自

身特点与实力,培育发展一批特色鲜明的先进制造业集群,是推动我国制造业在产业组织和空间布局上实现高质量发展的重要支撑,对优化和稳定产业链供应链、构建现代产业体系、畅通制造业国内国际双循环具有重要意义。

### (一)国家:重点培育国家级先进制造业集群 45 个

近年来,国家把培育世界级先进制造业集群作为推动产业结构优化升级的重要抓手,连续多年开展全国先进制造业集群竞赛。学习借鉴先进地区的做法和经验,通过比较发现自身短板,为区域园区发展探寻路径至关重要。目前,我国重点培育的国家级先进制造业集群增至 45 个,其中,新一代信息技术领域 13 个、高端装备领域 13 个、新材料领域 7 个、生物医药及高端医疗器械领域 5 个、消费品领域 4 个、新能源及智能网联汽车领域 3 个。45 个国家级集群 2021 年主导产业产值达 19 万亿元,布局建设了 18 家国家制造业创新中心,占全部国家级创新中心数量的 70%,拥有国家级技术创新载体 1700 余家,培育创建了 170 余家国家级单项冠军企业、2200 余家国家级专精特新"小巨人"企业。对标国家级集群中一直处于领先地位的城市,将对加快先进制造业发展增添新的动力与能量。

### (二)深圳:系统化力推先进制造业企业高质量发展

为了推动先进制造业发展,抢占发展先机,深圳市政府咬定先进制造业集群发展不放松,连续出台了多个产业集群支持政策,明确提出培育若干具有世界级竞争力的战略性新兴产业集群,以形成系统化促进深圳产业高质量发展的体系。深圳推出的引导政策不仅为战略性新兴产业发展带来动力,更让深圳在国家从产业集群选拔赛中拔得头筹。在 45 个国家先进制造集群中,深圳占据四席,覆盖通信、材料、医疗器械、智能装备等重点领域,名列各城市榜首。深圳通过不断推动自身结构的调整发展先进制造业,形成了高等级生产要素向深圳聚集,使得深圳制造业始终处在跃升的发展状态。

### (三)苏州:服务化助力先进制造业企业改造提升

近年来,苏州市坚持以助企服务推动产业发展,努力打造先进制造业集群，在发展环境优化、诊断服务、系统集成、工业互联网应用等领域都取得了积极成效。先后出台了加快建设国家智能制造示范区、加强智能制造生态体系建设等一系列针对性强、覆盖面广、含金量高的政策措施，围绕培育系统集成商和技术服务商、建立智能制造创新体系、加快工业互联网发展、打造智能制造生态环境等5个方面细化扶持政策。加快培育先进制造业集群，着力打造高端装备、新型显示、高端纺织等10个千亿级先进制造业集群。通过深入推进智能工厂（车间）免费诊断工作，持续实施"千企技改升级"三年行动计划，带动企业智能化改造投资500多亿元。提供覆盖全行业整体解决方案的一站式综合公共服务平台，累计星级上云企业671家。

### （四）宁波：专精化加快先进制造业企业迈向高端

宁波是全国重要的先进制造业基地，把加快先进制造业集群建设、培育"专精特新"企业和单项冠军建设作为加快建设国际领先国内一流制造业强市的重要措施。近1万家规上工业企业目前形成了绿色石化、汽车及零部件、新材料、电子信息、纺织服装、智能家电等8个千亿级产业集群，拥有国家级制造业单项冠军企业63家，国家级专精特新"小巨人"企业283家，成了城市发展的基本盘、动力源。企业梯队的合理分布让区域产业链协同更加高效、产业升级提升的带动效应更加明显，"专精特新"建设带动制造业企业加快迈向产业链高端。

## 六、协同共进：以先进制造业发展推动现代化产业体系建设

事实充分说明，现代化产业体系建设需充分发挥市场的决定性作用和政府的积极作用。这是一个政府、企业、科研机构、中介组织等多元主体协同共进的过程。政府对制造业转型加以引导推动，发挥龙头企业的引领作用、更多"专精特新"企业参与其中，科研机构加以助力，社会组织帮助搭建平台汇集资源。政府通过政策的有效引导和激励，建立完善的区域创新协作体系，促进多元创新主体协同形成良性循环，现代化产业体系建设的进程由此更加顺畅。

加快发展先进制造业，要和当前推动经济稳定增长结合起来。要充分意

识到，2023年国际形势依旧错综复杂，稳定工业经济运行仍然存在较大压力，实现稳中求进要付出更多艰苦努力。无论是当前提振工业，还是长远的推动制造业高质量发展，要以建设先进制造业为抓手，从推进产业基础再造、提升产业科技创新能力、培育一批具有核心竞争力的企业、打造安全的产业链供应链、推动制造业集群发展、统筹推进传统产业的改造提升和新兴产业的培育壮大等方面着力，推进经济稳步发展。

天高海阔水无垠，千帆竞发接新晨。希望通过制造业，特别是先进制造业领域的学习交流，深化对建设现代化产业体系的认识，加快构建先进制造业政策体系，完善配套支持，形成有利于先进制造业发展的良好产业生态和发展环境，提升广大制造业企业竞争力、创新力、影响力，在先进制造业方面取得更多更好的成果，进一步推动经济高质量发展。

（在厦门市委组织部干部培训云课堂上的讲课内容，2023年1月）

# 企业管理创新与合规治理

# 提升合规管理水平　融入全球价值链

当前，国际政治与经济环境变化错综复杂，新一轮科技革命和产业变革尚未实现重大突破，以美国为代表的贸易保护主义、单边主义日渐抬头，全球治理体系与国际经济规则面临深刻调整。面对世界百年未有之大变局，中国政府谋篇布局，坚持把推动制造业高质量发展作为稳增长的重要依托，引导传统产业加快转型升级，积极支持民营经济和中小企业发展，以新发展理念引领新经济常态，推进经济平稳健康可持续发展。随着中国更加开放，"一带一路"倡议的进一步落实，中国经济与世界经济的联系更加紧密，中国已由资本输入国变为资本输出国，中国企业日益融入全球价值链。

全球价值链作为经济全球化的高级形态，标志着经济全球化进入资源深度整合时代。由全球公司率先推动的全球价值链体系，已被越来越多的国家和企业所接受。中国经济高质量可持续发展离不开实体经济的发展，实体经济的发展离不开企业对全球价值链的积极参与和广泛融合。这既需要有技术创新和优质产品服务的支撑，更需要适应全球多元法律、规则和文化的要求。企业合规经营正是应对挑战，融入全球价值链，提升在价值链中地位的保证和基石。

首先，我们倡导合规经营的目的是助力企业更好地融入全球价值链，在实现企业发展的同时，推进中国经济的健康稳定增长。这就要求我们在"合规"这样一种制度环境中，用"合规"这一全球统一的话语体系，根据统一的尺度和标准与世界各国，特别是和跨国公司、全球公司以及那些快速发展的新型经济体对话、交往。对企业运营有约束的国际协议就是众多标准之一。中国企业的合规将有力展示我们对规则的尊重，体现中国是一个稳定而可信的"负责任大国"，坚定各国对中国改革开放和稳定发展的信心。

其次，履约执行机制的建立，必然进一步完善我国营商环境的市场化、法治化和便利化，从而有效保障包括企业在内的市场主体合法权益。同时，也会促使相关的市场规范从绿色、可持续、公平透明、社会责任等各个方面对企业经营提出新的要求。特别是对知识产权的保护，不仅有利于展示我国保护外企合法权益的决心，更是建设创新型国家、推动高质量发展的内在需要，必然会有更多的规章制度出台。这就要求企业更加关注和注意软实力的建设，包括法治体系、法规体系，以及合规体系的建设，通过全面合规来适应一系列应运而生的新法律、法规要求。

最后，有约束的国际协议，不仅是对中国政府和企业的规范，也是对其他协议签署国政府和企业的规范。参与全球价值链分工的中国企业，特别是在"一带一路"沿线国家运营的企业，由于各国地域与文化的不同，同时在管理企业方面处于不同的阶段，必然导致形形色色的制度、文化和规范要求，使得企业面临多种多样的风险和挑战。通过满足合规的各项要求，一方面可以要求相关国家政府和企业尊重和保护中国企业的合法权益，实现自我保护；另一方面，也可在东道国赢得当地政府和民众信任，共同营造有利于中国企业的商业环境。

借此机会，我还愿就企业融入全球价值链并提升地位谈三点看法。

## 一、企业进入全球价值链必须合规

全球价值链为企业，特别是中小企业提供了机会，但加入全球价值链不仅要求企业有好的产品和服务，更要求参与企业符合、遵循国际公认的企业行为准则。我们可以将全球价值链形容为一个生态群落。全球公司等大型头部企业犹如热带雨林中的大树，中小微企业犹如围绕大树树荫生长的枝干、灌木和藤草，这样形成一种共生关系。在这种关系中，中小企业和弱势群体可能获得更多的关心。由全球公司主导产业链条的发展方向，衍生出许多可供增值的环节，类似设计、研发、新营销模式、个性化服务等高级生产要素往往是中小企业发挥特长、展示身手的天地，大量中小微企业可以在合作中碰撞出新的想法和火花，发挥"专、精、特、新"优势，形成具体合作机会。但是，如果参与的企业不遵守公认的行为准则，如有害物种对环境的侵入，将会对整体环境造成伤害，被众多参与方拒之门外。比如，联合国全球契约组织的部分大型跨国企业成员，就要求其供应链上的企业必须承诺遵守包含反腐败等内容的十项企业社会责任原则，否则将无法成为其供应商。

## 二、企业融入全球价值链依靠合规

全球价值链的发展对各国开放程度和深度广度提出了新要求。在这一过程中，公认的企业行为准则，既是保证价值链健康稳定发展的要求，也是全球价值链参与企业减少纠纷、进行合作、创造价值的基石。全球价值链如果没有大家共同认可、支持的规则将难以实施。不遵守这些规则的企业，更易于与其他参与方产生矛盾和冲突，陷入各种问题不断涌现的状态，给企业造成重大损失。遵守规则的企业，则能较为顺畅地与价值链上的参与方沟通，解决出现的问题，集中精力和资源进行价值创造活动，实现企业的可持续发展。企业要长期融入全球价值链，抢得先机、提升收益，除了要具有核心产品、核心技术、核心能力，更要积极参与全球价值链合作和政策对话，进一步明晰全球价值链各参与方相互秉持的观点与自身发展的重点，遵守和执行共同认可的规则。近年来，中国企业在境外开展了大量的并购活动，很多项目的成功，都离不开以合规为基础的可持续发展价值观的建立。比如吉利收购德国奔驰，伊利收购新西兰第二大乳业合作社西路（Westland）。

## 三、企业主导全球价值链需要合规

创新驱动发展战略是中国迈向高质量发展阶段的国家战略，也是企业融入全球价值链，迈向价值链高端的必由之路。企业要主动抓住全球价值链和科技与产业变革的新机遇，面向世界科技前沿，努力攻克更多前瞻性、原创性、颠覆性的技术，切实增强原始创新能力。知识产权的数量和质量能够比以往任何时候更加强有力地证明企业的创新能力，并使企业更加便捷地获取客户信任，树立企业品牌，带来广告效应，获取社会资本青睐，赢得更多无形的附加价值。特别是新一代数字技术的迅猛发展，移动互联网的普遍应用，使得创新速度空前加快，知识产权的重要性凸显。推进新技术发展过程中，知识产权保护是推进全球价值链的重要内容，这应是我们坚定支持的一个方向。创造者没得到回报，怎么可能还有资金和能力去继续投入创造？企业怎么能够成长起来？因此，保护最大的受益者就是中国有希望的企业。无论是高新技术企业还是传统领域的企业，无论是大企业还是中小企业，只有重视知识产权保护，依法合规获取知识产权，才能有望在全球价值链中赢取主动，稳步前行，不断提升在全球价值链中的地位。华为的技术实力和合规经营，正是它面对美国政府苛责，仍能获得众多国家 5G 商业合同的有力保证。

为提升中国企业合规管理水平，助推更多中国企业融入全球价值链并向中高端攀升，全国企业合规委员会应着力开展好三方面工作。

第一，与时俱进，发挥引领作用。我们应该深入研究国内外合规领域新变化、新趋势，专注企业发展需要，展现战略视野，引领中国企业合规管理方向，提供解决问题方案。

第二，脚踏实地，采取实际行动。"为者常成，行者常至"。我们应该开展培训咨询服务，提升企业合规意识，打造企业合规能力；开展专题研讨，切实解决企业实际问题；树立典型榜样，传播优秀实践。

第三，合作共赢，打造新型平台。我们应该继续吸引更多合规利益相关方加入。充分倾听成员企业和相关方声音，更好回应各方诉求。创造开展集体行动有利条件，打造平台化的新型平台组织。

中国企业联合会、中国企业家协会作为伴随改革开放发展起来的全国性企业组织，我们将积极发挥企业与政府间桥梁纽带作用，推动企业以自身全面发展和能力建设为中心，不断提高核心竞争力和可持续发展能力；推动合规成为越来越多中国企业，特别是全球价值链上关联企业的发展理念和自觉行动；助力更多中国企业成长为世界一流企业。

（在"企业合规管理专题培训讲座暨经验交流会"
上的讲话，2019 年 5 月）

# 希望企业家们能早些读到

一

2020年注定要在人类经济社会发展史上留下重重的印记。一开年，新冠疫情就突如其来，在湖北武汉肆虐，影响到祖国各地。疫情严重威胁着人民群众的身体健康和生命安全，极大地侵害了经济社会的正常肌体。依靠上下同心，全民勠力，中国用两个多月的时间和巨大的代价争取到疫情防控全面好转的局面。

中国的疫情得到了控制，但新冠疫情恶魔的影子还在全球游荡，急剧上升的疫情感染人数和致死人数，成为压在各国人民心头的巨石，令人喘不过气来。在中国已经奏效的严格隔离措施，一度被部分发达国家所睥睨，现已成为大多数国家效法的榜样。疫情失控、难控，人流、物流、资金流的堵塞和中断，迅速波及经济的各个层面和社会的每一个角落。

全球资本市场经历了暴风骤雨式的跌宕起伏，各国股市大幅跳水，美国股市10天内的4次"熔断"，让股神巴菲特都连连惊呼：活了90年也没见过这种场面。各国政府不顾边际效应的递减这个不争的事实，期盼能够遏制住混乱中的经济大衰退，结果如何，人们拭目以待。

企业是市场经济的主体。新冠疫情病毒戕害社会、搅乱市场的直接后果，不仅是对生命的摧残，而且使众多企业成为这种情况下受损害最大的对象。如果把这场冲击经济最甚的疫情称作危机，那么每一位企业家、每一位企业界人士都要直面当下前所未有的重大风险并回答下面这两个问题：企业该做什么来应对危机？企业能做什么来穿越危机？

毋庸置疑，疫情面前，企业需要政府强有力的支持以复工复产。无论大企业还是中小微企业，若不能顺利地复工复产，企业生存就会成问题，这不仅仅是一个经济问题，而且是关系到充分就业的社会问题，关系到"稳就业"目标的实现。政府要做的是，为受伤的经济肌体，特别是不同规模的企业快速疗伤，加大资金注入控制企业失血，打通堵点接续断点使供应链生产链恢复畅通，启动重大需求添加动力，营造让企业家恢复信心的市场环境。

与此同时，企业自身的努力也必不可少。面对进化史上的每一次巨灾，遗留下来并最早复苏的往往是那些生命力最顽强的个体。几乎每一家企业从诞生之日起，企业家都会面对浩瀚莫测的市场经济大海，怀揣着令企业成长壮大的愿景，驾驶企业的航船去远航。但真正能够成功到达彼岸、满载而归的，唯有那些敢于迎击风浪、不畏艰险战胜困难的企业家。每一家企业，无论具有什么样的底蕴与条件，都要面对并接受各类风险乃至危机的考验。如果企业家们在遇到危机经受挑战的过程中，能够从搏击风雨、历经生死、平安归来的其他企业那里，获取宝贵的经验与教训，能在危机前后，反思他人和自己的伤痛，为防范风险危机设置多重保险，都可说是获取了难得的财富。这也是我向企业家们推荐这本书的初衷。

## 二

曹仰锋教授在企业管理领域矢志耕耘，在多本专著中都论及企业管理的历史以及信息时代管理学的最新进展，涉及管理变革的各个方面。而此次奉献给读者特别是企业家的新作则有着特殊的意义。因为我们知道，在激战过程中，再也没有什么比及时送到的武器弹药和补充的给养为一线浴血奋战的战士所需要了。曹仰锋教授的《组织韧性》不仅为企业阐释了加强组织体系重构以提升企业风险管理、危机管理之道，而且在企业抗击新冠疫情、战胜危机、恢复正常经营重要时刻，为企业家送上了精神食粮。

曹仰锋教授将"组织韧性"定义为企业在危机中重构组织资源、流程和关系，从危机中快速复原，并利用危机实现逆势增长的能力；并根据"组织韧性"的强弱程度，将企业分为四类：脆弱性企业、低韧性企业、中韧性企业和高韧性企业。他指出，只有高韧性企业能够穿越多次生存危机，从危机中快速复原，走出困境，还能够利用每一次危机带来的成长机会，实现在逆境中持续增长。

曹仰锋教授的研究没有拘泥于理论体系的构建、证明、分析和阐述，而是采取了多案例对比的研究方法，集中选取的对象是大家耳熟能详的西南航空、苹果、微软、星巴克、京瓷、乐高等家分别来自美国、日本和丹麦的著名全球公司，它们共同的特点是发展历史在40年以上且遭遇过重大危机又成功地走出困境，并获得持续增长。可以说，这些案例读起来毫不生涩，企业家的思考、判断、作风决定了企业的成败得失。每一个企业的案例不仅生动鲜活，而且脉络清晰、逻辑严密、关系简洁，高韧性企业的各个特质跃然纸上。

曹仰锋教授将帮助高韧性企业走出危机并获得持续增长的原因进行了系统梳理，提出了构成组织韧性体系的5个维度：战略、资本、关系、领导力和文化；强调了构成高韧性企业的5个核心策略：精一战略、稳健资本、互惠关系、坚韧领导和至善文化，据此归纳出打造高韧性企业的17条关键措施。他山之石，可以攻玉。这些在知名企业应对危机、持续增长中得出的认识、措施、经验教训与思考，无疑将成为每一位带着问题阅读此书的企业家与读者的可贵借鉴和参照。

## 三

一场大的危机过去之后，作为补偿，深刻的反思将会使后来者有可能避免踏入同一条河流。企业家的实践为学者、研究者提供了不可或缺的案例与舞台。尽管面对新的科技革命和产业变革，借助信息化手段推动的经济社会得以以前所难以企及的速度发展，但"黑天鹅""灰犀牛"的影响常常在提醒声中，从想不到的方向不期而至。

必须看到，在社会、经济、政治、生态、技术等因素的共同影响下，企业正面临着越来越大的外部不确定性和内部不稳定性的双重挑战。外部不确定性主要来自企业发展环境的变化。受外界种种因素的冲击，企业把握发展方向、掌控发展战略的能力受到考验。如果缺乏创新，不能因变而变、借力生变、主动求变，就可能在快速变动的市场中被无情淘汰。内部不稳定性更多受到企业自身因素的影响。企业组织体系的构建、战略的制定和掌控、激励机制的设计和执行、运行状态的协调和保障、经营安全与风险危机的管控、核心竞争力与人才队伍的培育、可持续发展目标的推进，无论哪一个内部环节出现问题，都可能破坏企业稳健发展的平衡与节奏，造成挫折甚至灾难。

应对企业内外部挑战的有效举措，可以从不同方面、用多种方式加以描述，但都可以归结到技术创新与管理创新两个方面。相对于容易将注意力集中到技术创新领域而言，企业家在提升企业自身内功的管理创新上不应有须臾的忽视与放松。应该看到，在新背景下，企业管理机制正从集中管控转向授权赋能，从依靠制度、流程管理及纪律约束转向价值观管理，从强调分工、分权、分利转向强调沟通与协作，从权力、指令式驱动转向愿景与大数据驱动，这已成为不可回避的大趋势。

企业必须进一步解放思想，对标世界一流企业，充分运用新理念、新技术、新方法和新工具，探索实践新的管理模式，在全面深化改革中不断推动管理创新，以一种有效、经济、智能、绿色的方式调集各种资源，不惧各种危机影响，努力实现企业高质量发展。

曹仰锋教授的《组织韧性》作为管理学的研究专著，可以为研究者和从事管理专业教学与学习的老师和同学参考。但我衷心希望有更多企业家、企业界的相关人士能尽早读到此书，为应对已经遇到、正在遇到、将要遇到的危机提供一份难得而有益的借鉴。如果曹仰锋教授在完成"企业可持续成长"系列研究课题的过程中，能够挖掘整理更多关于具备高韧性特质的中国企业案例，将是一件令人欣喜的事情。我们期待着。

（为《组织韧性》所作推荐序，2020年4月）

# 加快企业管理创新步伐
# 助力构建新发展格局

2020年是全国企业管理现代化创新成果审定活动30周年。30年来，在国家有关政府部门、各地方和各级领导的大力支持下，在广大企业的积极参与下，我们以管理创新成果审定活动为载体，广泛联系政产学研各方面资源，持续推动中国企业的管理现代化，取得了明显成效。从第一届企业管理现代化创新成果发布到今天，累计审定了26届共计3521项成果，这些成果是中国广大企业家和企业管理工作者与员工管理创新实践的辛苦结晶，是中国改革开放历史的宝贵见证，是中国市场主体攀登管理创新高峰的真实记录。我们要珍视企业管理现代化创新成果审定活动发挥的作用，使其在新时代更高起点上，展现更多光彩。在此，围绕会议主题谈三点看法，供大家参考。

## 一、把握新发展格局内涵，谋划企业管理创新的新定位

最近一个时期，习近平总书记多次强调，"十四五"时期我国将进入新发展阶段，要加快形成以国内大循环为主体、国内国际双循环相互促进的新发展格局。这是以习近平同志为核心的党中央科学把握国内外大势，着眼我国经济中长期发展做出的重大战略部署，是重塑我国竞争新优势的战略抉择，对指引广大企业科学把握"十四五"发展战略的内涵，找准"十四五"期间企业管理创新的方向，有着重要意义。

一是重视新发展格局下企业管理的战略定位。企业的发展战略是企业管理创新的首要，而战略定位则是整体发展战略中最重要的一环。尽管企业归属行业不同，所处地区各异，发展阶段千差万别，但都必须紧紧把握管全局、管根本、管方向、管长远的发展思路、发展方向。在当前形势下，企业发展要尽

快调整部署，找准以国内大循环为主体、国内国际双循环相互促进的新发展格局的方向。而企业管理创新也必须在战略层面重新聚焦，注重在供给侧结构性改革方向上更多发力，以创新链为手段，支持完善产业链、供应链；以现代化管理方式支持企业助力建设新发展格局。

二是认清新发展格局下企业管理的机遇挑战。新发展格局产生于全球新一轮科技革命和产业变革中，新技术、新产业、新业态、新模式不断涌现并加速发展成为最大特点。企业传统经营管理理念、生产方式、组织形式、营销服务等不变革或等待观望，必将落后于时代步伐。与前期相比，引导企业创新管理、有效控制成本，提高生产效率，提升技术、质量和服务水平，创新发展空间，已成为提升竞争能力的迫切需要，也成为推动我国产业转型升级和结构调整，重塑国际竞争新优势的有力支撑。企业管理创新要抓住机会，乘势而为，扭住创新驱动发展战略不放，以国内需求升级带动供给升级，提升企业的产品、服务、技术等供给对国内新需求的适配性，使生产、分配、流通、消费更多依托国内市场，形成需求升级牵引供给升级、新供给创造新需求的更高水平动态平衡。

三是明确新发展格局下企业管理的基本遵循。要自觉以新发展理念指引企业发展，符合新发展理念的坚决做、大胆做，不符合新发展理念的坚决不做。要增强大局意识，不能为了企业局部利益而损害经济社会发展的全局利益，不能为了当前利益损害而企业长远利益。在新发展格局下，企业管理必须遵循"创新、协调、绿色、开放、共享"的新发展理念，推动形成新发展格局的战略目标，使新发展理念不但成为企业制定发展战略必须遵循的重要原则，而且不折不扣贯彻落实到企业的日常经营管理活动中。

## 二、把握数字化转型方向，用好企业管理创新的新手段

历史实践表明，每一次科技革命和产业变革都深刻改变着世界发展格局，同时，催生了重要的管理创新变革。当前，云计算、大数据、区块链、人工智能、移动互联网等基础性信息技术和前沿热点通信技术加快迭代演进，深度融入社会各个领域，不断迸发创新活力，数字化转型日益成为推动经济社会发展

的先导力量，数字经济正在成为全球产业变革和经济增长的核心要素，世界各国无不把企业管理中数字化、网络化、智能化升级作为谋求国际竞争新优势的战略方向。这次新冠疫情的防控，大大推动了数字化技术的应用与普及，也促使更多的企业加快数字化转型步伐，开始"云办公""线上经营""智能制造""无接触生产"。疫情前已开始的"互联网＋"，数字经济的管理新模式、新业态出现了加速发展之势。这既是疫情倒逼加快企业数字化转型的结果，也揭示了下一步企业管理新的发展方向。

一是推动管理创新筑基，形成数字化转型支撑能力。以 5G、数据中心、人工智能、工业互联网建设为抓手，构建高速、移动、安全、泛在的新一代信息基础设施，扩大网络覆盖范围，提升数据处理和网络供给能力，努力形成万物互联、人机交互、天地一体的网络空间。充分发挥管理创新的主导作用，加强架构设计和整体规划，加快建设骨干产业互联网，构建公共服务平台和产业生态圈，促进各类资源和生产要素合理流动和优化配置，加快形成更加适应数字经济、智慧社会需要的管理新体系，切实提升基础保障能力。

二是推动管理创新攻关，形成数字化转型新动能。坚持应用牵引，体系推进，管理保障，不断提升企业数字化转型的能力和水平。积极打造并投入大中小融通发展的企业管理新生态，导入信息化专业服务团队，构建多方参与的公共服务平台，聚焦基础硬件及关键应用软件等短板，加快梳理"卡脖子"问题清单，尽快在管理理论、应用方法、运营工具、操作系统等方面取得突破，努力打造国际先进、安全可控的技术体系。推进形成产学研用系统创新集群，推动数字化智能化产品研发及产业化，加快国际先进管理成果转化应用和国产化替代步伐，为我国企业管理创新数字化升级奠定坚实技术基础。

三是推动管理创新升级，形成数字化转型新体系。坚持以数字化、网络化、智能化作为管理创新的主要手段与方向。紧密跟踪疫情后的公众认知和生产生活方式的新变化，形成与之适应的管理创新变革，大力发展数字经济，尽快形成新的数字化管理体系。探索形成高水平数字管理新架构和优质高效的数字工具，积极运用互联网、大数据、人工智能等先进技术改造传统产业，大力推进智能制造，推动传统产业提质增效、转型升级，新兴产业加快发展。

四是推动管理创新提质，形成数字化转型新优势。积极应用"云大物移智链"等先进信息通信技术，增强数据采集、数据管理、数据挖掘能力，以新的管理要求，打破内部"信息壁垒"，全面提升数据资源应用广度深度和共享服务水平。形成一把手主导、全员参与的数字化转型工程，推动企业内部管理决策链、生产制造链、客户服务链反应更加敏捷高效精准，加快数字企业、智慧企业建设。有效应对国际分工调整和全球产业链日益复杂的趋势，维护产业链稳定、安全。加强各类所有制企业互利合作，开展产业联盟建设，切实发挥产业集聚带动效应和"乘数效应"，促进形成大中小企业协调发展的数字经济新优势。

### 三、把握对标提升方向，构建企业管理创新的新体系

2020年6月，国务院国资委印发了《关于开展对标世界一流管理提升行动的通知》，对国有重点企业开展对标提升行动做出部署安排。该文件以对标世界一流为出发点和切入点，以加强管理体系和管理能力建设为主线，瞄准当前国有企业管理的重点领域和薄弱环节，提出了战略管理、组织管理、运营管理、财务管理、科技创新管理、风险管理、人力资源管理和信息化管理八大领域需要提升的主要内容，基本覆盖了企业职能管理和业务管理的所有领域，不仅是指导国有企业管理创新的一份重要文件，而且对广大民营企业的管理创新也具有重要的指导意义。我们要按照文件要求扎实推进管理创新，以构建世界一流的企业管理能力为方向，持之以恒，久久为功。

一是要坚持管理提升与解决问题结合。管理提升要瞄准企业发展面临的实际问题和企业管理的薄弱环节，从解决实际问题入手，以问题的解决作为衡量管理提升效果的标准。比如集团管控问题，当前我国大企业的集团管控与21世纪初已大不相同。不少企业已经发展成为多层级的特大型企业集团，因此，当前集团管控的重点已经不是简单的管和控，强调集权和集中化，而是如何构建适应"多元""多层""多国""多中心""多股东"的新型管控体系，包括如何解决总部的机关化问题，提升集团整体协同能力，如何实现分级授权与控制，建立多层法人治理体系等，这些都是当前大企业集团管控面临的非常现实的问题。

二是要坚持管理推进与改革协同结合。改革就是制度创新，与管理创新相辅相成、相互促进。适时的改革将促进管理创新，而滞后的改革将制约管理创新，往往使管理创新中途夭折，难以达到预期效果。因此，我们要将企业改革的重点任务与管理提升活动有机融合，以改革促创新，以创新推改革。比如激发活力是当前不少企业面临的一个突出问题，这里面既有改革的要求，也有管理创新的空间。尤其是近年来，随着互联网技术、数字化技术的应用推广，越来越多的企业为了快速响应外部市场变化，在资源配置、指挥协调、激励考核等方面引入市场机制，企业内部各环节、各单位之间除了行政指挥的方式，开始更多依靠内部市场交易机制来运转，从而有效提升了经营管理的敏捷性。在激励员工方面，一些企业在新项目中与项目核心人员建立合伙制，实现与项目实施人员共创共享；一些企业通过授予核心关键员工一定比例的期权或股权，让这些员工不但可以分享发展红利，而且可以参与到企业决策和企业管理中，探索共创共享共治的新型治理体系；还有企业通过建立内部创业机制，为有创业梦想的员工提供平台和资源，实现员工与企业共同发展。这些都是企业改革与管理创新协同推进的成功实践。

三是要坚持管理创新与模式重构结合。当今时代正在从工业化时代快速迈入数字经济时代，数字化已经成为时代潮流。2020年突发的新冠疫情无疑将大大加速这一进程，所有行业和所有企业都可能在未来的十年到二十年发生重大变化，行业重构、企业重构、业务重构、模式重构、管理重构是当前的重要趋势。在管理提升行动文件中，非常明确地提出了"以加强管理体系和管理能力建设为主线"，要求从系统性、全局性来部署推进企业管理提升活动，而不是原有管理模式的修修补补，加快推进企业从工业化时代的管理向数字经济时代的新管理迈进。

（在"2020年全国企业管理创新大会"上的讲话，

2020年10月）

# 贯彻落实"十四五"规划
# 开启产学研合作新征程

《中华人民共和国国民经济和社会发展第十四个五年规划和2035年远景目标纲要》描绘了我国开启全面建设社会主义现代化国家新征程的宏伟蓝图,提出了一系列重大战略、重大举措。2021年是"十四五"规划的开局之年。《创新、使命、担当——中国产学研合作百佳示范企业》一书的出版,对于我们深入学习把握"十四五"规划战略部署,认真贯彻落实规划纲要,明确企业产学研合作方向,加快实现高质量发展具有重要意义。

"十四五"规划的导向是以推动高质量发展为主题,立足新发展阶段、贯彻新发展理念、构建新发展格局。新发展阶段是现实依据,新发展理念是行动指南,新发展格局是战略选择,为企业新时期开展产学研合作、推进高质量发展提供了根本遵循,指明了发展方向。在此,从企业视角,我围绕落实"十四五"规划及会议主题谈三点看法,与大家分享。

一是以新发展阶段准确定位产学研合作新使命。"十四五"开启了新发展阶段,这是我国从站起来、富起来到强起来,实现历史性跨越的阶段,是我国发展新的历史方位,也是企业创新发展的历史方位。我们要准确把握新发展阶段的时代特征,在企业发展战略层面重新聚焦,在企产学研合作方向上重新定位,与时代方向同频,与国家发展共振,将产学研合作主动融入国家发展大局,找准定位、抓住关键、精准发力。比如,科技自立自强成为决定我国生存和发展的基础能力;加快推动经济社会发展全面绿色转型已经形成高度共识,实现2030年前碳排放达峰、2060年前碳中和的目标任务极其艰巨;随着经济全球化出现逆流,外部环境越来越复杂多变,如何处理好自立自强和开放合作的关系,加快构建新发展格局;等等。这些制约新阶段高质量发展的重大问题和关键领域,就是我们开展产学研合作实践的主战场和着力点。

二是以新发展理念系统注入企业产学研合作新动力。坚持系统观念是党的十九届五中全会上首次提出的一个重要原则，也是"十四五"规划的基本原则。贯彻新发展理念必须坚持系统观念。新发展理念的五个方面既相互贯通又相互促进，是具有内在联系的集合体，其中创新是第一动力、协调是内生特点、绿色是普遍形态、开放是必由之路、共享是根本目的。我们既要从战略和全局高度把握新发展理念，树立系统全面的发展观，引领企业发展方向；又要不折不扣贯彻落实到企业的日常经营管理活动中，贯穿到企业产学研合作方方面面，全面创新、协同推进。既要重视企业自身的技术创新，充分发挥科学技术是第一生产力的引擎作用；又要重视产学研合作，围绕企业需要整合科研机构与院校资源，促进产业链创新链融合，使生产关系有效适应新的生产力；还要重视体制机制创新，抓住深化科技体制改革的政策机遇，真正破解制约产学研合作的体制机制，有效激发各方的创造力和活力。

三是以新发展格局积极开拓产学研合作新空间。构建新发展格局是我国与时俱进提升经济发展水平的战略抉择，也是产学研各方塑造国际经济合作和竞争新优势的路径指向。新发展格局将改变国际和国内循环的主次关系，强调以国内大循环为主，强化国内外产业链的关联和互动，最本质的特征是实现高水平的自立自强，这为我们重新认识产学研合作的政策取向提出了新思路。从企业端看，要发挥国内市场规模大、韧性强、活力足的优势，加快从"两头在外"的传统发展模式转向主要基于内需市场升级实现创新驱动发展的新型道路；同时，牢牢把握国际市场机遇不放松。从产学研合作端看，在经济融入新发展格局过程中要瞄准世界一流水平，携手共力，自立自强，培育一批掌控价值链高端、具有品牌效应和强大国际竞争力的本土企业，并引导和鼓励这些企业构建以品牌和关键核心技术为主导的全球价值链，主动融入国际大循环，实现在全球范围内整合和配置资源，促进我国企业形成以技术、品牌、质量、服务为核心，以产学研合作为支撑的全球竞争新优势。

中国产学研合作促进会自 2007 年 11 月成立以来，大力推动产学研合作，成绩斐然。特别是在路甬祥副委员长指导，理事会的有力领导下，王建华副会长、丁玉贤副书记及促进会全体工作人员一道，牢牢把握国家创新驱动发展战略的方向，为推进国家创新体系建设服务，为加快区域经济创新发展服务，为提升企业自主创新能力服务，在推动产学研合作方面做出了出色贡献。《创新、使命、担当——中国产学研合作百佳示范企业》一书的出版和这次座谈会的召开，就是工作成果的集中体现。

中国企业联合会愿意与促进会进一步密切合作，共同发挥产学研与政府之间的桥梁和纽带作用，积极搭建协同创新共享服务平台，大力探索新阶段产学研合作的新模式、新机制、新方法、新途径，着力构建以企业为主体、市场为导向、产学研相结合的技术创新体系，促进政产学研用金的紧密结合，为实现全面建成社会主义现代化强国做出贡献。

（在"中国产学研合作创新示范企业座谈会"上的讲话，2021年7月）

# 应用精益管理可视化工具
# 提高产品开发效率

新一轮数字化技术正快速重构我们的世界。如何因应这一巨变，实现企业的数字化转型，是管理者面临的重要且急迫的挑战。所谓企业的数字化转型，其实质就是将新一代数字化技术融入以管理为核心的企业整体运行体系中，极大提升其创新力，激发出全新的竞争潜力。

那么，如何将现有管理顺利融入数字世界呢？可以认为，精益管理是关键技术，也是必经之路。精益管理是对源于日本丰田汽车公司丰田生产体系经验的总结与提升，集成了在众多行业和领域丰富的实践经验和深刻的管理思想。精益管理的本质是通过消除各种形式的浪费，特别是对时间的浪费，不断提升价值链效率。

在数字化世界中，提升管理效能的过程，可以简化表述为，通过各种技术手段获取实体对象的实际运行数据，将其导入数字化模型中，通过管理模型的优化分析和仿真运行的结果，将运行参数加以调整取得更优结果，反复迭代，进而获得实体对象的最佳运行效果。

不言而喻，实体对象运行过程的准确描述与精准把握是高效实现数字化转型的前提。可以这样认为，粗放管理下，仅凭大量资金投入先进的设备和算法工具，可能会对生产效率有所提升，但要实现脱胎换骨的改造与实现最优结果的转型，绝无可能。而精益管理下的价值链，从生产准备阶段开始直到生产过程的完成，如设计、研发、采购、备料、生产、检测、包装、物流等，将每一个流程都变成最为精简，没有任何形式浪费的过程，本身就构成了数字化转型的基础。通过全员参与的持续改善，制定科学方案，依靠可靠的设备，平衡生产流程，从而使精益制造的作用渗透到工厂各个方面。有了精益系统建立的生产制造体系标准，下一步的数字化工厂是水到渠成的事情。可以说，企业选择了精益管理就是找到了一条通向数字化转型的捷径。也要看到，精益管理自身也在数字化时代不断地丰富与完善，通过制造加服务的组合方式，实现产品服务化，在产品的整个生命周期内提供持续价值。

数字化时代的企业经营，不仅要求做正确的事，更加强调正确地做事。研究表明，管理者可以利用大脑最擅长的图形信息模式识别能力，来发现问题和风险。这是人类在漫长进化过程中成长的技能，远超过处理文字的能力。本书的作者团队恰恰基于此，着眼数字化时代的新形势新特点，通过产品开发可视化方法的 99 种实例，说明如何将创新者想法高效地传递给团队，进而具象化抽象的理念，实现精益管理知识在企业内的有形化和价值化，以帮助读者正确理解精益管理产品开发可视化工具。

需要指出的是，本书译者陈逸超博士现在上海交大教育集团精益管理学院担任院长，作为精益管理专家，他带领丰田精益专家调研和服务了千家以上企业。由于长期的理论研究和服务企业的实践经验，他深得精益管理之妙。本书的译文流畅易读，配图清晰生动，相信不仅企业经营管理人士会从阅读中受益，而且从事管理研究学习的专业人士和学生会在读此书时得到意外收获。

（为《产品开发可视化工具应用 99 招》所作序言，
2021 年 10 月）

# 企业管理的数智化转型势在必行

日月如梭，斗转星移。当新世纪大幕拉开之后，人们无不感受到技术革命和产业变革带来的变化。以互联网、物联网、云计算、大数据、人工智能、区块链为代表的数字经济以排山倒海之势影响着经济社会的每一个角落，成为全球经济发展的新动能，不仅使产业转型升级的步伐大大加快，而且直接带动了企业组织结构、生产方式、商业模式和创新模式的重大变革。

"十四五"规划中强调"数字经济"是未来推动经济发展的重要手段。当前，企业必须从发展全局来深刻理解数字经济。数字经济的影响力与日俱增，不仅成为全社会抗击疫情的有力武器，而且对国民经济的贡献率不断提高，成为中国经济转型升级的新引擎和高质量发展的主导力量。发展数字经济要求企业加快创新发展，使企业数字化转型成为经济包容性增长和可持续发展的有效途径。必须看到，数字化转型对企业带来的影响是战略性、系统性和革命性的。与以往企业技术改造不同，企业的数字化转型不等于各种计算机硬件设备、软件系统的购入，以及企业生产线和车间乃至整体自动化、信息化水平的提升。如果没有数字技术推动企业组织、流程、管理等方面的深刻变革，尽管自动化水平的提高会助力企业效率改善，但其深蕴的潜力还很大程度没有释放。

数字化转型的最佳载体与实践都来自企业，其意义在于能够使生产要素按照最优原则重新进行排列组合，通过反复迭代，让现有生产关系和生产元素能够产生更高效的生产力价值，构筑起经济发展的坚强基石。如何使数字化转型及时发挥作用，一直是社会各方不断摸索探讨的课题，对企业来说，构建一整套适应数字经济时代的商业逻辑和运作模式，包括发展理念、治理体系、技术和产品体系、组织体系、价值创造体系、管理模式、岗位和技能等。这对许多组织来说，都是一次巨大挑战。

一是以思维模式的转变把握数字化转型的方向。企业数字化转型的本质是数字技术对现有企业的重构，是战略层面的概念，它并不是追求眼前效益的机灵战术，而是用数字技术对业务和管理流程的优化。它是在"数据+算力+算法"定义的世界中，以智能数据服务的流动，化解复杂系统的不确定性，优化资源配置效率，构建组织新型竞争优势。关键是要将数据转变为企业有价值的知识，并赋能成为员工、组织、机器、系统的智慧能力，赋能企业生产经营和管理。

二是以业务模式创新激发数字化转型的潜力。为了更大程度释放数字化潜力，企业要以数据为核心进行全面赋能，使数字化真正深入企业的关键业务流程和每一个单元，才能实现业务效率提升和成本降低，并不断进行业务模式创新。

三是以管理模式变革构筑数字化转型的支撑。企业数字化转型是一把手领导下的全员工程、系统工程。企业在部署数字化应用的同时，还要调整组织人员、形态、机制与文化的变革，通过建设组织内部大规模网络协同和智慧决策的中枢，建立敏捷组织和协同生态，激活员工的创造力。让懂管理、懂业务、懂创新、懂数据、懂技术的复合型人才成为企业数字化转型的核心。

四是以新技术应用注入数字化转型的动能。为了适应复杂多变的商业环境，企业需要加快新一代信息技术的应用与创新，发展数字化能力，让数字化创新成为企业数字化转型不竭的动力。

企业的数字化转型，沿着数字化、网络化、智能化的路径展开，部分企业用数智化对这一过程进行描述与概括。阿里巴巴是企业数字化转型的先行者，也一直把帮助更多企业的数智化转型作为业务拓展的主要方向。抗击新冠疫情以来，阿里云和钉钉在众多互联网服务商中表现突出，积极支持了防控疫情过程的复工复产，以提供线上服务的形式，为社会多种功能的恢复形成了有力支撑。

所谓敏捷型组织可以理解为对市场变化能做出快速反应的组织，具备快速决策、绩效文化、柔性团队和透明信息等四大特征。它是由美国里海大学（Lehigh University）的瑞克·道夫于1991年发布的《21世纪制造业企业战略》一文中首次提到的"敏捷化"概念繁衍而成。数字化时代，敏捷组织的概念得到了越来越多的企业和研究机构的拥趸。《数智化敏捷组织：云钉一体驱动组织转型》一书，基于阿里云、钉钉在数智化转型探索中的最新成果，通过系统化的梳理和升华，详细解释了商业环境、技术发展和管理变革等内外部环境的变化对于数智化转型的深刻推动作用，阐述了云钉一体的整体能力和数智化转型的方法论，并最终通过行业标杆的成功实践案例印证了本套方法论的可行性。

  阅读本书的过程，就是将抽象的理念具象化的过程。这是一本理论与实践结合的实操之书，值得更多关注数智化转型的人士细细研读，多多体味。

（为《数智化敏捷组织：云钉一体驱动组织转型》<br>所作序言，2022 年 1 月）

# 管理思想的时代交响乐

壬寅年初，看完《永恒的活火》这本书，心里久久不能平静。海尔集团董事局名誉主席张瑞敏与全球34位经济学家和管理思想家的对话，多达30余万字，跨越15年时间，伏案读过，犹如欣赏管理学殿堂中一场气势恢宏的交响乐。一位位专家皆可称作世界管理学界的精英，认真地运用自己创造或熟悉的管理理论开展讨论，犹如精巧演奏内涵丰富的小提琴、悠扬的长笛、激越的小号、欢快的黑管，内容丰富，底蕴饱满。而指挥则是张瑞敏，娴熟的技巧与充沛的感情，始终把握节奏，把中外经济学大家对管理学理论的探索、思考与海尔集团的实践紧紧结合在一起，精彩纷呈，高潮迭起，奏响了一场管理思想的时代交响乐。

改革开放以来，我国成功实现从高度集中的计划经济体制向社会主义市场经济体制的转轨，中国的工业实现了快速增长。到2010年，中国制造业占世界制造业的比重超过美国，站到了世界第一的位置，这个趋势至今未变。中国堪称世界第一的制造大国，但还不能称作制造强国。为什么？因为中国在核心技术方面还多有落后，特别是许多关键领域还缺少可以自己掌控使用的要素，存在发展的短板和"卡脖子"环节。诚然，创新的缺失是造成这种情况的重要原因，但大家紧紧盯住技术创新的时候，不知有多少人能想到，管理创新同样是引领发展的第一动力，科技创新唯有与管理创新相结合，才可能产生出远远大于1+1的效果，推动中国制造业迈向强国之路。

从1978年年末中国拉开改革开放大幕开始，企业管理创新就与经济改革同行。四十年弹指一瞬，一位中国知名学府的教授深有感触地说，中国企业的实践已经走在了学界理论研究的前面。对此，许多业内人士也深有感触。中国企业在创造世界制造业奇迹的同时，一直在呼唤中国独创、特色鲜明又能与世界对话并得到充分认可的中国企业管理创新理论诞生，以无愧中国企业面临的难得时代机遇。今天，我们从《永恒的活火》中看到，张瑞敏主席正在这条路上，向我们大步走来。

凯文·凯利在《失控》里写了这样一段话，"钟表般的精确逻辑，也即机械逻辑，只能用来建造简单的装置。真正复杂的系统，如生命、种群，更加商业世界的经济体、市场环境，都需要一种地道的非技术逻辑"。许多学者和企业家都在管理实践中探求这种非技术逻辑，而张瑞敏主席在对中国式企业管理的研究与探索中形成了自己对这种逻辑的阐释，即其过程聚焦在实现"人的价值最大化"的目标上。如果以时间作为坐标，我们可以从两个维度看待中国管理创新的变迁。

第一个维度。尽管中国现代工业化的探索，是从鸦片战争帝国主义用洋枪洋炮打开中国大门开始，洋务运动、实业救国、产业报国，中国的仁人志士就不乏对工业化的憧憬与摸索，但真正现代意义的工业化建设是从新中国成立后才开始的，现代企业管理也由此而生。在当时特殊的环境背景下，中国的工业化进程是随着苏联援助"156项工程"建设开始的，新中国的企业管理从一开始就打上了计划经济的深深烙印。计划经济下企业管理与运营的基本模式是，生产销售按照计划上报，在获得批准后安排生产、分配及销售，企业不是自主经营实体，企业员工的作用无从体现。针对计划经济的弊端，政府和经济领域已有觉察，提出尊重价值规律，形成适合我国国情的工业化道路，进行"鞍钢宪法"和"两参一改三结合"的尝试等。由于多种原因，党在理论和领导上的失误，这些正确做法未能坚持下去。但企业和经济学界对计划经济的弊端和不讲管理导致企业经营"散、乱、差"的结果都深恶痛绝，这些认识为后来推动企业管理改革奠定了基础。

第二个维度。进入改革开放时期，在社会主义市场经济体制的逐步推进中，中国的经济管理模式和企业管理模式出现了巨大的转变。随着企业自主地位的提升，改进管理，提高效率，成为企业一致的呼声与愿望。1993年党的十四大以后，在中国全面建立市场经济的制度，以公有制为主体、多种所有制共同发展的所有制格局基本形成，构成了中国经济快速增长的多元混合动力。企业改革提上日程。国家层面，推进抓大放小；企业层面，建立公司法人治理结构，将现有企业改组形成权责分明、管理科学、激励与约束机制相结合的内部管理体制，依法自主经营、自负盈亏。同时，积极推动建立现代企业制度试点和发展股份制企业，理顺企业产权关系，探索政企分开，解决试点企业的富余人员的问题，在国有企业改革的路上迈进了一大步。学习现代市场经济通行的管理理论，探索与中国市场经济相适应的管理方法，一批重视管理创新的企业在激烈的市场竞争中崛起。

这一阶段，一方面，中国企业管理实践不断发展、取得了巨大成就，出现了大量企业结合自身情况总结提升的管理实践经验；另一方面，随着中国日益融入全球化发展浪潮，企业管理学科的研究者能够接触到更多国外先进企业管理实践和管理学研究前沿，在学习、吸收的基础上结合中国实际不断创新，提升了中国企业管理学的水平，使管理学学科体系不断完善。

在张瑞敏主席的领导下，海尔集团从砸掉不合格冰箱开始，走上了没有停步的管理创新之路。1990 年由国务院原企业管理指导委员会、生产委员会批准同意由中国企联组织开展全国企业管理现代化创新成果审定和推广活动。海尔集团公司自《以"市场链"为纽带的业务流程再造》的创新成果开始，"日清日高""人单合一"等一系列成果在连续多年的审定中获得优秀奖项。张瑞敏主席的管理实践与理论总结不仅作为企业管理创新的成果在学术领域产生了显著影响，吸引积聚了一批专家持续跟踪研究；而且在带动工业企业不断深化改革、加强管理、促进创新发展方面起到了积极作用。由于在管理创新方面的深入研究与探索，张瑞敏主席还于 2012 年获得了第七届袁宝华管理科学金奖的殊荣，迈上管理科学的新台阶。2015 年 11 月，张瑞敏主席应邀到伦敦参加全球最具影响力的"50 大管理思想家"颁奖典礼，被授予 Thinkers 50 杰出成就奖之"最佳理念实践奖"，成为第一位获得此奖项的中国企业家，并多次在国际上获得管理奖项。2018 年 12 月 18 日，党中央、国务院授予张瑞敏同志改革先锋称号，颁授改革先锋奖章，并获评注重企业管理创新的优秀企业家。

从创业之初到现在，张瑞敏主席致力于管理创新的转型探索与实践，而"人的价值最大化"则是一直探讨和追求的目标与主题。自 20 世纪 80 年代的自主管理班组，到 90 年代的 SBU，自进入新世纪后的小微自主经营体到当下的链群合约，海尔集团用"人单合一"模式体现物联网的变化与要求，将 8 万员工变成近 2000 个直接面对市场的小微自主经营体。以自组织的形式，将员工从只是听命于上级驱动转变为自主驱动、自主决策、自主创新，成为机会公平和结果公平平台上最为活跃的个体。每一个员工的自身潜力和内在动力都被新的组织形式激发出来，价值得到充分彰显。这一管理创新成果也在企业实践中得到了印证，海尔集团的经营业绩连年攀升，利润和营运资金周转天数等运营指标居于行业前列，远远超过行业平均水平。

《永恒的活火》详细地记录了这一过程中，张瑞敏主席的探求与认真思考。书中记述的海尔模式创新已经得到很多国内外商学院的关注及权威认可。美国沃顿商学院、哈佛商学院、美国的管理会计师协会（IMA）肯定了海尔探索的方向。竞争战略之父迈克尔·波特、世界一流的战略大师加里·哈默、量子管理学创始人丹娜·佐哈尔等都对海尔集团的创新与实践给出了积极的评价，把海尔集团的商业模式和组织管理模式变革看作对西方经典管理理论的颠覆。

互联网时代的知识爆炸与信息爆炸，使得人们往往用碎片化的方式从阅读中获取营养。但这本《永恒的活火》却是值得静下心来予以品读的精品。我想这本书可以看作了解海尔集团成长秘密的金钥匙。

这是全视角看海尔集团管理创新的导览。对话录的时间跨度从 2005 年到 2021 年，真实呈现了张瑞敏在企业转型若干关键时刻的思考、展望乃至困惑。连点成线，海尔管理创新过程的点点滴滴跃然纸上。

全书从 2005 年 5 月到 2021 年 6 月张瑞敏与北京大学教授胡泳的 5 篇对话开始。这近乎 5 年一次的对话可以看作全书的一个索引，也可看作海尔集团发展的路标。张瑞敏从感慨"中国还并没有企业管理的思想，也没有自己的企业管理模式"到率先提出了"'人单合一'模式"，进而开启物联网时代自组织的管理新范式，一脉相承，又层层递进，读起来有一种引人入胜的感觉。

顺着时间脉络还可以清楚看到海尔集团成长的进程。2010 年，张瑞敏主席与哈佛商学院教授迈克尔·波特对话时，海尔国际化正处于攻坚阶段。张瑞敏对波特说：我们希望能够成为真正的世界名牌。十年之后，海尔不仅蝉联 BrandZ 最具价值全球品牌 100 强，还获得全球首个物联网生态品牌称号。2016 年，海尔收购美国通用家电（GEA）的同期，张瑞敏在与管理学家加里·哈默谈到自己对经营的期盼：和其他公司最大的不同是，海尔没有派人过去强行要求对方必须按照自己的要求做。5年之后事如所料，GEA成为北美地区增长最快的家电公司，收入、利润均翻番增长，"人单合一"模式跨越太平洋的成功是对其生命力、普适性、科学性最好的证明与褒奖。

这是中外管理思想碰撞激荡的交响。从书中收录的篇章看，张瑞敏主席学术交流的对象非常多元。有奥利弗·哈特、布莱恩·阿瑟这样的经济学家；有詹姆斯·马奇、亨利·明茨伯格这样的管理大师；也有路易斯·郭士纳这样的企业家，以及克里斯·安德森、约瑟夫·派恩这样的知名作家和管理顾问。张瑞敏主席对话涉及的领域也非常宽广，大家之间的谈话也给人酣畅淋漓的感觉。丹娜·左哈尔教授对儒家、道家、易经等中国传统文化典故知识信手拈来，张瑞敏主席从西方现代科学到量子的波粒二象性侃侃而谈。无论是从古希腊哲学到复杂经济学，还是从量子物理到生命科学、网络科学等前沿视角，围绕管理创新涉及的相关历史、社会、文化的理论典故精彩迭出。

这是管理大师思想盛宴激情迸发的图像。与当前众多管理类著作相比，本书的对话录体裁非常独特。早在几千年前，古希腊哲人苏格拉底最常使用的教学方式就是对话。对话具有一种创造性的张力，能够澄清理念，通过智慧的激荡把各方带到全新高度。《永恒的活火》对话录的题材有近似之处，但与苏格拉底居高临下、独往独来的形式不同，张瑞敏主席与中外大师的谈话完全是平等交流，不乏交锋，不仅阐释观点，还有惺惺相惜、共享交流成果的感觉。张瑞敏主席提到，链群合约就是他与哈佛大学教授们在午餐会交流中引发灵感，随后构思出来的。对于读者来说，沉浸在书中感受全球一流经管思想家之间的智慧交融，这本身就是一种愉悦的精神享受。

改革开放的风云际会，让我们见证了中国企业在市场经济中不断历练，创新发展的过程。张瑞敏主席以中国企业家身份与世界企业管理学专家们侃侃而谈的记录，可以作为中国管理科学跃进的标志。物联网之风已起，呼唤全球化管理创新思维，全球管理思想者、实践者的交流更加迫在眉睫。

可以说，时代赋予"人单合一"的使命和机遇，就是要将具有中国特色、东方风骨的管理哲学思想体系引向世界舞台中央。在这样的背景下，《永恒的活火》这本书更具有时代意义。它展示了中国企业从学习西方管理思想到向世界输出管理思想的跃变,不但为构建中国特色企业管理模式做出贡献,更为后科层制时代的全球管理模式探索出了一条新路。拿起这本书,希望每一位中国管理学学者都能从中汲取新的营养和智慧,每一位中国企业家都能从中获取新的动力和能量,每一位读者都能尽享其赋予精神的甘泉与食粮。

(为《永恒的活火》所作序言,2022 年 1 月)

# 管理理论融入实践　　经典原理结合前沿

《现代企业管理原理（第八版）》的出版是企业管理理论界一件值得称道的事情。其意义不仅在于这是黄津孚教授集30余年的教学研究经验，在前七版基础上认真修改且较大补充之后的匠心之作；而且对当今管理创新领域的众多实践有着重要的指导及借鉴作用。

管理科学伴随着工业化进程而生。与其他经济类学科相比，立足于企业实践的管理科学与技术和产业发展的联系更加紧密，其时代性与实践性的特征体现得更为鲜明。工业化进程中的每一次跃升无不伴随着巨大的技术创新，也催生着新的管理模式出现。新世纪以来，技术革命和产业变革正在大步走来，中国企业无不感受到数字化转型对发展的驱动，无不承接着绿色低碳对发展的要求，无不迫切地呼唤新的管理科学理论提供驾驭时势变化的新工具。这也为我们认识《现代企业管理原理（第八版）》提供了新的视角。

中国工业化的探索自清末洋务运动后就没有停止，但国家层面的工业化建设还是从中华人民共和国建立开始。中华人民共和国成立后企业的现代化管理在一开始即按照苏联模式，纳入计划经济的体系。尽管中国式企业现代化管理的尝试不断出现，有的也取得一定效果，但总体上仍没有摆脱计划经济的窠臼。自1978年12月召开的中国共产党十一届三中全会开始，中国走上了改革开放的全新进程。中国企业逐步甩开了计划经济时代的企业管理做法，探索与世界接轨又符合中国特点的企业管理之路。适应我国企业改革发展和加强管理的需要，中国企业联合会的前身——中国企业管理协会在1979年应运而生，成为全国第一个经济类社会团体，创始会长袁宝华同志提出"以我为主，博采众长，融合提炼，自成一家"的十六字方针，为我国企业管理创新指明了方向，历久不衰。

1984年12月，党的十二届三中全会做出了经济体制改革的决定，提出企业开始推行厂长（经理）负责制，要转换企业经营机制，企业的经营管理要由生产型向生产经营型转变。随着国门打开和经济转轨的推进，大量市场经济发达国家的先进管理思想、管理方法和管理案例进入中国，各类工商管理培训层出不穷，使我国的工商管理教育和培训进入了前所未有的繁荣时期，有效推动了我国企业管理创新活动。西方行之有效的管理理论和方法在中国企业的应用效果各异。有的理论及模式取得了十分明显的效果，有的道理及方法在应用中差强人意。在反思中国企业的现代化管理之路过程中，不少企业家、学者和研究人员对现代企业管理的认识不断深化，要在深入学习市场经济国家企业管理理论的过程中，结合中国经济的大环境和企业管理的实际情况，走出一条具备中国特色的现代企业管理理论之路。

可以说，从20世纪80年代初期踏上教学科研职业生涯开始，黄津孚教授一直在这条路上探索。他在从事企业管理学教学、学术研究的同时，一方面，跟踪国外企业管理科学的进展，翻译、引进了一批管理科学与工程的最新成果；另一方面，积极参加管理科学的实践，频频深入企业一线，并且二十年如一日，以专家身份，参与中国企业联合会的管理现代化创新项目的评审，指导企业不断提升管理创新水平。这些社会工作的参与，使黄津孚教授不仅直接服务并帮助企业接受现代管理理论的帮助，改善了经营业绩与质量，深受企业与社会的欢迎与好评；而且大量来自企业第一线的鲜活材料为教学与研究提供了不可多得的样本，成为形成具有中国企业鲜明特点的生动案例。在此基础上，与那些一味借鉴国外书本，只是进行理论阐释或仅有国外企业案例的教科书不同，黄津孚教授把中国企业和外国企业的最新管理实践成果一并导入教学之中，并注意充分展示现代科学技术在企业管理中的应用，把成熟的经验或启示编入教科书中，不断进行总结、研究、提炼，形成了包括管理要素、管理之道、管理之法三层次的现代企业管理原理体系。《现代企业管理原理》不同版本教科书中清楚体现了这些特点，应该也是其一直作为许多经济类院校管理基础理论的教科书，并颇受企业家和企业管理工作者青睐的一个原因。第八版《现代企业管理原理》教科书更加突出以往版本已经具备的优点，并更加彰显其与时俱进的风范。相信希望了解、掌握中国特色的现代企业管理之道的各界人士会从研读中得到超出预期的收获。

[为《现代企业管理原理（第八版）》所作序言，
2022年3月]

# 经营管理练内功　　持续改进应挑战

2022年时运多舛，注定是中国制造业发展史上将留下深刻印记的一年。回首望去，自2010年中国制造业登上世界制造业龙头位置之后，到2021年，中国制造业增加值增长9.8%，制造业增加值占GDP比重达到27.4%，制造业增加值规模达到31.4万亿元，已经连续12年位居世界首位。这样一个发展势头能否延续，如何又稳又好地继续向前，时代提出新的诘问，形势发出新的挑战。从国际看，政治经济局面呈现出近年来从未有过的错综复杂，不确定不稳定因素明显增多，霸权行径和兵戎战事遏阻了全球经济恢复的努力，打乱了全球生产链供应链的正常秩序，发展前景扑朔迷离。从国内看，需求收缩、供给冲击、预期转弱三重压力在工业领域体现得更为明显，市场需求不足，企业综合成本居高不下，特别是近期疫情局部多发、超出预期，对经济平稳运行带来更大不确定性和挑战。企业是中国制造业、中国经济的骨干和脊梁，如何能在2022年的乱局中以创新正视挑战、以转型站稳脚跟、以管理强身健骨、以调整转危为机，争取新的高质量发展空间，无疑是需要认真思考和回答的大问题。本书提供的具备实操性的视角和案例是一个非常有意义的探索，会对读者提供有裨益的启示。

面对严苛的外部市场环境和运转失序的产业链供应链，企业如果只是用原来的生产经营方式来应对，必将陷入生产成本上升、节奏紊乱、效益下滑的窘迫境地。这样的情况乃至结果，对于中外企业来说，都是屡见不鲜，以至许多经济学家面对当前经济形势向政府提出的建议，都是要争取让企业活下去。作为企业，尤其是制造业企业，外部环境的改善是非常重要的，政府也会在这方面不遗余力。除此之外，企业自身的努力也必不可少，惟创新者胜，惟创新者强，牢牢把握创新核心，是企业战胜各种艰难险阻最为有力的武器。

纵观中国制造业的发展历程，在产业发展尤其是快速扩张阶段，更多地表现为机器、设备、设施等硬件为主的企业生产能力的增加，而对管理等软件的投入相对不足。在产业内涵式发展阶段，强调以创新为内生动力的时候，既需要不停顿地加快技术创新步伐，更要全力提升管理经营水平，充分挖掘自身蕴含的巨大潜力。在数字化、网络化、智能化带动制造业全面提升转型的新阶段，尤其要对数字化转型促使企业管理发生革命性变革给予更多的理解、研究和探索，认识到实施与数字化转型相适应的企业管理创新可以为企业带来巨大的价值，包括降本增效、提高生产效率、减少人力成本、加速产品迭代、提升制造的自动化程度等，最终改善企业的运营业绩，提升效率和效益，实现可持续发展。

"他山之石，可以攻玉"，南京钢铁股份有限公司（以下简称南钢）经营管理团队认真学习日本被誉为"经营管理之神"稻盛和夫的阿米巴经营管理模式，潜心研究，精心设计，苦心实践，专心改进提升，形成了路径清晰、特色鲜明、为我所用、效果显著的管理创新成果。南钢在推进阿米巴经营模式的过程中，根据钢铁工业生产工艺流程和工序特点，将事业部划分为厂、车间、班组阿米巴。通过阿米巴经营模式，员工全面参与企业生产经营，使得组织更快速、更高效地对市场变化做出反应。通过组织"平台化"和"生态系统"模式重构人才与组织的关系，使得人人成为经营者，人人分享经营性收益。通过管理去中心化，确保"谁创造谁分享"原则，促进企业与员工共同"创业创新，创造价值"。通过让阿米巴组织走进创新研发领域，及时实现现场生产、操作、工艺、技术、质量、检测分析、设备保障之间的管理融合、创新提升。

一系列的研究与实践使南钢的管理团队和广大员工深切体会到，只有把企业做成平台，企业才能做大格局；把平台做成阿米巴，企业才能做强专业；把阿米巴做成合伙制，企业才能做久机制；要通过持续不断地改进，使阿米巴经营模式成为支撑南钢实现"创建国际一流受尊重的企业智慧生命体"企业愿景的重要抓手。可以说，这也是理解本书的一把钥匙。如果认真阅读，就可以发现，本书不仅可以作为学习了解阿米巴经营模式的一本实用性、操作性很强的手册，而且可以作为中国企业矢志管理创新、探索中外管理智慧的报告集。相信不论是企业管理工作者，还是从事企业管理研究、教学、学习的老师和同学，或是愿意了解中国企业管理的读者，都会从阅读这本书中有所收获。

（为《阿米巴经营改进模式》所作序言，2022年4月）

# 了解世界管理思想演变的助行器

中国企业近年来在钢铁、建材、石化、高铁、电子、航空、航天等领域通过锻长板、补短板、强弱项，大步迈向全球产业链和价值链的中高端，成果显著。2021年，我国制造业增加值达到31.4万亿元，已经创造了连续12年制造业总量位列全球首位的佳绩。中国企业在联合国划分的工业41个大类、207个中类和666个小类里辛勤耕耘，这在全世界是独有的。围绕中国企业取得的每一个成就、每一项进步，企业管理无不闪耀着骄人的光辉。当越来越多的中外学者和企业家倾心深入探求企业管理之道时，中外企业发展过程中管理大师每一步重要的理论开拓，管理思想的演变脉络，企业管理实践的成败得失，无不成为有待系统梳理展现的急迫之需。"企业管理思想史"丛书（以下简称"丛书"）的出版注定要成为中国企业管理领域的一件大事。

以知识部类划分，企业管理从属于管理类。管理是人类一项基本的实践活动，管理能力是人类生存和发展不可或缺的软实力，管理思想不仅是人类社会活动所积累的精神财富，也是人类文明的璀璨结晶。企业管理则是工业文明的产物，随着十八世纪末期机器化大生产的兴起与演进，企业管理逐步从随意化、个人化的形式向专业化、科学化的形式过渡。如果从四次工业革命的角度思考，每一次重大技术革命和产业变革都带来一次管理理论以及企业管理模式的飞跃。站在当今发展之巅回顾与展望，以往工业革命进程中企业管理的创新性实践及理论探索弥足珍贵，每一簇思想的火光至今仍可作为借鉴；而面向未来新的攀登，古典管理理论、近代管理理论、现代管理理论，构成了继续向前探索的坚实阶梯和基础。

黑格尔说，历史就是时代观念外化的结果。企业管理思想史与一般思想史动辄皇皇百万言，呈现无所不包的百科全书全景式巨著不同，"丛书"冠之以"思想史"是力图承接前行者的伟大传统，使后来者得以站在巨人肩上，形成宏大开阔的视野和把握脚踏实地的方法，通览企业管理自诞生到辉煌的思想历程。"丛书"通过研究和揭示管理思想的产生、发展和演变的历史过程及其一般规律，包括记载管理的观点、见解，将其理论化、系统化，并论证管理理论产生、发展、演变的历史，进而归集到企业领域。

经典思想史的编撰一般会沿着历史的演进和思想家体系的构建两条主线展开，"丛书"充分体现自身的特点，又增加了企业管理实践的主线。相较二十世纪思想史领域最著名的偏重于哲学范畴的"施特劳斯学派"和偏重于历史学范畴的"剑桥学派"而言，"丛书"更加关注历史对今天的启示。用历史的方法研究思想，不是一般意义的注释考据和推演思辨，而是更注重对现实企业管理的真实关切能否有所裨益和借鉴。

可以看到，自十九世纪末，管理学成为一门相对独立的学科以来，管理思想史的发展相对缓慢，直到二十世纪中后期才成为一个比较独立的研究领域。美国管理思想史学家小乔治（Claude S. George）撰写的《管理思想史》于1972年正式出版，全面介绍了管理思想（主要是西欧和美国的管理思想）发展的过程；美国管理思想史学家雷恩（Daniel A. Wren）所著《管理思想的演变》于1979年出版，比较详细地介绍了西方管理思想发展演变的历程。

中国工业化的探索自清末洋务运动以来就没有停止，但国家层面的工业化建设还是从中华人民共和国建立开始。中华人民共和国成立后企业的现代化管理在一开始即按照苏联模式，纳入计划经济的体系。尽管中国式企业现代化管理的尝试不断出现，有的也取得一定成效，但总体上仍没有摆脱计划经济的窠臼。自1978年12月召开的中国共产党十一届三中全会开始，中国走上了改革开放的全新进程。中国企业逐步甩开了计划经济时代的企业管理做法，探索与世界接轨又符合中国特点的企业管理之路。改革开放以来，为适应我国企业改革发展和加强管理的需要，有关现代企业管理的研究和著作相继问世，标志着中国企业管理创新进入新的发展阶段。一批中国企业家矢志探索符合中国企业特点的企业管理创新之道，任正非、张瑞敏、宋志平等企业领军人物在带领企业争创世界一流的同时，形成了颇具特色的企业管理创新理论和专门论著。中国企业联合会已经连续28届审定了全国企业管理现代化创新成果4000

余项，展示了我国企业管理创新方面的进展和成果。一批企业家和中国学者也在管理学领域不遗余力地进行实践，并开展了管理思想史的研究。特别是我国学者周三多、杨先举、李明新、孙耀君、郭咸纲、唐任伍、赵志军、彭新武等先后撰写了管理思想史方面的多部专著，在管理思想史的研究上取得了一系列成果。但总的来看，现有管理思想史类著作多以研究西方管理思想为主，较少系统性地研究中国管理思想，也鲜有按管理学特别是企业管理学科分支进行深入研究的成果。"丛书"以此为切入点，以时间为经、以代表人物为纬，旁征博引、纵横推移，对中外企业管理思想各发展阶段的代表人物、见解观点、思想灵感、理论背景及其发展进程进行了系统阐释，以期读者能够从中把握中外企业管理思想的发展脉络和精髓，前瞻分析企业管理问题，更好地提出解决方案。

## 一、"丛书"的研究对象

"丛书"的研究对象既包括企业管理理论的思想继承、扬弃和创新，也包括企业管理实践，拓展性地研究以下问题。

一是，阐述企业管理思想的演化过程和发展规律。"丛书"不只是梳理企业管理理论的演化过程与发展规律，更多的是从唯物历史观出发，分析企业管理思想的产生背景、发展缘由、理论贡献与局限性等，并对比中外管理理论与思想，试图探索企业管理思想形成与发展的内在规律。

二是，关注社会生产方式的变革与企业管理思想演变的相互关系。厘清社会生产方式与企业管理思想之间存在"实践—理论—实践"的逻辑关系。提出与管理相关命题，预见未来的发展与挑战。

三是，把脉不断发展的企业管理实践。从管理实践与管理思想的辩证关系入手，将中国传统文化中的管理思想与现代企业管理实践相融合，用理论不断指导实践，同时提供系统、全面的方案来应对企业管理实践中的复杂变化。

四是，把握中国企业管理实践与中外企业管理思想、管理理论的辩证关系。用辩证的思想将西方管理思想和我国传统的管理理念加以比拟融合，在实践中探索出一套符合我国国情且利于我国企业发展的管理理论。

## 二、"丛书"的研究内容和研究思路

"丛书"的研究以企业管理各主要分支学科为脉络，以前人管理思想史研究为基础，阐述各学科主要学派的代表人物、见解观点、产生背景及其发展进程，进而抵达管理思想研究前沿，提出企业管理中国化命题。"丛书"包括《管理思想史》《组织管理思想史》《知识管理思想史》《人力资源管理思想史》《营销管理思想史》《战略管理思想史》《财务管理思想史》《创业管理思想史》《商业模式思想史》《供应链管理思想史》《信息管理思想史》《公司治理思想史》《质量管理思想史》《商业伦理思想史》《协同管理思想史》《创新管理思想史》等。

作为丛书，各分册共同的框架逻辑主要体现在以下四个方面。

一是，企业管理思想的形成与发展。以时间为主轴，以具体标志性事件为重要节点，系统地、完整地追溯和回顾企业管理各学科涉及的中外企业管理思想演变和自身成长的进化过程，探讨各学科如何随着企业管理实践的发展和技术的变革而演化发展。

二是，中外管理思想溯源。将企业管理各学科涉及的古今中外管理思想作为一个整体，包括早期管理思想、古典管理思想、现代管理理论和当代管理思想等，溯其源流、综其脉络、述其精华、探其内涵、究其本质，为后续深入剖析各学科流派提供理论基础和观点素材。

三是，主要学派述评。在介绍具体各学科管理思想学派及其分支学派的代表人物、见解观点、产生背景、发展进程的基础上，以生产力、生产关系和上层建筑的决定性作用和能动性作用为标准，评述在不同历史发展阶段和社会形态下，各学科管理思想学派及其分支学派的发展沿革、历史作用、局限性等，并对中外管理思想进行差异性比较。

四是，国内外研究前沿探讨。在生产力层面，数字技术创新及其应用创新使万物互联、信息共享、效率提升成为必然；在生产关系（经济基础）层面，数字化新业态、新模式、新机制层出不穷；在上层建筑层面，数字化新理论、新理念、新价值观不断涌现。数字经济的迅速崛起与国际竞争新态势迫切要求中国企业管理思想与时俱进、拥抱未来。"丛书"探讨国内外研究前沿理论和方法，源于实践、高于实践、引领实践，为中国企业提供前瞻性方案。

### 三、"丛书"的主要特色

"丛书"遵循辩证唯物史观的本质要求，以"古为今用，洋为中用，践行当下，引领未来"作为使命担当。

一是，突出时代呼唤、时代使命和时代要求，有助于有效填补中国企业管理思想研究的发展空白。"丛书"从专业和微观角度，按照企业管理各分支学科的发展演变分门别类地进行研究，构建具有中国特色的现代化管理思想体系。这一点可以说不仅填补了国内企业管理思想史的空白，在一定程度上讲也填补了国际企业管理思想史的空白。

二是，突出中国问题、中国元素和中国方案，有助于坚定增强走中国式企业管理道路的发展信心。"丛书"融汇了中国上下五千年管理思想史，对中国企业管理思想的研究上溯到先秦时期，弘扬中华优秀管理文化。"丛书"立足本土，总结凝练中国原创企业管理理论，建设性地提出现代化管理的中国方案，致力于提高中国管理研究在国际上的学术地位和影响力，为中国管理在世界舞台的崛起贡献力量。

三是，突出管理历史、管理研究和管理实践，有助于深入总结中国式企业管理的发展规律。"丛书"覆盖面广、核心内容扎实、重点突出，从中外古代文明的管理思想入手，着重探讨近代以来的企业管理思想，紧密结合相关理论产生的时代背景，紧扣其形成、发展的演进脉络，有利于读者更好地理解相关企业管理理论的缘起、应用与兴替。

四是，突出人文精神、人文道德、人文品格，有助于切实提升中国式企业管理的发展境界。"丛书"注重比较分析，强调企业管理智慧和道德融合统一，总结归纳企业管理实践的历史经验，为"商智"和"商德"的辩证统一关系正本清源，明确了商业主体应该遵守的商业行为原则和规范、应当树立的优良商业精神等商业道德问题，形成了商业群体最重要、最长远的约束机制，同时保证了商业群体的长盛不衰，为中国企业管理理论发展提供正信、正念和正能量。

五是，突出创新理念、创新模式、创新方法，有助于不断增强中国式企业管理的发展动能。"丛书"探讨企业管理创新，提倡学以致用，将中国特色企业管理与数字化创新相结合，在每一学科分支对应分册都有前瞻性研究成果，且重点论述了数字化技术发展对企业管理的促进作用。为中国企业提供新思路、新模式和新方法，助力中国企业用自己的方法解决自己的问题，使中国式管理拥有平视世界的底气和实力。

希望这套丛书能帮助中国企业家迈向世界企业管理的高水平殿堂，助力中国企业探索出具有中国特色的企业管理创新模式，为中国大专院校、科研单位开展企业管理的教学、科研和实践提供有价值的参考，成为向世界展示中国企业管理的窗口，加快中国企业健康可持续发展。

（为"企业管理思想史"丛书所作总序，2022 年 5 月）

# 更好发挥企业作用
# 进一步提升案例建设质量

很高兴参加教育部学位与研究生教育发展中心与清华大学公共管理学院共同主办的"首届中国案例建设国际研讨会",与国内外专家一起探讨中国案例建设。

案例教学作为一个标志性的教学和研究方法,在今天的高等教育,特别是研究生教育和科研中受到越来越多的重视与欢迎。近年来,在教育部领导推动下,在中国专业学位案例建设专家咨询委员会的指导下,教育部学位与研究生教育发展中心认真践行习近平新时代中国特色社会主义思想,组织各相关大学积极参与,中国特色的案例建设取得了长足进步。高等学校案例教学的质量与水平快速提升,远远超出管理学教科书的一般拓展和课堂教学的简单延伸,尤其是通过许多来自企业、公共管理一线鲜活实践总结的案例,运用开放式、互动式的新型教学方式,组织学生开展讨论或争论,形成反复的互动与交流,通过各种信息、知识、经验、观点的碰撞,启示学生理解经济、社会科学理论和启迪管理思维,有效提高了学生贴近实际、分析企业问题的能力。

中国案例教学不但在教学园地结出硕果,而且在企业领域得到众多企业家的认可。张瑞敏、宋志平、李东生、李书福等一批中国企业家走进中外大学课堂,用切身体会阐释在企业管理创新道路上的跋涉与收获。优秀的案例是开展优质生动教学的前提,其基础是来自管理一线的实际运作,不仅为教育系统认真对待,也为越来越多的企业所青睐、所倚重。作为企业案例建设的承载主体,企业家们希望通过所在企业案例的搜集整理、分析归纳与研究总结,正确把握企业管理的经验教训,提升对管理规律的科学认识,进而全面提升企业管理水平,促进企业高质量发展。产业界与教育界、研究界的结合将会夯实案例建设的坚实基础，势必带来多方共创、共建、共享的案例建设成果的新局面。

与教育系统单位在企业管理案例库建设和应用方面携手共进，是中国企联的意愿，也是准备积极落实的行动。中国企联是中国企业联合会、中国企业家协会的简称，是1979年3月经国务院同意成立的第一个全国性、经济类型的社会团体，是企业、企业家、企业团体的联合组织。自成立以来，中国企联坚持为企业和企业家服务的宗旨，在政府、企业和企业家之间发挥桥梁纽带作用。中国企联把推动企业管理现代化、促进我国企业成长进步，作为自己的使命与职责。

1983年，我会创始会长、中国人民大学的老校长、我国经济战线的杰出领导袁宝华同志创造性地提出"以我为主，博采众长，融合提炼，自成一家"的十六字方针，为我国企业建立具有中国特色的科学管理体系指明了方向，也一直为我会秉承与坚持。从1990年开始，我会开展了全国企业管理现代化创新成果审定工作，至今已累计开展了28届、审定发布4000余项成果；从2002年开始，开展全国优秀企业家评选表彰和中国企业500强排名以及榜单发布工作，至今已连续20年清楚展示中国大企业成长的轨迹；从2005年开始，在企业管理创新成果和全国优秀企业家工作的基础上，开展"袁宝华企业管理金奖"评选，至今已连续11届表彰和奖励42名管理成果卓著的中国企业家，以激发企业和企业家积极投身中国特色的企业管理现代化事业。2017年9月，中共中央、国务院发布了《关于营造企业家健康成长环境弘扬优秀企业家精神更好发挥企业家作用的意见》，中国企联被明确要求牵头参加落实文件精神的13项工作，其中就包括推动企业管理创新工作。多年来，中国企联通过坚持宗旨、服务大局，对中国企业实践和管理进步具有广泛的了解和长期的跟踪研究，真诚愿意在推动我国企业精品案例开发中赋能助力。

从企业角度看中国案例教学的建设，加快以快速迭代、准确描述、深入分析的方式将来自企业管理经验提炼总结加工成优秀案例，以此充实企业案例库是企业非常愿意看到的。与以往案例编撰不同，新时期案例整理需要充分体现企业的主要关注。

一是必须适应新技术带来的变化。在大数据、云计算、AI等新技术加快向行业渗透的当下，案例建设首先要适应变化，进而引领变化。在案例总结过程中，充分反映运用数字化、网络化、智能化技术对新兴产业加以扶持，对传统产业进行改造升级，保障产品品质安全，进而实现引领市场需求。

二是必须适应新模式带来的变化。海尔集团大力推进"人单合一"，将传统的层级管理形式改造成直接面向市场需求的小微组织，体现了模式创新的重要作用。案例建设中，应把企业高度关注的模式创新予以重视。

三是必须适应新观念带来的变化。新形势下的案例整理要从传统案例整理中容易出现的零碎、分散、单一、就事说事中走出来，以整体系统观的视角组织新的案例。

四是必须适应新组织带来的变化。与数字技术相匹配的管理组织新模式层出不穷，当前尤其要积极捕捉平台组织的特点、供应链的节点等，用新语义来阐释新案例的要求。

当今时代，世界百年未有之大变局与新冠疫情正在加速演进，我国发展的内外部环境和社会主要矛盾发生了深刻变化，企业发展不断面临新情境、新挑战。如何在危机中育先机、在变局中开新局，不仅需要企业继续守正创新、奋力拼搏，更需要对以往经验教训进行梳理总结，逐步提出更具有时代特征和中国特色的管理理论、方法和工具，加快转型升级步伐。我们欣喜地看到，企业管理创新成果的提炼推广与案例教学的素材整理，有着异曲同工的作用；以此为纽带加强产教合作，已经成为中国企联与教育部门的重要共识。如何在进一步合作中将形成的共识更好地见诸行动、形成硕果，对此我有几点建议，供大家参考。

第一，要突出中国企业管理实践。从新中国成立到现在的70多年时间里，中国跃上了世界第二经济大国的位置，中国工业经历了从无到有、从小到大、从弱向强的变化。企业管理虽然在改革开放以后，走上了与发达国家接轨的道路，但远离均衡状态的运作，使得企业管理实践很难照搬照抄当代西方经济学的理论，需要结合中国实际做出安排。在案例整理过程中，既要遵循管理科学的基本规律，又突出企业管理的中国特色、中国风格和中国气派。要根植于中国企业实践，在一系列广受欢迎的重大企业创新成果基础上，整理出时代感强、典型性突出、中国特色鲜明、科学规律严谨的企业案例,讲好中国企业自己的故事。

第二,要突出世界一流企业建设。伦敦商学院教授加里·哈默说,如何让大企业变得更有激情、更有创造力,适应性更强,这不是某个企业的问题,是一个全球性问题。对于中央企业、地方国有大企业、民营大企业都渴望接触世界最新的管理思想。努力学习、完善提高,面对现实、接受挑战。以案例形式总结中国大企业成长历程,对标世界500强,建设世界一流企业,不仅有着重要的理论意义,而且有十分紧迫的现实意义。

第三,要突出国家重大战略研究。实践总是走在理论的前面,要想跟上时代的步伐,必须在理论和方法上不断推陈出新。特高压电网、航空发动机、重型燃机等许多国家重大科技专项都是由企业承担,在科技突破的同时也伴随着相应的管理创新,做好总结宣传推广能够更好地服务企业创新和科技自立自强的大局。案例研究要跳出传统定位,主动服务国家战略需求,关注和总结国家重大项目实施中的科技创新和企业管理创新,推动企业重大案例研发。

第四,要突出企业群体的切身关切。在"十四五"时期,中国企业将在制造强国建设路上大步迈进,案例研究应更多关注新一代通信技术、智能制造、新能源、新材料、生物医药等高新技术产业领域及传统产业改造升级,着眼企业急需的行业标准制定、开放技术和数据平台、战略业务合作、联合研发、产业投资等方面。

第五,要突出精品活动的培育。只有深入研究和精准把握管理实践,才能将企业案例写实写活写透,做到学理价值和应用价值兼具。中国企联平台上涉及不同类型不同领域企业,每年有一系列以企业、企业家为主体的重要活动,都是案例开发的实例和数据基础。初步设想,由教育部学位中心支持,我会和中国人民大学共同组建"袁宝华管理大讲堂"新型载体,形成"名企+名家"的新模式,也就是将优秀的企业实践和高水平的学术团队有机结合起来,发挥好各方优势,在案例开发上形成合力。

企业的竞争力就代表国家的竞争力,办好企业的事就是办好国家的事。做好企业案例研发,讲好中国故事,既是贯彻落实习近平总书记关于哲学社会科学工作、教育工作系列重要论述和指示批示精神的重要举措，也是树立先进企业的示范引领作用、推动企业提升管理水平、塑造良好形象的实际行动。希望大家充分用好中国企联的影响力和平台功能，更好发挥企业作用，进一步提升案例建设质量，为建设世界一流的中国企业和中国案例库做出应有的贡献。

（在"首届中国案例建设国际研讨会"上的致辞，<br>2022 年 5 月）

# 以合规指导中国企业国际化经营

北京的秋天不仅是收获的季节，而且色彩斑斓，美不胜收。我非常高兴读到张小凤女士《合规国际化：中国企业走出去合规风险防控指南》的书稿，犹如看到多姿多彩的企业管理读物百花园中又增添了一朵色彩鲜艳的绚丽鲜花，由衷地愿意作一推介。

中国共产党第二十次全国代表大会擘画了中国未来走向辉煌、自立于世界民族之林的清晰路径和雄伟目标。习近平总书记在大会上明确提出，"稳步扩大规则、规制、管理、标准等制度型开放"，为中国企业以合规拓展国际化视野、开展国际化经营和成长指明了方向。本书的出版正当其时。

改革开放以来，随着国门的打开，中国企业开始走向海外。以2000年中国加入世界贸易组织为契机，中国经济乘全球化之势，取得了快速发展，一大批中国企业在国际化进程中迅速成长。学习、掌握国际经营的通行规则是中国涉外企业壮大的重要环节。各种事实清楚表明，由包括"规则、规制、管理、标准等"在内的合规理念、制度的形成与合规治理体系的实践已经成为每一个已经开展或准备国际化经营企业必须面对的考验。合规就像是密布暗礁险滩航道上的航标，企业就如搏击风浪的航船，严守准则，依规而行，就可能奋楫扬帆，驶向光明彼岸；心存侥幸，漠视规则，就难免触礁遇险，付出惨重代价。

张小凤女士依据其在世界500强企业开展国际经营法务和合规工作多年的积累与实际工作经验，笔耕不辍，奋笔成书，力求透彻认识中国海外经营企业实施合规的深刻内涵，认真梳理企业合规实践的经验教训，逐一分析企业合规制度建立的重点，详细描述企业合规制度实施的措施工具。这在当前有着十分重要的意义，也是我对张小凤女士笔耕成果格外看重并尝试与大家分享几点思考的初衷所在。

本书应被看作企业国际化经营的指导书。随着国际上逆全球化浊浪泛起，越来越多的从事国际经营业务的中国企业遭受境外政府以缺乏合规的内控制度、违反交易对象国相关法规之名的无妄之灾，不仅受到经济上的巨大损失，而且难以在国际市场上正常经营。如何以合规体系建设提高中国企业自身素质，打破国际化经营中的恶意壁垒刻不容缓。本书正视这一重大命题，从理论上对大企业面临的机遇和挑战进行了透彻分析，特别是把数字经济驱动下的科技革命和产业变革、全球气候变化等最新影响因素统一加以考虑。全书最终形成了中国企业应对国际化经营中合规挑战时，从世情和国情、国内和国际两个大局出发，进行战略谋划、顶层设计、全局统筹、系统思考的理论依据，开展战略方针、战略部署、战术设计的思维框架，完全可以有效指导企业认识、了解合规知识，学习合规管理体系和做法，进行合规系统治理的先期准备。

本书应被看作企业国际化经营的工具书。企业要在国际经营中立于不败之地，首先要以合规为标准，全面强化并提升法务管理、内部控制、风险管理、审计监察等内部管理水平，形成企业的风险防控长效机制。有效实现这些管理活动与企业经营的融合，是企业合规管理体系建设成功与否的关键。本书详细地说明了企业如何在庞杂的体系中从目标出发，以风险为导向，以制度流程为保障，以监督评价追责为抓手，统筹构建合规管理体系的具体方法。作者依据工作积累和专门研究，详述了企业开展国际经营中容易出现合规纠纷的主要国际、国内法律、规则、标准。同时，本书创造性地提出了"三线四维十二键"国际化合规治理体系，即以前瞻性、全球性、系统性三条主线为基本原则，以"精健"的合规治理机构、职业的合规团队、科学的合规制度、高效的合规管理机制四个维度为支撑，以侧重于事前防范预警、事中控制应对、事后评价整改的"研""识""训""守""审""报""查""考""宣""评""罚""改"12个"键"为举措。企业开展合规建设和应对具体问题时，都可以方便地从书中提供的系列简明实用的工作理念、具体案例和实操做法中找到依据与参考借鉴。

本书应被看作企业国际化经营的策划书。开展国际经营的各类企业当务之急是通过总体策划，建立健全风险、内控、合规、法律一体化管理体系，构建资源整合、有效协同、良性循环的合规工作机制，积极利用大数据、人工智能等先进技术手段提高企业合规治理的效能，推动企业合规经营，高质量、可持续协调发展。作为专题策划的借鉴，本书把要培育和树立良好的合规文化理念贯穿于全书之中，强调董事长是合规掌舵手，总经理是合规守门人，首席合规官是合规操盘手，合规部门、业务部门、监事会分别承担了重要且各有侧重的合规职责。本书为企业全面开展合规策划时最难界定的合规人责任确定了清晰定位，为制定合规策划书提供了具体多样的方式方法，为策划企业合规方案时给出了一批生动鲜活可以直接引用的案例。对"企业合规依附于企业的数字化转型"的论述更加凸显本书在企业合规管理策划中的最新时代特征。

本书应被看作企业国际化经营的参考书。当前企业经营发展所面临的内外部环境日趋复杂多变，合规管理已成为企业实现高质量发展的重要利器。本书汇集了大量国内外的数据、信息和各类资料，针对中国企业境外投资、国际贸易等海外经营模式面临的外国投资安全审查、劳动用工、环境保护等 10 类主要境外合规专题，不仅给予了相关主要规则的详细论证，而且结合案例分析，提出了 50 多项针对性的管控工具，所作境外合规特别问题的专门总结提示，是中国企业海外经营化解合规风险难得的参考。这不仅是对国有企业的重要提醒，而且对在国外开展经营活动的各类民营企业也有极大启示和警示作用。

朗朗乾坤，天道酬勤。张小凤女士用心、用情、用力撰写的这本著作，已经远远超出一般专业书籍的局限，其严谨的结构、流畅的语言和生动的实例每每增色，应能成为企业家、企业管理工作人员、专家学者、大专院校师生等关注企业管理和合规事务人士的喜读书籍。如果张小凤女士延续本书的仪轨，有进一步论述企业国内合规经营提升素质的著作问梓，无疑是对读者更好的回馈，也是我的殷切期许。

（为《合规国际化：中国企业走出去合规风险防控指南》所作序言，2022 年 10 月）

# 加快企业管理创新步伐
# 坚持走中国式现代化道路

"中国式现代化"凝聚了成千上万中国企业家拼搏奋斗的汗水。当下，推进中国式现代化伟大征程面对重要历史节点。党的二十大报告指出，未来五年是全面建设社会主义现代化国家开局起步的关键时期。要增强忧患意识，坚持底线思维，牢牢把握战略机遇，积极应对风险挑战，为全面建设社会主义现代化国家开好局起好步贡献更大企业力量。

推进中国式现代化，必须加快构建新发展格局，着力推动高质量发展。企业是社会主义市场经济的主体，在经济社会发展格局中的重要性愈发显现。要心系"国之大者"，发挥好企业和企业家的独特优势，顺势而为、乘势而上，大力推进现代化产业体系建设，使各类要素资源加速集聚，形成促进产业发展的"发动机"，在服务全国发展大局中展现更大作为。

党的二十大报告论述的中国式现代化，构成了建设中国式经济现代化的重要思想，也是新时期指引中国企业创新发展的理论指南和实践遵循。企业要始终把创新作为引领发展的第一动力，坚持靠创新育先机，靠创新开新局，步步为营，全面发展。加快培育新时代中国企业的先进创新体系要坚持科技创新和管理创新协同发力，相互促进。科技与管理是企业登上发展高地不可或缺的手段，虽然内涵有很大差异，但都以不断创新为前进动力。越来越多的中国企业通过集聚创新要素，打造创新体系，用好集成创新和消化吸收再创新成果，提升原始创新能力，畅通成果转化通道，努力让更多"创新之花"结出"产业之果"，勇当科技和管理创新的开路先锋。

中国特色的企业管理创新是中国式现代化的重要组成部分。新中国的成立，开启了中国企业现代化管理的大门。改革开放以后，随着社会主义市场经济体制的确立与完善，中国企业的管理创新逐步走向世界，既有先进市场经济国家企业现代化的共同特征，更有基于中国现代化国情的鲜明特色。以任正非、张瑞敏、宋志平等为代表的一大批优秀企业家，孜孜以求地在企业管理创新园地上耕耘，形成了具有中国特色的企业管理创新之道，不但成为更多中国企业家的学习样板，而且为世界企业管理科学做出了重要贡献。中国企业联合会连续28届审定的全国企业管理现代化创新成果4000余项，就是我国企业管理创新成果的集中展示。

落实党的二十大精神，就要随着中国式现代化的稳步推进，使中国企业的管理创新积极拓展新的领域与发展新的要点。

第一，加强管理创新，需要着力企业的整体发展。企业兴则产业兴，产业兴则经济兴。贯彻落实推进中国式现代化的战略部署，建设现代化经济体系，必须以企业为依托，坚持产业基础高级化和产业链现代化，加快转型升级步伐，打造安全稳定可靠的产业链供应链。坚持高端引领、龙头带动，优化产业生态，培育壮大新兴产业，改造提升传统产业，向着价值链中高端稳步迈进。

第二，加强管理创新，需要着力现代化经济体系建设。要更加强调将企业管理创新的视角扩展到现代化经济体系的全领域。将制造业企业的战略定位与工业强基紧密结合，夯实制造业发展基础。围绕核心基础零部件（元器件）、关键基础材料、基础软件、先进基础工艺、产业技术基础等工业"五基"方向，用好现代管理工具和方法，制定工业强基任务表，绘制新型材料、先进装备、集成电路、智能家电、新能源汽车等产业链升级路线图、施工图。实施制造业创新能力提升工程，创建省级、国家级制造业创新中心，聚焦前沿领域、重点产业和关键核心技术，汇集各类创新资源，通过掌握"卡脖子"技术、占据"头部领域"，掌握竞争主动权。

第三，加强管理创新，需要着力提高全要素生产率。经济学和企业管理科学中，把生产要素贡献之外的那部分增长源泉归结为全要素生产率的提高，因此，可以把全要素生产率看作要素投入转化为产出的总体效率，决定着经济内涵型发展程度和潜在增长率高低，其本质是技术、人才等要素质量和资源配置效率。对今天企业加强管理创新来说，着力提高全要素生产率被放在更加重要的位置上，围绕制造业提质扩量增效，持续发挥改革牵引作用，聚焦土地、资金、用能、创新等要素，推动市场化配置，大力培养、引入可以面对重大科学技术挑战的人才，持续加大基础科研的投入和加快科研成果的转化。与此同时，应在管理创新中把弘扬企业家精神也当作全要素生产率中重要部分加以强调。企业要通过弘扬优秀企业家精神，形成加快发展中的最生动力量。

第四，加强管理创新，需要着力用好数智化技术与手段。发挥管理创新的基础性作用，要根据产业特点，将数字化、网络化、智能化作为主要手段导入广大企业，以管理创新加强整体架构设计，利用 5G 工业互联网形成的强大保障能力，以敏捷传感器提取每一生产节点的数字信息，通过数字平台提供更加灵巧、快捷、精准的保障服务，"一站式"解决企业问题，为企业生产经营提供可靠管理支撑。

第五，加强管理创新，需要着力推进"双碳"目标的实现。以绿色成为企业管理创新的首要任务。绿色发展注重的是解决人与自然和谐共生问题。现阶段我国资源约束趋紧，环境污染时有发生、生态系统退化的问题十分严峻，企业责任首当其冲。管理创新要着力转变发展方式，使人与自然的和谐共生成为发展第一原则。企业必须坚持生态环境保护和经济发展辩证统一，把牢"绿水青山就是金山银山"的理念，守住自然生态安全边界，改善环境质量，提升生态系统质量和稳定性，支持绿色技术创新和管理创新，推进清洁生产模式，降低碳排放强度，实施碳排放权市场化交易。

第六，加强管理创新，需要着力以开放加快企业内外联动。企业管理创新注重的是解决发展内外联动问题。现阶段，广大企业对外开放水平总体上不够高，迫切需要以管理创新提升用好国内国际两个市场、两种资源的能力，提高应对国际经贸摩擦、争取国际经济话语权的能力。因此，必须增强企业管理创新的主动性和积极性，全盘考虑和统筹把握国内国际两个大局，加快构建以国内大循环为主体、国内国际双循环相互促进的新发展格局。推动企业以管理创新促进与相关国家企业共建"一带一路"，构筑互利共赢的产业链供应链合作体系。

第七，加强管理创新，需要着力以共享实现企业共富使命。共享发展注重的是解决社会公平正义问题。全体人民共同富裕，是中国企业管理创新的重要使命，不仅是经济问题，而且是重大政治问题。企业需要通过管理创新，坚持共享发展，坚持以人民为中心的发展思想，扎实推动共同富裕。企业要努力建设体现效率、促进公平的管理体系，关注初次分配、再分配、三次分配协调配套的基础性制度安排，理解用好税收、社保、转移支付等调节手段，促进社会公平正义。

第八，加强管理创新，需要着力打造"专精特新"企业队伍。中小企业是市场经济最为重要的微观基础。最为深厚的发展潜力和强劲的发展动力都是来自广大市场主体特别是中小企业。目前，我国已培育 8997 家专精特新"小巨人"企业、848 家制造业单项冠军企业、5 万多家"专精特新"企业，中小企业创新力、竞争力和专业化水平大幅提升。通过管理创新构建覆盖企业成长全生命周期的培育体系。强化"双创"载体建设，确保专精特新"小巨人"企业真正成为创新能力突出、掌握了核心技术且细分市场占有率高、质量效益好的优质中小企业。

中国式现代化的前景无限光明，企业管理创新的路径愈发清晰。新时代新征程上，让我们深入学习贯彻党的二十大精神，踔厉奋发、勇毅前行，加强市场、资本、技术优势互补，共同打造数字经济、绿色环保、新能源、人工智能等新增长引擎，谱写企业全面建设社会主义现代化国家新篇章，为实现中华民族伟大复兴的壮丽事业贡献力量。

（在清华管理评论"第六届管理创新论坛"上的发言，2022 年 12 月）

# 学习《合规实务》 助力企业发展

中国正在经历世界百年未有之大变局。每一个企业、每一位企业家都在被要求回答一个问题：在不确定性面前如何把握确定的支点，奋力前行。环顾周边，企业面对的国际局势起伏动荡，炮火惊天，波诡云谲；身处的国内环境仍面临需求收缩、供给冲击、预期转弱三重压力，挑战重重。放眼望去，国内国际双循环建设加速，更多国家响应"一带一路"倡议，中国正秉持新理念，迈步新征程，机遇无限。如何有效应对当前、长远诸多新挑战，积极把握国内、国际种种新机遇，化不确定性为确定性，驭势发展，是很多企业都在思考的，而在企业的各项选择中，合规无疑是最为重要的一项理念与手段。

2001年，中国加入世界贸易组织，标志着中国对外开放进入了一个新的阶段，成千上万的中国企业在开展国际经济和交往中获得了长足发展，也经受着不同以往的国际贸易规则的洗礼。中国企业在参与国际竞争中的力量不断增强，各国看待中国的眼光与要求也在不断变化。"合规"两个字越来越多地放在中国企业家、中国企业的面前。

时至今日，可以毫不迟疑地说，对合规的认识、理解、执行已经成为越来越多中国企业在经济活动中的一道必答题。无论是加快国际化转型，利用好国内国际两个市场两种资源，还是坚持高质量发展，打造世界一流企业，中国企业都应该树立这样的信念：合规的要求与实践是基本前提和条件，符合中国国情又与世界通行规则接轨的合规管理体系是必不可少的支撑，训练有素、专职敬业的合规人才队伍是安全运行的基础，而由企业领导和所有员工共同遵守并执行的合规文化与制度是抗风御险的根本保证。培养企业自己的合规人才和建立企业的合规体系是众多企业与企业家的迫切要求。认识合规从哪里开始？理解合规如何学习？执行合规有哪些重点和要点？……这就是我郑重推荐陈立彤、黄鑫淼两位律师所著《首席合规官与企业合规师实务》（以下简称《合规实务》）一书的初衷与考虑。

我认识陈立彤律师已有多年。他当时担任一家著名跨国公司从事合规业务的相关负责人，是最早把合规体系和实务介绍到中国的专家之一，在国内合规领域有很好的口碑和影响力。他作为执业律师大力推动国际上合规的理念和体系在中国落地，亲自参与过合规有关国家标准的制定、政府合规文件的起草，为政府部门和企业的合规事务提供咨询服务，常常深入一线企业听取企业高级管理人员关于合规工作的亲身体会并整理了大量合规的实际案例，其合规方面的多篇论文频频受到各方好评。此次陈立彤律师与黄鑫淼律师合作的《合规实务》可以称为合规领域不可多得的一部力作。

与一般国外引入的专著以及国内一些编撰的培训教材不同，《合规实务》有着一些鲜明的特点。

一是紧贴实际。本书始终把企业的需要放在首位。2018年3月，人力资源和社会保障部会同国家市场监督管理总局、国家统计局向社会正式发布了"企业合规师"等18个新兴职业后，首席合规官及企业合规师立即成为企业与社会关注的重点。本书对域内外合规法律政策文件及合规实务进行的详细介绍与探讨，充分体现全面性与综合性的特点，形成了符合企业员工学习习惯，简明扼要、注重实操的首席合规官及企业合规师理论与操作框架。

二是紧跟形势。本书阐释的观点与实例都与当今科技革命和产业变革的最新进展相吻合。书中关于当前发展热点的无人驾驶汽车的合规性讨论，从被动应对到主动防范的三原则，有助于汽车自动驾驶立法定规进程的思考。2022年10月1日，《中央企业合规管理办法》正式实施，第12条明确规定中央企业应当结合实际设立"首席合规官"，本书的出版为落实这一要求提供了最及时而有力的准备。

三是紧随发展。得益于作者的丰富经验与深入研究，本书在合规的基本框架之外，引入最新的研究成果，对着眼提升管理效率的合规2.0和立足为管理赋能的合规3.0都有论及。据悉，ISO37301召集人、国际风险与合规协会（IRCA）主席马丁（Martin Tolar）先生、副主席兼秘书长徐永前先生都对本书提供了重要指导，使学习本书的读者有望接收到世界合规管理体系的最新信息，使本书的观点和论据完全与国际规则接轨。

四是紧扣重点。本书对首席合规官及企业合规师应具备的知识与能力体系进行了精心设计，上至企业合规管理战略规划与管理计划，下至合规培训、宣传的全过程，除进行法律、管理、审计、财务等专业知识的理论阐述外，还结合企业的业务形式、行业动态等，对操作步骤和实操进行了详尽阐述，企业合规管理体系的重点尽显。

五是紧抓需求。本书既着眼于首席合规官及企业合规师培训所涉的基础概念和逻辑框架，还顾及企业高管、更多员工对合规知识的学习与应用。书中详述了企业合规涉及业务主管部门、合规部门、审计监督部门的"三条防线"，通过风险穿透、风险管理、联合管理"三原则"将风控措施融入业务流程的实务操作，法务、合规、内部控制、风险控制"一体化合规管理体制"的建立等工作原则及关键步骤，应该能为企业解决急需的合规人才培养和合规体系建成贡献力量。

当前，高质量发展是全面建设社会主义现代化国家的首要任务，也是企业必须全力完成的使命担当。按照国家"稳步扩大规则、规制、管理、标准等制度型开放"的要求，我国企业合规管理体系的建设意义重大。合规人才的培养，特别是首席合规官及企业合规师队伍的培育紧迫而且重要，首席合规官与企业合规师实务教的出版正当其时。除了企业人士的关心关注外，大专院校、研究机构及社会组织的有关师生与专业研究者也可以把这本书作为探讨中国企业如何通过合规迈步高质量发展道路的参考读本，将有所裨益。

（为《首席合规官与企业合规师实务》<br>所作序言，2022年12月）

# 管理新实践　　发展新动能

当前,全面建设社会主义现代化国家的伟大征程进入开局起步的关键时期。党的二十大提出:"从现在起,中国共产党的中心任务就是团结带领全国各族人民全面建成社会主义现代化强国、实现第二个百年奋斗目标,以中国式现代化全面推进中华民族伟大复兴。"作为社会主义现代化国家建设主体的中国企业,要通过管理创新集聚持续发展的强劲动力,就要全面学习把握落实党的二十大精神,深刻把握中国式现代化的重要内涵,坚持走中国特色企业管理创新道路,为国家强大民族复兴提供有力支撑。

推进中国式现代化,是中国共产党对经济社会发展规律认识的集中体现,也是中国企业总结管理创新经验、展望未来的基本遵循。企业和企业家在管理创新方面的大量卓越实践,要努力从构建新发展格局、推动高质量发展的中国式现代化的视角,加以新的审视与体验。党的二十大报告中关于"加快建设现代化经济体系,着力提高全要素生产率"的要求,以及"完善中国特色现代企业制度,弘扬企业家精神,加快建设世界一流企业""推动国有企业做强做优做大""促进民营经济发展壮大""支持中小微企业发展"的一系列论述,要在新时期企业发展中给以充分重视,也要成为审定企业管理创新成果的标尺,在支撑全国发展大局中展现更大作为。

"中国式现代化"凝聚了成千上万中国企业家拼搏奋斗的汗水,管理创新成果是其中不可或缺的组成部分。广大企业深深认识到,管理是企业发展的永恒主题,创新是引领发展的第一动力。在学习世界各国企业管理先进经验的同时,一定要以我为主,坚持靠创新育先机,靠创新开新局,步步为营,全面发展,加快培育新时代中国企业的先进管理创新体系。越来越多的中国企业决心通过集聚创新要素,打造管理创新体系,用好集成创新和消化吸收再创新,提升原始创新能力,畅通成果转化通道,努力让更多"创新之花"结出"产业之果"，勇当管理创新的开路先锋。

中国特色的企业管理创新是中国式现代化的重要组成部分。改革开放以后，随着社会主义市场经济体制的确立与完善，中国企业的管理创新逐步走向世界，既有先进市场经济国家企业现代化的共同特征，更有基于中国现代化国情的鲜明特色。以任正非、张瑞敏、宋志平、宁高宁等为代表的一大批中国优秀企业家，孜孜以求地在企业管理创新园地上耕耘，形成了具有中国特色的企业管理创新之道，不但成为更多中国企业家的学习样板，而且为世界企业管理科学做出了重要贡献。中国企业联合会连续29届组织审定的全国企业管理现代化创新成果，就是我国企业管理创新实践优秀经验的集中展示。

中国式现代化的前景无限光明，企业管理创新的路径愈发清晰。当前，深入贯彻落实党的二十大精神，要随着中国式现代化的稳步推进，立足中国国情，扎根中国大地，在参与全面建成社会主义现代化强国的伟大实践中，积极拓展管理创新的新领域和发展新路径，加大力度，聚焦工作重点，加快培育形成具有中国特色的企业管理新模式。

第一，加强管理创新，需要着力企业的整体发展。企业兴则产业兴，产业兴则经济兴。贯彻落实推进中国式现代化的战略部署，建设现代化经济体系，必须以企业为依托，坚持产业基础高级化和产业链现代化，加快转型升级步伐，打造整体安全、稳定可靠、竞争力强的产业链供应链。坚持高端引领、龙头带动，优化产业生态，培育壮大新兴产业，改造提升传统产业，向着价值链中高端稳步迈进。

第二，加强管理创新，需要着力现代化经济体系建设。要更加强调将企业管理创新的视角扩展到现代化经济体系的全领域。将制造业企业的战略定位与"产业基础再造"紧密结合，夯实制造业发展基础。围绕核心基础零部件（元器件）、关键基础材料、基础软件、先进基础工艺、产业技术基础等工业"五基"方向，用好现代管理工具和方法，制定工业强基任务表，绘制新型材料、先进装备、集成电路、智能家电、新能源汽车等产业链升级路线图、施工图。实施制造业创新能力提升工程，创建省级、国家级制造业创新中心，聚焦前沿领域、重点产业和关键核心技术，汇集各类创新资源，通过掌握"卡脖子"技术、占据"头部领域",掌握竞争主动权。

第三,加强管理创新,需要着力提高全要素生产率。经济学和企业管理科学中,把生产要素贡献之外的那部分增长源泉归结为全要素生产率的提高,因此,可以把全要素生产率看作要素投入转化为产出的总体效率,决定着经济内涵型发展程度和潜在增长率高低,其本质是技术、人才等要素质量和资源配置效率。对今天企业加强管理创新来说,着力提高全要素生产率被放在更加重要的位置上,围绕制造业提质扩量增效,持续发挥改革牵引作用,聚焦土地、资金、用能、创新等要素,推动市场化配置,大力培养、引入可以面对重大科学技术挑战的人才,持续加大基础科研的投入和加快科研成果的转化。与此同时,应在管理创新中把弘扬企业家精神也当作全要素生产率中的重要部分加以强调,企业要通过弘扬优秀企业家精神,形成加快发展中的最生动的力量。

第四,加强管理创新,需要着力用好数智化技术与手段。发挥管理创新的基础性作用,要根据产业特点,将数字化、网络化、智能化作为主要手段导入广大企业,以管理创新加强整体架构设计,利用5G工业互联网形成的强大保障能力,以敏捷传感器提取每一生产节点的数字信息,通过数字平台提供更加灵巧、快捷、精准的保障服务,"一站式"解决企业问题,为企业生产经营提供可靠管理支撑。

第五,加强管理创新,需要着力推进"双碳"目标的实现。以绿色成为企业管理创新的首要任务。绿色发展注重的是解决人与自然和谐共生问题。现阶段我国资源约束趋紧,环境污染时有发生、生态系统退化的问题十分严峻,企业责任首当其冲。管理创新要着力转变发展方式,使人与自然的和谐共生成为发展第一原则。企业必须坚持生态环境保护和经济发展辩证统一,把牢"绿水青山就是金山银山"的理念,守住自然生态安全边界,改善环境质量,提升生态系统质量和稳定性,支持绿色技术创新和管理创新,推进清洁生产模式,降低碳排放强度,实施碳排放权市场化交易。

第六,加强管理创新,需要着力以开放加快企业内外联动。企业管理创新注重的是解决发展内外联动问题。现阶段,广大企业对外开放水平总体上有待提高,迫切需要以管理创新提升用好国内国际两个市场、两种资源的能力,提高应对国际经贸摩擦、争取国际经济话语权的能力。因此，必须增强企业管理创新的主动性和积极性，全盘考虑和统筹把握国内国际两个大局，加快构建以国内大循环为主体、国内国际双循环相互促进的新发展格局。认真总结管理创新的成果与实践，稳步扩大规则、规制、管理、标准等制度型开放。推动企业以管理创新促进与相关国家企业共建"一带一路"，构筑互利共赢的产业链供应链合作体系。

第七，加强管理创新，需要着力以共享实现企业共富使命。共享发展注重的是解决社会公平正义问题。全体人民共同富裕，是中国企业管理创新的重要使命，不仅是经济问题，而且是重大政治问题。企业需要通过管理创新，坚持共享发展，坚持以人民为中心的发展思想，扎实推动共同富裕。企业要努力建设体现效率、促进公平的管理体系，关注初次分配、再分配、三次分配协调配套的基础性制度安排，理解用好税收、社保、转移支付等调节手段，促进社会公平正义。

第八，加强管理创新，需要着力打造"专精特新"企业队伍。中小企业是市场经济最为重要的微观基础。最为深厚的发展潜力和强劲的发展动力都是来自广大市场主体，特别是中小企业。目前，我国已累计培育"专精特新"中小企业7万多家、"小巨人"企业8997家、制造业单项冠军企业1186家。通过管理创新构建覆盖企业成长全生命周期的培育体系，强化"双创"载体建设，将会确保专精特新"小巨人"企业真正成为创新能力突出、核心技术具备、细分市场占有率高、质量效益好的优质中小企业；并将进一步有力推进提升更多中小企业的创新力、竞争力和专业化水平。

自2018年以来，中国企业联合会在工业和信息化部产业政策与法规司的大力支持和指导下，持续开展"中国企业管理创新年度报告"的研究和编写工作。《新实践　新动能：中国企业管理创新年度报告（2022）》就是该项工作的延续。本报告进一步丰富了内容，在总报告的基础上，根据第28届全国企业管理现代化创新成果的主要特点，增加了企业技术创新管理、企业人力资源管理和中国特色企业治理三个专题报告，期望进一步深入分析和展示当前我国企业在重点管理领域的最新创新实践经验。

2023年是全面贯彻落实党的二十大精神的开局之年，是全面实施

"十四五"规划的关键一年。2022年年底召开的中央经济工作会议对2023年经济工作做出全面部署，对企业改革发展提出新要求。希望本报告能够为广大企业全面学习贯彻落实党的二十大精神和中央经济工作会议部署，全面开创高质量发展新征程提供帮助。

是为序！

［为《新实践　新动能：中国企业管理创新年度报告（2022）》所作序言，2023年2月］

# 企业家精神和企业文化

# 弘扬优秀企业家精神　培育更多优质企业

今年以来，面对复杂严峻的形势，坚持以习近平新时代中国特色社会主义思想为指导，全面贯彻党的十九大和十九届二中、三中全会精神，按照党中央部署，贯彻新发展理念，坚定不移推动高质量发展，着力深化供给侧结构性改革，我国经济运行总体平稳、好于预期。但是，目前，经济运行仍然存在不少困难和问题，外部经济环境总体趋紧，国内经济存在下行压力。应对挑战，促进经济持续健康发展，需要广大企业家进一步发挥勇于担当精神，最大限度释放广大企业家创新创业创造动能。2018年年底召开的中央经济工作会议指出，坚持以供给侧结构性改革为主线不动摇。要增强微观主体活力，发挥企业和企业家主观能动性，建立公平开放透明的市场规则和法治化营商环境，促进正向激励和优胜劣汰，发展更多优质企业。

培育发展更多优质企业是供给侧结构性改革的要求，是高质量发展的要求，是应对当前发展面临新形势新情况的要求。今年的全国企业家活动日以"弘扬优秀企业家精神，培育更多优质企业"为主题，就是贯彻党中央、国务院决策部署，贯彻落实中央经济工作会议精神，鼓励广大企业家在新的形势下，进一步弘扬优秀企业家精神，按照高质量发展要求，有效应对外部环境深刻变化，迎难而上、扎实工作，促进企业创新发展取得新的成绩。

## 一、以创新为引领，加快企业高质量发展

习近平总书记多次提到"苟日新，日日新，又日新"，并强调指出"创新始终是一个国家、一个民族发展的重要力量，也始终是推动人类社会进步的重要力量"。在科技革命和国际竞争新背景下，创新是应对新一轮科技革命和增强国际影响力的必然要求，是大势所趋；创新也是适应我国经济从高速增长阶

段转向高质量发展阶段的要求。实现高质量发展的过程，也是企业创新发展和企业创造力不断增强的过程。破除当前发展面临的资源、环境桎梏，解决大而不强、大而不优问题，都需要通过以创新理念为引领，推动经济高质量发展的落实。在当前国内外复杂形势下，以创新为引领，加快企业高质量发展，更加具有重要的意义。

以创新引领企业高质量发展，需要做的工作很多：一是要着力推进技术创新。企业特别是大中型骨干企业，要进一步抢抓新一轮科技革命和产业变革的机遇，加大研发投入，瞄准核心技术和关键环节推进技术创新，掌握关键核心技术，在国际市场竞争中占据有利地位。要着眼长远，把握科技和产业发展新方向，对重大前沿性领域及早部署，加快培育和发展节能环保、新一代信息技术、生物、高端装备制造、新能源、新材料、新能源汽车等战略性新兴产业，在未来科技和产业发展中占得先机。广大中小企业，要适应供给侧结构性改革要求，积极通过新技术的应用，加强技术改造，不断提高企业发展的质量和效益。二是要大力推进企业管理创新。在不久前召开的全国企业管理创新大会上，对于企业管理创新问题，王忠禹会长结合当前我国企业管理中存在的问题和企业发展面临的新形势，提出推进企业管理创新要着力在四个方面下功夫：要在"全面"上下功夫；要在"适应"上下功夫；要在"精准"上下功夫；要在"提升"上下功夫。没有一流的管理，就不可能造就一流企业。当前，我国企业发展的内外部环境和条件都在发生深刻变化，同时，以数字化、网络化、智能化为主要特征的新工业革命迅猛发展，移动互联网、云计算、大数据、人工智能等现代信息技术快速发展。加强企业管理创新，要适应这种形势的新的变化，对企业管理进行一次综合系统全面的改造。要重视加强新一代信息技术在管理中的运用，推动企业组织结构和管理的变革，促进企业效率变革。要更加重视人力资源作用的发挥，尊重人才，爱护人才，增强企业员工创新意识，激发人才创新热情。要重视创新体制机制建设，培育形成崇尚创新、敢于创新、善于创新的企业文化，形成不断学习、崇尚创新的企业价值观，营造勇于创新、宽容失败的良好氛围。

改革开放以来特别是党的十八大以来，我国企业涌现出许多创新引领企业高质量发展的典型。比如：海尔集团以持续变革的精神，顺应时代潮流，抓住互联网和物联网时代的机遇，首创"人单合一"模式，颠覆传统工业革命以来的管理模式，正在成为引领时代的世界级物联网模式；徐工集团坚定走创新引领、迈向中高端的国际化发展路线，凭借深厚的自主创新实力，从名不见经传的地方国企变成一张享誉世界的"中国制造名片"；作为全球光纤通信前三强的亨通集团，依靠自主创新为中国在世界光纤互联网领域赢得了话语权。近年来，还有一大批企业通过大力推进科技创新、商业模式创新和管理创新，在电子商务、"互联网+"、共享经济等方面走在了世界前列。这些企业立足国情和企业实际，把握大势，推动企业创新发展的事例值得广大企业学习和借鉴。

### 二、以绿色发展为基础，打造可持续发展企业

党的十八大以来，以习近平同志为核心的党中央高度重视生态文明建设和绿色发展，把生态文明建设作为统筹推进"五位一体"总体布局和协调推进"四个全面"战略布局的重要内容，把绿色发展确立为新发展理念之一。企业是经济活动重要主体，不仅在生态文明建设和绿色发展中扮演着重要角色、承担着重要责任，而且，坚持绿色发展也是企业实现可持续发展的必由之路，是培育发展优质企业的必然要求。

坚持绿色发展，筑牢企业可持续发展基础，一是要牢固树立绿色发展理念。绿色发展是全球环境与经济领域的一种趋势和潮流，是高质量发展的必然要求，更是新时代人民群众对美好生活的迫切需要。企业无论在什么时候，都要坚持绿色发展不动摇。二是要积极推动企业走高质量发展道路。要转变片面强调速度和规模的传统思维，摆脱要素投入、资本投入的路径依赖，探索推进技术创新、管理创新、业态创新等，注重企业发展的质量和效益，推动企业向绿色转型。三是要加快推进企业生产经营活动的"绿色化"。要坚持企业发展与生态文明建设协同共进，大力采用新技术、新工艺，提高能源资源利用效率和循环利用，节能减排，做到绿色生产、清洁生产，建设资源节约、环境友好型企业。四是要大力发展绿色环保经济。绿色循环低碳发展是当今时代科技革命和产业变革的方向，是具有很大发展空间的领域，我国在这个方面具有非常大的潜力，可以培育形成很多新的增长点。不仅以经济与环境的和谐为目的而

发展起来的绿色经济有着广阔的发展前景，蕴藏巨大商机，绿色发展理念成为全社会共识，也为绿色环保产业带来了很多发展机遇，环境治理、环境修复、生态建设都有很大的市场。人们热切期盼加快提高生态环境质量，尤其期盼身边有清新空气、清澈水质、清洁环境，都为企业提供了新的发展空间。企业要抓住这些新机遇，打造新的增长点，为企业持续健康发展奠定基础。

在习近平生态文明思想指引下，我国广大企业走绿色发展道路，从认识到实践都发生了深刻的变化，众多中国企业，正在不断开拓绿色发展新道路。如北汽集团坚持绿色可持续发展，对标国际先进水平，争做引领汽车行业绿色低碳循环发展、促进工业文明与生态文明协调发展的开拓者。中广核集团不仅坚持创新驱动发展战略，使科技创新成为企业发展的"加速器"，而且一直矢志于发展清洁能源，加大清洁环保技术的开发力度，助力打赢蓝天保卫战和污染防治攻坚战；远东控股集团转变观念、建立机制，全面推行清洁生产，倡导绿色产品，获得了良好的节能减排效果和经济效益，为资源环境保护做出了自己的贡献；三全集团创始人陈泽民，面对空气污染、雾霾天气，在74岁高龄毅然二次创业，投身地热等新能源的开发利用，展现了企业家勇于担当的精神。许多这样的企业，坚持走绿色发展道路，发展绿色产业，其精神和成功的经验为我们也树立了榜样。

### 三、以诚信为根本，培育百年品牌企业

诚信是社会主义核心价值观的重要内容，也是维护市场经济秩序的重要原则。对于企业来说，诚信既是必须践行的行为准则，也是企业长远发展十分重要的无形资产，是赢得消费者和市场、增强企业竞争力的可靠保证。业无信不兴，坚持诚信经营，是企业持续健康发展和树立企业品牌的最基本要求。企业要行稳致远，必须坚持诚信经营。

加强企业诚信建设，一是要不断强化企业的诚信意识。要坚持把诚信经营摆在突出位置，牢固树立以诚实守信为荣、以见利忘义为耻的企业文化，使诚信经营理念深入每位员工心中，提高全员诚信经营意识。二是要增强规则意识。在现代社会，诚信不仅是一项道德规范，也被普遍确立为一项重要的法律

规范。守法经营，这是任何企业都必须遵守的原则，也是长远发展之道。要聚精会神办企业，遵纪守法搞经营。要坚持依法办企，依法规范企业的经营活动及经营理念，牢记道德底线不可触碰、法律红线不可逾越，在合法合规中提高企业竞争力；要坚持公平竞争，杜绝虚假宣传、假冒伪劣、商业欺诈等不讲诚信、违法的行为。三是要始终坚持质量诚信。要坚持质量兴企，重视通过技术创新，加强全员质量管理，提高产品和服务质量，坚持通过提供优质的产品和服务来赢得消费者的信任。

诚实守信是中华民族的优良传统，也是我国众多企业发展秉承的基本原则。许多企业坚持诚信经营，赢得了消费者的信任，打造了良好企业形象和品牌。比如：娃哈哈集团坚持以"质量"与"诚信"为品牌的立身之本，在生产经营上坚持产品质量第一，营造企业诚信文化，打造了国民饮料品牌；新奥集团在30年间由一个年销售收入不到10万元的液化气销售站发展成为年营业收入超千亿元的中国清洁能源领域领军企业，这种卓越成绩不仅在于持续创新能力，也在于企业坚守诚信高效原则，将"源自客户"视为生存之本，并将这种理念落实到企业管理、企业文化的各个方面。广大企业家都要牢固坚守诚信经营理念，不管环境多么复杂，都要坚持诚信经营，筑牢企业长远发展的根基。

## 四、以底线思维为着力点，健全企业风险防范措施

2019年1月21日，习近平总书记在省部级主要领导干部坚持底线思维着力防范化解重大风险专题研讨班开班式上发表重要讲话强调，要深刻认识和准确把握外部环境的深刻变化和我国改革发展稳定面临的新情况新问题新挑战，坚持底线思维，增强忧患意识，提高防控能力，着力防范化解重大风险，保持经济持续健康发展和社会大局稳定。贯彻落实习近平总书记重要讲话精神，广大企业家要深刻分析当前面临的复杂多变经济形势，强化政治担当，增强责任意识，为打赢防范化解重大风险攻坚战做出贡献。

防范风险，促进企业持续稳定发展。一是要抓住主要矛盾，牢牢守住不发生重大风险的底线。在目前企业经营发展压力增大，问题和困难增多情况下，广大企业家要冷静分析形势，要认识到，在当前复杂的形势下，企业遇到

困难和问题是难免的,是前进中必然会遇到的,我国经济发展健康稳定的基本面没有改变,长期总体向好的总体势头没有改变。要坚定信心,克服困难,善于化解面临的各种风险和矛盾,坚持创新引领,练好企业内功,积极开辟国内国际新的市场和领域,推动企业实现新的发展。就业是民生之本,要积极履行企业社会责任,千方百计稳定就业,为我国经济持续健康发展和社会大局稳定做出贡献。二是要完善风险防范长效机制。企业经营发展中,风险无处不在。防范化解重大风险,功夫在平时,各类企业虽然面临的风险情况各不相同,但都要努力完善提升防控能力。要推动防范化解重大风险工作常态化制度化,形成长效机制,固本培元,久久为功,筑牢防范化解重大风险的坚实基础。三是要抓住企业发展新的机遇。在新的形势下,党中央、国务院十分重视企业改革发展,2018年11月1日,习近平总书记主持召开民营企业座谈会并发表重要讲话,总书记在讲话中,突出问题导向,积极回应社会关切,提出支持民营经济发展壮大的6个方面政策举措。近一段时间,为应对困难和挑战,激发经济活力和动力,促进企业创新发展,在优化营商环境、维护企业和企业家合法权益、减税降费、减轻企业负担、进一步放宽市场准入、破解企业特别是中小企业融资难融资贵问题等方面,政府有关部门制定实施了一系列政策措施,支持和鼓励发扬优秀企业家精神,促进企业创新发展,这为促进企业实现优质发展也提供了更好的条件,广大企业家要抓住这些新的发展机遇,大力推动企业发展。

培育优质企业,离不开企业家作用的发挥。2017年9月印发的《中共中央 国务院关于营造企业家健康成长环境弘扬优秀企业家精神更好发挥企业家作用的意见》(以下简称《意见》)以高规格形式明确了企业家精神的地位和价值,并就营造良好环境、促进公平竞争、鼓励和发挥企业家作用做出制度性安排,在社会各界引起热烈反响,促进形成了更加尊重、关心和爱护企业家的社会氛围。广大企业家要认真学习贯彻《意见》精神,大力发扬优秀企业家精神,以新发展理念为引领,推动企业优质发展,为高质量发展贡献更大力量。

(在2019年全国企业家活动日暨中国企业家年会
上的讲话,2019年6月)

# 弘扬优秀文化　　引领创新发展

文化是民族的血脉，是人民的精神家园。习近平总书记多次指出："坚定中国特色社会主义道路自信、理论自信、制度自信，说到底是要坚定文化自信，文化自信是更基本、更深沉、更持久的力量"，并把中华优秀传统文化作为文化自信的重要来源之一加以强调。中华优秀传统文化是中华民族的根和魂，是中国优秀企业文化的坚实根基。作为中华优秀传统文化的重要组成部分，优秀企业文化积淀了中国近代史上众多仁人志士实业报国、工业救国的精神追求，代表着中国企业家和工人勇于创新、自立于世界民族之林的精神标志，承继着中国企业艰苦奋斗、重本守信、永创一流的精神特质，提供着中国制造转型升级、由大变强的精神源泉。这次年会以"弘扬优秀文化，引领创新发展"为主题，就是学习贯彻习近平总书记系列重要讲话精神，坚持"四个自信"，探讨新形势下全面深入推进企业文化建设，实现更高质量、更高水平的发展。

## 一、弘扬创新文化，增强发展动力

创新文化是影响企业创新活动最深刻的因素，也是创造力最持久的内在源泉，它体现为高度自觉的创新意识、持续活跃的创新思维、敢闯敢试的创新精神、和谐向上的人文环境。

创新文化要激发"双创"活力。我国经济发展进入新常态以来，部分企业在转方式、调结构的过程中，面临着一些问题和困难，要突破发展瓶颈、解决深层次的矛盾和问题，根本出路在于创新。特别是在我国大力推动实施"中国制造2025"发展战略的深刻背景下，广大实体企业需要通过持续"双创"和全面深化改革，加快新旧动能接替转换，关键是着力培育出植入"骨髓"的创新基因，让员工创业创新的热情充分涌流，就像细胞快速分裂一样，使企业肌体迸发出无穷的活力。

创新文化要坚持以人为本。人才是创新的根基，创新驱动实质上是人才驱动。坚持把尊重知识、尊重人才作为最基本的价值追求，建立与价值创造相匹配的收入分配制度，大力培育鼓励员工敢于挑战、勇于竞争的文化氛围；着力搭建人才成长通道，完善创业孵化机制，构建创新事业发展平台，力所能及地为员工创造有利于创新的条件，实现资金、人才、技术等各种创新要素的顺畅流通，让员工在创新实践中收获丰硕的幸福感和获得感。

创新文化要转变思维模式。发展理念是发展行动的先导，是发展思路、发展方向、发展着力点的集中体现。经济新常态下，我国企业发展的环境、条件、任务、要求等都发生了新的变化。创新文化建设就是把新发展理念作为指挥棒用好，打破传统的思维定式，通过思维创新和理念转变，带动企业发展战略、技术、业态、模式、管理等各方面的深度综合创新，形成以技术、质量、品牌、服务为核心的竞争新优势，开辟更加广阔的市场空间。

## 二、弘扬诚信文化，筑牢企业根基

诚信是市场经济的道德底线，是东西方文化共同拥有的思想范式，也是企业建立良好商业信誉的前提。企业实现持久健康发展，不仅需要技术和资本的支撑，更需要诚实守信经营，把诚信作为生存之本，努力成为消费者、合作伙伴和社会信得过的企业，以良好的信誉赢得市场、赢得竞争。

诚信文化要突出"以德治企"。中华民族自古以来重信义、讲道德，"义利合一"的诚信观经过数千年代代传承，已经渗透成为中华民族的道德基因。企业在诚信文化建设中，应弘扬中华民族这一传统美德，加强员工道德教育，大力宣扬诚信道德模范，完善职业道德行为规范，建立"德才兼备，以德为先"的选人用人标准，激励员工培养良好的职业操守；把诚信作为选择商业伙伴的基本标准，与关联方共同营造良好的商业生态。

诚信文化要强化合规意识。依法合规经营已经成为全球企业发展的一个新趋势。2016年，我国对外非金融类直接投资达到1701.1亿美元，同比增长

44.1%。合规经营是我国企业对外投资健康平稳发展的关键。近年来，有一些走向世界的中国企业由于合规意识淡薄，缺乏经验，违反法规而遭受了巨额罚款，教训惨痛，令人警醒。我国企业有必要认真吸取这些教训，借鉴国际大公司的通行做法，强化合规意识，落实合规要求，防范重大合规风险事件，利用法律规则保障投资经营安全，做到全员、全方位、全过程依法合规。

### 三、弘扬品牌文化，提升企业形象

品牌建设是企业转型升级不可或缺的重要环节。打造受人推崇和信赖的知名品牌，不仅关系到企业的美誉度和竞争力，还关系到国家形象和影响力。品牌的背后是文化。品牌文化是品牌传递出的文化底蕴和精神气质，是消费者从中获得的心理体验与精神享受。

品牌文化要打造企业持久竞争力。品牌文化越深厚，品牌溢价就越高，企业持续盈利能力就越强。近年来，中国消费者到国外抢购马桶盖、电饭锅等现象备受关注，折射出我国消费者对国内品牌信心不足的尴尬状态。实际上，同样的产品，国内品牌的质量不一定比国外差，之所以"同质不同价、同质不同市"，是由于很多国内品牌缺少知名度和美誉度，缺少深入人心的品牌文化，因此很难得到消费者的认同和认可。2017年起，国务院将每年的5月10日设立为"中国品牌日"，就是对我国企业加快从中国产品向中国品牌转变，提出了新的要求。

品牌文化要深挖文化内涵。围绕企业的核心价值观及使命愿景，对历史文化、区域文化、行业文化和工业文化资源进行挖掘整理和研究转化，将其贯穿于生产制造、形象传播的全过程，塑造出特色鲜明、内涵深刻的品牌精神。工业和信息化部近年来大力开展工业遗产保护，不仅保护多年来留下的发展记忆，更加注重传承和弘扬物质遗产所承载的宝贵文化资源，成为品牌文化创造的源泉。希望广大企业抓住这一机遇，使企业优良的工业文化传统发扬光大，提升企业品牌的个性魅力。

品牌文化要培育工匠精神。工匠精神是一种孜孜以求、精益求精的态度，也是一种不断吸收前沿技术、创造新成果的追求。"德国制造"100多年前曾被贴上"劣质品"的标签，长期受到市场歧视，但是他们奋发图强，将专注、精确、极致的工匠精神灌注到产品制造中去，生产出了质量过硬的产品，创造出2000多个世界名牌，成就了享誉世界的金字招牌。事实证明，凡是能够得到消费者青睐的好产品，无不是倾注心血、精雕细琢的结晶，无不是从匠人到匠心、匠魂升华的典范。

### 四、弘扬包容文化，协同共赢发展

包容是一种古老的人类智慧，浓缩了人类对人与自然、人与社会、人与人之间关系的认识的精华。历史证明，开放包容的文化富有亲和力和同化力，能够在保持自身本色和优点的同时，借鉴吸收其他文化中的有益成分，使其长处和精华为我所用，从而不断突破自身局限，实现发展壮大。

包容文化要凝聚共识。当前，随着"一带一路"倡议深入推进，分享经济广泛渗透，我国企业进行产业整合、跨界经营的速度进一步加快。在这个过程中，往往都面临不同主体之间价值观上的冲突、思维方式的分歧，成为导致经营失败的重要因素。企业只有从战略上高度重视文化融合问题，才能有效防止文化差异对企业发展带来的风险影响。文化融合的过程，实际上是从文化认知到文化认同、再到文化共识的过程。着力打造包容型文化，凝聚起文化共识，就能建立真诚合作的基础，弥合分歧，形成合力。

包容文化要兼容并蓄。文化多元并不意味着文化割裂。中华文明之所以能够绵延几千年生生不息，根本原因就是中华文化开放包容，善于吸纳和融合多元文化。企业应正视文化差异，尊重不同的价值观、行为习惯和办事风格；加强沟通交流，从文化差异中找到共同语言，探索创新本土化的文化传播方式，加深相互之间的文化认知与理解；发现和汲取对方文化的可取之处，在相互欣赏、相互学习、相互吸收中实现创新发展。

包容文化要互惠互利。坚持把企业发展作为包容文化的出发点和落脚点，将发展成果惠及利益相关方，履行社会责任，改善社区环境；注重生态友好，保护自然环境；大企业创造更多条件和平台，带动中小企业共同发展，努力实现包容性增长。一批中国企业在"走出去"的过程中，积极融入当地社会，帮助当地解决经济发展中遇到的实际困难,既为企业发展开创了良好的外部环境,也架起了中国通往世界的友谊之桥,传播了中华民族的优秀文化。

当今时代是文化创造财富的时代,也是企业文化大发展的时代。今天的获奖企业中,无论是知名大企业还是行业新秀,都树立了坚定的文化自信,在经营实践中培育了优秀的企业文化,实现了从小到大、从艰苦创业到蓬勃发展的蜕变,显示出优秀企业文化的无穷魅力,同时也为广大企业树立了典型示范。我们相信,只要充分发挥企业文化的引领推动作用,我国企业一定会有大作为,一定能成长为支撑我国经济建设与发展的参天大树。

全国企业文化年会是中国企联适应经济社会发展形势和广大企业需要而开展的一项品牌活动。年会自创办以来,已经表彰推出了近千项优秀的企业文化成果,成为我国企业文化交流与对话的重要平台,为推进我国企业文化建设发挥了桥梁纽带作用。我们将继续做优全国企业文化年会、全国企业文化示范基地等交流平台,不断探索我国企业文化建设的新模式,推动企业发展向更高水平迈进,为实现"两个一百年"奋斗目标和中华民族伟大复兴的中国梦做出新的更大贡献,以优异成绩迎接党的十九大胜利召开。

[在全国企业文化年会(2017)上的讲话,
2017 年 7 月]

# 构建特色企业文化　　凝聚蓬勃发展力量

最美不过四月天，今天我们相聚在历史悠久、文化厚重、景色旖旎的世界历史名城——西安，举行授予陕西投资集团有限公司（简称陕投集团）"全国企业文化最佳实践企业"现场会。

陕投集团是陕西省企业的标兵和典范。在金融与实业"两轮驱动"发展战略的指引下，陕投集团投资国民经济多个重要行业，形成了产融结合的业务布局。2020年，陕投集团以年营业收入773亿元位列中国企业500强第268名，为促进国家及地方的社会经济发展做出了重要贡献。

陕投集团30年的建设与发展，取得了令人瞩目的成绩，赢得了多项荣誉，实现了经济效益和社会效益的双丰收，令人敬佩。骄人业绩背后一个非常重要的原因，就是陕投集团始终高度重视企业文化建设，始终践行"追寻价值、引领发展"的使命担当和行动自觉，精心培育了独具特色的"君子文化"，并坚持用企业文化引领和推动企业健康持续发展。

陕投集团以"尊礼守善，崇实尚新"为核心的"君子文化"，内涵丰富、特色鲜明、作用显著，诠释了陕投人不畏艰险、埋头苦干的意志品质和不忘初心、砥砺前行的高尚品格。今天的现场会，就是要挖掘和推广陕投集团的企业文化经验，让广大企业借鉴学习参考。借此机会，结合陕投集团企业文化建设的特点，我谈三点认识，与大家交流。

## 一、坚持培根铸魂，牢牢把握企业文化的正确方向

党的领导是国有企业的根和魂。用党建引领企业文化建设是现代企业制度下，党建工作与企业文化建设同向融合发展的创新。新时代企业文化建设必须坚持党建引领，通过卓有成效的党建工作，使企业文化持续增强企业员工的

向心力和凝聚力。同时，先进的企业文化也必须能够发挥党建作用，不断把党的政治优势、组织优势和群众工作优势转化为企业的文化优势和发展优势。

陕投集团成立 30 年来，始终坚持以党建为引领，每一个阶段都高度重视企业文化建设，形成了适合集团不同发展阶段的理念与文化，引领和支撑了企业健康发展；始终注重发挥党的领导作用，明确党委在文化建设中的主体责任，将企业文化建设作为党建工作的"硬任务"，纳入党建指标考核体系。陕投集团坚持领导班子率先垂范、以身作则，带头践行企业文化理念；坚持党建与文化工作同部署、同实施，以党建引领保证文化建设方向；坚持围绕企业发展大局开展企业文化建设，通过开展多种形式的活动，让广大干部员工感受到党的关怀、文化的魅力，从而形成凝聚全员的强大力量。

## 二、坚持守正创新，牢牢把握企业文化的特色精髓

习近平总书记指出，"中华优秀传统文化是中华民族的精神命脉，是涵养社会主义核心价值观的重要源泉，也是我们在世界文化激荡中站稳脚跟的坚实根基。"企业文化是社会主义文化的重要组成部分，是社会主义文化在企业经营管理中的具体体现。企业文化需要从社会文化中汲取营养，积极借鉴民族优秀传统文化。

西安作为十三朝古都，孕育了灿烂厚重的文化积淀和不拘一格的创新氛围。陕投集团诞生成长于这片热土，受到优秀传统文化的熏陶和浸润，逐步培育形成了具有自身特色的文化品格。陕投集团坚持文化的传承与创新，从中华优秀传统文化中汲取营养，结合自身行业特点和发展实际，创造性总结提炼出以"尊礼守善，崇实尚新"为核心的"君子文化"，把中华传统文化的"君子"概念加以扬弃，用新时代内涵给予诠释，打造了企业践行社会主义核心价值观的新载体，实现了对传统文化的继承与创新。现代企业文化与优秀传统文化的有机结合，形成了陕投集团以深厚的文化底蕴和丰富的文化内涵为特征的核心竞争力。

## 三、坚持服务发展，牢牢把握企业文化的实践特征

企业管理实践是企业文化的土壤和源泉，先进的企业文化理念只有融入

企业发展和经营管理的各个方面，成为广大员工自觉遵守的行为准则，才能有效地转化为企业的凝聚力和战斗力，为企业的健康持续发展提供精神动力。

多年来，陕投集团充分利用多种形式推动企业文化与企业经营管理实践融合共振。例如综合运用传统媒体和新媒体宣贯企业文化，举办"两述一清"、掌上讲堂、读书沙龙等丰富多彩的企业文化活动营造文化氛围，传播文化理念，让"君子文化"入脑入心，促进广大员工对企业文化的认知认同；把企业文化理念融入企业全面预算管理、全面风险管理、精细化管理这一陕投集团"铁三角"管理模式中，引领企业管理细化深化，推动企业高质量发展。

企业文化是企业的灵魂，是企业核心竞争力的重要因素。陕投集团企业文化的实践证明，企业文化在企业健康、持续、稳定发展中发挥着独特的、不可替代的重要作用；企业的健康发展不仅需要经济"硬实力"的刚性推动，也需要企业文化"软实力"的柔性支撑。

2021年是"十四五"的开局之年，是我国现代化建设进程中具有特殊重要性的一年。我们要深入学习领会切实贯彻习近平总书记重要讲话精神，立足新发展阶段，贯彻新发展理念，构建新发展格局，为"十四五"时期开好局、起好步，为开启全面建设社会主义现代化国家新征程奠定坚实基础，以优异成绩迎接中国共产党成立100周年。

企业做强做优做大，必须坚定文化自信，形成文化自觉，实现文化自强。希望陕投集团继续坚定文化强企之路，充分发挥"君子文化"在企业改革发展中的作用，创造更多鲜活经验，为广大企业提供示范引领。中国企联愿意同大家一道，以习近平新时代中国特色社会主义思想为指引，积极探索中国企业文化建设的创新之路，共同推进我国企业文化建设迈向更高水平，为我国社会经济发展贡献更大力量。

［在全国企业文化（陕投集团）现场会上的讲话，

2021年4月］

# 把握文化内涵　　塑造一流企业

当前，在全国上下掀起深入学习贯彻落实党的二十大精神的热潮及新一届两会即将召开之际，我们来到南昌，举行授予江铜集团"全国企业文化最佳实践企业"的现场会，具有特殊的意义。这是中国企联在全国有色金属行业授予的第一家"全国企业文化最佳实践企业"，也是江西省第一家"全国企业文化最佳实践企业"。

作为中国有色金属行业和江西省属国有控股特大型集团公司，江铜集团位列世界500强第176位。据中国企联发布的中国企业500强榜单显示，2022年江铜集团居第56位。江铜集团40多年的建设与发展，取得了令人瞩目的成绩，赢得了多项荣誉，实现了经济效益和社会效益的双丰收，令人敬佩。江铜集团之所以能够取得这样的骄人业绩，一个非常重要的原因，就是始终高度重视党建引领，加强企业文化建设，秉持"用未来思考今天"的企业核心理念，聚焦主责主业，沉淀形成了独具特色的企业文化，并持之以恒用文化凝聚员工意志，推动企业健康持续发展，为国家作贡献。

江铜集团以"同心、同创、同进"为核心的"三同"文化，是一代代江铜人奋斗精神的真实写照，诠释了江铜集团员工不畏艰险、埋头苦干的意志品质和不忘初心、砥砺前行的高尚情怀。今天的现场会，就是要挖掘和推广江铜集团的企业文化典型经验，让广大企业学习借鉴。借此机会，结合江铜集团企业文化建设的特点，我谈三点认识，与大家分享。

## 一、坚守初心使命，把握企业经营管理的文化内涵

习近平总书记指出，"中国共产党人的初心和使命，就是为中国人民谋幸福，为中华民族谋复兴。"江铜集团自1979年成立以来，始终坚持产业报国、

铜业强国的初心使命，把据此产生的企业文化融入公司治理的各环节之中。无论是企业发展面对什么样的环境，江铜集团党委都一以贯之地带领员工在国家重大战略实施、重大部署落实中勇挑重担，矢志不渝担负起"振兴中国铜工业"的赤子初心和历史使命。

步入新发展阶段，江铜集团的文化建设进一步突出党建引领。江铜集团党委坚持用科学的理念、长远的眼光、务实的作风谋划事业，把党的政治优势用企业文化的形式渗透到企业经营管理的每一个层面和每一位员工的行动中，进而转化为企业的竞争优势、创新优势和科学发展优势。近年来，江铜集团不断丰富企业文化建设的内涵，加大了国有企业作用的展现，将牢记初心使命具体落实在提高企业效益、增强企业竞争力、实现国有资产保值增值方面，主动担当起引领中国铜行业和助力有色行业发展的责任，成为中国铜行业的领跑者和有色行业的典范。

## 二、坚持创新导向，聚焦世界一流企业的文化塑造

思想是行动的先导，也是力量的源泉。一个企业的发展，不仅取决于科技创新、生产链条的经济"硬实力"，还取决于价值理念、企业精神的文化"软实力"。党的二十大报告中提出，"深化国资国企改革，加快国有经济布局优化和结构调整，推动国有资本和国有企业做强做优做大，提升企业核心竞争力"，并要求，"完善中国特色现代企业制度，弘扬企业家精神，加快建设世界一流企业"。从江铜集团及其他注重文化建设的优秀企业实践看，要建设世界一流企业，一定要塑造优秀企业文化。要努力做到，增强企业文化与管理制度协同，将文化建设融入生产经营、员工培训、考核评价等环节，不断提高员工素质、凝聚员工士气、激发员工活力，将文化建设成果转化为推动企业改革发展的竞争优势。

近年来，江铜集团以"三同"文化为抓手，把"同心、同创、同进"理念全面融入企业改革发展和生产经营中，加大与世界一流企业的对标对表，带动了企业健康快速发展。在"三年创新倍增"攻坚战中，江铜集团通过全面、深入的宣传讨论活动，激发了广大职工对江铜文化的深度认同，坚定了信心，凝

聚了共识，形成了合力，营造了良好氛围，提供了强大精神动力；在企业创新发展中，集团狠抓创新文化建设，建立起创新理念、创新制度、创新平台等一体化的创新体系，不断推进企业的技术创新、管理创新和商业模式创新，打造了企业核心竞争力，为企业高质量发展提供了不竭动力。

### 三、坚持共建共享，突出企业和谐发展的文化追求

和谐发展是企业文化建设不断追求的崇高境界。倡导企业与社会、国家、环境等和谐发展、共生共荣，追求的是人与人、人与社会、人与自然的和谐。以人为本，和谐共生，是企业文化的出发点和归宿。包括江铜集团在内的广大企业是中国经济的基本细胞，也是社会发展的重要力量。各个企业的文化建设有各自不同的特点，但强调的方向都有一致性，即企业不仅要承担服务经济发展的责任，创造经济价值，还要承担服务社会、保护环境的责任，实现社会价值。企业的文化建设集中体现了企业的价值观，体现了企业的经济实力和责任感，体现了企业持续健康发展的追求。企业要勇于承担促进社会和谐发展的责任，实现社会效益、环境效益与经济效益的协调统一。

多年来，江铜集团把和谐共进的文化思想理念根植于企业管理实践，促进了员工成长、企业发展、社会和谐，形成了多方共赢的良好局面。江铜集团牢记"国之大者"，通过强链补链，增强发展主动权，带动产业上下游发展；坚持以人为本，创新人才队伍管理，在青年干部培养、尖端人才引进、技能人才培育等方面多措并举、不拘一格，努力实现人尽其才、才尽其用；发挥自身产业优势，在带动地方经济发展、乡村振兴和环境保护中主动为国担当、为国分忧，成绩显著，得到地方党委政府与社会各界的高度评价。江铜集团践行了"企业同社会共进，效益与环境共赢"的文化理念，充分展示了"实业兴国、产业报国"的文化追求。

江铜集团企业文化的实践证明，企业文化是企业核心竞争力的重要因素，在企业健康、持续、稳定发展中发挥着独特的、不可替代的重要作用。企业要做强做久，就必须坚定文化自信，实现文化自觉；就必须坚持继承与创新结合、文化与管理融合；就必须建立符合时代发展要求、适合自身发展规律

的先进文化；以不断增强企业软实力，为企业健康持续发展提供强大的精神动力。

在新时代新征程上，衷心希望江铜集团继续坚定文化强企之路，充分发挥"三同"文化在企业改革发展中的作用，创造更多鲜活经验，为广大企业提供示范引领。中国企联愿意同江铜集团和广大企业一道，以习近平新时代中国特色社会主义思想为指引，积极探索中国企业文化建设的创新发展之路，为全面建设社会主义现代化国家、全面推进中华民族伟大复兴而团结奋斗！

［在全国企业文化（江铜集团）现场会上的讲话，2023年3月］

# 以奋斗创造核电伟业　以文化传承不朽精神

在举国上下认真学习贯彻习近平总书记在全国两会重要讲话和两会精神之际，我们来到连云港，举行授予中核集团江苏核电有限公司（简称江苏核电）"全国企业文化最佳实践企业"的现场会，具有特殊意义。翻开中华人民共和国的核电史我们可以知道，由江苏核电建设、管理、运营的田湾核电站是中俄两国政府加深政治互信、发展经济贸易、加强战略协作，共同推动合作的标志性工程，被习近平总书记誉为"中俄核能合作典范项目"。2023年两会期间，习近平总书记参加江苏人大代表团审议时说，"希望江苏继续真抓实干、奋发进取，在高质量发展上继续走在前列，为谱写'强富美高'新江苏现代化建设新篇章实现良好开局，为全国大局做出新的更大贡献。"我们在两会结束不久，就集聚连云港，不仅可以抵近学习江苏核电争创全国企业文化最佳实践的经验，而且可以加深对习近平总书记重要指示的认识和理解。

结合江苏核电企业文化建设的特点，我谈三点认识，与大家交流分享。

## 一、继往开来、把握历史渊源，坚持传承厚植企业先进文化传统

习近平总书记指出，人无精神则不立，国无精神则不强。中国共产党弘扬伟大建党精神，在长期奋斗中构建起中国共产党人的精神谱系，锤炼出鲜明的政治品格，集中彰显了中国共产党人不屈不挠的奋斗精神，是国家的宝贵财富，是激励人民奋勇前进的强大动力。50多年来，"热爱祖国、无私奉献，自力更生、艰苦奋斗，大力协同、勇于攀登"的"两弹一星"精神，始终鼓舞着一代又一代的广大科技工作者、工程建设者和企业管理者忠诚报国、矢志奋斗。

江苏核电是中国核电的主力队伍，成立 20 多年来，无论是从核电站的建设期、运行期，还是到现在的发展期、创新期，始终把传承弘扬"两弹一星"精神作为践行初心使命、做好各项工作的动力源泉，通过举办弘扬"两弹一星"精神宣讲报告会，开展多种形式的大讨论和学习教育，充分挖掘"两弹一星"的精神内涵，教育引导广大职工坚定理想信念之基，汲取求实创新滋养，汇聚攻坚克难伟力，激发勇于担当动力。江苏核电在发展中之所以能够经住各种困难、挑战的考验，就是与之坚持用"两弹一星"精神鼓舞士气、激励员工、激发斗志分不开。江苏核电始终把企业发展的理想信念、员工的价值实现与国家民族的伟大复兴目标相结合、相统一，始终不忘初心、牢记使命，激励干部职工传承厚植企业先进文化传统，坚定扛起政治责任、经济责任和社会责任，树立起安全清洁、高效环保、勇担责任的核电企业形象。

## 二、开拓进取、把握现实主动，坚持构建弘扬企业优秀文化精神

企业文化在企业生存发展过程中淬炼和锻造，是企业的根和魂，是企业核心价值体系的真实写照。党的二十大报告指出，高质量发展是全面建设社会主义现代化国家的首要任务。包括江苏核电在内的中核集团企业紧紧围绕高质量发展的要求，加强党建引领，突出特色文化建设，营造浓厚的发展氛围，焕发出强大的精神力量。

多年来，江苏核电的企业文化建设始终紧扣企业改革创新发展的脉搏，不断探索实践，及时总结提炼，塑造形成了符合发展实际、特色鲜明的企业文化。一是保持文化理念与时俱进。从企业文化建设"四步六维"模型到"安全第一，质量第一"核心价值观的提出；从"零容忍"和"总经理部八个期望"理念，到提炼形成"田湾精神"，再到落实新中核文化打造"田湾核电"品牌，江苏核电在企业不同发展时期提出了与之相适应的文化理念，反映了江苏核电企业文化演进升级的发展脉络，彰显了企业文化的生命力和创新力。二是塑造文化品牌突出特色。江苏核电按照核电站安全、可靠、高效、环保

的目标要求，坚持党建引领，建立了以核安全文化为核心，以人本文化为根本，以制度文化为基础，以创新文化为动力的"田湾核电"特色文化品牌。三是完善文化机制确保落地。江苏核电紧紧把握企业文化的实践特征，把企业文化融入企业经营管理的方方面面，通过建立健全企业文化的组织、宣贯、活动、考核机制，形成党政工团妇多方协同联动合力，保证了企业文化落地落实。

## 三、放眼明天、把握未来发展，坚持培育打造企业卓越文化队伍

习近平总书记指出，国有企业是中国特色社会主义的重要物质基础和政治基础，是我们党执政兴国的重要支柱和依靠力量。以江苏核电为代表的广大国有企业始终牢记"国之大者"，打造卓越文化队伍，提高政治站位，勇于担当作为，充分发挥战略支撑作用，为全面建设社会主义现代化国家作贡献。

江苏核电作为负责任的大型央企中核集团的骨干企业，作为全球在运加在建总装机容量最大的核电基地，始终秉持"强核强国、造福人类"使命担当，自觉履行自身所肩负的责任，坚持经济效益和社会效益协调统一，取得了显著成绩。在聚焦核能发电主责主业的同时，积极落实国家"绿色低碳"能源发展战略，主动探索新能源和清洁能源开发，相继开展了核能供热供汽、滩涂光伏、抽水蓄能等项目的建设，不断拓展核能多元化利用范围，为助力国家"双碳"目标做出了积极贡献。同时，江苏核电加强企地联系，开展精准扶贫、专项帮扶、对口共建活动，践行"共生共赢共荣"的企地融合发展理念，助力构建和谐社会，获得了社会各界的好评。

江苏核电所展示的企业文化，让我们感受到：企业文化是企业核心竞争力的重要因素，企业健康持续发展需要依靠先进文化的引领和支撑，优秀的企业文化能够培育出比竞争对手更强的战斗力和创造力，充分彰显企业的品牌影响力。

希望江苏核电继续坚定文化自信，充分发挥企业文化在企业改革发展中

的独特作用，创造更多鲜活经验，为广大企业在企业文化的创新、管理等方面起到示范引领作用。同时，希望广大企业积极学习借鉴江苏核电的企业文化先进经验，助力企业高质量发展。中国企联将继续积极搭建企业文化交流研讨平台，发现、培育和推广更多的企业文化建设先进典型，与大家一起共同推动我国企业文化建设不断前进，为伟大祖国的繁荣昌盛贡献力量。

［在全国企业文化（江苏核电）现场会上的讲话，2023年3月］

# 以文化力推动企业健康持续发展

当前，在全国上下深入开展学习贯彻习近平新时代中国特色社会主义思想主题教育之际，我们在中国中铁召开全国企业文化现场会，举行授予中国中铁股份有限公司（简称中国中铁）、中铁电气化局集团有限公司（简称中铁电气化局）"全国企业文化最佳实践企业"仪式，具有特殊的意义。这是中国企联深入开展主题教育，认真贯彻落实习近平新时代中国特色社会主义思想和党的二十大精神的重要举措；是按照国务院国资委部署要求，以优秀企业文化助力世界一流企业建设，发挥中国中铁示范引领作用的重要活动。

作为国务院国资委直属的特大型建筑施工企业，中国中铁70多年的企业发展中，筚路蓝缕、披荆斩棘、逢山开路、遇水架桥，逐渐成长为世界500强排名第34位的国际化公司。在这个过程中，中国中铁积淀形成了以"守正创新、行稳致远、向上向善、勇争一流"为核心价值观的独具特色的"开路先锋"企业文化，为中国中铁加快建设世界一流企业、实现高质量发展提供了强大精神动力。作为中国中铁子公司的中铁电气化局传承中国中铁企业文化，并结合自身特点，凝练形成了寓意电力牵引为铁路发展插上腾飞翅膀的"添翼文化"，确保始终站在电气化铁路技术发展的最前沿，为我国电气化铁路和高速铁路跃居世界第一做出了贡献。

中国中铁70多年的建设与发展，取得了令人瞩目的成绩，赢得了多项荣誉，实现了经济效益和社会效益的双丰收，令人敬佩。中国中铁之所以能够取得这样的骄人业绩，一个非常重要的原因，就是始终高度重视党建引领，加强企业文化建设，聚焦主责主业，沉淀形成了有生命力、有战斗力的企业文化，并持之以恒用文化凝聚员工意志，推动企业健康持续发展，为国家经济社会发展做出了重要贡献。

中国中铁、中铁电气化局的企业文化，是一代代中铁人奋斗精神的真实写照，诠释了中铁员工不畏艰险、埋头苦干的意志品质和不忘初心、砥砺前行的高尚情怀。今天的现场会，就是要挖掘和推广中国中铁的企业文化典型经验，让广大企业学习借鉴。借此机会，结合中国中铁企业文化建设的特点，我谈三点认识，与大家分享。

## 一、牢记使命担当，坚定传承企业的文化基因

习近平总书记指出，"中国共产党人的初心和使命，就是为中国人民谋幸福，为中华民族谋复兴。"中国中铁有着 120 多年的历史积淀、百年红色基因和 70 多年的企业发展史。在长期的发展过程中，中国中铁党委始终坚持中国建造、铁肩担当的初心使命，把企业文化有机融入企业经营管理，在服务国家战略、推动改革创新、塑造卓越品牌、落实"一带一路"倡议中矢志不渝、勇挑重担、誓当先锋，凸显了国资央企的责任担当。

中国中铁传承在革命战争年代孕育形成的红色基因，牢记中华人民共和国成立初期老一辈无产阶级革命家对中铁人"逢山开路、遇水架桥"的谆谆教导、殷切希望，不断弘扬和发展"开路先锋"精神。步入新时代，中国中铁坚定落实习近平总书记对交通建设、铁路建设的重要指示精神，深入落实习近平总书记关于建设好川藏铁路这一实现第二个百年奋斗目标进程中的标志性工程的重要指示，赋予企业文化新的时代内涵，构建起中国中铁"四梁八柱一面旗"的"开路先锋"企业文化，不断提升中国中铁的文化软实力。中铁电气化局的企业文化形成于我国第一条电气化铁路——宝成铁路的建设期间，为钢铁巨龙"添翼"成为电气化局的文化符号。60 多年来，中铁电气化局秉持中国中铁"开路先锋"精神，不断传承创新，塑造了艰苦奋斗、无私奉献、敢为人先的新时代"添翼"文化，引领和支撑了企业高质量发展。

## 二、弘扬时代精神，不断丰富企业的文化内涵

每个时代都有与之相适应的时代精神。时代精神不仅是时代发展的重要标志，而且是推动经济社会发展的重要动力。习近平总书记指出："实现中

梦必须弘扬中国精神。这就是以爱国主义为核心的民族精神，以改革创新为核心的时代精神。这种精神是凝心聚力的兴国之魂、强国之魂。"中国中铁坚持把以改革创新为核心的时代精神有机融入企业文化建设，不断丰富企业文化内涵，坚定不移推进企业改革发展、创新发展，敢于啃硬骨头、敢于涉险滩、敢当排头兵。世界最大纵轴悬臂掘进机、世界首台绿色盾构机、世界首台大倾角下坡掘进矿用 TBM 下线，贵南高铁实现全线联调联试，滇中引水工程 T 梁架设实现重大突破，雅万高铁正朝着建成通车目标稳步迈进……中国中铁用实际行动诠释和弘扬了时代精神。

进入新时代，中国中铁全面系统开展企业文化建设，建立健全企业文化的落地、传播、保障等体系，把企业文化融入企业经营管理，增强企业文化与管理制度协同，不断提高员工素质、凝聚员工士气、激发员工活力，在企业改革创新中争当先锋，把企业文化建设成果转化为推动企业改革创新发展的竞争优势。中铁电气化局紧扣时代精神，通过企业文化的寻根、铸魂、塑形，统一意志，凝聚力量，对标世界一流企业，以先进文化引领和支撑企业持续深化改革，强化激励约束机制，调动员工积极性；不断推进管理创新、技术创新，实现了企业效率效益的提升。

### 三、塑造卓越品牌，始终彰显企业的文化价值

当今时代是品牌竞争的时代。国与国之间的角力，企业与企业之间的比拼，某种意义上是品牌与品牌之间的较量和竞争。只有赢得了品牌的竞争，才能真正获得市场资源的青睐。中国中铁积极落实 2014 年习近平总书记考察中铁装备时做出的"三个转变"重要指示，着力打造卓越品牌，努力实现中国中铁产品和服务的中国创造、中国质量、中国品牌，讲好中国故事，传播中国声音，展示中国形象。

多年来，中国中铁牢记"国之大者"，努力建造"国之重器"，通过不断挖掘和丰富品牌文化内涵，增强全员品牌意识，强化"中国中铁"品牌的管理和传播，在服务国家战略中逐渐打造出享誉国内外的"中国高铁""中国大桥""中国隧道""中国电气化""中国装备"等"国家名片"。这是中国中铁文

化价值的集中体现，是企业软实力的重要表现。中铁电气化局以"开路先锋"精神和"添翼文化"为引领，围绕轨道交通机电建设领域开发品牌产品、建设品牌工程、形成品牌队伍，着力打造特色的轨道机电、电化房建、电化装备等专业品牌，形成相互支持、协同发展的专业品牌架构，构建起"中国电气化"品牌体系，提升了品牌影响力。

中国中铁企业文化的实践证明，企业文化是企业核心竞争力的重要因素，在企业健康、持续、稳定发展中发挥着独特的、不可替代的重要作用。企业要做强做久，就必须坚定文化自信，实现文化自觉；就必须坚持继承与创新结合、文化与管理融合；就必须建立符合时代发展要求、适合自身发展规律的先进文化，为企业健康持续发展提供强大动力。

在新时代新征程上，衷心希望中国中铁继续坚定文化强企之路，充分发挥"开路先锋"文化在企业改革发展中的作用，创造更多鲜活经验，为广大企业提供典型示范。希望今天参会的广大企业和企业家，积极吸收借鉴中国中铁企业文化所蕴含的创业精神、奋斗精神，勇当推动中国式现代化的开路先锋。中国企联愿意同中国中铁和广大企业一道，以习近平新时代中国特色社会主义思想为指引，积极探索中国企业文化建设的创新发展之路，为全面建设社会主义现代化国家、全面推进中华民族伟大复兴而团结奋斗！

［在全国企业文化（中国中铁）现场会上的讲话，
2023 年 8 月］

# 塑造优秀企业文化　　建设世界一流企业

今天，我们相聚在美丽的宁波，举行授予中国石化镇海炼化分公司（简称镇海炼化）"全国企业文化最佳实践企业"的现场会。镇海炼化是中国石化旗下重点骨干炼油化工企业，是中国石化旗下生产规模、盈利能力、管理水平、发展质量都堪称顶级的"标杆"型炼化企业。多年来，镇海炼化从寂寂无闻的一家地方调剂性炼油厂，逐渐成长为石油石化行业的翘楚，具备了强大的原油加工、乙烯芳烃生产、码头吞吐、原油存储能力，为国家能源安全和重要原材料安全提供了坚强保障，为国家经济社会发展做出了重要贡献。

立足国资央企打造世界一流示范企业的责任与使命，镇海炼化在企业经营及管理诸多方面均取得了令人瞩目的成绩，赢得了多项荣誉，实现了经济效益和社会效益的双丰收。这些成绩的取得，是在中国石化党组正确领导、宁波市委市政府大力支持下取得的，也是镇海炼化党委一班人带领全体职工顽强拼搏、砥砺前行的结果，彰显了镇海炼化人不畏艰险、苦干实干的精神品质和不忘初心、砥砺前行的高尚情怀。

在多年的发展过程中，镇海炼化为什么能够勇于奉献、争创一流、成就了石化行业的一支敢打能冲、业绩辉煌的生力军？在众多原因中，我们可以清楚看到一条清晰的脉络与主线，就是镇海炼化在党建引领下，以企业文化建设强根铸魂，打造永葆基业长青的绿色石化基地。镇海炼化在独具特色的企业文化指引下，坚持党建领航，积极践行"爱我中华、振兴石化""为美好生活加油"的责任使命，认真对标世界一流，坚定聚焦主责主业，用文化定向引领发展、用文化创新促进发展、用文化加油保障发展，推动企业迈步世界一流，为国家多做贡献。今天的现场会，就是希望通过总结交流、学习研讨镇海炼化的企业文化典型经验，让更多的企业加以借鉴推广。借此机会，我谈三点认识，与大家交流。

## 一、坚持把握方向和与时俱进相结合，突出企业文化引领发展的本质属性

企业是市场经济的主体，企业文化是使企业得以立足市场、持续运行、树立形象、取信社会的准则、信念、愿景和价值观。回首望去，每个成功的企业，都有饱含自己创业成长经验教训的企业文化，都必须用它来增强克服困难的勇气，激励上下同心的凝聚力。随着时间的推移，"守正创新"是树立良好企业文化的根本。企业文化既要自始至终初心不改，成为时代变迁中坚定企业信念的定海神针；又要与时俱进，反映时代特征。卓越的企业文化，一定要作用于激发员工潜能，成为引领企业创造经济效益和社会效益的发动机。

纵观48年的企业发展历程，从艰苦奋斗、改革探索，到融资发展、提升完善，再到全面转型、跨越升级，每个重要历史时期，镇海炼化都始终坚持党的领导，深入开展企业文化建设，激励员工积极性和创造性，为国家争做贡献。镇海炼化以党和国家的需要为己任，敢于担当，勇于创新，在坚守传承中国石化核心价值理念的同时，紧跟时代步伐，不断进行创新变革，形成了独具特色的企业文化，凝练出"精益求精、开放创新、求真务实、团结奋斗、事争第一"的精神文化特质，为企业发展营造良好文化氛围，引领和支撑了企业健康发展。

## 二、坚持完善机制和管理创新相结合，突出企业文化促进发展的实践属性

企业文化重点在实践，关键在机制。先进的企业文化理念只有与企业技术创新和经营管理创新有效融合，演化为广大员工自觉遵守的行为准则，才能在企业运营中落地生根，有效地转化为企业的凝聚力和战斗力，更好地促进企业发展。要防止企业发展过程中，人为造成的"两张皮"现象，要通过机制的建立与执行，使体现管理核心要求的文化理念内化于心，外化于行，真正变成企业员工发自内心的行动。

多年来，镇海炼化紧紧抓住机制建设这个企业文化落地践行的关键，不

断丰富和完善企业文化体系，逐步建立健全企业文化的培育、落地和宣传推广机制，形成了较为完善的企业文化工作体系，确保了企业文化作用的充分发挥。镇海炼化在企业文化建设实践中，结合自身实际，创新性地构建起独具特色的"3863"企业文化建设模式，利用多层次多维度的机制建设推动企业文化与企业经营管理实践融合共振。比如，强化不同层次的理念文化体系建设，有针对性地开展理念文化管理；建立多路径企业文化建设保障机制，推动企业文化理念践行；开展丰富多彩的企业文化活动，构筑推进企业文化建设阵地；打造多种形式的企业文化产品，促进企业文化的传播与传承。镇海炼化通过不断完善的企业文化建设机制，有效推动了企业文化入脑入心，有力推动了以文铸魂、以文塑行、以文化人，提高了广大职工对企业文化的认知认同，激发了广大职工干事创业的积极性、主动性，为企业高质量发展提供了精神动力。

### 三、坚持高端站位和再造动力相结合，突出企业文化保障发展的时代属性

企业文化要能够做到经久不衰，永葆活力，一定要坚持更高的站位、更长的视野、更宽广的胸怀，不断用时代要求充实提高，充分体现出文化保障持续发展的作用。新时代的企业文化建设必须体现习近平总书记强调的文化自信和"两个结合"，坚持社会主义先进文化方向，通过卓有成效的企业文化工作，持续增强企业员工的向心力和凝聚力，为企业健康发展提供强大精神支撑。

20多年来，习近平总书记对镇海炼化进行了三次视察、做了两次批示，并提出"世界级、高科技、一体化"的殷切期望。这已经成为镇海炼化的不竭动力，进而成为整个炼化行业高质量发展的要求与方向。

镇海炼化坚守企业文化优秀基因，推进红船精神、浙江精神和石油石化优良传统在镇海炼化的有机融合；坚持求真务实、创新驱动，具有敢为人先、勇立潮头的奋斗精神；坚持精细精益文化，聚焦"提高效率、增强活力、提升价值"，加快建设世界一流企业；坚持推动产业的绿色低碳发展，努力实现企业与自然的和谐共生。

镇海炼化所展示的企业文化，让我们感受到：企业文化是企业的灵魂，是

企业核心竞争力的重要因素。企业健康持续发展需要依靠先进文化的引领和支撑，优秀的企业文化能够培育出更强的战斗力和创造力，充分彰显企业的品牌影响力。衷心希望镇海炼化继续坚定文化强企之路，充分发挥企业文化在改革发展中的作用，创造更多鲜活经验，提供更多示范借鉴。中国企联愿意同镇海炼化和广大企业一道，以习近平新时代中国特色社会主义思想为指引，探索中国企业文化建设的创新发展之路，为全面建设社会主义现代化国家、全面推进中华民族伟大复兴而团结奋斗！

［在全国企业文化（镇海炼化）现场会上的讲话，
2023 年 8 月］

# 弘扬优秀企业文化　　引领企业高质量发展

今天，我们来到神木，举行授予陕煤集团红柳林矿业"全国企业文化最佳实践企业"的现场会，对于深入总结学习贯彻习近平新时代中国特色社会主义思想主题教育成果、全面贯彻落实党的二十大精神，具有特殊意义。

红柳林矿业是落实陕西能源结构北转移战略部署，按照现代企业制度要求建立的现代化大型煤炭企业，也是国家发展改革委在神府南区总体规划确定的四对大型煤矿之一，区位优势显著、资源禀赋突出。红柳林矿业历经18年的创业创新发展，在企业经营、绿色发展、社会责任等多方面取得了显著成效，获得了多项荣誉，为地方经济社会发展做出了贡献，赢得了社会赞誉。红柳林矿业之所以能够取得这样的突出成绩，一个非常重要的原因，就是始终高度重视党建引领，加强企业文化建设，聚焦主责主业，沉淀形成了独具特色的企业文化，并持之以恒用文化凝聚员工意志，推动企业健康持续发展，为国家作贡献。

红柳林矿业紧扣时代主题，突出行业特点，培育凝练出的"红柳文化"，彰显了红柳林人艰苦创业、坚忍不拔、攻坚克难的优秀品质和牢记"国之大者"、努力为国家能源发展作贡献的高尚情怀。今天的现场会，就是要挖掘和推广红柳林矿业的企业文化典型经验，让广大企业学习借鉴。借此机会，结合红柳林矿业企业文化建设的特点，我谈三点认识，与大家分享。

## 一、坚持党建铸魂，突出企业文化的方向要求

坚持党的领导、加强党的建设，是国有企业的根和魂，是国有企业的独特优势。新时代企业文化建设必须坚持党建引领、培根铸魂，以卓有成效的党建工作，推动企业文化持续增强企业员工的向心力和凝聚力。

多年来，红柳林矿业党委始终坚守"一颗红心，听党话、感党恩、跟党走"信念，不断把党的政治优势、组织优势和群众工作优势用企业文化的形式渗透到企业经营管理的每一个层面和每一位员工的行动中，转化为企业的文化优势和发展优势；坚持发挥党的领导作用，明确党委在企业文化建设中的主体责任，将企业文化建设作为党建工作的"硬任务"；坚持领导班子率先垂范、以身作则，带头践行企业文化理念；把企业文化建设与党建、生产经营同部署、同谋划，实现工作推进制度化、常态化；坚持围绕企业发展大局开展企业文化建设，让广大干部员工感受到党的关怀、文化的魅力，从而形成凝聚全员的强大力量。

### 二、坚持融合深植，突出企业文化的实践要求

企业文化是企业的灵魂，是企业长期发展的重要保证。企业文化只有与企业经营管理各个环节、各个方面有效融合，才能在企业中落地生根，成为企业发展的动力源泉，更好地促进企业发展。

红柳林矿业传承陕煤集团"奋进者文化"和新时代"六争精神"，结合自身发展实际和地域特点，总结提炼了具有鲜明时代特征和企业特色的"红柳文化"。他们坚持以文化人，通过创新文化宣贯的方式方法，以丰富多彩的活动促进企业文化入脑入心，不断深耕厚植"红柳文化"，激发了广大职工对企业文化的深度认同，凝聚了共识，形成了合力；把优化管理、提升绩效作为推进特色企业文化的核心任务，加强企业文化与管理制度协同，把企业文化融入渗透到生产经营、企业管理的方方面面，不断提高员工素质、激发员工活力，将文化建设成果转化为推动企业改革发展的竞争优势；打造党建文化园、廉洁文化园等具有鲜明特色的企业文化阵地，在企业营造了浓厚的"红柳文化"氛围，提高了广大员工践行文化的自觉。

### 三、坚持创新发展，突出企业文化的价值要求

企业文化是社会主义文化的重要组成部分，推动社会主义先进企业文化

建设对提高企业素质、增强企业竞争力具有重要意义。一个企业的兴旺发达，不仅取决于科技创新、生产经营的经济"硬实力"，还取决于价值理念、企业精神等文化"软实力"。企业文化要在新时期企业高质量发展中发挥引领支撑作用，体现企业文化的价值要求。

近年来，红柳林矿业以推动煤炭行业高质量发展、实现绿色低碳转型为己任，锚定创建"行业第一、世界一流"现代煤炭企业的宏伟目标，以"红柳文化"为引领，聚焦企业发展战略规划，提升创新发展能力，把文化理念要求具体落实在提高企业效益、增强企业竞争力、实现国有资产保值增值方面，聚力"智能协同""绿色立体生态""井下空气质量革命"的"三个示范"矿井创建，在机制改革、智能创新、安全环保、人才培养、企业文化、党建工作等方面协同发力，在保障能源安全、智慧矿山建设、履行社会责任等方面树立了"红柳林标杆"，彰显了"陕煤担当"。红柳林矿业的企业文化建设，增强了企业核心竞争力，为企业高质量发展提供了强大精神动力。

红柳林矿业企业文化的实践证明，企业文化是企业核心竞争力的重要因素，在企业健康、持续、稳定发展中发挥着独特的、不可替代的重要作用。企业要做强做久，就必须坚定文化自信，实现文化自觉；就必须坚持继承与创新结合、文化与管理融合；就必须建立符合时代发展要求、适合自身发展规律的先进文化，为企业健康持续发展提供精神动力。

在新时代新征程上，衷心希望红柳林矿业继续坚定文化强企之路，充分发挥"红柳文化"在企业改革发展中的作用，创造更多鲜活经验，为广大企业提供示范引领。中国企联愿意同红柳林矿业和广大企业一道，以习近平新时代中国特色社会主义思想为指引，积极探索中国企业文化建设的创新发展之路，为谱写中国式现代化建设新篇章贡献更大力量！

〔在全国企业文化（陕煤红柳林矿业）现场会上的讲话，
2023年8月〕

# 始终坚持卓越引领　突出企业文化的巨大精神作用

今天，我们相聚在美丽的济南，举行授予齐鲁制药集团有限公司（简称齐鲁制药）"全国企业文化最佳实践企业"的现场会。四十年春华秋实，凭奋斗茁壮成长。齐鲁制药在董事长李伯涛老厂长带领下，全厂干部职工励精图治，砥砺前行，不惧困难，顽强拼搏，经过连年发展，取得了令人瞩目的成绩，赢得了多项荣誉，实现了经济效益和社会效益的双丰收。目前，齐鲁制药凭借多种常见病、罕见病制剂及其原料药的研制、生产与销售方面的精深专业能力，不仅成为山东省一家实力尽显的大型综合性现代制药企业，而且连续多年位列中国医药工业百强榜十强，为人民的生命健康提供了坚实保障，为地方经济社会发展做出了贡献。

因为工作关系，我与齐鲁制药的李燕总裁在国家与省市的企业管理经验交流、中央电视台大型经济类节目的现场，多有见面沟通。李燕总裁每每的精彩发言为大家勾勒了企业艰辛的成长历程和企业奋斗的成果经验，描绘出企业坚持发展促创新、瞄准市场增品种、提升质量抓管理、对标世界争一流的清晰轨迹。特别给人留下深刻印象的是，齐鲁制药能够取得优异业绩的一个重要原因，就是企业在党建引领下，不断加强企业文化建设，凝练形成了独具特色的企业文化理念和一以贯之的企业文化追求，持之以恒用文化导引发展方向，用文化打造团队精神，用文化凝聚员工意志，用文化树立企业形象，推动企业健康持续发展，积极为国家作贡献。

今天的现场会，就是要以习近平文化思想为指导，挖掘和推广齐鲁制药的企业文化典型经验，让更多的企业学习借鉴。借此机会，结合齐鲁制药企业文化建设的特点，我谈三点认识，与大家分享。

### 一、始终坚持家国情怀，突出企业文化的精神引领

齐鲁制药以"大医精诚，家国天下"为核心的企业"家国文化"，是齐鲁制药人艰苦奋斗、产业报国的真实写照，诠释了齐鲁制药员工心怀家国、勇担责任的高尚情怀和拼搏实干、创新进取的意志品质。

家是最小国，国是千万家。齐鲁制药倡导的家国情怀是中华优秀传统文化的重要内容，其价值取向是家国一体、家国同构。习近平总书记指出，"我们要在全社会大力弘扬家国情怀，培育和践行社会主义核心价值观，弘扬爱国主义、集体主义、社会主义精神，提倡爱家爱国相统一，让每个人、每个家庭都为中华民族大家庭作出贡献。"

多年来，齐鲁制药在李伯涛董事长身体力行的带领下，把"家国情怀"融入企业文化，嵌入企业经营管理，使之成为企业员工焕发主动精神、坚持严格规范纪律、甘于吃苦奉献的精神依托。"大医精诚，家国天下"文化理念的贯彻落实，把"有国有厂才有我们的家"的口号变成实实在在的行动，把员工个人利益与厂兴国强紧密联系在一起。齐鲁制药在企业日常运营中，把党的先进思想、政治优势用企业文化的形式渗透到企业发展运营和企业员工的工作行动中，使文化精神转变成为巨大的物质力量。在抗击新冠疫情的三年间，企业上下一心，勇担责任，日夜奋战，把人民的需要当作最高的责任，舍小家为大家，为保障国家抗疫物资供应做出贡献。面对新旧动能加快转换的新时期，牢记"国之大者"，担负起"振兴医药产业"的赤子初心和责任使命，推动产业快速发展，更好服务人民群众健康幸福。

### 二、始终坚持守正创新，突出企业文化的精神支撑

四十年弹指一瞬，齐鲁制药已经从一个默默无闻的农口小企业成长为我国医药产业大军中的重要骨干力量。在回首取得历史性成就的同时，企业需要继续以企业文化为引领，坚持守正创新、主动识变应变求变，克服存在的困难

障碍，推动事业发展迈向新天地。

　　守正创新是习近平新时代中国特色社会主义思想的立场观点方法的重要体现。坚持守正创新是党的二十大报告中强调的工作指南和精神支撑，也是齐鲁制药企业文化的基本要义。"守正"就是齐鲁制药在新时代依然坚持"大医精诚、家国天下"的理念，传统与作风初心不改、底色不变。"创新"就是齐鲁制药保持旺盛活力、加快发展的鲜明特征。

　　对医药行业来说，把创新当作发展的驱动力，每一个驰骋商场的企业都会如此操作。但把企业文化作为弘扬优秀传统、勇于推动创新的出发点和落脚点，就不是每个企业都能做到的。多年来，齐鲁制药面对激烈的市场竞争，始终以企业文化赋能，重视履行医药企业的社会责任，把自主创新作为企业发展的"第一驱动力"，不断加大全方位投入。2022年齐鲁制药研发投入38.9亿元，占销售收入的10.4%，2023年比重预计达到12%。无论是积极健全创新机制，还是营造良好创新氛围，企业文化都成为齐鲁制药进行医药研发创新突破的精神支撑。一是以企业文化增动力。企业把"用科技表达我们的爱"作为使命，瞄准临床急需和重大用药需求，持续推动创新药及品牌非专利药物的研发，加快老百姓用得上、用得起的国产优质好药上市。二是以企业文化促管理。企业把工作岗位的每一位员工都作为企业大厦的有力支撑，激发员工的内生动力，以卓越绩效管理模式为目标，建立健全科学的法人治理结构和完善的组织结构，实行集约化、流程化、规范化管理模式，形成高效的企业内部管理机制。三是以企业文化汇资源。着力打造高起点的信息管理平台，高标准建设生物医药产业园，提升企业智能制造水平和核心竞争力。四是以企业文化聚爱心。企业高度重视开展向社会待帮扶人群送爱心活动，李燕总裁带队参加"百合花开"行动，向因病致贫的农村群众送去救助药品、资金等。企业文化业已成为齐鲁制药守正创新的坚强支撑。

## 三、始终坚持责任担当，突出企业文化的精神追求

　　企业是中国经济的基本细胞，也是社会发展的重要力量。优秀的企业文

化在不同的企业中展现出不同的特点,但共同之处就是强调责任担当。在企业发展过程中,企业不仅要承担服务经济发展的责任,创造经济价值,还要承担服务社会的责任,追求社会价值的实现。优秀的企业都是把企业文化作为实现社会效益与经济效益协调统一的有效形式和内容。

多年来,齐鲁制药在为患者提供优质安全的药品,帮助人们治疗疾病的同时,始终把主动承担社会责任的企业文化理念放在重要位置。企业坚持绿色发展,重视环境保护,将环境健康视为企业运营发展的头等大事,把环保观念深深根植于每一位员工心中,体现在每一项具体工作中;企业时刻不忘感恩回馈社会,积极参与社会公益事业,专门成立了山东齐鲁制药公益慈善基金会,发挥企业自身专长,从济困、救灾、助医、助学等多个领域开展慈善活动,用实际行动践行"家国文化",展现家国情怀。

思想是行动的先导,理论是实践的指南。党的十八大以来,习近平总书记多次对文化事业、文化工作做出重要指示和论述,指引着我国文化事业的繁荣与发展,也为企业文化工作的蓬勃展开提供了根本遵循。10月7日至8日召开的全国宣传思想文化工作会议上首次提出了习近平文化思想,充分反映了习近平总书记关于文化建设理论成果在体系化、学理化方面日益完善,标志着我们党对中国特色社会主义文化建设规律的认识达到了新高度。我们要在企业文化工作开展的过程中,牢牢把握习近平文化思想的深邃内涵和基本指向,以先进文化引领支撑企业高质量发展。我们要把齐鲁制药企业文化工作现场会作为贯彻习近平重要文化思想的学习会和动员会,进一步加强理论研究和案例总结,自觉将新要求、新理念落实到企业文化建设工作各方面和全过程,不断开创新时代企业文化建设工作新局面。

企业文化是企业的灵魂,是一个企业精神和价值追求的集中体现,是推动企业发展的持久动力,是构建企业核心竞争力的不竭源泉。齐鲁制药的文化建设经验告诉我们,企业健康持续发展需要发挥企业文化的独特作用,优秀的企业文化能够培育出更强的战斗力和创造力,充分彰显企业的品牌影响力。衷心希望齐鲁制药不负"全国企业文化最佳实践企业"的光荣称号,继续坚定文化强企之路,充分发扬和发展"家国文化",创造更多鲜活经验,为广大企业提供示范引领。中国企联愿意同齐鲁制药和广大企业一道,以习近平新时代中国特色社会主义思想为指引，认真贯彻落实党的二十大精神，深入学习贯彻习近平文化思想，聚焦新的文化使命，积极探索中国企业文化建设的创新发展之路，为全面建设社会主义现代化国家、实现中华民族伟大复兴的中国梦贡献更大力量！

［在全国企业文化（齐鲁制药）现场会上的讲话，2023 年 10 月］

# 70年、40岁、30人：一方里程碑，一部英雄谱

"往古来今谓之宙，四方上下谓之宇"。人自诞生到走入文明世界的过程中，无时无刻不在期盼对时空的理解与把握。岁月荏苒，白驹过隙，当人类社会以急匆匆的脚步前行的时候，认识时间、度量时间的努力一时一刻也没有停止过。从古代到现代，钟表作为时间的记录者，其发展也一直伴随着人类文明的进步。如果说，"时间就是金钱，效率就是生命"成为最能代表深圳市改革开放先锋形象口号不是偶然的，探求钟表工业在深圳的发展也就别有一番重要意义了。

前不久，接到深圳钟表协会朱舜华会长的电话，请我为《深圳钟表行业人物志》（以下简称《人物志》）作序。我没有拿到书，也没有对形式、内容作更多的了解，就答应了这项委托。是啊，因为工作的关系，我在工业和信息化部的时候，有一段与中国钟表工业发展相关的经历。工作多年的交集，使我对钟表行业的发展有了一份浓厚的感情，对深圳钟表协会有了一份深深的赞许，对舜华会长有了一份诚挚的信任。收到书后，我立即开始了紧张的阅读，一些章节让人心生感佩，一些情节令人开怀大笑，也有一些段落是饱含热泪看完的。我愿意借此机会与大家分享自己读过这本书后的体会与感受。

## 一

《人物志》开宗明义，"70年、40岁、30人"的形象说明，深圳钟表企业和企业家的发展是孕育于共和国母体，伴随改革开放历程，在与市场风浪搏击中成长起来的。《人物志》虽然以人物传志为体例，但完全可以看作深圳钟表行业在改革开放伟大时代中，为中国钟表行业发展编年史提供的一套生动案例

或者一个创业者群体的集锦。

中国钟表工业是中华人民共和国建立以后发展起来的。新中国成立之前，中国没有手表工业，制钟企业只有烟台、上海等地寥寥数家钟厂，1949年钟产量只有16.4万只。1949年以后，不仅制钟业得到了迅速发展，手表工业也得以建立和发展，1955年，天津、上海试制成功中国第一只手表，中国手表成为人民群众喜爱的日用消费品，逐步形成了基本完整的钟表工业体系。

1978年中国进入改革开放新时代，作为改革开放前沿的深圳以市场为导向，一批钟表企业拔地而起。《人物志》中"刘景范"一章，生动描绘了中航工业在深圳开疆拓土时，以"轻、小、精、新"为标准，确定了钟表工业的主攻方向。40年弹指一瞬，今天深圳已经成为全国乃至全球最主要的钟表生产和配套基地。从特区成立之初的"三来一补"国际代工厂，到20世纪80年代末自主生产研发的品牌企业的诞生，再到2006年踏上产业聚集化发展之路，一路披荆斩棘，深圳现代钟表业步步推进。

时至今日，深圳有钟表企业1000多家，自主品牌170多个，在国产品牌手表前10中"深圳手表"占8个，在中国钟表"十强企业"中深圳占7个，国内市场占有率达70%。统计表明，深圳钟表产量占全球钟表的40%以上，无论是产值、出口值、国内市场占有率均拥有超过50%的市场份额。

与此同时，在钟表业的12个中国驰名商标中，深圳品牌占了8席，飞亚达、天王、依波、霸王、雷诺、格雅、瑞辉、星皇等消费者喜爱的品牌名列其中。《人物志》中介绍的钟表企业家，基本都是钟表"深圳制造"中的佼佼者，可以称为中国钟表产业顶尖水平的代表之一。

## 二

《人物志》描述了深圳钟表工业波澜壮阔的发展史，读者自始至终都能感受到伴随着深圳钟表产业的发展和企业的成长，深圳钟表行业协会发挥了巨大作用。深圳钟表行业协会现任会长朱舜华的传记放在人物小传前面，细细读来，这是他在向领导、同人和读者袒露心声，直抒胸臆。三十多年前，一个刚从名牌大学毕业的年轻人，怀揣一腔抱负，走进了深圳钟表行业协会。弹指一瞬，每一位读者都想听他回答，道路是否曲折，目标有没有更替，后悔当初的选择吗？今天，《人物志》有了回答。伴随着事业的拓展，无论是风雨如磐还是险滩重重，舜华从来没有动摇过为中国钟表事业奋斗一辈子的初心。尽管现在舜华已经担当了协会的主要领导职务，但深圳钟表企业中仍然不乏他忙碌的身影，全国钟表界也对他的专业精神和执着赞许有加。头顶斑斑华发的舜华会长，用一言一行表明，人生无悔，不负韶华，愿用自己的一生筑就深圳钟表乃至中国钟表迈向世界钟表之巅的阶梯。

我与舜华会长的认识和交往从中国瑞士自贸协定谈判的有关工作开始。中国和瑞士自2010年启动的自贸区谈判，经过历时近3年的多轮谈判，钟表问题成为其中双方利益博弈的核心环节。中央高度重视中瑞自贸区的建设，因为这是中国同欧洲大陆国家建立的第一个自贸区，是中国同世界经济20强国家建立的第一个自贸区，其示范和带动作用将远超双边关系。经过激烈的谈判，双方在许多方面都取得共识和利益平衡。在谈判的最后阶段，瑞士方面提出，在工业品方面，将对自中国进口的所有工业品实行零关税，其中包括中国有较大出口利益且出口份额也较高的纺织品、服装、鞋帽、汽车零部件、金属制品等工业品；而中国对从瑞士进口的钟表关税税率也要大幅降低。有关单位认为，瑞士在其他方面做出了很大让步，所开条件应予考虑。诚然，中瑞自贸协定谈判是一局大棋，要从全局考量，积极推动。但是，考虑到中国产业发展的实际，如果没有赶超的时间和适度的门槛，技术上与瑞士钟表差距巨大的中国钟表工业企业，就可能受到难以承受的巨大压力，部分企业甚至会遭遇灭顶之灾。

面对这种极端复杂而微妙的局面，如何平衡国家、产业、企业、消费者之间的利益关系成为一个严峻的考题。在中国轻工业联合会中国钟表工业协会的大力支持与参与下，深圳钟表工业协会为工业和信息化部参与的谈判提供了重要的支撑。时任中国钟表工业协会副理事长的张宏光、深圳钟表工业协会秘书长的朱舜华与工业和信息化部消费品工业司的同志紧密合作，不仅提供了详尽的行业经济运行与发展方面的具体数据，而且凭借对中外钟表企业经营管理状况的熟悉形成了中方谈判的对案。在谈判最为紧张的时刻，朱舜华等同志昼夜奋战，放弃休息，连续研究准备，反复斟酌，提出了扩大进口的同时要能保障消费者利益和加强技工培训的具体意见建议，有力支持了谈判工作。在各方共同努力下，中瑞自贸协定中的钟表谈判圆满完成，瑞士钟表属于部分降税之列，即 10 年内降低 60% 的关税，从协议生效之日起开始，第一年降 18%，以后每年降 5%，10 年降 60%。特别是依据中方意见，瑞士同意依托其发达的钟表工业，同中国开展改进售后服务，加强中国钟表的检测能力和开设钟表培训学校等方面教育和合作。这无疑有助于增强我国钟表行业的生产能力和国际竞争力，也成为锱铢必较的国际谈判中维护我方利益的成功案例。2013 年 5 月 23 日，李克强总理与瑞士联邦主席毛雷尔共同签署了"高水平、高质量、互惠互利"的中瑞自贸协定谈判的谅解备忘录，并见证了我国与瑞士第一份钟表领域政府间合作文件——钟表合作工作组谅解备忘录的签署。在频闪的照相机灯光和觥筹交错的签字盛景会场中，我和张宏光的手紧握一起，我也仿佛看到了舜华充满喜悦的面庞。

在这之后，舜华作为中国钟表工业协会和深圳钟表行业协会的代表，依然积极支持政府工作，协助推动中瑞自贸协定的落实，并为推动深圳钟表企业的转型升级、为加快中国钟表工业的发展不遗余力。这部分内容在《人物志》中没有提及，我在此也算是拾遗补阙吧。

## 三

《人物志》用主要篇幅描述了深圳钟表行业的企业家致力产业发展、筚路蓝缕、顽强拼搏的艰苦历程。可以说，每一位企业家艰苦奋斗、追求卓越的经历都是精彩纷呈的，给人以思考和启迪。企业家们对于品牌的认识和培育可以看作其中值得回味的一个部分。

如何培育中国自己的钟表品牌，已经成为中国企业家共同的使命。改革开放以来，我国钟表工业总体上呈快速发展之势，形成了覆盖面广、结构相对完整的工业体系，对人民群众的基本需求予以了保障，对国民经济的发展发挥了重要作用。但必须看到，我国钟表工业核心竞争力和创新能力仍然较弱，有效供给能力和水平难以适应人民群众不断增长的消费升级需要，缺乏享有盛誉并得到消费者充分认可的高端国际品牌。

为贯彻落实党中央、国务院的决策部署，更好满足和创造消费需求，不断增强消费拉动经济的基础作用，培育中国自己的优秀品牌，促进消费品工业迈向中高端，我多次到深圳面向一线企业开展调研。正如《人物志》中众多企业家的品牌培育之路显示，在"三来一补"等依靠低端劳动力优势不再时，许多企业家都会考虑到品牌产品的重要性。应该说，深圳钟表企业在打造国产品牌方面，已经走到了全国同行的前面，在各类国内钟表品牌排行榜上，深圳企业家多位居要津，事迹十分感人。给我印象最深的是飞亚达的品牌之路和以徐东升为代表的飞亚达公司领导对培育世界一流品牌的不懈追求。

飞亚达是中国钟表行业的知名品牌。1987年12月23日，飞亚达的前身——深圳飞达表业有限公司在深圳成立。在董事长刘景范执掌的创业发展初期，就借鉴香港成熟市场经济的经验，把品牌作为经营拓展的不二法门，取得了重要收获。这一时期公司秉持源自航空的超精密工艺，以专业与美感兼备的腕表设计，演绎对"飞"的艺术化探索，诠释非凡向上的精神风范。企业集中资金投入，以广告为先导，迅速拓展营销网络，提升品牌知名度，并推出G/L208、G/L888等畅销新品，开始尝试集团化、配套化经营。后来公司更名为深圳市飞亚达（集团）股份有限公司，并于1993年A、B股同时上市，创立了公众上市公司形象。

水无常势，市无常形。徐东升于2003年接掌飞亚达帅印。当时，受宏观经济调整、银根收紧等因素影响，钟表行业竞争加剧，零售业受到了冲击。连续五年的销售大幅滑坡，粗放式的经营策略已经难以适应越来越激烈的市场竞争，飞亚达面临生与死的考验。徐东升审时度势，以深入市场、直面用户的调查为基础，在董事会的支持下，调整经营策略，在"塑造国际化品牌，成为全球化企业"的理念引导下，公司以品牌战略为统领，紧紧围绕名表零售商业品牌和产品品牌建设两条经营主线，全力打造以"亨吉利世界名表中心"为核心的高端品牌销售网络，逐步发展起来艾米龙、飞亚达、时尚授权品牌等自有手表品牌"三色堇"组合，把亨吉利打造成国内名表零售行业的优秀零售商，构筑"产品＋渠道"的商业模式，两者相互合作支持，协同发展。由此，公司转危为安，走上稳健发展的道路。

在与徐东升多次促膝长谈的过程中，我深深为飞亚达品牌长期的努力而激动，也希望更多的人为中国钟表产业的崛起鼓与呼。徐东升在工业和信息化部的讲坛上介绍塑造中国钟表品牌的理论探索与实践时，深刻地指出，中国钟表要达到瑞士钟表的品牌高度需要持之以恒的努力，要准备付出几代人的时间。只有坚持从全方位入手，才能形成特色鲜明的品牌之路。

——把质量作为飞亚达品牌的基石。企业严格管理流程，推进卓越绩效管理，加强质量检验一票否决权，决不让一个问题零部件流入产品。一流的产品品质得到了航天部门的认可，宇航表经受了外太空的考验，成了国际三大航天表品牌企业之一。

——把创新作为飞亚达品牌的支柱。高度重视设计的创新引领作用，注重产品的研发，对新工艺、新材料、新技术等不断进行探索。培养设计师、锻炼设计师不遗余力，提供优越的工作条件和各种学习机会，不仅大力投入创新研发工具，而且每年支持深圳工业设计大赛活动。自主研发设计的航天表系列，获得了 10 项专利，诠释了创新进取的品牌内涵。

——把文化作为飞亚达品牌的灵魂。深入辨析文化在最终形成瑞士钟表品牌风格中的重要作用，用提升全体员工的文化素质和历史知识积淀，培育飞亚达产品的品牌基因。聘请国内知名专家教授为企业干部职工讲解欧洲历史与文化，要求员工切身体会作风养成与品牌文化的关系。挖掘中华优秀传统文化的内涵，专研探讨开发其在新时代钟表产品中的表现形式。

——把人才作为飞亚达品牌的核心。企业始终把以人为本作为发展的出发点和落脚点，把员工队伍看作品牌建设中最宝贵的财富。把老技师老专家树为工匠精神的楷模和企业的形象；对中青年骨干着力培养，放手使用；对新入职的大学生和普通员工也不计代价，倾情培养。

——把竞争作为飞亚达品牌的动力。企业凭借自身实力和眼光，自 2011 年起，每年参加巴塞尔钟表展，推出全新的高端展台形象，向全球展现中国的制表技艺和品牌文化。亨吉利作为知名钟表零售商，一直坚持飞亚达手表与国际顶级品牌同室竞技；企业还在瑞士设置了高级制表工坊；等等。

今天，在全国积极推动落实消费品领域"增品种、提品质、创品牌"三品战略的时候，飞亚达依然冲锋在前。现任董事长黄勇峰把握方向、高擎发展大旗，总经理陈立彬身体力行、拼搏尽力，坚持前沿的市场策略、优质产品以及出色的设计，从创新引领、责任发展和文化自信三个方面夯实基础，坚定地走在引领中国手表国际化品牌之路上。黄勇峰紧紧抓住了飞亚达自主制造机芯这一攀登世界名表的核心环节，汇集各方资源，实施产业基础再造工程，力求突破。经过艰苦磨砺和进步，期待今天的飞亚达真正成为深圳乃至中国手表民族品牌的旗舰。

## 四

《人物志》的最初几章是深圳钟表行业协会现任和历任会长的素描像。可以毫不夸张地说，从刘景范、王海、陶立、徐东升、高淑英、朱舜华的身上，我们能够感受到改革勇士奋不顾身、勠力拼搏的激情，深圳钟表行业的发展与他们的远见卓识、执着坚韧、甘于奉献是分不开的。

深圳市钟表行业协会成立于 1987 年 1 月 16 日，是深圳最早成立的工业行业协会之一。33 年来，以"依靠企业，面向政府"为宗旨，以"聚、变、推动企业持续成功"为目标，致力于搭建钟表业的服务体系，建立起深圳市的优势传统产业并促成其"转型精密制造升级区域品牌"，荟萃了中国众多名牌钟表企业。

随着改革开放的深化与产业结构的升级，深圳钟表工业协会在市、区政府及社会组织管理局、工信局等政府部门的支持下，充分发挥社会（行业）组织职能，在服务行业以及"民主选举机制、内部规范治理、建立公共服务体系、国际化促进转型升级"等工作方面走在全国前列，获得了国家省市领导的认可，荣获全国先进社会组织、5A 及社会组织等荣誉称号，推动深圳钟表行业走向全国走向全世界，成为代表深圳形象的靓丽名片。

2019 年 2 月 23 日，新一届协会的诞生，为深圳钟表工业发展展示了璀璨的前景。朱舜华会长、杨景雯秘书长等第十四届协会工作人员群体，决心不负众望，确定"以实现产业链（精密制造）生产管理现代化为核心，推动产业向人才年轻化、产品智能化、品牌国际化的方向发展"的协会工作方针，积极引领企业敢于创新、坚持开放，主动"转型"；引导产业"国际化、品牌化、时尚化"发展，通过参与国际合作、国际投资，促进深圳钟表品牌从"比较优势的制造"向"集聚优势的品牌"升级；通过建设好时间谷、钟表高端论坛，国际钟表展等标志性项目，努力培育深圳成为中国钟表产业的示范区和世界钟表产业的核心区。

今天，中国的钟表工业又处在了一个重要的发展关头。尽管一些领军钟表企业依然保持业绩稳步增长，但从全行业看，销售市场低迷，生产增速减缓，亏损面继续有所扩大，钟表产业发展遇到较大困难。深圳钟表企业的发展已经几次面临市场惊涛骇浪的洗礼，相信大多数企业能够经受这次考验，深圳钟表工业协会尤其要在这个时候发挥稳定器和助推器的作用。

我衷心希望，《人物志》的出版，能够成为一方里程碑，显示深圳钟表产业里企业家和协会及各方人士的跋涉足迹；能够成为一部英雄谱，描述改革开放大潮中屹立潮头斩风驭雨的深圳钟表企业家画像；能够成为一个加油站，为致力深圳钟表产业、中国钟表产业高质量发展的政府部门和社会组织加油打气，助力仍在辛苦攀登中国钟表产业、世界钟表产业品牌高峰的企业家们。

向《深圳钟表行业人物志》的主人公、作者、编辑群体致敬！

（为《深圳钟表行业人物志》所作序言，2020 年 12 月）

# 以诗言志　以诗证礼　以诗传情

2021年的春节是给人留下深刻印象的节日。经过一年多的新冠疫情防控，大家无不期盼送走瘟神，让绷紧的神经得以放松，让被干扰的生活恢复常态。少数地方散点数发的新冠疫情提醒各方，疫情仍然没有远去，防控的意识和措施不可松弛。北京地区是需要高度警觉、严格防控的地方，留在首都过年已成为许多游子的选择。虽有些无奈，但也是一种可以理解的体验。我久居京城，在家过年是首选。春节期间探亲访友的例行活动原本是每年必不可少的事情，但今年不便进行。正在为节日期间如何放松休息绸缪之际，海南省企业联合会常务会长冷明权为所作诗集题词的要求放在了案头。虽然每每遇到此类事情，都会明确拒绝，因为过去在政府工作期间，有不得题词、题字的规定。不过，这次却让我有些为难，明权常务会长的微信里明明白白说道，他是以在企联组织工作过31年的身份提出此要求的。我知道，明权常务会长是地方企联目前仍然在职的资格最老的同志之一，在经济、理论、历史方面多有涉足，也堪称专家。他关于社会组织功能作用研究的专著曾被作为知名大学的参考教材，他写的历史文学小说《远古大帝》成为这一领域的精品。特别是他已把一生中最美好的时光都奉献给了企联的工作，向企联组织的领导同志提出自己的请求自不为过。但是，我从来没有认真习过书法，不愿充数献丑，更由于虽不在职，亦自觉应遵从以往规定。踌躇再三，我想了一个主意，是否可以作序替代？没想到明权常务会长满口答应，于是就有了此文。

诗歌是时代精神的体现，也被看作社会发展的一个表征。在互联网文学飞速发展，抖音、快手广被拥趸的今天，诗歌创作虽不及鼎盛时期为大众热切喜爱，但仍有自己的发展空间，因其独特的社会作用和隽永的表现形式，实无需担心其存续。随着社会风气更趋诚笃，诗文佳作已经赢得更多人去关注，去欣赏。冷明权的《庚子随记》就是在这样的大背景下问世的。它以农历庚子年为限，收录了五百余篇作者在2020庚子年新创作的诗歌作品。作品绝大多数以七言绝句形式呈现，注释精要，配以应景照片，雅趣横生。在《庚子随记》中，作者将其原汁原味的生活体验，独特的人生经历与缜密深邃的思考融为一体，让读者在阅读作品时真切地感受到时代的脉搏、祖国日新月异的改革和变化，中华民族复兴道路上的艰难与辉煌，前行者爱与美的胸怀、壮美浩瀚的大自然、普通人对生活的真挚热忱。联系作者的经历，其作品中还能品味出别有一番韵味的道理。

诗本言志。"诗言志"是我国古代文论家对诗的本质特征的认识。儒家经典的《尚书》在"尧典"篇中就有表述："诗言志，歌永言，声依永，律和声。"以诗阐释思想、抱负、志向，虽不为全，则依然是今天评判诗歌意义，论及作用的重要标准之一。纵观《庚子随记》，洋洋洒洒五百余篇，无论是国家政经大事，还是国际风云变幻；无论是大国领袖身姿，还是桑梓百姓情怀；无论是重要科技创举，还是寻常生活剪影；无论是浩瀚宇宙星辰，还是壮丽山河美景，都给读者满满的正能量：或黄钟大吕、气势磅礴，或娓娓道来、意趣盎然，充分展现作者的意趣志向，毫无矫揉造作、病态呻吟之举。联想到作者的本职是面向经济、面向企业和企业家的社会工作，工作态度与工作作风与诗歌中体现的风格可以说是一脉相承，值得称道。

诗可展势。自从文字诞生以来，历史的波澜画面就得以借助书文载体从各个角度加以展现。诗歌虽然以寓情于景见长，但也成为管中窥豹、见证史实的一个参照物。2020年注定要在中国历史上大书特书的事件首推抗击新冠疫情的斗争。中国人民在以习近平同志为核心的党中央集中统一领导下，紧急动员、齐心协力，打响了新冠疫情防控的人民战争、总体战、阻击战。当世界上众多国家仍笼罩在疫情病魔肆虐阴影之中的时候，中国已经控制住了疫情的蔓延，取得了抗击疫情的全面进展和经济社会积极向好的态势，彰显出中国共产党领导和中国特色社会主义制度的显著优势，展现了中国积极与国际社会合作、共同维护全球和地区公共卫生安全的巨大努力。《庚子随记》中有近百篇诗作，以科学态度和平实语言，从一个普通人的角度，阐述了中国有力有效防控新冠疫情的真相和事实。如果以此为基，加上作者参与各项社会活动与参观考察的心得观感，《庚子随记》不啻作为2020中国编年史的一个佐证。其不仅有重点节点、人物、事件，又突出个人感受与思考，有序有议，情感交融、言之有物，既有很强的可读性，又可作为中国社会时势的真实写照。

诗宜释理。诗歌的表现形式、表现内容是多种多样的，只要做到与时代共同前行，反映时代精神，就会展现它的价值。疫情阻隔期间，作者身居东南一隅，凭着互联网与手机，敏锐地感受着时代的声音与步伐，加以清晰的梳理，将由此得来的认真思考，准确地阐释和表现在自己的诗作当中。疫情防控逐步宽松之后，作者抓住工作与闲暇机会，在组织企业和企业家交流以及度假休息之余，足迹自西到东，由北至南到中，细致体会企业运行的内在规律和企业家心路历程，留心观察所到之地风土人情及社会各方的寒暑冷暖，从中归纳提炼大道至理。通观作者一年的诗作，不在于他掌握了别人不知晓的信息与抓住了重要事件，而在于他勤于身边事物的观察，从读书读报的信息中感受大千世界涌动的潮流，从普通人的命运及生活处境中，思辨阐释事物发展的内在规律和深刻道理，以此作为自己创作的圭臬。

诗能传情。诗是传递感情的载体，是感情的文字结晶。与社会上一些以觥筹交错为交流感情的常见做法不同，遣词、造句、赋诗，是作者的情趣爱好，也是他的人际交往方式。在企联组织工作人员的微信交流平台上，常常可以看见作者以诗为纽带载体，传递心声，沟通感情。在与作者的交往中，颇能感受到其性格中热情似火，直言快语，助人不计代价，投入多凭精神的特点，有人戏称是作者多年生活在海南岛形成的。这些特点在作者的诗作中，也常常表现得淋漓尽致。作者在获悉家乡抗疫获得重大进展时欣喜若狂，面对国际霸凌无赖嘴脸时义愤填膺，针对小微企业遭遇困难亟待救助时大声疾呼，在慨叹面对企业家困难力不从心时痛心疾首，在谈到社会不良现象时冷眼面对，在看到群众疾苦时一往情深，都充分展示了作者冷峻外表下的炽热和充沛的感情。显然，《庚子随记》表现出的强烈情感和生动事物的交融也可作为窥见作者内心的一个窗口。

诗以倡文。诗歌有自己固定的格式和要求。新诗自由奔放，脱去了格律的桎梏，却依然营造着诗意的氛围，便于传达飞翔的思想、无拘无束的感情和对新生活的渴望，但也需遵循声律和对偶等一定的规则。旧体诗词有格律规范，平仄要求，赋比兴的表现手法，需要较多的学习和文字磨炼。今天谈诗，新旧体不论，更多的是把它作为感情抒发的一个载体、人员交流的一个媒介，把追求感情的真挚、形象的真实和语言的真切作为核心。《庚子随记》给人以挺好的整体感。我不懂格律平仄，不敢从作诗方式上妄评诗作。但时有浏览，感觉很大不同。有的诗读起来没有韵味，虽然习文写作是个性化的事情，只要自己认可，别人不必多言，但过于随意生涩，难得读者喜欢。冷明权的诗通读下来，不仅流畅，而且舒服，明显感到驾驭的功力和遣词造句的用心。《庚子随记》以七言绝句为主要表现形式，作者信手拈来，恣意汪洋，虽然也有韵脚不合处，但形式工整，为了更好地抒情达意，适当地"破格""变格"，充分表达内心感悟，应该是允许的。《庚子随记》数百篇之多，千姿百态，却没有重复堆砌的感觉，当属难得。读者可以将书放在手头，一气读过，毫不费力；也可以放在枕边，读读想想，别有滋味。

览读《庚子随记》，深感作者毅力意志使然。一般人兴之所至，偶尔集句成篇，较为常见。而一年之内，无论工作忙闲，情绪高低，身体强弱，都坚持每日组诗炼句，没有强烈的使命与目标感，没有坚强的韧性品格，难以为继，不是一般人可以做到的。在弘扬中华优秀传统文化蔚然成风的今天，读诗品诗，特别是学习饱受中华几千年文明滋养的格律诗词，不仅有助于提升个人学识素养，而且可以增加一个表达理想、记述亲情友情、所见所闻、所思所想的有用工具。愿更多人加入读书品诗的队伍。

以此为序。

（为《庚子随记》所作序言，2021年3月）

# 用文化之力　铸工业之魂

"中国工业文学作品大赛"的举办，吸引了广大作家热情参与，引起了社会各界广泛关注，受到中央文明委、工业和信息化部的充分肯定，大赛活动的社会价值和品牌价值得到了极大提升，这既为我们继续办好这项活动增添了信心，也给我们提出了更高要求。借此机会，我对大赛活动谈几点感想，与大家交流。

一是把握先进文化方向，注重精神引领。文化是一个国家、一个民族的灵魂。没有文化的繁荣兴盛，就没有民族的伟大复兴。历届大赛活动中涌现出一大批优秀的工业文学作品和作家，他们用深刻的思想、精巧的构思和优美的笔触，生动展现了一代代中国工业人自力更生、艰苦奋斗、无私奉献、爱国敬业的精神品质，深刻反映了工业发展在国家富强、民族兴旺中的基础地位和巨大作用，也让广大读者感受到我国工业所蕴藏的无限活力和创新潜能。新一届大赛要坚持以习近平新时代中国特色社会主义思想为指引，坚持先进文化发展方向，积极传播和践行社会主义核心价值观，不断丰富中国特色工业文化的思想宝库，形成引领和支撑我国工业发展的深厚精神力量，为我国工业高质量发展做出积极贡献。

二是立足工业发展实践，深刻反映现实。工业文学是中国工业发展的文化积淀和历史印记，来源于伟大生动的中国工业实践。新中国成立尤其是改革开放以来，无数中国工业人为实现工业强国梦付出了艰辛努力，做出了巨大贡献，同时也在推动我国工业发展的实践探索中，积累、形成了光辉灿烂的工业文化，这是文学创作取之不尽、用之不竭的文化宝库，也是优秀工业文学作品的活水源泉。希望广大作家立足服务我国工业发展和满足人民精神文化需求，坚持身入实践、心入企业、情入工人，不断从中汲取能量，获取灵感，用饱含热情、充满深情的笔墨，书写我国工业蓬勃发展、创新创业的火热生活，表达广大产业工人的心情和心声，创作出更多思想性、艺术性、可读性有机统一的时代精品。

三是弘扬中国工业精神，坚定文化自信。工业强则国家强，文化兴则国家兴。工业文学是传承中华优秀文化、弘扬工业精神、激发创新活力的重要载体。长期以来，工业战线涌现出众多可歌可泣的英模人物，塑造了如大庆精神、载人航天精神、青藏铁路精神、"两弹一星"精神等一大批宝贵的工业精神代表，这已成为引领社会思潮、弘扬爱国主义、集体主义、艰苦奋斗和开拓创新精神的时代典范。举办此次大赛，就是希望营造社会各界共同推动工业文化的浓厚氛围，厚植工业文学作品孕育生长的土壤，打造展示当代中国工业风采的重要窗口，强化引领中国工业发展的新理念、新动能；就是要通过文学作品大力弘扬新时代中国工业精神，更加坚定文化自信，用文化之力，铸工业之魂，激励工业战线为把我国建设成为工业强国而奋发努力。

2021年是中国共产党建党100周年，也是"十四五"规划开局之年，我国将开启全面建设社会主义现代化国家新征程、向第二个百年奋斗目标进军。"十四五"规划为我国新时期工业发展指明了方向，明确了目标，描绘了蓝图。工业战线使命光荣，任务艰巨。值此之际，我们举办"第三届中国工业文学作品大赛"，具有重要的现实意义。中国企业联合会将与各共同主办单位紧密配合，继续发挥企业资源优势和工作平台优势，在工业文学作品发现、培养、传播和衍生价值开发等方面加强合作，推动活动更加深入、更加扎实、更加富有成效，共同推进工业文学和工业文化发展繁荣，以优异成绩迎接党的百年华诞！

（在"第三届中国工业文学作品大赛"启动仪式上的致辞，2021年4月）

# 从《新机与新局》看"十四五"时期
# 企业家的制胜之道

当"十四五"大幕拉开时,每一位企业家都要面对未来做出自己的判断。毋庸讳言,新冠疫情是当前最大的未知数。2020年年初,新冠疫情乍起。面对来势汹汹的新冠疫情,在以习近平同志为核心的党中央领导下,中国人民没有被吓倒,万众一心,以超乎寻常的气魄与努力同病毒展开了殊死斗争,疫情阻击初战告捷,并把可控状态保持至今。中国企业从大面积停工停产到全力生产保障医疗物资供应,从一度大范围的物流、人流、资金流阻断到全面复工复产,经历了一段艰苦却难忘的特殊时期。目前,中国是全球少有的企业开足马力生产的国家,但企业家们在集中资源投入生产的同时,心头仍有余悸,不知道面对不确定的未来该如何把握企业的制胜之道。的确,我们必须看到,新冠疫情在全球肆虐的势头还远没有被控制住。在一些发达国家,疫苗接种推进缓慢,而一些发展中国家仍备受疫情煎熬,受到感染以及不幸罹难的人数持续增加,整体防控形势严峻。世界是一个地球村,面对全球疫情和复杂的国际形势,许多企业家感到十分焦虑;在不确定的世界面前,如何带领企业前行?如何把握制胜之道?

我想把这本《新机与新局》推荐给大家,相信它会带给每一位读者不同的感受。《新机与新局》是中国上市公司协会会长、中国企业改革与发展研究会会长宋志平的一部最新力作。熟悉中国企业的读者对宋志平的名字不会感到陌生。他因把分属建材和医药行业的两家央企带入世界500强企业的行列之中,而多次受到国家的表彰和奖励。在北京大学、清华大学、中国政法大学、上海交通大学、武汉理工大学、大连理工大学等高校的讲台上不乏他谆谆教导的身影。他撰写的管理学著作已有十本之多,但他至今仍然没有止步。面对疫情的袭扰,昔日讲坛上的教授,一下子又成为互联网上的"明星"。可以说,往日的大忙人在疫情期间丝毫没有放慢脚步,只是从迈上讲坛改为走进直播间,并一次又一次受到了观众的热捧。得知宋志平会长的"网红"效果，一时之间，线上平台蜂拥而至。从政策解读到治企之道，从上市公司的质量提升到企业的数字化转型，从经营者如何面对危机到企业制胜的"秘籍"，宋志平会长为观众释疑解惑、指点迷津、袒露心声。《新机与新局》既是这一特殊时期精彩报告的结晶，也是企业家们应对当前汹涌波涛可借助的"定海神针"。

《新机与新局》收录了几十篇宋志平会长授课、演讲的文章。文章独立成篇，要言不烦，用"同心抗疫篇""企业改革篇""资本市场篇""经营发展篇"进行了区分归类，细细品读却可以体会到有一条主线自始至终贯穿其中，那就是如何在不确定的环境中把握企业的制胜之道。

从"同心抗疫篇"看不惧困难、危中寻机。宋志平会长从北新建材的车间技术员起步，到升任北新建材厂长，再到成为中央企业的掌门人，可以说经历的困难挑战无数，但也很少遇到像新冠疫情这样的问题。他没有怨天尤人，而是凭借以往的经验和对形势的冷静分析，为企业家加油打气，阐释解困的思路和做法。在疫情之初的一次线上演讲中，他敏锐地指出，"企业要提高处理特殊问题的三个能力：应对力、抗压力和复原力"。为了提振大家与疫情斗争的信心与勇气，他从经历过的一桩桩具体事例讲起，给出了企业家足资借鉴的四个手段：紧盯疫情、紧盯市场、紧盯产业链、紧盯资金链，并详解了以"三精管理"为核心的经营之道。许多企业家听了宋志平会长的演讲之后连呼过瘾，犹如盛夏饮冰水的感觉。

从"企业改革篇"看矢志初心、机制关键。宋志平会长在企业工作40年，他一直有把国有企业做优做强的志向。他在演讲中每每被问及经营秘诀时，都会毫不迟疑地强调"机制是关键"。在抗击疫情、复工复产的过程中，宋志平会长多次向大家传授在推动改革过程中的所感所悟，集中回答"国有企业为什么要改革，改什么，怎么改"的经典"三问"。他反复强调，国企改革三年行动要让国有企业和其他同类企业、同行业的企业有一样的市场化机制；国有企业不光要进行三项制度改革，还要有先进的中长期激励机制，才能具有更强的竞争力。对大型国有企业实行混合所有制改革重组，之所以成为宋志平会长演讲中多次提及的话题，是因为这是他在担任央企董事长期深入思考和大量成功实践的经验总结。

从"资本市场篇"看以质取胜、持续发展。2019年5月,宋志平担任中国上市公司协会会长之后,马上开始了角色的转变。他在和中国证监会领导及有关同志深入沟通之后,大量走访上市公司,了解企业一线情况,传递政策声音,促进上市公司合规经营、健康发展。疫情管控措施刚有松动,宋志平会长就四处奔波,不失时机地组织了对董监高等关键少数的大规模培训,使提高上市公司质量的理念逐渐形成共识,市场化、法治化的监管体系日益完善,上市公司质量的提高迈开了坚实的步伐。这一部分中的演讲充分反映了他这一阶段的工作与思考。

从"经营发展篇"看创新升维、摆脱怪圈。目前如何在波诡云谲的市场中驾驭好企业的航船,是各方面最期望宋志平会长分享的内容,也是这一部分的重点所在。宋志平会长把管理和经营分开阐释,用他的话说,就是管理强调的是正确地做事,而经营强调的是做正确的事。细想起来,很有道理。他用做企业的四个聚焦——聚焦战略、聚焦经营、聚焦资本、聚焦现金流来论述扎扎实实做好企业要从具体环节、具体事务做起的重要性。"企业家精神"是宋志平会长反复强调的主题,他认为,无论是国有企业还是民营企业,都要倡导弘扬企业家精神,"创新、坚守和责任"这三点是不可或缺的。面对迅速变化的经济社会环境,唯有不断地创新升维,才能使众多的企业摆脱无法长大或扩张崩盘的怪圈。

以上个人的一点所思所悟,只是供愿意借助宋志平会长的著作打开一扇智慧之窗的读者参考。我与宋志平会长相识相交已有20余年的时间了。最初是因为工作上的交集时有接触,后来完全是兴趣相投而坚持交流。宋志平会长的三个特质让我们成为真正的好同事、好朋友:首先是为人诚笃,坚忍担当;其次是高调做事,低调做人;最后是勤学不辍,诲人不倦。我想,认识宋志平会长的人都会有此感觉,而更多的读者完全可以从《新机与新局》和他的其他著作中感受到。这本书,除了企业家和企业经营管理人员可以阅读受益外,从事经济、社会科学研究、学习的专业工作者和教师、学生也可以从中了解中国企业与企业家情况,想更多知晓中国迈向新的百年征程的底气何在及中国企业家所思所想的广大读者一定会从这本书中有所收获。

(为《新机与新局》所作序言,2021年5月)

# 以青春力量　彰显青年担当

今天，参加蓝桥联合哔哩哔哩网站组织的"UP之夜"，让我浮想联翩，十分感动。就在 17 天前，我们伟大的中国共产党刚刚庆祝了百年华诞。一百年的栉风沐雨，一百年的砥砺前行，一度积贫积弱、遍体鳞伤、任帝国主义列强欺侮宰割的中华民族，在中国共产党的带领下，通过无数共产党人和人民大众的奉献、牺牲、拼搏、奋斗，实现了从站起来、富起来到强起来的伟大飞跃，昂首挺胸地屹立于世界民族之林。

回首百年，觉醒的中国青年始终以不屈不挠、坚韧顽强、勇于向上的精神与气概，推动着我们的国家和民族不断谱写新的历史篇章。在中国迈向全面建成社会主义现代化强国的新征程中，我们欣喜地看到参与蓝桥杯的同学们展示着一派向上风采，将同莘莘学子、有志青年一道，成为创业新百年的生力军。在不同时代年轻人都会遇到自己的困惑，面临着一些艰难抉择，但只要秉持时代的发展方向，不抛弃、不放弃，勇于奋斗，就会在为大多数人谋幸福的同时实现自己的价值。

参加此次活动的许多选手，即将告别学校，迈入社会，开启人生的新阶段。大会主办方希望我谈谈自己的经历，给同学们以启示和帮助。一代人有一代人的生活环境和追求，简单地类比实在不足为训，但我愿意与大家分享一些体会。

回望我的读书岁月，因为时代的特殊原因，很多事情与今天是那么不同又让人难以忘怀。"让我们荡起双桨"的旋律是那么优美动听，那是当时学校生活的真实写照。但是到 1966 年我上小学五年级的时候，"文化大革命"似疾风暴雨袭来，一切正常秩序都被打破了。"反对读死书、死读书，打破旧的教育体制，走与工人农民相结合的道路"，革命的口号下是许多今天看来那么荒谬的事情。整个中学时期，初中三年尽情做自己愿意的事，就是没有进行系统的学习；应该读高中的三年我在农村插队，我自学了中学的数学课程。一直到1973年，我才以工农兵大学生的身份到北京化工学院读书。我的专业是化工分析，中学知识的缺失是我要克服的重大障碍。1976年毕业正好是打倒"四人帮"的时候，拨乱反正、恢复高考、科技是第一生产力的浪潮，也激起我们对知识、对文化最热切最紧迫的渴求。

1987年，我在33岁的时候，考上了中国科学院的研究生院（也称作中国科技大学研究生院），脱产到中国科学院进行硕士学习。在我读研究生时，我是学校那一届里岁数最大的同学。我看到我身边的这些同学，他们都比我小十岁，活力四射，聪明好学。我记得当时第一年在研究生院上的基础课是24个学分，我考了47个学分，不是说一定要多少学分才要达到这个目的，我只是太珍惜这个学习机会，想要把之前缺失的时间全部补回来。

工作阶段中，我经历了政府农业部门、科研工作、科技管理部门、宏观经济管理部门的转变。虽然我早年的学习经历和工作经历有一些缺憾，但是同时也是一段宝贵的经历。它使我对农村，对企业，对整个社会增加了更多感性基础上的理性认识，使我能够贴近人民，贴近生活，贴近生产，为后来的工作奠定了相应的基础。

同学们，刚才我讲的这些学习经历、生活经历离你们相对遥远。我只想说，你们生长、生活在一个蒸蒸日上的中国，物质丰富，文化丰盈，一定要珍惜今天的机会。当前，我国已经是世界第二大经济体，经济社会发展日新月异。在发展过程中，改革开放使中国经济踏上快车道，后发优势使一些方面可以不从基础干起来，软件领域就有可能通过购买国外的先进设备，凭借现成的软件设计工具，借用外部力量，推动成长。可以说，是踩在巨人的肩膀上前行。但是作为一个大国，一个大的经济体，在基础缺失的方面出现的漏洞必须补上。因为有一天，你会发现，别人的肩膀可能就不让你踩了，别人稍微错一下肩，我们的发展就会面临着巨大的问题。这就要求我们要脚踏实地，一点一滴地前进，一定要重视基础工作的发展，解决那些"卡脖子"的问题。

而这些工作由谁来承担？毫无疑问，是今天在座的以及观看直播的青年人。回首百余年前，中国共产党创始人之一李大钊先生就号召青年，"以青春之我，创建青春之家庭，青春之国家，青春之民族，青春之人类，青春之地球，青春之宇宙"。相信今天向上的青年，能以青春的力量，勇于承担，敢于钻研，为实现中华民族伟大复兴贡献韶华。

知道很多同学即将离开学校，踏上人生的征途，我想提几点希望，与大家分享。

第一，当个"好"人。对于将来要走上社会的每一个学生来说，这不是一个空洞的说教，而是应该做一个有道德的人，一个非常本分的人。因为当你踏入社会后会碰到很多的诱惑，在你面对这些时，你要对自己有一个约束，或者一个要求，而这个要求就是一定要依法合规，"当一个好人"。

第二，读本"好"书。所谓读好书，我觉得就是既要读好有字的书，也要读好无字的书。在现在这个信息爆炸的时代，大家获取的信息是碎片化的，但实际上，能静下心来认真地读一些书，读一些能够陶冶情操、丰富知识的书，还是很有意义的。在读书的同时，也要在实践中有更多的沟通交流，在我们接触到的领域，学做人，学做事，帮助我们更好地成长。

第三，用"好"方法。由于数字经济的发展，使得我们的这个时代一切都在加快变化，在关注技术创新的同时要重视管理创新，以确保如何用更少的投入，获取更高的效率。

第四，多睡"好"觉。我觉得现在的年轻人睡觉的机会太少了，尤其是到了晚上一两点，还可以看见微信的各个群里信息满天飞，如果有时间，那就多睡觉，睡好觉。多睡好觉，会帮助大家有一个强健的身体、充沛的精力，能够更好地进行生活和学习。

（在蓝桥 XB 站 UP 之夜暨第十二届蓝桥杯大赛
颁奖典礼上的讲话，2021 年 7 月）

# 践行"三个转变" 展现中国企业风采

"回声"是一个响亮的名词，又给读者以充分遐想的空间。久居城市的人可能对回声渐渐陌生。纷繁嘈杂的闹市中，已很难有回声的体验，即使偶有所闻，也会很快泯灭在市井喧嚣里。但是，如果来到大山峡谷，特别是空寂无人的沟壑深山，激越的声音往往会带来不同一般的反响。不少人有这样的体会，疾驰的火车从隧道钻出，汽笛嘶鸣使令人兴奋的回声由近及远，由清转混，绵延回荡，消失在远方，意蕴无限。

当把"回声"与新中国工业企业创新的步伐和前进的历程联系在一起的时候，其展示的内涵、意义当令人刮目相看。现代意义上的中国工业化以新中国成立为起点，老一辈工业人筚路蓝缕，艰苦奋斗，在历经战火的废墟上，夯筑了共和国工业通衢的路基。改革开放时代的到来，中国企业犹如奔驰的列车，以创新为牵引，一路高歌向前，创造出一个个全新纪录，让世界为之瞩目。如果能把企业前行中的创业创新和奋斗经历记录下来，犹如录下时代列车的鸣笛与回声，不仅能够展示中国企业的奋斗与辉煌，而且可以激励鞭策新一代中国工业建设者奋勇向前，还能够使更多的读者感受到中国工业的建设者——工人、工程师、科学家、企业家、各相关行业人员的喜怒哀乐并为他们鼓与呼。为此，我愿意与大家分享关于阅读《回声》后的一些所思所想及期许。

《回声》努力展现中国企业的创新旅程。当前，我国经济发展正由高速增长阶段转向高质量发展阶段，迫切需要加快工业企业创新发展步伐，推动工业经济从规模、成本优势转向质量、效益优势。突破核心技术，推动创新发展。企业只有积极投身产学研用深度融合的创新体系，着力突破关键共性技术和核心专项技术，全面改进重点设备性能水平，加快工业创新发展步伐，才能把握先机，实现高质量发展。从书中创新实例可以感受到，企业发展过程中会遇到各方面挑战，唯有充分了解中央和地方政策取向，坚持以应用需求为牵引，不断深化核心竞争力培育，推动企业管理模式和发展形态根本性转变，才有可能加快向目标迈进。

《回声》努力展现中国企业的激情梦想。无数的历史事实证明，走上经济发达之路的国家，无不着力为本国企业提供尽可能的保障和适宜生存的土壤。而一个经济落后的国家，企业要走上依据本国优势独立谋发展之路困难重重，何其艰难。在今天的中国，迈步向前的企业和企业家都切身感受到唯有国家强大才能实现企业强大，唯有自觉自愿地将"家国情怀"投入事业的开拓进取中，自力更生、艰苦奋斗、协作共进，才能在铸就国家伟业、支撑国家富强中获得自己发展的契机。在这次席卷全球的新冠疫情中，中国充分展现出了自己的制度优势。中国政府率先有效控制了疫情的大规模蔓延，在经济社会正常工作生活秩序的恢复中，采取了一系列有力措施帮助包括小微企业在内的各类企业复工复产。中国工业企业通过科技创新支撑国内经济加快恢复发展，通过加大投入和扩大生产为亟待恢复的世界经济做出贡献。《回声》也通过众多企业精彩的案例描绘了中国从"世界工厂"迈步世界经济增长动力源和稳定器的积极努力，展现了中国企业真正自立于世界工业之林的决心与奋斗。

《回声》努力展现中国企业的文化情怀。企业文化是企业的灵魂，是企业核心竞争力的重要因素。企业的健康发展不仅需要经济"硬实力"的刚性推动，也需要企业文化"软实力"的柔性支撑。习近平总书记指出，"中华优秀传统文化是中华民族的精神命脉，是涵养社会主义核心价值观的重要源泉，也是我们在世界文化激荡中站稳脚跟的坚实根基。"企业文化是社会主义文化的重要组成部分，是社会主义文化在企业经营管理中的具体体现。企业管理实践是企业文化的土壤和源泉，先进的企业文化理念只有融入企业发展和经营管理的各个方面，成为广大员工自觉遵守的行为准则，才能有效地转化为企业的凝聚力和战斗力，为企业的健康持续发展提供精神动力。《回声》中的案例表明，企业积极探索充分利用多种形式推动企业文化与企业经营管理实践融合的努力，会收到创新与发展共振的巨大实效。例如综合运用传统媒体和新媒体宣传贯彻企业文化，举办丰富多彩的企业文化活动营造文化氛围，传播文化理念，让企业价值观入脑入心，促进广大员工对企业文化的认知认同；把企业文化理念融入管理模式创新中，引领企业管理细化深化，有效推进企业高质量发展。

《回声》努力展现中国企业的绿色理念。书中有专门章节阐释企业的绿色环保实践，着眼人类发展需求，立意深远。我国是全世界唯一拥有联合国产业分类当中全部工业门类的国家，近年来我国钢铁、建材、石化、高铁、电子、航空、航天等产业通过锻长板、补短板、强弱项，在迈向全球产业链和价值链的中高端方面取得了巨大的进步。2020年，我国制造业增加值达到26.59万亿元，占全球比重接近30%，重点领域创新发展取得重大突破，一些前沿方向开始进入"并跑""领跑"阶段，技术创新加快从量的积累向质的飞跃、从点的突破向系统能力提升转变。但总体上看，我国企业创新能力还不强，特别是关键核心技术受制于人，高端产品有效供给能力不足，产品结构性矛盾突出。低效和无效供给造成了大量的资源和能源浪费，增加了不必要的碳排放，必须大力调整产业和产品结构，通过提升供给质量实现绿色减碳发展，要继续深化落实供给侧结构性改革，淘汰低效产能，落实好产能置换，严控新增产能；要优化原燃料和能源结构，优化工艺流程结构，淘汰落后工艺和设备，构建循环经济产业链。有条件的高耗能企业要积极构建上下游紧密结合的一体化产业链，发展产业集群，形成聚集发展态势，探索有利于碳减排的发展模式。

《回声》努力展现中国企业的国际视野。从2020年初至今，全球范围疫情尚未得到全面控制，各国都面临着抗疫情、稳经济、保民生的艰巨任务，而"一带一路"展示的理念和方向完全可以成为众多国家艰难跋涉的有益借鉴。《回声》中的中国企业的实践充分表明，共建"一带一路"追求的是发展，崇尚的是共赢，传递的是希望。各国唇齿相依、命运与共的现实，更加凸显了共建"一带一路"的重要性和必要性。在国际上，168个国家和国际组织签署的共建"一带一路"合作协议，将会使疫情恢复中有大批务实合作、造福民众的项目得到推进与落实，构建起全方位、复合型的互联互通伙伴关系，开创共同发展的新前景。在国内，随着"十四五"规划的启动，推动"一带一路"高质量发展正在成为各领域各方面加大投入、加快步伐的难得机遇。围绕"一带一路"发展目标，推进基础设施互联互通，拓展第三方市场合作，加强规划政策对接，推动科教文卫沟通，将为开展合作的企业和园区带来巨大机会。目前，新冠疫情仍在世界上许多地区蔓延，许多国家经济不振，原有生产链、供应链、价值链出现断点。《回声》中提到的国内企业多数都对国际发展和参与

"一带一路"建设做过探索与尝试，尤其是围绕稳链、建链、补链、延链、强链开展过工作。面对国际经济逐步恢复的机遇，中国企业应能加强国际产业安全合作和"一带一路"沿线产业集群的互动互补，形成更强创新力、更高附加值、更安全可靠的产业链供应链。

《回声》描述的企业多是我熟悉的企业。我能深深感受到作者力求从工业和经济、文化相结合的方面把它写成一本专业与普及并举、企业与人物并重、宏观与微观并集的作品，这一努力的方向是十分有益、十分积极的。由于涉及企业的数量众多，规模不一，行业又大相径庭，要做好这件事难之又难，需要以持续不断的努力去调研与笔耕。希望每一位读者能够理解作者的初衷与苦心，听到中国企业奋斗征程上的鸣响，共同传递不绝的回声。

（为《回声：中国科技型企业的担当及创新实践》
所作序言，2021 年 11 月）

# 稳字当头　更需要大力弘扬企业家精神

企业家是时代的产物，企业家的足迹映衬着时代前行的轨迹。

21世纪前期的中国企业家，注定会在中国经济发展史上留下自己的印记。这些人中的多数从20世纪80年代走来时，或者身上带着农田中的泥水，或者指尖上沾满了板书时留下的粉笔末，或者脸上仍有作坊中的油污，总之，绝少经过现代工业文明的洗礼。是改革开放的洪流，激起了蕴含在深处的潜力，作为前行者，以企业家之名，怀揣着热情与梦想，奋不顾身地投入市场经济的大潮中，历经风雨起伏，带领企业的航船驶向彼岸。可以说，中国经济从小到大、从弱到强，不断发展壮大，企业家队伍是功不可没的践行者。

应该指出，中国企业家作为中国特色社会主义市场经济活动中的重要主体，不仅是企业的灵魂，还是改革创新的重要力量，更是推动经济社会发展的生力军。企业家精神的磨砺与打造，成为时代发展的重要象征与力量。弘扬优秀企业家精神，对更好发挥企业家才能、体现企业家作用、激发企业成长活力具有重要意义。

党和政府高度重视企业家的作用，高度重视企业家精神的弘扬。党的十八大以来，习近平总书记在讲话中多次谈及企业家精神，指出"市场活力来自于人，特别是来自于企业家，来自于企业家精神"；要"激发企业家精神，发挥企业家才能"；要"保护企业家精神，支持企业家专心创新创业"；要"加快培养造就国际一流的经济学家、具有国际视野的企业家"；并且希望广大企业家"继续发扬'敢为天下先、爱拼才会赢'的闯劲，进一步解放思想，改革创新，敢于担当，勇于作为"，为国家经济社会持续健康发展发挥更大作用。在波澜壮阔的历史进程中积淀形成的企业家精神，已经成为中国共产党人精神谱系的重要组成部分。

新时代再出发，我国经济走上高质量发展之路，在新平台和宽广领域中，唯有继续彰显企业家精神的作用与影响，推进企业家队伍的不断成长与壮大，才能不断做优做强做大企业，为中国经济行稳致远注入澎湃动能。

2020年初开始的新冠疫情是对中国经济社会的一场严峻考验。肆虐的疫情一度阻断了供应链生产链人员链，经济的正常运行难以为继，企业碰到前所未有的挑战。在以习近平同志为核心的党中央坚强领导下，全国上下同心，人民众志成城，企业家群体勇于担责，带领广大企业员工，团结协作、攻坚克难、奋力自救，积极参与应对疫情的人民战争，为疫情防控提供了有力的物质支撑，取得了复工复产乃至经济发展的突出成绩。

当前，全球疫情仍然严重，我国疫情总体可控，但时有散发，必须精心应对、严格防控。世界经济形势复杂严峻，全球供应链尚未畅通，复苏艰难，美国又对中国高技术企业蛮横打压，毒化全球经济恢复气氛。我国经济发展面临需求收缩、供给冲击、预期转弱三重压力，挑战前所未有，很多市场主体空前承压。2021年12月召开的中央经济工作会议要求，经济工作要稳字当头、稳中求进，并明确提出要持续激发市场主体活力，提振市场主体信心，营造各类所有制企业竞相发展的良好环境。

越是风险挑战，越要让广大企业家弘扬企业家精神，不断把稳企业前进方向，提升在危机中抗击风险、抢抓新机的能力与水平，锻造企业员工队伍，充分激发内生活力与潜力，在确保企业纾困解难、求得发展的同时，助力我国经济进一步回暖复苏、提质增效。做到这一点的步骤很多，其中的一项有效措施就是通过企业家的现身说法，交流经验体会，阐释自身的感悟，传递正能量。在这样的大环境与大背景下，《蒋锡培管理日志》应运而生，有着非同一般的意义。

《蒋锡培管理日志》以每日一篇、每月一章、全年一册的日志形式，将蒋锡培经营企业中的所思所悟加以总结、归纳、提炼，编撰成书。纵览全书，蒋锡培在经营企业过程中的心得体会跃然纸上。无论是从确立企业的使命愿景价值观到形成企业的战略方向，无论是从对企业家精神的坚持到基业长青的探索，无论是从企业经营管理之道的研究还是改革创新的不懈努力，无论是从中华优秀传统文化的学习还是对国际先进经验的借鉴，蒋锡培都是亲力亲为，在实践中不断悟道，不断提升自己，不断推进企业的发展。

我与蒋锡培认识已有些时间。虽然过去对从事电缆行业的远东集团有所了解，但与担任集团董事会主席的蒋锡培接触还是从2016年我到协会工作后才开始。蒋锡培作为中国企业联合会、中国企业家协会的副会长，在中国企联的平台上非常活跃。无论是发布中国企业500强的高峰论坛，还是政府部门召开的企业家座谈会，每每可以看见他的身影，听到他侃侃而谈的声音。作为出席过党的十六大的代表，同时担任众多社会职务的蒋锡培，强调要与党和国家的政策取向同频共振，在认真研究、细致准备的基础上，常常在各种会议上大胆阐述自己的观点，并积极建言献策。他的一些政策建议多次受到与会各级领导的肯定与鼓励。每次中国企联开大会时，蒋锡培都愿意把对经济大势的切身感受谈出来与大家分享，成为会下媒体记者热追的对象。

作为一个企业家，在不确定性中把握企业航船，会经历许多困难，甚至面临搁浅乃至翻船的危险，值得我们去同情。而唯有时时把社会责任放在心头，并身体力行去倾心实践的企业家，则值得我们真正的尊敬。有一件事让我感受颇深。在一次电视节目中，我得知蒋锡培荣获"2019年度助残新闻人物特别提名"奖。在他安排下，远东控股集团早在2007年就出资8296万元成立了中国首家规模最大的定向资助残疾人就业培训的非公募性慈善基金——远东慈善基金会。远东集团目前有身障员工1146位，累计安排身障员工3000多名，每年还帮助两千到三千名有一技之长的身障人士找到工作。当我见到蒋锡培，向他表示祝贺与感谢，并问他为什么从来没在企业家活动场合讲起过时，他腼腆地摇着头说，为社会公益和社会文明的进步与发展做出更大贡献是一个企业家应该做的事情。

我国企业是在经历大风大浪中发展壮大起来的，我国企业家是在应对挑战中成长强硕起来的。大力弘扬新时代企业家精神，把企业发展同国家繁荣、民族兴盛、人民幸福紧密结合在一起，就一定能穿越风雨，书写更多与新时代同频共振的生动故事。在今天中国经济稳字当头、稳步前行的重要时刻，我衷心希望，也坚决相信，我们的企业家能把企业发展同国家繁荣、民族兴盛、人民幸福紧密结合在一起，主动为国担当、为国分忧，顺应时代发展，勇于拼搏进取，为积累社会财富、创造就业岗位、促进经济社会发展、增强综合国力做出重要贡献。

相信每一位读者都能从《蒋锡培管理日志》的阅读中获得属于自己的收获。

(为《蒋锡培管理日志》所作序言，2021年12月)

# 道行天下

《礼记·礼运篇》曰：大道之行也，天下为公。《庄子·天下篇》曰：诗以道志，书以道事，礼以道行，乐以道和，易以道阴阳，春秋以道名分。"道行天下"有一个意蕴深长的内涵，天下一理，行事求道，把握道就能通行天下；又给人以充分遐想的空间，善学而明行商之大道，道行天下，怀修远恒心，明智须笃行，知行合一。用今天的话说就是，企业家兴业要善于学习研究企业发展的规律，需心中怀揣长远而持久的意志，认真思考并认真实践，且悟且做，这是经营企业的大道理。

当把"大道行商"与中国工业化的步伐和前进的历程联系在一起的时候，其展示的内涵、意义就更加令人刮目相看。自19世纪中期中国国门被西方列强用大炮轰开之后，国土上不乏怀揣实业救国梦想的仁人志士，也出现过在"行商"上有所建树的企业家精英，但都只能眼睁睁地看着世界工业化的快车疾驶而过，一腔在华夏大地实现民族工业化的理想抱负化作泡影。现代意义上的中国工业化是以新中国成立为起点，开创新中国的老一辈无产阶级革命家呕心沥血，率领全党全国人民，精心规划，筚路蓝缕，艰苦奋斗，在历经战火的废墟上，夯筑了共和国工业通衢的路基。改革开放时代的到来，中国企业犹如奔驰的列车，以创新为牵引，一路高歌向前，创造出一个个全新纪录，让世界为之瞩目。把企业前行中的创业创新和奋斗经历记录下来，犹如《大道行商》所示，不仅能够展示中国企业的奋斗与辉煌，而且可以激励鞭策新一代中国工业建设者奋勇向前，还能够使更多的读者感受到中国工业的建设者——工人、工程师、科学家、企业家、各相关行业人员的喜怒哀乐并为他们鼓与呼。为此，我愿意与大家分享关于阅读《大道行商》后的一些所思所想及期许。

《大道行商》努力展现启迪中国企业的新发展理念。当前，我国经济发展正由高速增长阶段转向高质量发展阶段，迫切需要加快企业创新发展步伐，推动工业经济从规模、成本优势转向质量、效益优势。突破核心技术，推动创新发展。坚持高质量发展必须完整、准确、全面贯彻新发展理念，也就是在中国工业化全过程和各方面，坚持"创新、协调、绿色、开放、共享"的新发展理念，树立系统观念，统筹发展和安全，强化问题导向、忧患意识，不断破解发展难题、增强发展动力、厚植发展优势，努力实现更高质量、更有效率、更加公平、更可持续、更为安全的发展。书中的"思想布道"部分，用领导、专家、学者的研究成果和先进理念以及企业实践，展示介绍了中国企业用新发展理念充实头脑、加快转变的过程。从书中实例可以感受到，企业发展过程中会遇到各方面挑战，唯有充分学习贯彻新发展理念，把握中央和地方政策取向，坚持以可持续发展为统领，不断深化核心竞争力培育，推动企业发展形态根本性转变，才有可能加快向目标迈进。

《大道行商》努力展现赋能中国企业的新发展举措。无数的历史事实证明，走上经济发达之路的国家，无不着力为本国企业提供尽可能的保障和适宜生存的土壤，以此全力推动产业的兴盛和发展。书中的"产业兴道"部分，重点阐释了在一个制造业落后的国家，企业要走上依据本国优势独立谋发展之路困难重重，唯有认准目标，奋力拼搏，别无他途。在今天的中国，迈步向前的企业和企业家都切身感受到，只有企业兴，才能产业兴、国家兴；只有产业兴、国家兴，企业成长才有保障。书中涉及的许多企业家自觉自愿地将"家国情怀"投入事业的开拓进取中，自力更生、艰苦奋斗、协作共进，在铸就国家产业、支撑国家富强中获得自己发展的契机。这次席卷全球的新冠疫情中，中国充分展现出了自己的制度优势。中国政府率先有效控制了疫情的大规模蔓延，在经济社会正常工作生活秩序的恢复中，采取了一系列有力措施帮助包括小微企业在内的各类企业复工复产。中国工业企业通过科技创新支撑国内经济加快恢复发展，通过加大投入和扩大生产为亟待恢复的世界经济做出贡献。全书也通过众多企业精彩的案例描绘了中国从"世界工厂"迈步世界经济增长动力源和稳定器的积极努力，展现了中国企业真正自立于世界工业之林的决心与奋斗。

《大道行商》努力展现构建中国企业的新发展情怀。企业文化是企业的灵魂，是企业核心竞争力的重要组成。《大道行商》中专门设立了"文化载道"一章，借以说明企业的健康发展不仅需要经济"硬实力"的刚性推动，也需要企业文化"软实力"的柔性支撑。习近平总书记指出,中华优秀传统文化是中华民族的精神命脉,是涵养社会主义核心价值观的重要源泉,也是我们在世界文化激荡中站稳脚跟的坚实根基。企业文化是社会主义文化的重要组成部分,是社会主义文化在企业经营管理中的具体体现。企业管理实践是企业文化的土壤和源泉,先进的企业文化理念只有融入企业发展和经营管理的各个方面,成为广大员工自觉遵守的行为准则,才能有效地转化为企业的凝聚力和战斗力,为企业的健康持续发展提供精神动力。"文化载道"中众多企业的鲜活实践表明,企业积极探索充分利用多种形式推动企业文化与企业经营管理实践融合的努力,会收到创新与发展共振的巨大实效。例如综合运用传统媒体和新媒体宣传贯彻企业文化,举办丰富多彩的企业文化活动营造文化氛围,传播文化理念,让企业价值观入脑入心,促进广大员工对企业文化的认知认同;把企业文化理念融入管理模式创新中,引领企业管理细化深化,有效推进企业高质量发展。

《大道行商》努力展现描绘中国企业的新发展底色。书中对节能低碳发展给予了更多关注,把绿色作为工业发展的底色,介绍了各类企业的绿色环保实践。我国是全世界唯一拥有联合国产业分类当中全部工业门类的国家,近年来我国钢铁、建材、石化、高铁、电子、航空、航天等产业通过锻长板、补短板、强弱项,在迈向全球产业链和价值链的中高端方面取得了巨大的进步。2021年,我国制造业增加值达到了31.4万亿元,总量连续12年位居世界首位。重点领域创新发展取得重大突破,一些前沿方向开始进入"并跑""领跑"阶段,技术创新加快从量的积累向质的飞跃、从点的突破向系统能力提升转变。但总体上看,我国企业创新能力还不强,特别是低效和无效供给造成了大量的资源和能源浪费,增加了不必要的碳排放,必须大力调整产业和产品结构,通过提升供给质量实现绿色减碳发展,要继续深化落实供给侧结构性改革,淘汰低效产能,落实好产能置换,严控新增产能;要优化原燃料和能源结构,优化工艺流程结构,淘汰落后工艺和设备,构建循环经济产业链。有条件的高耗能企业要积极构建上下游紧密结合的一体化产业链,发展产业集群,形成聚集发展态势,探索有利于碳减排的发展模式。

《大道行商》努力展现拓宽中国企业的新发展视野。从2020年年初至今,全球范围疫情肆虐未止，各国都面临着抗疫情、稳经济、保民生的艰巨任务。在面对全球经济恢复、经济秩序重建的过程中，"一带一路"展示的理念和方向完全可以成为众多国家、特别是"一带一路"沿线国家和其他第三世界国家的有益借鉴。《大道行商》里中国企业的实践充分表明，共建"一带一路"追求的是发展，崇尚的是共赢，传递的是希望。各国唇齿相依、命运与共的现实，更加凸显了共建"一带一路"的重要性和必要性。在国际上，168个国家和国际组织签署的共建"一带一路"合作协议，将会使疫情恢复中有大批务实合作、造福民众的项目得到推进与落实，构建起全方位、复合型的互联互通伙伴关系，开创共同发展的新前景。在国内，随着"十四五"规划的启动，推动"一带一路"高质量发展正在成为各领域各方面加大投入、加快步伐的难得机遇。围绕"一带一路"发展目标，推进基础设施互联互通，拓展第三方市场合作，加强规划政策对接，推动科教文卫沟通，将为开展合作的企业和园区带来巨大机会。目前，新冠疫情仍在世界上许多地区蔓延，许多国家经济不振，原有生产链、供应链、价值链出现断点。《大道行商》中提到的国内企业多数都对国际发展和参与"一带一路"建设做过探索与尝试，尤其是围绕稳链、建链、补链、延链、强链开展过工作。面对国际经济逐步恢复的机遇，希望书中中国企业加强国际产业安全合作和"一带一路"沿线产业集群的互动互补，形成更强创新力、更高附加值、更安全可靠的产业链供应链的实例，能成为有用的借鉴。

　　《大道行商》描述的企业多是我熟悉的企业。我能深深感受到作者从宏观经济到微观企业的结合，从工业和经济、文化的结合方面着力，力求把本书写成一本专业与普及并举、企业与人物并重、理论与实践并集的作品。这一努力的方向是十分有益、十分积极的。由于涉及企业的数量众多，规模不一，行业又大相径庭，要做好这件事并非易事，而作者秉持道行天下的理念，在这方面持续不断地努力调研与笔耕，终成此书。希望每一位读者都能够从本书中听到中国企业奋斗征程上的鸣响，共同领悟《大道行商》的真谛，获得持续前进的助力。

（为《大道行商》所作序言，2022年3月）

# 企联组织工作和区域发展

# 全面贯彻党的十九大精神
# 推动企联工作高质量发展

在举国上下深入贯彻党的十九大精神之际，我们召开一年一度的全国企联系统秘书长工作会议。这次会议的主要任务是贯彻落实党的十九大精神和中央经济工作会议部署，深入贯彻落实《中共中央国务院关于营造企业家健康成长环境弘扬优秀企业家精神更好发挥企业家作用的意见》（简称中央25号文件或《意见》）精神，总结交流全国企联系统2017年工作，讨论研究全国企联系统2018年重点工作，推动各项工作高质量发展，再创为企业、企业家服务工作新的业绩，为新时代保持经济持续健康发展做出新的贡献。

## 一、2017年工作稳中有进

2017年，全国企联系统全面贯彻落实党的十八大和十八届三中、四中、五中、六中全会精神，全面贯彻落实党的十九大精神，深入学习贯彻习近平总书记系列重要讲话精神和治国理政新理念新思想新战略，在王忠禹会长领导下，坚持加强党的建设，推进依法治会，锐意改革创新，维护企业权益，促进企业发展，提升服务水平，各项工作都取得了新的进展和成效。

### （一）坚决贯彻落实党中央决策部署

党的十八大以来，党中央采取了一系列党要管党，全面从严治党的重要举措，强化社会组织党的建设工作。中国企联和各地企联认真贯彻党中央全面从严治党的要求，积极探索党建工作的新思路、新方法、新途径，全面加强党的建设，牢固树立"四个意识"，坚定"四个自信"，做到"四个服从"，自觉在思想上政治上行动上同以习近平同志为核心的党中央保持高度一致。党的十九大召开后,中国企联制定了工作方案,深入开展学习贯彻党的十九大精神工作,切实把思想和行动统一到党的十九大精神上来,进一步坚定政治方向和政治定力。同时,把贯彻落实党的十九大精神与国资委党委巡视组对中国企联党委进行巡视提出的整改意见和要求结合起来,以高度的政治责任感和使命感,严肃认真做好各项整改工作。中央经济工作会议召开后,按照王忠禹会长的布置和要求,中国企联认真学习中央经济工作会议精神,按照会议对2018年经济工作的具体部署,研究安排中国企联今年重点工作。同时,向全国企联系统发出通知,促进全国企联系统贯彻落实中央经济工作会议精神。2017年9月,中央25号文件发布后,中国企联高度重视,及时开展学习和宣传工作。在网站开辟专题,宣传文件精神,报道企业家学习动态,并向企联系统发出通知,动员和组织全国各地企联开展学习贯彻活动。同时,按照国家发展改革委统一部署,中国企联组织联系企业家,认真配合有关部门和单位做好中央25号文件精神宣传工作。在贯彻落实具体工作安排中,中国企联结合实际,积极承担相关工作任务,有关意见建议得到了国家发展改革委的重视和支持。一年来,中国企联在党建工作中深入开展"两学一做"学习教育,制定完善相关制度规定,组织开展专题活动,加强基层党组织建设,党建工作不断加强。

各地企联按照主管部门统一部署和要求,结合企联实际,开展学习贯彻党的十九大和中央经济工作会议精神工作,紧密联系企联中心工作,把党的十九大精神和经济工作会议部署落实到为企业、企业家服务工作中去。在贯彻落实中央25号文件精神工作中,全国各地企联一方面开展了形式多样的学习活动,比如福建省企联高度重视,印发通知,并应广大企业家的要求,及时组织召开"福建省优秀企业家学习贯彻《意见》座谈会",省人大、省委组织部、省民政厅、省高院等部门和单位领导出席座谈会,并将会议情况形成《专报件》报送省有关领导。山东省企联通过下发文件、加强宣传、组织不同层次的考察交流活动、邀请省有关部门和单位负责人解读中央文件等方式,开展学习贯彻活动,注重树立和宣传企业家先进典型,受到省经信委等部门的高度评价。同时各地企联积极与政府部门联系沟通,配合政府部门做好贯彻落实中央25号文件精神的工作,积极承担工作任务,如广西壮族自治区企联及时联系自治区发改委领任务，并将企联贯彻落实中央 25 号文件的想法和安排做成 PPT，认真做了汇报。西安市企联受市工信委委托，就落实市委市政府主要领导关于落实中央 25 号文件精神、完善十项单体方案的要求逐条提出落实建议。大连市企联学习贯彻中央 25 号文件精神，会领导深入重点企业进行调研，对照文件认真了解影响企业家健康成长和作用发挥的突出问题，听取企业家意见建议，将形成专题调研报告，报送市委市政府有关部门。其他各地企联也都积极开展宣传贯彻活动，及时与政府部门沟通，结合实际，积极承担各项工作任务。

**（二）积极建言献策，为政府做好服务**

企联系统围绕中央关于坚持稳中求进工作总基调，坚持新发展理念的要求，积极开展涉及企业的调查研究，反映企业和企业家的意见和要求，为政府有关部门制定政策提供建议。2017 年，中国企联对清理规范涉企收费开展调查研究，形成《关于进一步清理规范涉企收费的意见和建议》的报告，李克强总理、张高丽副总理圈阅，并批请有关部门认真研究。开展 2017 中国企业 500 强系列分析研究并向社会发布相关报告。向国务院报送《党的十八大以来中国企业 500 强发展的情况与建议》专题报告，李克强总理、张高丽副总理等领导圈阅了这份报告，并批转工业和信息化部等部门研究参考。中国企联积极承担工业和信息化部、国务院国资委、国家安监总局（现为应急管理部，下同）等部委委托课题研究，服务政府部门工作需要，承接并高质量完成两化融合、智能制造、企业兼并重组评估政策，企业管理创新优秀经验总结，新一代企业管理新模式、新经验（管理 3.0）、工业文化建设评价等方面的课题研究，提交了相关报告，为相关工作提供支撑。开展《中国智能制造绿皮书（2017）》和《海尔"人单合一"模式研究》重大课题工作，形成《中国智能制造绿皮书（2017）》并于 12 月 8 日在 2017 世界智能制造大会上正式发布，《海尔管理创新报告 2017》报送工业和信息化部领导。受国家安监总局委托的《基于安全生产标准化的企业管理创新研究》课题，得到国家安监总局领导充分肯定。受工业和信息化部委托，组织全国企业管理咨询机构推荐名录（第一批）审定和发布工作，推荐并正式下发全国管理咨询推荐名录（第一批）

名单。积极组织会员企业参与"工业强基 IGBT 产业一条龙"应用计划实施活动。中国企联还结合企业发展热点问题,开展了《中国智能工厂建设的理论与路径研究》《中国工业企业技术创新能力指数研究》《管理创新路径研究》《"互联网+"新业态企业的劳动关系研究》等课题的研究工作,发布或出版了研究成果。

各地企联根据当地政府部门要求和企业发展需求,加强调查研究工作,及时反映企业的生产经营情况和意见建议。吉林省企联深入贯彻落实习近平总书记视察吉林时的重要讲话精神,组成调研组,就省企业发展新机遇新亮点开展专题调研,形成了《关于我省企业发展新机遇新亮点的调查报告》,得到省有关领导和部门的重视,王忠禹会长给予充分肯定和高度评价。辽宁省企联围绕省经济工作和企业发展重点、热点和难点问题,通过走访、问卷、座谈、专家讨论等方式,开展了供给侧结构性改革、营商环境建设、中小企业融资难等专题调研,形成的有关专题报告报送省政府,省有关领导先后做出重要批示,省企联应邀列席省政府党组会并做了专题汇报,引起政府相关部门重视,反映的问题及时得到整改。重庆市企联为推进我国劳动力市场健康发展,针对《中华人民共和国劳动合同法》(简称《劳动合同法》)实施中出现的劳动用工方面的问题,受市发改委委托开展《基于<劳动合同法>的重庆用工调查和劳动争议研究》,研究报告报送国家协调劳动关系三方机制及政府有关部门。黑龙江省、山西省、天津市、长春市、武汉市等企联都组织力量深入开展了调查研究,了解企业经营情况,听取企业的意见建议,向政府反映企业诉求,积极为政府涉企决策提供参考。

### (三)坚持合作共享,抓好品牌工作

多年来,在中国企联和各地企联的共同努力下,企联系统形成了一批具有较大影响力的品牌活动项目。2017 年中国企联在湖南省株洲市举办了 2017 年全国企业家活动日主会场活动;在江西南昌成功举办 2017 中国 500 强企业高峰论坛,发布了 2017 中国企业 500 强、制造业企业 500 强、服务业企业 500 强、跨国公司 100 大与跨国指数及其分析报告;在北京举行 2017 年全国企业管理创新大会,发布和推广了 243 项"第二十三届国家级企业管理现代化

创新成果";举办了第十二届全国企业文化年会,对全国企业文化建设优秀奖获得者进行表彰;召开了 2017 实现可持续发展目标中国峰会等大型活动。这些活动呈现如下特点。一是规格高规模大。王忠禹会长,工业和信息化部、国务院国资委、国家发展改革委等有关部委领导、活动举办省市主要领导出席会议并参加有关活动。张瑞敏、傅成玉、宋志平、宗庆后等一大批全国知名企业家参加有关活动。出席企业家活动日和 500 强企业高峰论坛的企业家、专家学者等各界代表分别达 1300 多人,参加其他活动的人数也都在 500 人以上。二是主题鲜明针对性强。活动围绕当前经济发展中心问题设置主题,座谈会、专题论坛和其他配套活动结合举办地产业发展特色和经济社会发展需要设置,既服务了企业,又服务了地方政府,效果显著。三是活动多内容丰富。除大会外,活动中还安排了企业家座谈会、平行产业论坛、专项活动及考察活动等,举办了合作交流、项目对接等有关活动,满足了多方需求。四是媒体广泛报道社会影响大。新华社、中央电视台、人民日报等主流媒体,微博、微信和客户端等新媒体对活动和内容进行了全方位深入报道,反响巨大。另外,中国企联还严格按程序做好第二十四届全国企业管理创新成果申报推荐、调研指导、成果论证、成果审定工作;配合工业和信息化部持续推进两化融合管理体系贯标试点工作;扎实推进企业文化建设,开展全国企业文化示范基地申报评估和召开现场会工作,开展工业文化有关工作;与商务部等有关部门合作,有序开展行业信用建设和企业诚信建设工作;积极推动全球契约中国网络工作,宣传中国企联和全球契约中国网络在推动企业履行社会责任、实现可持续发展方面开展的工作和取得的成果。

各地企联除配合中国企联做好相关工作外,还结合当地实际,积极开展相应活动,形成了富有自身特色的为企业和企业家服务的品牌项目。浙江省企联贯彻落实习近平总书记重要讲话精神,组织开展的"2016 浙江企业领袖年会暨企业家活动日",得到省有关部门的大力支持,取得了良好的社会效果。福建省、广西壮族自治区、陕西省、重庆市、大连市等地企联开展的优秀企业家评选表彰工作,得到省市领导高度重视,对弘扬企业家精神,推进企业家队伍建设起到了积极作用。上海市、贵州省、湖南省、河南省、宁夏回族自治区等地企联开展了百强企业研究及发布工作,并对活动加大宣传力度,产生了较大社会影响。北京市、河北省、河南省、贵州省、重庆市等地企联积极开展企业管理创新成果审定工作，培育和发现企业创新管理、提质增效的成功经验和做法，推动企业管理创新工作取得积极成效。上海市、重庆市、陕西省、南京市等企联积极开展企业文化建设工作，对创建全国企业文化示范基地工作起到积极作用。河北省企协、贵州等省企联积极开展企业信用评价工作，得到了企业的认可。

**（四）履行企业代表组织职责，构建和谐劳动关系**

《中共中央 国务院关于构建和谐劳动关系的意见》（简称中央 10 号文件）明确了企联系统作为企业代表组织在构建和谐劳动关系中的地位和职责。各级企联把贯彻落实中央 10 号文件作为工作主线，切实发挥企联系统组织优势，深入开展协调劳动关系工作。2017 年，中国企联认真做好国家协调劳动关系三方工作，筹备并参加国家协调劳动关系三方会议第二十二次会议及有关办公室主任会议，与人力资源社会保障部等部门共同协商，稳妥做好化解过剩产能职工安置中的劳动关系处理工作，深入研究论证《劳动合同法》修法问题等重点工作，积极参与推进产业工人队伍建设改革协调小组工作。通过印发《关于进一步贯彻落实〈中共中央 国务院关于构建和谐劳动关系的意见〉的指导意见》《2017 年省级企业联合会、企业家协会雇主工作要点》等方式，积极推进基层雇主工作。参与《劳动合同法》《中华人民共和国反不正当竞争法》《劳动合同规范》《集体合同规范》等涉企法规修改评审工作，在征求汇总地方企联、企业、专家意见基础上，提出对企业方有利的意见。以举办培训班、研讨会、合作开展集体协商项目等方式推动集体协商工作，参与劳动争议调解仲裁工作。召开中国企联维权工委年会，总结工作经验，探讨保障和维护企业和企业家合法权益的工作方式和方法。开展了《企业劳动用工法律规制研究》《劳动合同解除法律风险研究》等劳动关系调研工作，并与中国人民大学、上海的江三角律师事务所、民商事法律科学研究中心合作举办研讨活动，研讨企业法治、合规灵活用工等问题。在国际交流活动中，中国企联践行雇主组织代表职责，出席第 106 届国际劳工大会、金砖国家劳工就业部长与社会伙伴对话会、第二届全球雇主峰会等国际会议，并开展多双边活动，深化合作水平，扩大合作领域，反映中国雇主呼声，分享中国企业处理劳动关系问题经验。

全国各地企联在参与劳动关系协调工作中，也取得了新的成绩。如上海企联在参加三方机制工作中，坚持企业减负和民生的统一，在调查研究上下功夫，在协商中的话语权越来越强，在参与上海市最低工资增长协商中发挥了积极作用，受到政府、企业和社会的好评。陕西省企联在三方机制中积极反映企业诉求，每年召开雇主联席会，广泛征求和吸纳各行业协会就劳资、社保等问题的意见建议。广州市企联积极参与劳动关系三方委员会工作，2017年9月加入成立的广州劳动人事三方调解中心。在构建和谐劳动关系工作中，浙江省企联按照省委关于构建和谐劳动关系的部署，坚持"双维护"原则，深化"双爱"活动，推进"浙江无欠薪"三年行动计划，有效预防和化解劳动关系矛盾，积极构建和谐劳动关系。辽宁省、新疆维吾尔自治区、成都市企联推进和谐劳动关系构建工作得到认可。在维护企业和企业家合法权益中，北京市、山东省、山西省、陕西省、海南省等地企联认真做好保护企业家合法权益工作，加大对企业家维权的服务。在加强雇主组织建设工作中，辽宁省、贵州省、陕西省、广西壮族自治区、成都市企联采取有效措施，加强组织建设，积极推动建立基层企联组织。

**（五）秉持企联宗旨，为企业和企业家搞好服务**

服务企业和企业家是企联的宗旨。为此，企联系统结合实际，采取多种形式开展为企业、企业家服务工作。中国企联在促进国际交流合作中，强化与挪威工商总会、肯尼亚、坦桑尼亚雇主组织，以及国际劳工组织北京局等合作对象的交流与合作，举行中挪工商峰会、中挪非企业社会责任项目、企业领导力和员工敬业度提升培训等活动，分享中国经验，促进经济、文化交流，助力中国企业走出去，服务"一带一路"倡议。开展咨询和培训工作，在青岛海尔集团和株洲中车株机公司组织召开企业管理创新经验推广交流现场会，宣传、推广和交流优秀企业的管理创新经验。启动中国企联德稻智能制造高端研修班，继续开展国际注册管理咨询师（CMC）相关工作和中国管理咨询机构50大排序工作，以及中小企业管理咨询服务专家库专家征集与维护工作。在会员工作方面，在大型活动中为会员企业提供优质服务基础上，探索设计、组织一些符合中国企联发展方向的活动，提升为企业服务质量。与中国城镇化促进会开展"千企千镇工程"启动、培训等工作。先后协助清华控股、中国华融集团等公司对接目标企业，搭建企业间的合作交流平台。加强和完善理事会建设，积极发展中国 500 强企业、全国优秀企业、企业家加入理事会。组织召开旨在促进副会长单位间交流合作的联络员会议。开展对会员企业信息服务工作，向会员企业发送《财经动态》《企业高层管理者参考》。为会员企业提供优质医疗健康服务。企业管理科学基金会通过在湖南株洲、北京、江苏、山东和云南玉溪组织召开企业家座谈会，走访部分"袁宝华企业管理金奖"获得者等方式，听取并整理企业家对企业发展问题的意见建议，向政府有关部门提交相关报告，作为政府决策的参考。基金会与中国企联共同组织了部分地区企联及企业赴云南玉溪考察交流，为企业与本地政府的项目合作搭建了良好的对接平台，取得了积极成效。

各地企联也以多种形式积极为企业、企业家服务。在开展企业培训方面，上海市企联近两年先后组织开展十多次讲座和报告会，就国际国内经济形势和中国经济政策邀请有关专家学者进行分析和解读，受到企业家的欢迎。重庆市企联承接了人力资源社会保障部支持的《工业机器人关键技术及产业化应用》高级研修班、市人社局支持的《创新驱动引领企业发展》高级研修班，培养企业专业技术人才。广西壮族自治区、辽宁省、广州市、武汉市、西安市等地企联与政府合作，开展多种形式的培训活动，为企业培养了大批人才。在促进企业合作交流方面。浙江省企联 2017 年先后组织 150 多位企业家赴西安进行投资考察，组织"滇浙产业合作对接会"，促进了当地企业对外合作交流。山东省企联积极开展企业交流活动，组织副会长及会员单位参加中日韩、浙江、威海等地的经贸考察与洽谈交流活动。新疆生产建设兵团、长春市、大连市等企联采取学习考察、建立网上企业信息交流平台等形式，为企业建立合作牵线搭桥，促进了地区内及跨地区企业合作交流。在帮助企业解决困难支持企业发展方面，四川省、福建省、广西壮族自治区、石家庄市等地企联探索为企业，特别是中小企业提供金融、税收、维权等方面的服务，解决了企业遇到的实际问题，受到企业的欢迎。

## （六）加强组织体系建设，提升服务能力

企联在为政府、企业和企业家服务的同时，亦不断加强组织建设，强化内部管理，增强服务意识，创新服务方式，促进企联各项工作的开展，进一步提高服务能力和水平。中国企联通过加强人才培养，开展拓展培训、到企业学习锻炼、青年小组活动等形式多样的活动，对员工尤其青年员工加强培训，提高为企业和企业家服务的能力。同时按要求从严从实加强干部管理工作，加强相关人员的因私出国（境）管理工作。保障职工权益，做好薪酬及绩效管理、社会保险、老干部服务等工作。财务管理紧紧围绕中心工作，加强预算管理，通过预算编制统筹协调各项工作，促进增收节支，完善内部控制体系，加强风险防范，不断提高资金使用效益；按照要求及时、准确做好全年财务决算，组织所属单位和代管协会认真完成各项决算工作；积极落实各项经费，进一步提高经费保障能力；认真做好审计工作，积极配合审计部门完成法人代表离任审计、国务院国资委内部审计与评审评价、年度审计等审计工作；扎实做好财务基础工作，不断提高财务工作水平，财务决算工作在国务院国资委系统评比中再次获得表彰。在服务保障方面，开展安全生产标准化达标创建工作，做好食品卫生安全工作和设备维护维修保障等工作。

各地企联面对新情况新问题不断完善内部管理机制，服务企业和企业家能力不断提升。河北省企联建立企联行为规则和活动准则，完善内部治理结构，提高自律水平；推进企联和政府部门就企业发展重大问题进行对话协商的渠道和机制，努力形成互联、互利、互动的社会管理服务网络。贵州省、陕西省、深圳市、杭州市等企联依靠完善制度建设，使各项工作制度化、规范化、程序化，不断提升协会管理水平和工作效率。

这些成绩的取得，是由于我们坚定不移地贯彻落实了党中央的决策部署，是由于有国务院国资委、工业和信息化部、国家发展改革委、人力资源社会保障部等政府部门的指导、关心和支持；是由于王忠禹会长和企联老领导为我们把握方向，是由于企联系统和会员企业共同努力、积极建言献策、勤奋工作的结果。借此机会，我代表王忠禹会长，代表中国企联，向给予我们支持帮助的各位领导、企业家和各地企联表示衷心的感谢！

在看到成绩的同时，也要正视我们的工作和组织体系建设上存在的不足。就企联系统而言，主要体现在社会化、市场化程度有待提高，对行业协会商会脱钩改革反应不够快，为政府提供智力服务和承接政府委托职能的能力不够强，在三方机制工作中话语权偏弱，组织体系建设不完善，工作开展不平衡，干部队伍素养和能力需进一步加强等方面。在今后的工作中，我们要按照中央高质量发展的要求，继续发挥自己的优势，采取有力措施努力弥补存在的不足，推动工作更上一层楼。党的十九大开启了中国特色社会主义的新时代，也开启了行业协会商会改革发展的新征程，我们要审时度势，顺势而为，勠力同心，开创企联系统工作的新局面。

## 二、新时代企联面临新形势新挑战

2018年是贯彻党的十九大精神的开局之年，是改革开放40周年，是决胜全面建成小康社会、实施"十三五"规划承上启下的关键一年。中央经济工作会议对当前国内外形势进行了深刻分析，明确提出2018年经济工作的总体要求、发展目标和重大举措。总的来看，今年世界经济有望继续复苏，但仍将波动徘徊。我国经济持续发展具有许多有利条件，但也面临诸多矛盾困难和问题。我们要密切关注新形势带来的新挑战，以奋斗精神做好各方面的工作。

### （一）中国特色社会主义进入新时代对企联系统赋予新任务

党的十九大做出了中国特色社会主义进入新时代的重大政治论断，明确把习近平新时代中国特色社会主义思想作为我们党必须长期坚持的指导思想，提出全面建成小康社会、全面建成社会主义现代化强国的奋斗目标。新时代我国社会主要矛盾是人民日益增长的美好生活需要和不平衡不充分的发展之间的矛盾。要实现奋斗目标，化解社会主要矛盾，就要贯彻新发展理念，解放和发展社会生产力，建设现代化经济体系。深刻理解我国社会主义进入新时代这一重大判断的基本内涵、重大意义，自觉肩负起企联工作在新时代的历史责任，是当前和今后企联工作应当把握的重要问题。企联的工作要自觉融入大格局，在现代化经济体系建设中，在决胜全面建成小康社会、全面建设社会主义现代化国家新征程中，明确努力方向，把历史契机和机遇变为发展现实。这是新时代赋予企联的新任务。我们要在工作中坚定政治方向，更加自觉地坚持党对企联工作的领导，进一步增强"四个意识"，坚持"四个自信"，自觉在思想上政治上行动上同以习近平同志为核心的党中央保持高度一致。要聚焦新矛盾，发挥好企联的企业代表组织作用，把企联建设成化解矛盾，维护社会和谐稳定的重要力量。要立足自身实际，发挥自身优势，自觉担当，在深化供给侧结构性改革、加快建设创新型国家等方面多作贡献。要不忘初心，贯彻落实中央25号文件精神，发挥政府和企业间的桥梁纽带作用，当好政府的助手和参谋，推动营造企业家健康成长环境，弘扬优秀企业家精神，更好发挥企业家作用。

### （二）经济发展新阶段对企联系统工作提出新要求

2017年12月召开的中央经济工作会议，分析了当前经济形势，部署了2018年经济工作，首次提出以新发展理念为主要内容的习近平新时代中国特色社会主义经济思想。会议指出，新时代我国经济发展的基本特征是经济由高速增长阶段转向高质量发展阶段，要坚持以供给侧结构性改革为主线，推动质量变革、效率变革、动力变革。这为我国企业发展指明了努力方向。企业家是企业的统帅和灵魂，是决定企业发展的关键因素，也是推动经济社会发展的生力军。促进企业高质量发展必须以优秀企业家队伍的发展壮大为前提。新形势下，企联系统要研究如何调动广大企业家积极性，为企业提供专业精准的服务，推动企业高质量发展。中央25号文件是中央首次以专门文件明确企业家精神的地位和价值，充分体现了党和政府对企业家群体、企业家作用、企业家精神的高度重视。贯彻落实好文件精神，进一步弘扬优秀企业家精神，对促进企联系统工作开展具有十分重要的作用。企联系统要做好维护企业家权益工作，进一步保护企业家精神；大力宣传优秀企业家精神，营造尊重和鼓励企业家干事创业的社会氛围；加强对企业家的社会荣誉激励，激发企业家精神。要解放思想，开拓创新，强化能力建设，努力为企业和企业家提供优质服务。要大兴调查研究之风，加强调查研究工作，找准影响企业高质量发展的突出矛盾和问题，为企业提供更有针对性的服务。要支持企业创新发展，总结推广企业在管理创新、企业文化等方面的先进做法和经验，为培育发展更多一流企业树立典型和样板。

### （三）社会组织改革新趋势对企联系统改革发展带来新挑战

近年来，随着行业协会商会脱钩改革的不断深入，政社分开、权责明确、依法自治的现代社会组织体制加快形成，对各级企联的改革创新提出新的要求。由于地方企联以前多在政府相关部门指导和支持下开展工作，实施与行政机关脱钩，不可避免地对一些企联带来一定影响，许多地方企联在自身建设和工作开展中面临诸多新挑战。从近期召开的企联工作座谈会反映的情况看，除少数已实行政社分开和不参加脱钩改革的地方企联外，多数企联都在进行脱钩改革。改革中出现了一些新情况新问题，如组织建设问题、国有企业会员问题、经费收入问题、协调劳动关系工作中的地位和作用发挥问题等。如何进一步适应新形势，研究新情况，解决新问题，创新企联工作的内容和方式方法，不断提高企联对企业、企业家的凝聚力、吸引力，增强企联社会影响力是当前各地企联普遍面临的问题。要抓住贯彻落实中央 25 号文件精神促进企联工作的机遇，认真研究相应的贯彻落实措施，通过加强研究、发挥企联优势、争取政府部门支持等措施，促进企联系统工作开展。进一步发挥企联整体作用，建立相应的工作沟通协调机制和平台，加强中国企联及各省市企联之间的交流，积极推动企联相互学习，共谋发展；发挥组织优势，实现各地企联之间的交流沟通、资源共享、优势互补。加强对影响协会发展的重大议题和问题的研究，如对脱钩改革、新时代企联发展、承接政府转移职能等问题的研究，提出针对性的措施和办法，提高企联应对暂时困境和挑战的能力。不断加强雇主工作，对地方雇主工作组织机构建设、政策等方面争取必要的支持，加强对地方雇主组织工作的指导。工作中加强中国企联与地方企联的联系和沟通，形成相互支持、紧密配合的机制，共同开拓企联系统工作的新局面。

## 三、2018 年推动企联工作高质量发展

2018 年，中国企联将全面贯彻落实党的十九大精神，以习近平新时代中国特色社会主义思想为指导，深入贯彻落实中央 25 号文件精神，在王忠禹会

长领导下，坚持以高质量发展作为对企联工作的根本要求，加强党的领导，加快改革创新，推进依法合规，提升服务水平，激发和保护企业家精神，维护企业和企业家合法权益，为全面建设社会主义现代化国家做出新贡献。

### （一）坚持政治导向，强化党组织领导作用

按照《行业协会商会与行政机关脱钩总体方案》，全国性行业协会商会与行政机关脱钩后的党建工作，按照原业务主管单位党的关系归口领导。地方行业协会商会与行政机关脱钩后的党建工作，依托各地党委组织部门和民政部门建立社会组织党建工作机构统一领导。毫不动摇地坚持和加强党的全面领导，坚持加强党的领导与企联依法自治相统一，坚持做服务与讲政治相统一，是企联做好为企业、企业家服务的保障，是企联健康发展的政治保障。2018年，中国企联和各地企联要以党的十九大精神为统领，准确把握行业协会商会党组织的功能定位和基本职责，充分认识党建的重要性，加强和改进党的建设工作，着力强化党的组织和党的工作"两个覆盖"，不断夯实党建工作体制机制，充分发挥党组织政治核心作用。继续深入学习贯彻党的十九大精神，结合开展"不忘初心、牢记使命"主题教育，认真贯彻落实党中央及国务院国资委党委的统一部署，扎实做好各项"规定动作"，创新活动形式与内容，精心组织好有特色的"自选动作"，促使广大党员干部深刻领会党的十九大精神的实质内涵，进一步统一思想，提高认识，振奋精神，用习近平新时代中国特色社会主义思想武装头脑，以党的十九大提出的新目标新方略新要求凝聚力量，坚持"四个意识"，坚定"四个自信"，牢记为企业和企业家服务的宗旨，开拓创新，沿着新时代社会组织深化改革之路健康发展。将围绕国务院国资委巡视组《反馈意见》和中国企联《整改台账》要求，继续坚持以问题为导向，查找分析制约发展的主要矛盾和问题，制定和完善相关规定和办法，全面做好整改，强化"回头看"意识，确保巡视整改取得实效。将继续加强和完善党的建设工作。按照相关规定，认真做好党委（纪委）换届的相关工作，把"两个责任"落到实处，明确党组织的地位，发挥党委的政治核心作用，继续推进"两学一做"学习教育常态化制度化，规范党内政治生活，加强监督，营造风清气正良好的党内政治生态环境，充分发挥和调动广大党员干部的积极性、主动性、创造性。

各地企联要在属地党委统一领导下，坚定政治方向，坚持和加强党的领导，从严从实开展党内管理，加强党风廉政建设，积极探索党组织发挥作用的有效途径，为各项工作的开展提供有力的政治保障。

### （二）坚持问题导向，开展调查研究

党的十九大报告强调要发挥社会组织在国家治理、行业协调、民主政治建设、环境治理、党的基层组织建设等方面发挥更大作用，承担更多责任。企联系统要继续发挥政府和企业间的桥梁纽带作用，深入开展调查研究，及时、准确传递企业发展信息和诉求，当好政府决策的助手。中国企联将以服务政府为导向，做好贯彻落实中央精神支撑工作和政府委托课题研究工作。探索为企业和地方提供深度评价服务，嫁接现有品牌项目，延伸现有品牌活动的链条。建立企业家沟通联系机制，搭建政企沟通平台，反映企业家对国家有关经济政策和法律法规的意见建议。拓展新的研究领域，研究总结改革开放40年企业改革发展的成就、基本经验，明确新时代企业的发展方向和重点任务。继续深化以中国企业500强为基础的大企业发展研究工作，进一步提高500强企业分析报告的质量和水平，深化中外500强企业的对比分析，深化"中国100大跨国公司分析"，强化典型企业案例的研究。弘扬优秀企业家精神，总结提炼并宣传一批不忘初心、艰苦奋斗、奉献社会的典型企业家案例。继续加强同工业和信息化部、国家安监总局等政府部门和其他学术研究机构的合作，按时按质完成两化融合、企业管理创新、安全生产、智能制造等领域委托课题的研究任务。开展企业文化公共课题研究。以"智库"型研究机构为方向，推进开放型研究机构建设。加强与高等院校、科研院所和知名企业合作研究，形成一批研究成果。

各地企联可结合当地经济社会发展实际，继续开展有关研究工作，为地方制定涉企政策措施建言献策。要主动与有关部门衔接，争取在贯彻落实中央25号文件精神中争取更多话语权和工作。要发挥企联特有优势，总结优秀企业家典型案例和成长规律，凸显企业家在促进地方经济社会发展中的示范带动作用。还要发挥合力，努力争取政府部门对企联相关工作的支持和对企业家工作的重视。

### （三）坚持改革创新，挖掘品牌潜力

多年来，企联系统相互支持、上下呼应，开展了一些产生良好社会效益和经济效益的重点基础工作，包括我们的品牌活动。有些品牌活动在企联系统是联动进行的，是大家共同的活动，需要大家互相尊重，相互扶持，才能办出特色、办出活力。2018 年，中国企联将继续以规范化、市场化为导向，坚持改革创新，挖掘品牌潜力。认真总结近几年举办全国企业家活动日的经验，扬长避短，上下联动举办好全国企业家活动日活动。研究探索活动日举办的有效方法，创新活动内容，丰富活动形式，拓展合作对象，进一步提高全国企业家活动日的吸引力和影响力。利用活动日平台，宣传贯彻中央 25 号文件精神，做好全国优秀企业家评选工作，表彰、宣传优秀企业家案例和事迹，弘扬优秀企业家精神。坚持巩固优势、发扬优点的指导思想，办好 500 强企业高峰论坛。丰富活动的形式和内容，提升会议品质，强化新媒体运用，继续做好宣传工作；搭建好经贸合作平台，继续开展中国企业 500 强走进地方系列活动；突出企业家的地位，发挥副会长、常务理事的作用；改进会议的组织协调；继续以市场化手段整理利用多种社会资源，提高峰会的经济效益。与地方企联建立共享机制，中国企业 500 强与地方企业 100 强形成体系，支持地方工作。认真做好第二十四届企业管理创新成果发布推广和二十五届成果的推荐、指导、审定工作。组织召开 2018 年全国企业管理创新大会，发布推广第二十四届国家级企业管理创新成果；开展第二十五届企业管理创新成果的推荐、指导和审定工作。配合工业和信息化部做好两化融合管理体系贯标试点相关工作。继续参加工业和信息化部两化融合管理体系培训、标准解读撰写等工作，积极参加试点企业的培训、指导和咨询等工作，认真参与工业和信息化部贯标达标验收、典型经验总结和交流工作。积极拓展企业文化工作范围。在企业申报的基础上，开展全国企业文化示范基地申报企业调研评估工作。根据专家评审情况，确定 3～5 家申报企业为全国企业文化示范基地，并举办企业文化示范基地现场会，深入总结、提炼、宣传优秀企业文化建设的经验。适时召开全国示范基地企业座谈会，进一步推动该项活动创新发展。拓展企业研究课题，多渠道拓展课题资源，帮助企业开展课题研究，提高企业文化管理水平。与相关

部门、单位合作开展工业文化工作，开展工业文化专项工作，为工业和信息化部提供工作支撑；与工业和信息化部工业文化发展中心继续参与开展相关成熟工作，如工业文学大赛、工业遗产申报等，并共同研究策划工业文化新的专项活动。在承接国家安监总局相关课题的基础上，探索开展更多为安监总局提供支撑的有关工作。做好全球契约中国网络工作。做好联合国全球契约理事会换届工作。与联合国全球契约组织联系，并积极与外交部、中国驻联合国使团沟通，争取其支持中国企联领导担任新一届理事会理事。做好新一届全球契约中国网络主席团换届工作。深化网络成员服务，开发新成员，积极支持成员企业和机构的社会责任和可持续发展活动，继续协助成员企业完成年度报告编写和提交工作。根据全球契约组织新战略设计，做好成员企业收费工作。积极稳妥推进并完成"实现可持续发展目标企业最佳实践"评选活动，组织好"2018实现可持续发展目标中国企业峰会"，开展"联合国可持续发展目标示范企业"认定工作。推进企业诚信建设工作。深入开展诚信兴商宣传月工作，开展好行业信用建设和诚信建设工作。完成2017年企业信用评价工作，召开全国企业诚信建设大会，发布信用评价结果，表彰先进并交流典型经验。按计划启动2018年企业信用评价工作，同时启动优秀诚信企业创建示范工作。编制完成《企业信用指数研究报告（2017）》，发布企业信用指数。

各地企联应当发挥自身优势与多年来积累的经验和资源，并根据地方经济社会发展新形势新要求，开展好品牌活动。可借鉴参考中国企联500强企业工作模式，做好100强企业研究分析工作；中国企联与地方企联加强联动，做好各地企业家活动日和全国企业家活动日主会场活动，在全国掀起弘扬优秀企业家精神的热潮；在中国企联有关部门指导下，开展企业管理创新成果推荐、申报，企业文化、企业诚信建设有关工作；积极探索扩大自身传统品牌活动的影响力。

### （四）发挥系统优势，推进协调劳动关系工作

参与协调劳动关系工作是党和国家赋予企联的一项重要任务。2018年，企联系统在贯彻落实中央10号文件精神工作中，要切实发挥企联系统组织优势，不断创新工作内容和工作方式。中国企联将继续贯彻落实党的十九大精神

和中改办制定的分工方案，做好劳动关系三方机制工作，配合地方三方委员会建设，加强企联系统自身组织建设工作。筹备组织国家三方联合开展的创建和谐劳动关系模范企业和工业园区的评选工作，积极参加国家三方会议第二十三次会议、国家三方办公室主任会议及其他会议。进一步加强对地方企联雇主工作的指导，重点加强对各地企联参与最低工资调整、工资指导线等重要涉企制度的制定与调整、参与基层劳动争议调解与仲裁、树立良好雇主形象等方面工作的指导。与地方企联合作做好企业集体协商和集体协商争议处理相关培训。根据地方企联提出的意见建议，积极打造雇主品牌项目，推进和谐劳动关系创建活动深入开展。研究制定和谐劳动关系企业团体标准，为和谐企业创建提供指引。加强劳动争议调解仲裁工作力度，不断增加并扩充企业方兼职调解员、仲裁员队伍。指导地方企联人员等参加企业劳动争议调解、仲裁工作。开展劳动关系领域调研及咨询服务。开展企业维权工作，借助全国企联系统及维权网络，继续完成好国家各项涉企法律法规的征求意见工作，推动地方企业维权条例出台及贯彻落实工作。加强维权工委工作机制建设，指导和帮助各地企联建立和完善维权工作机构。拓展面向中小企业的维权服务。加强劳动关系领域的国际合作，在国际劳工大会和金砖国家劳工就业部长与社会伙伴对话等国际舞台代表中国雇主发声；履行雇主组织代表和雇主副理事职能，参加国际劳工组织理事会，并按要求做好相关问题和履约回应准备。

各地企联应当按照国家协调劳动关系三方会议的总体部署和中国企联制定的年度雇主工作要点，以促进劳动关系和谐稳定与企业发展为根本出发点和落脚点，深入贯彻党的十九大和中央文件精神，积极参与本地区最低工资标准和工资指导线的制定，加强对企业开展集体协商的指导与培训，开展本地区和谐劳动关系创建活动，参与劳动人事争议调解仲裁工作，积极参与地方和国家涉企立法征求意见工作，为企业提供劳动关系信息和咨询，加强企业法律服务，提升企业维权能力，加强自身建设和对基层雇主工作的指导，积极探索雇主工作的企业服务项目，促进本地区劳动关系和谐稳定。

### （五）夯实工作基础，强化服务功能和能力

要努力做好有关为企业、企业家服务工作。在咨询和培训有关工作中，

组织开展企业管理创新推广交流活动，做好全国企业管理咨询机构名录（第二批）审定发布工作及中小企业专家库的建设与维护工作。做好管理咨询委员会工作，继续招募专业委员会会员。做好管理咨询50大排序工作。开展中国企联德稻智能制造高端研修班、国际注册管理咨询师CMC的培训认证、管理咨询师MC职业技能评价培训等培训认证工作。在会员基础服务方面，结合换届工作需要做好理事会调整、建设工作，积极吸引企业参与各项活动。探索开创会员服务新项目。在国际交流与合作工作方面，继续与挪威工商总会、肯尼亚和坦桑尼亚雇主组织合作实施中挪非企业社会责任项目，提高中国企业在"走出去"过程中防范风险能力，与挪威工商总会合作开展雇主组织能力提升培训。服务国家"一带一路"倡议，在中东欧16加1框架下，推动由拉脱维亚、德国、俄罗斯等国雇主组织开展的5+1多边合作。继续与韩国全经联合作举办中韩高层财经会议，与日本HIDA协会合作，推荐和安排会员企业或部门骨干赴日参加劳资关系和人力资源管理为主要内容的研讨研修活动。在企业管理科学基金会工作中，深入考察调研，充分做好第十届"袁宝华企业管理金奖"的评选表彰工作，以及2018年全国企业家活动日的筹备工作。进一步加大课题支持、参与力度，为企业实现高质量发展提供智力支持。加强基础性课题研究，开展好有关产业动态、企业动态研究等方面的课题项目。打铁还需自身硬。在做好这些服务的同时，企联系统还要不断强化内部建设和管理，着力提升自身能力。在内部建设和管理方面，中国企联将提升人力资源管理工作。完善领导干部选拔任用管理，有针对性地开展各级管理干部及重要岗位员工的多岗位交流培养，为青年员工提供更多的职业选择和发展路径。制定以业绩为导向的考核管理制度，建立以战略目标及年度工作计划为基础的全面绩效管理体系，充分调动职工工作积极性。修改企联培训管理制度，将员工培训学习与职位晋升、考核评价等挂钩。实施员工职业发展双通道建设，建设职业化专职工作人员队伍。加强财务管理工作，按照财政部门的新要求，结合新形势，细化预算编制，提高预算编制与业务工作的契合度。积极申请各项经费，提高承接政府购买服务收入能力，加大经费保障力度。继续做好年度全面决算工作，加强资产管理，提高资产配置效率。加强财务人员的学习和培训，提高财务人员业务水平。深入开展后勤安全生产标准化细化工作，搞好后勤安全生产标准化建设，加强食品安全管理工作和后勤正规化管理，努力确保后勤保障工作。

各地企联在工作中摸索出一些发挥自身优势，符合当地企业和企业家需求的服务，有些模式值得其他地方借鉴推广。全国企联是一个系统，在工作中互通有无，互相借鉴，才能够共同进步。在为企业和企业家服务中，在自身能力建设中，我们应当分享资源，借鉴经验，交流互助，共同拓展，以更加扎实的工作、更有成效的服务赢得企业和企业家信赖。

同志们，新时代要有新气象，更要有新作为。让我们紧密团结在以习近平同志为核心的党中央周围，紧紧围绕我国经济高质量发展和企业转型升级新形势新要求，践行中国企业代表组织职责，推进改革创新，更好发挥桥梁纽带作用，以更高水平服务企业和企业家，推动企联工作高质量发展，为决胜全面建成小康社会、全面建设社会主义现代化国家做出新的更大贡献。

（在全国企联系统秘书长工作会议上的讲话，2018年1月）

# 中国企联 40 年回顾与展望

## 一、中国企联 40 年发展情况

中国企业联合会是伴随改革开放成长发展的。1979 年，为加强对国内外企业管理问题研究，交流推广先进企业管理经验，经国务院同意，成立了中国企业管理协会，这是改革开放之初成立的第一个全国性、经济类型的社会团体。1999 年，为适应我国经济发展和企业改革的需求，中国企业管理协会发起成立中国企业联合会，完成了从管理协会向企业和企业家联合组织的转变。中国企业家协会的前身是 1984 年成立的中国厂长经理工作研究会，1988 年更名为中国企业家协会。中国企业联合会、中国企业家协会对外实行两个名称、一套办事机构，简称中国企联。

中国企联自成立以来，在党和国家领导及政府有关部门的领导、关怀与支持下，坚持为企业家服务宗旨，发挥桥梁纽带作用，在袁宝华、陈锦华两位老会长和王忠禹会长的直接领导下，贯彻"自立、自治、自养"方针，以维权、自律、服务为主要工作内容，加强"服务好、作风好、廉政好"和"制度化、程序化、规范化"建设，积极探索建设中国特色企业组织之路。2001 年，作为企业组织代表，与人力资源和社会保障部、中华全国总工会共同建立国家级协调劳动关系三方机制。自我国恢复联合国国际劳工组织活动以来，中国企联一直作为中国雇主组织唯一代表参加国际劳工组织各项活动，于 2003 年加入国际雇主组织并参与各项活动，自 2005 年起，连续当选国际劳工组织理事会雇主副理事，参与有关议程决策。

中国企联积极参与我国经济体制改革和发展，在推进企业管理现代化，提高企业市场竞争力，推动企业家队伍建设等方面做了积极探索。为激励企业管理领域有杰出贡献的人士，推进企业管理现代化事业，于1987年成立了中国企业管理科学基金会。随着我国经济建设和改革开放进程的推进，中国企联适应新形势需要，确立了雇主组织和协调企业劳动关系的地位，调整了服务功能，扩大了服务领域。2003年发起成立了中国可持续发展工商理事会，积极推动工商企业的可持续发展。中国特色社会主义进入新时代，中国企联认真履行中国企业代表组织（雇主组织）职能，在促进企业改革创新发展，弘扬优秀企业家精神，培育和造就企业家队伍，维护企业和企业家合法权益，发挥政府的参谋与助手作用等方面做了大量工作，取得了可喜的进步和成绩。2011年起中国企联设立了联合国全球契约中国网络秘书处，推动企业遵守并实施全球契约十项原则，促进中国企业在经济全球化背景下的可持续发展。经过40年发展，中国企联已成为国内具有较大影响力，国际上具有较高知名度的社会团体。中国企联的工作受到企业和企业家的欢迎，得到党和政府良好评价，被民政部评为第一批5A级社会组织和全国先进社会组织，连续荣获"首都文明单位"和"中央国家机关文明单位"等荣誉称号。

**（一）服务国家经济建设，积极建言献策**

中国企联紧紧围绕经济建设中心，密切关注国内外形势对企业改革发展的影响，深入企业开展调查研究，及时向国务院及政府有关部门报告有关情况，为服务大局积极建言献策。

加强对重要经济发展问题分析研判。改革开放40年，我国经济发展经历了不同阶段，面临不同的问题，发展方式亦随之调整。中国企联高度重视对经济发展形势的调查研究，深入研究新形势下的新问题，提出切实可行的政策性建议。针对改革开放以来涉及企业的领导体制、现代企业管理制度、国际金融危机、产能过剩、转型升级、互联网＋、智能制造、减轻企业负担等重大问题，适时开展调查研究工作，向国务院及有关部门提交专题报告，梳理分析存在的问题，提出相关政策建议。中国企联还开展了企业发展形势、深化环境治理、企业兼并重组、发展环保产业等方面的专题研究，开展了深化国资国企改革、规范发展混合所有制经济等方面的研究工作，报送专题报告。上述报告不仅受到了国务院领导和国家有关部门的充分肯定，也为国家出台有关企业改革发展的政策措施提供了参考。

加强大企业发展问题研究。中国企联比照国际上的通行做法，依据企业营业收入，连续17年推出"中国企业500强"，连续14年推出"中国制造业企业500强""中国服务业企业500强"，并自2011年起发布中国100大跨国公司及跨国指数。通过与世界500强进行综合对比，深入分析我国大企业发展趋势，每年向国务院报送《中国企业500强发展的情况与建议》专题报告，反映我国企业改革发展新情况新问题，有针对性地提出促进企业做强做优做大相关对策建议。撰写出版《中国500强企业发展报告》《中国大企业发展趋势、问题与建议》《中国100大跨国公司分析报告》等系列大企业分析报告，助推我国大企业健康发展，提高竞争力，同时为社会各界提供中国大企业发展的信息和数据，营造有利于大企业发展的良好氛围。

开展政府部门委托调研工作。中国企联在工作中注重加强与国务院有关部门的联系沟通，主动承担国务院、国资委、工业和信息化部、国家发展改革委等有关部门委托的涉企调研任务，反映有关问题，提出相关政策建议。中国企联陆续开展了银行涉企收费第三方评估、民营企业投资活动中存在的问题调研、涉企收费情况调研、民营企业涉企政策不落实情况调研、人民法院执行工作情况调查等工作，提交的调研报告受到有关部门充分肯定。多次配合国务院督查室、国家发展改革委有关司局等部门召开企业家座谈会，听取企业家对有关问题的意见建议，为开展相关工作提供帮助。这些工作进一步密切了中国企联与有关部门的沟通联系，增强了为政府部门服务的功能。

做好委托研究的课题。多年来，中国企联高度重视政府部门委托研究课题，积极主动联系有关部门，组织精干力量开展工作，承接并高质量完成了国家发展改革委、工业和信息化部、国资委、人社部、应急管理部等委托的研究项目，研究成果丰硕，反映问题及时，意见建议针对性强，得到有关部门的肯定和好评。

### （二）履行企业代表组织职责，构建和谐劳动关系

中国企联作为中国企业组织（雇主组织）的代表，积极参加自2001年正式确立的国家协调劳动关系三方机制，与政府、工会共同做好构建和谐劳动关

系工作，维护企业方合法权益。

做好构建和谐劳动关系工作。2015年6月25日，中共中央 国务院印发了《关于构建和谐劳动关系的意见》（以下简称《意见》），明确了中国企联作为企业代表组织在构建和谐劳动关系中的地位和职责。中国企联把贯彻落实《意见》作为工作主线，按照统一部署，结合企联实际，认真开展《意见》宣传贯彻工作。与人社部、全国总工会、全国工商联共同组织召开了贯彻落实《意见》视频会议，组织编写了《关于构建和谐劳动关系的意见》辅导学习读本，部署地方企联在推进企业建立健全劳动合同制度、集体协商制度、劳动争议调处制度等方面加大工作力度。会同国家协调劳动关系各方，加强劳动关系形势研判，开展劳动力市场灵活性、工资支付保障、劳动人事争议处理等方面的立法和修法研究。

开展劳动关系领域重大问题协商工作。中国企联积极参与国家协调劳动关系三方机制建设，与其他三方成员共同研究解决有关劳动关系领域重大问题。国家协调劳动关系三方会议是三方开展劳动关系领域重大问题协商工作的机制。截至2018年，会议已成功举办了23次，三方合力推动构建和谐劳动关系工作，取得了显著成效。近年来，中国企联与人社部、全国总工会等大力推进集体合同制度建设，开展企业劳动争议调解组织建设督查调研、和谐劳动关系创建活动调研，集体协商制度督查调研等工作，稳妥做好化解过剩产能职工安置中的劳动关系处理工作，积极参与推进产业工人队伍建设改革协调小组工作，为化解劳动关系领域风险，维护稳定和谐的劳动关系做出了积极贡献。

参与劳动关系领域有关法律法规和政策文件的制定修订。参与法律法规制定和修订是反映企业方诉求，维护企业和企业家合法权益的有效途径。中国企联直接参与了《中华人民共和国劳动合同法》《中华人民共和国劳动争议调解仲裁法》《中华人民共和国就业促进法》《中华人民共和国劳动合同法实施条例》《劳务派遣行政许可管理办法》和《劳务派遣规定》有关法律法规的制定。结合新形势和企业的诉求，提出了对《中华人民共和国商标法》《中华人民共和国反不正当竞争法》《中华人民共和国中小企业促进法》《企业权益保护条例》《企业裁减人员规定》等几十部法律法规的制定或修改意见。提出的有关意见建议被广泛采纳，有效维护了企业和企业家权益。

加强对地方企联雇主工作的指导。中国企联通过印发《关于进一步贯彻落实〈中共中央 国务院关于构建和谐劳动关系的意见〉的指导意见》，积极推进基层雇主工作。同时通过制定下发年度《省级企业联合会、企业家协会雇主工作要点》，对企联系统协同开展雇主工作做出具体部署和安排，指导地方企联参与三方机制和开展协调劳动关系工作，形成上下联动的工作局面。全国企联系统雇主工作会议定期召开，总结交流经验，推动各级企联积极参加三方机制建设。目前，所有省级企联都已参与三方机制各项工作并发挥了重要作用。

### （三）发挥桥梁纽带作用，搭建品牌活动平台

品牌活动是中国企联发挥桥梁纽带作用，联通对接企业、企业家和地方政府需求的平台，也是提高中国企联知名度和影响力的载体。中国企联自成立以来培育和建设了多项品牌活动平台，这些活动是中国企联贯彻落实党和国家决策部署，践行"为企业和企业家服务"宗旨，弘扬企业家精神，宣传优秀企业、优秀企业家事迹，对接企业和地方政府需求等方面发挥了重要作用，受到企业、企业家和地方政府欢迎，社会反响良好。

举办全国企业家活动日。为纪念改革开放之初 1984 年福建省 55 位厂长（经理）联合发出"松绑放权"呼吁书 10 周年，从 1994 年开始，每年由中国企联牵头举办"全国企业家活动日"（以下简称活动日）主会场活动，各地企联围绕同一主题组织分会场活动。活动日以激发和保护企业家精神为主要内容，营造企业家健康成长的良好氛围，培育和造就适应社会主义市场经济发展要求的企业家队伍。全国企业家活动日活动已连续举办了 25 届。近年来全国企业家活动日形式和内容不断创新，先后在福建省福州市、吉林省延边朝鲜自治州、黑龙江省哈尔滨市、湖南省株洲市、江苏省江阴市等地举办。进入新时代，活动日呈现出规格高、规模大，主题鲜明，针对性强，活动较多，内容丰富，媒体广泛报道社会影响大等特点，受到与会领导和企业家的赞赏和肯定，受到企业和地方政府的欢迎。

召开中国 500 强企业高峰论坛。为积极助推我国大企业持续健康发展，中国企联每年举办一次中国 500 强企业高峰论坛（以下简称论坛），已连续举办 17 届。论坛发布中国企业 500 强、中国制造业企业 500 强、中国服务业企

业 500 强和中国 100 大跨国公司及其跨国指数。近几年先后在南宁市、长沙市、南昌市、西安市等地举办。秉承"发布大企业信息、探索成长道路、推动交流合作"的宗旨，论坛围绕党和国家的中心工作，密切联系国民经济和企业发展实际，精心设计主题和各项议题，邀请国内外著名企业家和专家学者，共同交流探讨中国大企业发展的进展与成效，分享优秀企业的成功经验。同时积极引导国内大企业充分利用区域经济快速发展的机遇，持续开展 500 强企业走进地方系列活动，加强与地方政府和企业之间的交流与合作。对论坛举办地展示发展成就、提升形象、深化经贸合作、扩大对内对外开放带来积极的促进作用。论坛是国内企业界的年度盛会，规模大、层次高、内容丰富、成果丰硕，影响深远，成为推动我国大企业发展的重要平台。

审定全国企业管理现代化创新成果。全国企业管理现代化创新成果审定和推广活动，是推动中国各类企业现代化建设和管理进步的重要平台。该项活动自 1990 年开展以来，一直得到国资委、国家发展改革委、工业和信息化部等政府部门的高度重视和大力支持。截至 2018 年年底，共审定并发布了 25 届、3270 项国家级企业管理创新成果，其中特等成果 2 项，一等成果 580 项，二等成果 2634 项，三等成果 54 项。这些成果，反映了不同时期我国企业管理创新的最新经验，记述了企业管理进步的轨迹，丰富了我国企业管理科学理论，对于推动各类企业创新发展起到了积极作用。在成果审定基础上，每年举办全国企业管理创新大会，发布全国企业管理现代化创新成果，交流企业管理创新经验，并就企业管理面临的热点问题进行深入探讨。在工业和信息化部产业政策司的指导下，中国企联还组织开展企业管理创新成果推广。

开展企业文化建设。为培育和践行社会主义核心价值观，中国企联以召开全国企业文化年会（以下简称年会）方式发布全国企业文化优秀成果。年会旨在为全国企业文化建设搭建相互学习、交流的平台，树立具有标杆示范作用的企业文化建设典范，引导广大企业学习优秀的企业文化经验和方法。年会创办于 2002 年，自 2011 年起每两年举办一届，已举办 12 届，共表彰了企业文化优秀成果 923 项，受到企业界、经济界、学术界等社会各界的广泛关注和大力支持。此外，中国企联持续开展全国企业文化示范基地、企业文化最佳实践企业宣传推广活动，先后在联想控股、华能国际等 57 家企业召开了全国企文化现场会，分享企业文化建设先进经验，树立、塑造企业文化标杆和品牌，有力地促进了我国的企业文化建设。

推进企业诚信建设。中国企联每年联合商务部、中宣部国家发展改革委等10多个部门，在全国范围开展"诚信兴商宣传月"系列活动，加强企业诚信宣传教育等工作，并指导各地企联积极开展各项活动。有序开展行业信用建设和企业诚信建设工作，做好企业信用评价、企业信用复评各项工作，扎实推进信用评价增量扩面。从2006年开始，累计通过信用评级的企业近1000家，企联系统评价信用企业达上万家。召开全国企业诚信建设大会，发布信用评价结果，表彰先进并交流典型经验。开展优秀诚信企业创建示范工作，不断完善中国企业诚信网建设，编制完成《企业信用指数研究报告》，发布企业信用指数，推动行业信用建设和企业诚信建设取得积极进展。

**（四）弘扬优秀企业家精神，促进企业家队伍建设**

企业家是经济活动的重要主体。中国企联高度重视弘扬优秀企业家精神，大力宣传优秀企业家典型事迹，助力企业家队伍培育和成长，为企业家精神传承奉献力量。

贯彻落实中发〔2017〕25号文件精神。2017年9月8日，中共中央 国务院印发了《关于营造企业家健康成长环境弘扬优秀企业家精神更好发挥企业家作用的意见》中发〔2017〕25号（以下简称《意见》）。中国企联积极配合有关部门，做好《意见》精神宣传贯彻工作，印发了贯彻落实《意见》的通知，要求企联系统和会员企业认真学习贯彻《意见》精神。邀请国内有影响的企业家撰写文章，谈学习《意见》的体会。分片区召开企联系统座谈会，就贯彻落实《意见》精神深入讨论。中国企联收到中办国办贯彻落实《意见》分工方案后，立即召开全国企联系统贯彻落实分工方案座谈会，对企联系统贯彻落实分工方案做出安排。中国企联就《意见》分工方案中涉及的工作做出具体分工，明确牵头部门、完成时限、协调人和责任单位，要求结合企联工作，将贯彻落实《意见》精神及其分工方案作为一项长期工作，并加强与发改委的沟通联系。

落实中央关于民营企业的政策文件精神。改革开放以来，中央提出了必须坚持和完善我国社会主义基本经济制度和分配制度，毫不动摇巩固和发展公有制经济，毫不动摇鼓励、支持、引导非公有制经济发展。中国企联坚决贯彻"两个毫不动摇"要求，积极支持民营企业发展，调查了解民营企业生产经营中遇到的困难和问题，及时向有关方面反映。2018年11月1日，习近平总书记在民营企业座谈会上的讲话印发后，中国企联印发了《关于贯彻落实习近平总书记在民营企业座谈会上重要讲话精神的通知》，要求企业联系统认真学习领会习近平总书记重要讲话精神，以实际行动贯彻落实习近平总书记重要讲话要求，在服务大局中提高为企业和企业家服务的质量和水平。中国企联领导班子集体学习习近平总书记的重要讲话精神，并积极帮助民营企业解决发展中的实际困难，与地方企联携起手来，共同为民营企业营造更好发展环境。

表彰宣传优秀企业家。自2005年开始，中国企业管理科学基金会设立并开展了中国企业管理领域最高奖项——"袁宝华企业管理金奖"评选与表彰活动。从2002年开始，中国企联和中国企业管理科学基金会开展全国优秀企业家评选表彰。在全国企业家活动日暨中国企业家年会上，已累计表彰"袁宝华企业管理金奖"获得者38人，全国优秀企业家1053人。通过开展此项活动，激发了企业家"敢为天下先、爱拼才会赢"的闯劲，促进了企业改革创新，促进了中国企业管理思想、管理方法和管理模式的创新。通过弘扬优秀企业家精神，更好发挥企业家作用，造就了一大批德才兼备、善于经营、充满活力的优秀企业家，促进了企业家队伍健康成长。

培育企业经营管理人才。中国企联通过多种途径培育企业经营管理人才，为企业家队伍培育后备力量。自1987年起，组织推进企业管理咨询与培训工作，先后开展管理咨询顾问认证、全国管理咨询师职业水平考试、国际注册管理咨询师（CMC）考核认证、管理咨询师职业技能评价工作，累计培训、认证专兼职管理咨询师6万余人。2013—2017年，按照国家中长期人才发展规划部署，开展职业经理人资格认证工作，累计培训、认证职业经理人3万余名。开展对会员企业信息服务，办好《中国企业报》，经营好企业管理出版社，出版企业管理领域书籍、《企业管理》杂志，定期向企业家和会员企业发送《财经动态》《企业高层管理者参考》《海外经济信息》等，为企业家决策提供参考。这些措施在一定程度上提高了企业经营管理人才素质，为企业家队伍的持续健康发展添砖加瓦。

### （五）开展国际交流合作，助力国家外交

中国企联作为企业组织（雇主）代表参加国际劳工组织等国际组织活动，是国家赋予的光荣使命。同时中国企联积极开展与其他国家雇主组织交流合作，密切与联合国全球契约组织和世界可持续发展工商理事会联系，助力中国外交。

作为企业组织（雇主）代表参加国际组织活动。自 1983 年我国恢复国际劳工组织活动以来，中国企联一直代表中国企业和企业家参加联合国国际劳工组织各项活动，积极参与国际劳工领域重大问题的讨论和决策，维护中国和中国企业的合法权益。自 2005 年以来，中国企联代表连续当选国际劳工组织理事会雇主副理事，进入国际劳工组织的决策机构。2003 年，中国企联作为中国雇主组织的唯一代表，成为国际雇主组织的正式会员。中国企联作为中国三方代表团成员和中国雇主组织代表出席国际劳工大会，在国际劳工领域反映中国声音，维护中国企业利益，交流中国做法和经验。担任国际劳工组织雇主副理事，参加国际劳工局理事会会议，还代表中国企业参加国际劳工组织亚太区域会议和国际劳工组织专业会议，参与有关议程决策，发挥建设性作用。配合人社部回复国际劳工组织的相关国际劳工公约履约报告，与国际劳工组织曼谷局、北京局共同开展职业安全与健康、促进性别平等、残疾人就业和青年就业等方面的合作。2001 年，中国企联还与巴基斯坦、日本等亚太雇主组织共同发起成立了亚太雇主联合会，为维护和协调亚太地区各国雇主利益发挥了重要作用。参加二十国集团劳动部部长与社会伙伴对话会、金砖国家劳工部长与社会伙伴对话会、全球雇主峰会、亚洲工商峰会等国际性会议，并在会议期间开展多双边活动，提升国际知名度和影响力。

开展与国外雇主组织的交流与合作。中国企联注重与国外雇主组织开展双边交流与合作。自成立以来，先后与数十个国家的雇主组织建立联系，开展互访，扩大交流与合作。自 2004 年起，与韩国全国经济人联合会合作举办了 11 届"中韩高层财经界对话会"。与日本经济人团体联合会长期保持联系与合作。与挪威工商总会的友好交往已持续 20 多年，合作领域和范围不断扩大。2007 年起，双方合作延伸到非洲、东南亚，与该地区国家雇主组织开展企业

社会责任项目，在中国和乌干达、肯尼亚、越南等国家推进中资企业合规经营及和谐劳动关系建设，自觉履行社会责任。近年来，注重推动与"一带一路"沿线国家及其他雇主组织交流合作，与拉脱维亚、乌克兰、南非、芬兰等国雇主组织加强经济、文化交流，对接企业需求，助力中国企业走出去，服务"一带一路"建设。

深度参与联合国全球契约活动。全球契约是推动企业履行社会责任的重要国际平台。2011年起中国企联设置联合国全球契约中国网络秘书处，积极履行秘书处职责，积极推动企业加入联合国全球契约组织，增强与全球契约的交流和联系，组织开展全球契约中国成员企业CEO座谈会、关注气候中国峰会、实现可持续发展目标中国峰会等一系列活动。活动推动联合国全球契约十项原则在中国的传播和实施，推动企业采取行动支持联合国可持续发展目标，推动企业合规经营，助力企业在可持续发展领域的国际合作与交流。

做好可持续发展工商理事会工作。中国企联与世界可持续发展工商理事会于2003年共同发起成立了中国可持续发展工商理事会。中国可持续发展工商理事会成立以来，积极推动工商企业在可持续发展领域探索和应用解决方案，锲而不舍、勇于创新，受到国际社会的高度认可和赞赏，在国内外的影响力越来越大，已经成为可持续发展领域的一支重要力量。

### （六）切实加强自身建设，提升服务能力和水平

打铁还需自身硬。抓好自身建设，是中国企联开展各项工作的基础。在历任会长的领导下，中国企联扎实推进党的建设，切实加强制度建设，加强组织建设，抓好人才队伍建设，强化企联系统的协同优势，不断提高服务意识和服务能力，推动了中国企联高质量发展。

加强党的建设。自成立以来，中国企联高度重视加强党的建设，坚持和加强党的全面领导，发挥党员的模范带头作用，持续不断地加强党的政治建设、组织建设、制度建设、党员队伍建设，打造了一支政治素质过硬、业务能力较强的队伍，为中国企联的艰苦创业和顺利发展奠定了坚实基础。党的十八大以来，中国企联全面贯彻落实党的十八大和习近平总书记系列重要讲话精神，强化社会组织党的建设工作，全面从严治党，全面加强党的建设。按照党

中央统一部署和国资委的具体要求，紧密联系中国企联实际，深入开展党的群众路线教育实践，认真贯彻落实中央八项规定精神，开展"三严三实"专题教育、"学党章党规、学系列讲话，做合格党员"等学习教育等活动，党建工作实现了质的飞跃。党的十九大以来，中国企联深入学习贯彻习近平新时代中国特色社会主义思想和党的十九大精神，树牢"四个意识"，坚定"四个自信"，开展"不忘初心、牢记使命"主题教育，认真做好巡视整改工作，扎实推进各项重点任务落实落地。

加强制度建设。在中国企联发展历程中，坚持依法合规，按制度办事是始终不变的准则。遵守宪法、法律、法规和国家政策是开展各项工作的基本要求。章程是协会自身管理的基本规则。在发展的不同阶段，中国企联根据国家有关法律法规和主管部门的要求，开展了章程修订工作，确保章程内容与时俱进。同时，在发展中根据形势发展和自身需要，制定、完善各项行政办公、人力资源管理、财务管理等方面的制度建设，做到依法合规，严格按照规章和工作程序办事，加强对业务活动的管理与监督。结合中国企联自身发展，2010年以后，中国企联机关开展了以"服务好、作风好、廉政好"三好建设为主要内容的争先创优活动，工作作风不断改进，服务意识不断增强，各项工作取得明显成效。

加强组织建设。发挥会员代表大会对重大事项的决策作用，组织召集了九届会员代表大会。加强理事会建设，贯彻执行会员代表大会的决议，领导协会开展日常工作。加强理事会成员管理和服务，根据形势要求和成员变化情况，及时调整补充理事会成员。及时召开会长、理事长办公会议，研究议定有关事项，保障各项工作有序开展。密切与会员企业的联系，建立了副会长单位联络员制度，每年召开副会长单位互访暨联络员工作会议，组织开展灵活多样的副会长单位间的交流、联谊活动，增进了副会长单位间的交流，丰富了对会员企业的服务。根据发展需要，进行机构调整，调整部门设置，精简人员，加强人力资源管理，提高中国企联机关办事效率。

加强人才队伍建设。人才是中国企联发展的不竭动力，中国企联在发展中始终重视人才队伍培养，多渠道引进人才，选拔培养了一批年富力强、德才兼备的干部，在不同的岗位上为中国企联的发展做出了贡献。通过选派年轻干部出国培训、到会员企业挂职锻炼、青年理论学习小组等多种举措，不断提高员工队伍素质，培养适合协会发展需要的复合型人才。

加强企联系统工作的协调性。中国企联与各地企联积极加强业务互动。在开展调查研究、协调劳动关系工作中，在举办全国企业家活动日、中国500强企业高峰论坛等品牌活动中，中国企联加强对地方相关业务的指导，和各地企联上下联动，互为支撑，发挥辐射带动效应，促进企联系统工作深入开展。通过每年召开企联系统秘书长工作会议、雇主工作会议、维权工作会议、企业家座谈会等会议，建立了中国企联与地方企联常态化的工作联系渠道和方式。

中国企联40年发展成就的取得，得益于党中央、国务院的坚强领导，得益于社会各界，尤其是在座各位领导和同志们的大力支持，得益于袁宝华、陈锦华两位老会长和王忠禹会长的正确领导，也是中国企联领导班子和全体职工团结奋斗、开拓创新、努力工作的结果。出席今天座谈会的很多同志曾长期担任中国企联领导或在中国企联工作，为中国企联的成长发展劳心劳力，做出了重要贡献。借此机会，我代表王忠禹会长，代表中国企联员工，向给予我们支持帮助的各有关部门、各位老领导、老同志、各位企业家表示衷心的感谢！

中国企联40年发展成就来之不易，归结起来，有以下几点体会：一是坚持和加强党的全面领导。党的领导是引领中国企联正确发展方向的根本保障。党组织是中国企联发展的战斗堡垒，发挥了政治核心作用。正是由于坚持并不断加强党的领导，中国企联才能在发展中保证政治方向，团结凝聚干部职工，不断增强创造力凝聚力战斗力，战胜困难和挑战，取得阶段性成功。二是秉持为企业和企业家服务的宗旨。企联是企业之家、企业家之家。服务是中国企联的基本职能之一。在40年的发展历程中，中国企联持续增强服务能力，不断探索为企业和企业家服务的方式，提高服务水平和质量，受到企业和企业家的欢迎。通过积极服务政府，在政府和企业间发挥桥梁纽带作用，当好政府的参谋和助手，为政府制定涉企政策建言献策，服务经济社会发展大局，得到党和政府的充分肯定。三是坚持"两个毫不动摇"。实行公有制为主体、多种所有制经济共同发展的基本经济制度，是我们党确立的一项大政方针，是中国特色社会主义制度的重要组成部分，也是完善社会主义市场经济体制的必然要求。

正是由于坚持"两个毫不动摇",中国企联才能千方百计地既为国有企业服务,又积极为非公企业服务,在会员结构上形成国有企业和民营企业平分秋色的局面。四是加强国际交流与合作。中国企联的创立很大程度上源于国际交流,成立后更是致力于引进国外先进的管理思想和管理模式,促进中外企业、企业家的交流与合作。随着我国开放进程推进,企业"走出去"实现国际化需求增强,中国企联国际交流与合作的任务更重了,不仅要开展双边合作,还在多个国际组织扮演重要角色,享有越来越高的知名度。五是发挥企联系统整体优势。中国企联同全国各地企联的工作目标、工作宗旨、服务对象是一致的。工作中中国企联通过信息交流、联合调研、共同举办活动等多种途径,强化与地方企联的联系,互相扶持,互为补充,形成上下贯通、相互学习、共谋发展的工作局面。

## 二、下一步工作展望

我们的老会长袁宝华对中国企联的发展寄予厚望,希望中国企联"不忘初心、牢记使命,更好地发挥桥梁纽带作用,更好地为企业和企业家服务,为新时代谱写新篇章"。中国企联将牢记老会长嘱托,以习近平新时代中国特色社会主义思想为指引,贯彻落实党的十九大精神,贯彻落实中发〔2017〕25号文件精神,在王忠禹会长领导下,继续发挥桥梁纽带作用,坚持为企业和企业家服务宗旨,推动中国企联的高质量发展,开创工作新局面,不辜负各位领导、企业家和同志们的厚望。

建设一个政治定力更牢的中国企联。中国企联要深入贯彻落实习近平新时代中国特色社会主义思想和党的十九大精神,增强"四个意识",坚定"四个自信",做到"两个维护",在国资委党委和协会党建局领导下,毫不动摇坚持和加强党对中国企联工作的领导,坚持加强党的领导与中国企联依法自治相统一,坚持服务好与讲政治相统一,坚持把中国企联的工作放到党和政府工作大局中去谋划、去考虑,确保中国企联工作坚持正确政治导向。

建设一个桥梁纽带作用更得力的中国企联。中国企联将努力当好政府部门得力助手,为企业和企业家代言,更好地发挥三者之间的桥梁纽带作用。高质量地完成国务院国资委、国家发展改革委、工业和信息化部等政府部门交办的任务。以国务院提出"关于制定涉企法规规章和规范性文件必须听取相关企业和行业协会商会意见"的要求为契机，建立与政府部门方便联系的畅通渠道，形成工作机制，在涉企政策制定中配合协助有关部门了解企业实际，反映企业家呼声，使工作更接地气，增强政策的针对性、科学性。同时建立与企业日常联系机制，收集整理企业和企业家政策法规实施效果的意见建议，开展相关评估工作，及时反映普遍性问题，并提出相关政策性建议。

建设一个研究能力更高的中国企联。中国企联将紧紧围绕新时代我国经济社会发展的工作大局和中心任务，加强企业改革发展问题研究，深入调研了解企业存在的困难和问题，提升形势研判水平，提高建言献策质量，为政府部门决策提供建设性建议。结合协会重点品牌活动开展，深化我国大企业做强做优做大研究、企业技术创新和管理创新问题研究、新时代劳动关系发展研究、弘扬优秀企业家精神等方面问题的研究，提升研究工作的权威性、有效性和影响力。

建设一个服务质量更优的中国企联。中国企联将加强业务创新，做精做强为企业和企业家服务工作。加强重点业务活动品牌建设，重点活动紧跟时代主题，巩固提高品牌活动水平。主动适应新时代、新要求，结合中国企联实际情况，积极探索新业务、培育新项目、搭建新平台，拓展服务内容和领域。进一步发挥互联网作用，加强与企业的联系，深入了解分析企业的服务需要，提升专业化水平和能力，增强服务的针对性和有效性。通过提供指导、咨询、信息、培训等服务，更好地为企业发展提供智力支撑。

建设一个更受企业和企业家信赖的中国企联。中国企联将想企业和企业家所想，急企业和企业家所急，千方百计倾听企业和企业家声音，反映企业和企业家的呼声与诉求。要关注企业和企业家的共性问题，也要关注个性问题；要锦上添花，更要雪中送炭。通过参与涉企政策制定，努力创造有利于企业持续健康发展的环境。要做企业家的坚强后盾，以实际行动维护企业家合法权益，关心企业家的身心健康。中国企联要不断增强与企业和企业家间的黏性，增进相互间的信赖，让企业和企业家在中国企联有到家的感觉，把中国企联建成温暖温馨的企业之家、企业家之家。

建设一个国际影响力更大的中国企联。中国企联将认真履行中国雇主组织代表职责，积极参加国际劳工组织和国际雇主组织活动，参与国际劳工标准的制定和修订，参加国际劳工问题研讨，积极维护我国企业和企业家合法权益。开展和加强与国外雇主组织的务实合作，加强与有关国际组织的交流合作。利用好对外合作平台，为"一带一路"建设服务，为企业"走出去"服务。强化与联合国全球契约合作，积极宣传我国企业在社会责任领域取得的成绩。

建设一个学习能力更强的中国企联。提高服务水平，首要的是要不断提高自己。学习是提升自我的最佳途径。中国企联的干部职工要加强理论学习，提高思想政治理论修养，深入贯彻全面从严治党各项规定。加强业务学习，更新知识储备，用更多前沿知识武装头脑。通过持续不断的学习，建设一支思想政治素质过硬，业务素质优良，专业水平较高，勇于创新，热爱中国企联事业的人才队伍，为中国企联的持续健康发展打下良好基础。

新时代对中国企联提出新的任务和要求，也为中国企联的发展开辟了新的空间。我们将高举中国特色社会主义伟大旗帜，以习近平新时代中国特色社会主义思想为指导，全面贯彻党的十九大、十九届二中、三中全会和中央经济工作会议精神，锐意进取，扎实工作，不断提高为企业、企业家服务工作水平，为实现经济社会持续健康发展、决胜全面建成小康社会、实现中华民族伟大复兴的中国梦做出新的贡献！

（在庆祝中国企联成立 40 周年座谈会上的发言，
2019 年 4 月）

# 以数字基建赋能产城融合
# 推动经济高质量发展

我就如何以数字基建为产城融合模式赋能，推进经济高质量发展谈几点意见，供大家参考。

## 一、加快数字化转型步伐充实产城融合新内涵

产城融合是在我国转型升级的背景下相对于产城分离形成的一种发展思路，要求产业与城市功能融合、空间整合，"以产促城，以城兴产"，两相促进，共同发展。近年来，一批产业新城、科技园区、特色小城镇，依靠具有较高成长性的导入产业，取得了快速增长，成为产城融合的范例，发展为区域发展的新增长极。但也有一些地方，建设的城市缺乏或失去产业支撑，即便早期不乏投入或有过辉煌，但最终沦为"空城""死城"。深入研究探索产城融合的发展方向与模式，不断总结产业新城建设的经验教训应成为各方面持续关注重视的课题。

产城融合的壮大提升需要沿着产业与城市的两个路径科学发展并相互支撑，而数字化转型则从这两端为产城融合赋能。

从城市角度看，新城的建设应在城市基本功能具备的基础上，进一步加大数字化、网络化、智能化的投入，在加快智慧城市建设上下功夫。支持政府利用数字经济新机遇，坚持向数字化转型要动力，构建城市综合功能平台优势，加强城市治理系统集成的探索，把信息技术作为提升政府行政效能、打通机制性梗阻最有效的手段，支持和强化政策性创新，注重打开信息孤岛，使各项改革协调推进，切实提高治理效能。

从产业角度看，产业的引入、培育与发展应充分借助数字化转型的作用

与力量，全面把握产业链供应链，形成持续增强的竞争优势，围绕实体经济做文章。要把推动信息化与工业化的深度融合放在突出位置，以数字经济为引领，深化供给侧结构性改革，瞄准制造业高质量发展，科学培育并发展主导产业，积极改造传统产业，主动与国际标准对接，突破一批关键核心技术，培育新业态新模式，促进新旧动能顺畅转换，做实做强做优实体经济。

数字化转型的加快发展，使城市新冠疫情防控阻击战体现出许多新特点、新趋势。比如，杭州创造性地建设了网上申报复工平台，并诞生了健康码管理理念。"红黄绿"三色二维"健康码"在新冠疫情防控和有序复工等关键时刻，支撑了社会稳定运行与政府公共治理，令人印象深刻。从2月9日杭州市余杭区率先推出健康码，到2月17日浙江11个设区市全部上线，只用了8天时间。在这么短的时间内，就实时掌握了企业复工复产和企业员工到岗到位的状态。政企实现如此紧密的连接，是以往任何城市、任何时候都没有做到过的，这也给人以启示，产城融合的推进需要充分发挥数字经济转型的作用。

## 二、以数字基建拓展产城融合发展新路径

在新冠疫情防控常态化的形势下，围绕新型城镇化发展新格局，按照产城融合的方向，产业新城如何把握发展主动权，培育壮大新的增长点增长极，是当前需要急迫回答的重要问题。最近一段时间，新基建成为社会各界关注的焦点，而作为新基建的核心，"数字基建"的发展更是被寄予厚望。可以毫不犹豫地指出，以5G、工业互联网、数据中心等为代表的"数字基建"，将为产城融合发展及数字新城的建设注入新动力，成为促进新旧动能转换的重要杠杆，加快新兴产业增长、推动传统产业升级的加速器，推进城市治理体系和治理能力现代化的重要依托。

2020年以来，面对新冠疫情严重冲击，中央对新基建进行了密集部署。习近平总书记就加快数字基建建设多次做出重要指示批示，在4月份分赴浙江、陕西两省考察时予以强调，要抓住产业数字化、数字产业化赋予的机遇，加快5G网络、数据中心等新型基础设施建设；推进5G、物联网、人工智能、工业互联网等新型基建投资。李克强总理4月28日主持召开国务院常务会议，

部署加快推进信息网络等新型基础设施建设，推动产业和消费升级。中共中央政治局常务委员会 4 月 29 日召开会议，研究确定支持湖北省经济社会发展一揽子政策时明确要求，要启动一批重大项目，加快传统基础设施和 5G、人工智能等数字基建建设。中央的部署和要求，为当前及下一步如何拓展产城融合发展路径，大力推进"数字基建"，指明了方向，确定了目标，提供了根本遵循。

对加快发展或建设之中的产业新城来说，数字基础设施的建设是一个培育新模式、新业态、新产业的过程，一定不能简单重复"铁公基"等传统基础设施建设运营的做法，要用数字经济时代的思路进行通盘谋划，防止在不经意中失足。

一要避免缺乏整体考虑，各自为战。数字基建涉及城市范围的方方面面。无论是信息基础设施、融合基础设施、创新基础设施还是传统基础设施，在建设或改造提升中，每一个单元有设备、操作运行系统配置的要求，都要承载海量数据，而且数据类型和来源多样化。在数字基建准备阶段，就需要进行项目之上的总体架构设计，在数据交换、数据接口、开放模式、数据安全、网络安全、数据归属等不同环节以统一标准和规范推进工作。打通并解决数据融合、数据共享、数据安全等堵点、难点问题，最终形成产业建设、运营和城市综合管理之间全维度的有机衔接。

二要避免过度行政干预，越俎代庖。作为基础设施建设，数字基建具有较强的公共产品属性，但其建设和发展的核心问题是数字技术的应用与创新，相对于传统基建项目，势必更多依赖科技要素和数字要素。政府的作用应更多着力于环境的营造和机制的建立，而不是简单地以行政决定代替科学论证和市场选择，特别要防止对技术路线、技术方案的人为干预。应创新投资建设模式，研究制定相关支持政策，放宽市场准入，激发市场活力，坚持以市场投入为主，支持多元主体参与建设，鼓励金融机构创新产品强化服务。

三要避免只重硬件投入，顾此失彼。数字基建是一项推动经济社会转型发展的系统工程，具有新业态的特点，必须同时兼顾产业和城市业务发展的综合需求、信息化自身发展要求以及主要业务领域变化趋势等三个方面。在进行硬件建设的同时，应大力开发应用软件，加大研发投入，借助人工智能，推动人机协同和快速迭代，加快实现包括硬软件在内的系统技术开发、服务平台建设与实际应用三者协调发展。

### 三、以深度产城融合推动经济高质量发展

当前，新基建特别是数字基础设施建设的全面启动，将会有力推动产业新城、科技园区、特色小镇的数字化进程，深入推进经济高质量发展。面对这一重要机遇，要深入贯彻落实习近平总书记重要讲话精神，按照党中央、国务院的部署安排，坚持高质量发展根本要求，聚焦数字化转型的重大需求，着力建设好新一代数字基础设施，加快经济社会数字化转型进程。

一是战略为重，规划统筹。依据发展态势，在战略全局中突出加快数字基础设施建设的重要性，结合"十四五城市规划"的制定，重新规划城市的整体布局。强调"一张蓝图绘到底"，防止各自为政、重复建设。针对发展需要和数字基建的特点，坚持先建机制、后建工程，统一规划、统一建设、统一管护。全面协调资源，形成数字基础设施对产业发展、城市运营的全面支撑。

二是网络为基，抢抓机遇。突出先进网络的基础性作用，围绕关键环节，集中投入，尽快形成具备强大支撑能力的网络体系。加快高质量、广覆盖的5G网络建设进度，优先在需求迫切的产业集聚区、科技创新园区、城市安全管控中心等开展建设，形成应用能力。重点推动工业互联网发展，大幅提升工业互联网平台设备链接和产业赋能能力。发展人工智能基础设施和应用能力，有序建设计算中心，发展新型智能化计算设施。

三是应用为核，多方施力。以应用导向、需求导向为核心，培育丰富"数字基建"的应用场景。抓住抗击疫情、复工复产出现的数字消费需求新契机，促进网上办公、远程教育、远程医疗、车联网、智慧城市等应用。积极推广制造、能源、交通、农业等领域运用数字技术的最新成果，加快推进传统产业转型。积极鼓励企业特别是中小微企业借助5G网络等数字基建成果，大胆尝试探索新业态、新模式，培育线上线下融合新经济，扩大和升级信息消费。创新社会治理应用模式，力推数字基建在社会管理、公共服务、教育医疗、应急防控等领域的应用。

四是创新为要,携手推进。鼓励社会资源与大企业加快建设面向中小企业的公共服务创新平台,积极支持科技创新突破,大力推动科技成果转化应用。以企业为主体,沿创新链产业链组织各种形式的联盟,加快数字基础设施核心技术和应用技术协同攻关,加大以数字基础设施为依托的应用技术研发支持力度。加快数字基础设施共性标准、关键技术标准制定和推广,畅通产业创新渠道。推动政策、资金、服务方面的精准对接。

五是安全为先,保障有力。把网络安全放在各项数字基建举措的重要位置上。确保在数字基础设施规划、建设、使用中,针对5G、工业互联网、数据中心、云平台等设施的特点,设计安全保障体系,确保网络安全保障系统同步运行。对关键信息基础设施,要设立多重安全保护,健全体系,完善应急处置机制。

六是以人为本,营造环境。坚持在以数字化推进产城融合过程中,把人的作用放在首位,形成"产、城、人"共生共进的新格局。全社会共同营造适宜各类人才展示才能的优良环境,深入开掘人力资源的巨大潜力。不断优化产业发展生态,坚持数字产业化、产业数字化双轮驱动。更多依靠社会研究机构,组织汇集各方资源,深入挖掘城市、产业数据资源效力,激发数字要素功能。加强熟悉产业与城市领域的复合型人才培养,打造一支多层次高素质数字化人才队伍。

(在"2020中国产业新城运营商研究成果发布会暨第五届产城融合发展高峰论坛"上的发言,2020年5月)

# 秉承特区精神先行示范
# 积蓄企业力量扬帆启航

2020年是全面建成小康社会的收官之年，也是深圳经济特区建立四十周年。作为中国改革的试验田、开放的启航地，深圳用自己的发展奇迹证明了改革开放是一条强国之路、富民之路。2019年8月，为全面贯彻落实习近平新时代中国特色社会主义思想和习近平总书记关于深圳工作的重要讲话和指示批示精神，中共中央、国务院发布《关于支持深圳建设中国特色社会主义先行示范区的意见》，提出深圳的战略定位是高质量发展高地、法治城市示范、城市文明典范、民生幸福标杆、可持续发展先锋。

深圳市紧抓"一带一路"倡议、粤港澳大湾区建设等重大机遇，在加快建设中国特色社会主义先行示范区的伟大进程中奋勇前进。深圳企业承接着经济社会发展主力军的职责，深圳企业家以敢于拼搏、敢于担当的气魄坚持走自主创新的道路，屡创佳绩。《2020深圳500强企业发展报告》就是这份成绩单的最佳展现。

突如其来的新冠疫情可以看作对中国经济社会的一场压力测试。面对疫情的冲击，在党中央的坚强领导下，全国上下一心，奋力应对，取得了抗击疫情的战略性成果；一度中断的生产链供应链得以尽快恢复，企业生产经营逐步走上正轨，经济社会进入稳定发展的正常状态。深圳企业按照中央部署，在市委、市政府的直接指挥下，一手抓抗击疫情，一手抓复工复产，经受了严峻考验，做出了重要成绩。

与此同时，新冠疫情仍在全球肆虐，造成第二次世界大战以来最为严重的经济衰退。抗击疫情及减缓社会经济的不利影响是世界各国的共同责任，但美国罔顾事实，在疫情面前甩锅中国，采取只顾本国利益的逆全球化措施，肆意打压中国的高技术企业，破坏了业已建立的世界贸易规则，恶化了全球经济环境。

在这种情况下，中国坚定改革开放的信心不会动摇，而发展基点要立足国内大循环，突出内需作用，将发展的主动权牢牢把握在自己手中。深圳500强企业是中国大企业的一个缩影，也是构建新发展格局的中坚力量，面对新的发展阶段，希望深圳企业能够做到以下几点。

## 一、融入新发展格局，找准深圳企业发展方向

今年是"十三五"规划的完成之年，也是保障"十四五"顺利起航的奠基之年。以深圳500强为代表的深圳企业要进一步校准发展的方向和目标。党中央准确判断当前我国所面临的国内外形势发生的重要变化，提出要"构建以国内大循环为主体、国内国际双循环相互促进的新发展格局"。这是党中央准确分析判断世界经济发展大势做出的战略抉择。深圳企业一定要深刻认识"新发展格局"所揭示的未来发展方向，尤其是要主动将自身的发展融入粤港澳大湾区的建设，为构建新发展格局做出积极贡献，实现"于危机中谋新机，于变局中开新局"。

## 二、弘扬企业家精神，推动深圳企业高质量发展

深圳企业家队伍是深圳改革开放40年来积累的最为宝贵的财富，也是深圳得以持续发展的动力所在。深圳企业改革发展的历史，就是一部深圳企业家和广大员工的创业和创新史。新的历史条件下，企业家肩负的责任和使命更为艰巨，更加光荣。作为我国改革开放的排头兵，深圳企业家有敢于拼搏、敢于担当的气魄，强烈的创新意识、卓越的实干精神是深圳企业和企业家的共同特点。正是基于此，深圳今年在华为、平安、正威国际、腾讯、招商银行、万科、恒大等7家世界500强企业的基数上，又新增深投控上榜。与此同时，今年的中国500强企业榜单上，深圳企业数量和质量较往年也有所提升。

深圳企业的高质量发展离不开持续优化的营商环境，深圳良好的营商环境和政商关系，充分激发了区域内企业创新创业的热情。深圳企业的高质量发

展更得益于深圳企业家对企业家精神的弘扬和自身特质的彰显。我们可以从深圳企业家看到：具有产业报国的使命感和责任感，积极投身民族复兴伟大事业；具有敢为天下先的基因，争做引领时代发展的优秀企业家；具有永葆创新创业激情的抱负和勇气，大胆解放思想、勇于担当、敢做善为；具有坚持以人为本、追求卓越的执着和努力，为企业发展注入不竭的动力。

## 三、坚持可持续发展，推动深圳企业双循环进程

当前我国政府的行动与可持续发展战略高度契合：以保障劳动者充分就业，做好"六稳"工作、落实"六保"任务；以大循环和双循环促增长，坚持全球化道路；以新基建带动产业转型升级，加快数字化进程。深圳的企业家们应当抓住新机遇，把推动全面可持续发展作为企业的最高追求。

深圳企业要认真学习联合国推进的17项可持续发展目标，明确共同目标，知晓优先领域，把握发展方向，进而积极参与全球可持续发展实践。深圳企业富有强大的创新基因，以科技创新赋能可持续发展，通过实现依靠创新驱动的内涵型增长，发挥数字化、网络化、智能化的作用，坚持先进生产方式，切实履行保护环境的责任，大力提升推动企业发展、惠及整个社会的能力。深圳企业家要着力打造企业上下的利益共同体，高度重视与所在地区和利益相关方的关系，力求共担风险、共享成果，同时，要积极主动投身联合国全球契约行动，遵守商业道德，尊重人权、劳工标准、环境和反腐败方面国际公认的原则，为推动建立一个经济可持续发展和社会效益共同提高的全球机制而努力奋斗。

## 四、发挥企联服务功能，助力深圳企业筑梦前行

企业联合会是企业家之家，作为经济类的组织，与企业和企业家有着天然的联系。近年来，中国企业联合会、中国企业家协会和深圳市企业联合会密切联系、互相配合，在维护企业合法权益方面做了大量卓有成效的工作。深圳市企业联合会、深圳市企业家协会已成为全国企联组织的靓丽名片，35年来

坚持服务宗旨，秉承特区精神，为企业和企业家服务工作取得优异成绩，此次发布《2020深圳5000强企业发展报告》，正是其功能的又一展现。

相信在新时代、新形势下，深圳市企业联合会一定能够在深圳市委、市政府的领导下，在全体同志的共同努力下，进一步搭建好为企业和企业家服务的平台，在深圳经济的双区时代里发挥更大更好的作用，为全国企联组织贡献更多的先进经验。中国企业联合会将一如既往大力支持深圳企联做好政府的参谋助手，为深圳企业和企业家提供优质服务，为深圳的企业家们筑梦前行贡献自己的力量。

相信充满创新智慧、国际眼光的深圳企业家能在"十四五"规划全面启动之时，秉承特区精神先行启航，从粤港澳大湾区出发，扬起新的风帆，在中华民族伟大复兴的航程上乘风破浪，再续辉煌。

（为《2020深圳500强企业发展报告》所作序言，
2020年9月）

# 聚焦全要素生产率提高　有效扩大内需加快构建新发展格局

中国正在进入一个全新的发展阶段，科学认识分析形势是做好各项工作的出发点。21世纪初，党中央提出的战略机遇期的判断，历经风雨，经受住了考验。习近平总书记最近指出，"当前和今后一个时期，我国发展仍然处于重要战略机遇期，但机遇和挑战都有新的发展变化"，并强调，"要建立以国内大循环为主体、国内国际双循环相互促进的新发展格局"。显然，立足依然需要紧紧抓住的战略机遇期，面对新挑战新机遇，用改革思维和改革方法讨论新发展格局的构建，有效扩大内需，促进更高水平的开放，有着丰富的内涵和重要的意义。

有效扩大内需是构建新发展格局、形成国内大循环的主要内容，也是保证经济社会稳定发展的重要举措。突如其来的新冠疫情可以看作对中国经济社会的一场压力测试。面对新冠疫情的冲击，在以习近平同志为核心的党中央集中统一领导下，全国上下一心，奋力应对，取得了抗击新冠疫情的战略性成果；一度中断的生产链供应链尽快得以恢复，企业生产经营逐步走上正轨，经济社会进入稳定发展的正常状态。与此同时，新冠疫情仍在全球肆虐，造成第二次世界大战以来最为严重的经济衰退。抗击新冠疫情及减缓社会经济发展的不利影响是世界各国的共同责任，但美国罔顾事实，在新冠疫情面前甩锅中国，采取只顾本国利益的逆全球化措施，肆意打压中国的高技术企业，破坏了业已建立的世界贸易规则，恶化了全球经济环境。在这种情况下，中国坚定改革开放的信心不会动摇，而发展基点要立足国内大循环，突出内需作用，将发展的主动权牢牢把握在自己手中。

构建新发展格局必须有效扩大内需，既需要从需求端着力，更需要从供给端下手。中国特色社会主义进入新时代之后，供给侧结构性改革始终是经济发展的一条主线，全要素生产率的提升是要集中力量实现的主要目标和重要路径。随我国社会主要矛盾已经转化为人民日益增长的美好生活需要和不平衡不充分的发展之间的矛盾，扩大内需的内涵和组织生产的方式都出现了重要变化。大规模、低成本、质量不高的产品生产在许多领域已经形成了严重的低端产能过剩，且远远不能适应新技术的发展和新的消费需求。有效扩大内需绝不能走盲目扩大生产的路子，而是要确定以提高全要素生产率为目标，集聚各方力量，进一步深化改革，坚持创新发展，优化现有生产要素配置和组合，提高生产要素利用水平，形成新动能，推动经济社会发展。

2020年4月9日，《关于构建更加完善的要素市场化配置体制机制的意见》公布，分类提出土地、劳动力、资本、技术、数据五个要素领域的改革方向和具体举措，提出完善要素价格形成机制和市场运行机制，这是新时期推动经济社会改革的重大部署，也是发力以改革新动能推进有效扩大内需的指导性文件。把握文件精神，致力全要素生产率提升，有效扩大内需，促进国内大循环加快形成，应努力做到以下几点。

第一，以数据为资源，大力拓展有效扩大内需的空间。数据是新的生产要素，是基础性资源和战略性资源，探索以数据为关键要素的新增长方式，对扩大内需具有重要意义。我国的巨大人口基数和经济体量，使我国具备以数据要素拓展内需空间的巨大潜能。近10年来，我国数据量年均增长40%以上，预计到2025年我国数据规模占全球比重将超过四分之一。为将我国数据优势转化为拉动内需的新优势，一是需要把握以数据为关键要素增长方式的内在规律，形成数据得以增值的条件与路径。二是培育数据作用发挥的硬件基础和软件环境。为数据采集、传送、存储、处理、应用全环节提供坚实支撑，促进数据要素跨地区、跨行业、跨领域自由流通。三是推动新一代信息技术赋能经济社会转型。开拓新业态、新模式、新应用，深度激发和创造数字消费需求，推动数字化生产向全局、柔性的智能化生产运营升级。四是研究将数据资源优势转化为提振内需的核心竞争力。充分认识数字经济的规模质量与网络空间的综合实力和内需市场的数字化水平息息相关，加快迭代步伐，积极推进理论与技术创新突破。

第二，以新基建为核心，大力夯实有效扩大内需的基础。技术创新是增加全要素生产率权重的重要因素。新基建作为新时期的基础设施体系，具备以技术创新为驱动，以信息网络为基础，面向高质量发展需要，提供数字转型、智能升级、融合创新等服务的内容与特点。新基建把巨大的投资与需求转化为带动产业转型升级的阶梯，同不断升级的巨大消费市场相连接，是中国经济增长的新引擎新动能。新基建不仅在短期内起到稳投资、扩内需和增就业的直接作用，从长远发展来看，更是提升全要素生产率、实现经济高质量发展的重要支撑。要坚持政府在提供公共产品方面有效投入，同时积极引导社会资本参与，发挥 PPP、REITs 等新型投融资工具作用，抓紧在传统基建升级和新型基建布局两个方面发力。

第三，以企业家为重点，大力完善有效扩大内需的人才队伍。企业家是驾驭企业航船在市场风浪中搏击的掌舵人，是市场中创造价值不可或缺的重要资源，是我国建设社会主义市场经济体制中积累的宝贵财富。提升全要素生产率，应该视企业家作用与企业家精神为不可或缺的重要部分。无论是管理创新、产品创新、服务创新还是技术创新，本身就充满着市场和技术的不确定性，需要企业家有胆识、有魄力，敢于担当。面对构建新发展格局、有效扩大内需的新要求，更需要企业家群体发扬企业家精神，以更大的决心、更大的勇气参与市场竞争，引领企业激发创新改革活力，增强竞争力与创造力，形成满足市场不同需要的新动力。

第四，以企业为主体，大力构建有效扩大内需的支撑。2020 年 7 月 30 日召开的中共中央政治局会议提出，牢牢把握扩大内需这个战略基点，大力保护和激发市场主体活力。显然，企业作为最具活力的市场主体，要紧紧抓住国家加快构建新发展格局、深入实施扩大内需战略的难得机遇，着眼全要素生产率的全面提升，加快创新步伐，积极推进数字化转型，围绕数字新基建，扩大有效投资，使得资源配置更具效率，组织生产更加精准，加速形成内需持续扩大的有力支撑。

当前有效扩大内需恰似激流奔涌，构建新发展格局呈全面加速之势，唯有充分利用改革思维和改革方法，集各方之力，加快步伐，让企业真正释放出潜力，赢得持续发展。

（在中国国际经济交流中心"改革思维和改革方法"研讨会上的发言，2020 年 10 月）

# 立足新起点　构建和谐劳动关系

2021年是"十四五"规划开局之年，也是国家协调劳动关系三方机制成立20周年。全面建设社会主义现代化国家新征程已扬帆起航，国家协调劳动关系三方工作也需要立足新起点，再启程、再出发。在此，我谈几点认识和思考。

第一，三方机制在社会治理体系中发挥着重要作用。协调劳动关系三方机制是发挥政府、工会和企业代表组织作用，共同研究解决劳动关系重大问题的组织体制和运行机制。我国三方机制建立20年来，经历了诸如非典、国际金融危机、全球经济衰退和新冠疫情等重大考验，通过颁布了一系列政策，采取了一系列措施，组织了一系列活动，有效稳定了企业劳动关系，充分发挥了三方机制在保企业、保就业、保稳定方面的独特作用，为完善共建共治共享的社会治理制度做出了突出贡献，有力维护了经济发展和社会稳定大局。

始终坚持党的领导，始终坚持正确的政治方向，始终服务于经济社会发展大局，是我国三方机制工作取得显著成效的重要基础和有力保障。三方通力合作，同舟共济，发挥好各自优势，扎实推动了中国特色和谐劳动关系的构建，有效促进了经济增长、就业和劳动关系稳定，切实缓解了企业困难，有力推动了社会和谐，形成了构建和谐劳动关系的新格局，迈上了创新劳动关系工作制度机制新台阶，取得了预防化解劳动关系重大风险新成效，初步建立了适应社会主义市场经济体制的劳动关系治理体系，治理能力得到进一步提升。

国家三方要从实现社会治理体系和治理能力现代化的高度出发，继续健全多方参与的劳动关系治理机制，充分调动有关各方，特别是企业和职工参与劳动关系治理的积极性。通过宣传和开展相关活动，吸引社会各界对构建和谐劳动关系的关注，不断提高劳动关系治理效能。

第二，协调劳动关系三方工作还有很大的提升空间。当前我国经济持续稳定恢复，2021年一季度开局良好。但同时也要看到，疫情仍在全球蔓延，全球经济复苏的不确定性上升，国际环境依然复杂严峻，国内经济恢复的基础尚不牢固，一些大企业经营困难，债务违约风险上升；部分服务业和小微企业转型乏力，运转不畅，生产经营还面临着比较多的困难；一些地方政府财政吃紧，解决企业负担重等问题有心无力。经济领域的负面影响持续向劳动关系领域传导，部分地区劳动关系基础不稳，潜伏着较为严重的隐患；劳动争议案件数量仍保持高位运行，且处于上升态势；劳动争议类型更加复杂，主体更加多元。加之科技进步带来产业发展模式的深度调整，劳动关系领域矛盾进一步加剧，构建和谐劳动关系工作的重要性更加凸显。

目前，我国三方机制自身建设仍有待完善，《中共中央 国务院关于构建和谐劳动关系的意见》（中发〔2015〕10号）落实还不够充分。三方机制工作抓手和落实手段还比较单一，整体研究力量有待加强。三方机制的影响力仍受工作瓶颈制约，协商协调的领域范围、方式方法还需进一步拓展和创新。

《中华人民共和国国民经济和社会发展第十四个五年规划和2035年远景目标纲要》绘制了全面建设社会主义现代化国家的宏伟蓝图，对各领域各方面工作提出了更高更明确的要求。协调劳动关系三方机制工作要坚定不移地贯彻落实中央精神和各项决策部署，从立足新发展阶段、贯彻新发展理念、构建新发展格局出发，进一步提高工作站位，强化使命责任，拓宽发展路径，推进机制创新，狠抓措施落实，增强协商效能，实现协调劳动关系工作的整体提升。

第三，从人民群众的期盼出发，凝心聚力共创佳绩。国家三方要从以人为本，维护广大人民权益的角度出发，认真研究新时期构建和谐劳动关系的重点工作，携手努力实现劳动关系稳定，助力"十四五"规划开好局起好步。继续贯彻《中共中央 国务院关于构建和谐劳动关系的意见》，统筹各项制度机制，夯实工作基础，不断提升协调劳动关系的制度化、精准化水平。全面总结20年发展的宝贵经验，密切关注劳动关系领域的新变化新发展，加强劳动关系风险监测、研判和预警，及时发现和化解苗头性、倾向性问题，做好系统性风险防范与应对工作。充分运用信息化技术，推动工作手段、方式方法的不断创新，切实做好构建和谐劳动关系各项工作。

中国企业联合会作为企业代表组织，要深入贯彻以人民为中心的价值观，始终坚持为企业和企业家服务的宗旨，要把构建和谐劳动关系作为激发企业活力、增强发展动能的重要手段，切实履责，使工作成果惠及更多企业和企业家群体。在三方机制工作中，中国企业联合会坚持政府主导，工会组织与企业代表组织协同协调的原则，在人社部的领导下，与全国总工会、全国工商联密切配合，共同做好协调劳动关系各项工作。中国企业联合会要全面落实国家三方各项工作部署，细化工作安排，强化工作责任，突出工作重点，提升工作效能。要根据中央领导同志的指示要求，配合做好对中央10号文件的全面评估。在下一步工作中，中国企业联合会将有针对性地了解企业当前经营中的困难和劳动关系领域的问题，及时反馈企业需求与呼声，提出符合企业实际的合理化建议，切实为企业纾困解难。加强企业劳动关系新情况新问题的研究，深入分析，准确识变、科学应变，为相关政策制定提供参考。做好千企培育、创建示范等深化构建和谐劳动关系的重要活动。积极引导企业履行社会责任，开展好企业信用评价增量扩面、企业可持续发展、企业合规管理等各项服务工作。配合有关部门，做好减轻企业负担工作，营造企业良好发展环境。中国企业联合会要立足自身工作能力的全面提升，在构建新发展格局中发挥应有作用。

站在"两个一百年"奋斗目标的历史新起点上，让我们以习近平新时代中国特色社会主义思想为指导，围绕2021年协调劳动关系各项重点工作落实落细，全面推进，共同开创协调劳动关系工作新局面，以优异成绩迎接建党100周年，为全面建设社会主义现代化国家、实现中华民族伟大复兴的中国梦不懈奋斗。

（在国家协调劳动关系三方会议第二十六次会议上的讲话，2021年4月）

# 冷静应对复杂形势
# 推动产城融合高质量发展

2021年是"十四五"规划的开局之年,把握中国经济面对的新挑战和新机遇,探讨产城融合面对的新形势和产业新城建设之路,很有意义。今天,我想就如何在当前错综复杂的形势面前保持定力,通过制造业与数字产业的深度融合来促进产城融合高质量发展谈几点思考,与大家分享。

## 一、在复杂形势面前把握产城融合发展方向

产城融合是新时期我国城市建设中逐步发展起来的一种新模式。与传统单一功能的消费型城市建设理论不同,产城融合模式强调产业与城市在空间上系统规划,在功能上协调整合,"以产促城,以城兴产",相互借力,共生共荣。清醒认识总体趋势,把握产业发展方向,对产城融合的加快发展至关重要。近年来,一批产业新城、科技园区、特色小城镇,依靠具有较高成长性的导入产业,取得了较快发展,但也有一些地方,错误地估计形势,丧失大好机遇,导入的产业或选错方向,或缺乏要素支撑,产业增长乏力,企业困难重重,城市发展背上沉重包袱。如何能使企业和政府重拾加快推进产城融合建设势头,首先需要对当前形势做出合理、准确的判断。

2021年以来,我国经济延续回升势头,生产和贸易活动持续增长,服务和消费缺口进一步收窄,经济恢复不平衡状况有所缓解,新动能发展步伐加快。一季度GDP同比增长18.3%,两年平均增长5%,80种重要工业产品有75种同比正增长,与2019年同期相比,两年平均实现正增长的比例达82.5%,较2020年四季度恢复面显著扩大。投资势头略有放缓,但仍保持回升势头。一季度出口两年平均增长13.5%,略低于2020年四季度增幅。从一

季度整体情况看,"十四五"有望实现良好开局。

与此同时,仍有一些不确定因素引起企业家们的普遍关注。一是新冠疫情的发展趋势;二是各国宽松货币政策可能导致的潜在通胀风险;三是中美经贸关系的走向。实际上,这些因素已经带来了一些值得重视的影响。

首先,上下游产业结构性矛盾突出。原材料成本大幅上涨,中下游企业利润受挤压。大宗商品价格快速上涨对中下游企业盈利造成一定影响,企业盈利有所分化。从规模以上工业企业看,前两个月有7个行业利润率超过10%,其中4个属于采矿业,其余分别为医药、烟草、酒和饮料行业。价格涨价因素沿生产链条快速传导,设备制造业利润率普遍较低,船舶制造业出现一定亏损,部分加工制造、消费品领域中小企业难以支撑。

其次,"卡脖子"环节影响凸显。由于产业链供应链存在断点堵点,导致芯片供求缺口明显扩大,国内部分车企产能释放受到影响,对外芯片依赖度较高的部分电动车企业一度宣布停产。受疫情影响,国际物流仍不通畅,全球航运价格居高不下。4月中旬,宁波—美东集装箱航线价格几乎是2020年同期的2.5倍。

最后,债务偿付压力突出。2020年宏观杠杆率上升约25个百分点,2021年要缓解高杠杆率压力,前期积累的部分风险可能释放。地方债务到期规模增加,部分地方还本付息压力加大。不少纾困融资陆续到期,企业偿付压力加大,不良资产暴露风险上升。

在各种因素作用下,产城融合的推进也不可避免地受到影响,工业投资增长不旺,房地产市场反弹压力增加,"房住不炒"的政策受到考验。2020年年末,房地产库存水平明显下降。尽管遭受疫情冲击,房地产相关信贷需求较强,2021年一季度住户部门贷款环比上升2.56万亿元,与2020年三季度的历史最高接近。2021年3月,70个大中城市中有62个环比上涨,较上月增加6个。

这些问题已经引起政府部门高度关注并正采取应对措施。期待随着经济运行回归常态,宏观调控逐步到位,各方面企业积极响应,控制过剩产能,释放有效产能,增强供给弹性,打通物流堵点断点,缓解局部供需失衡压力;地方政府抓住有利时间窗口,积极处置隐性债务;"房住不炒"政策得到响应与落实；数字化转型深入推进，产城融合高质量发展得以打下坚实基础。

## 二、抓住新型工业化为产城融合发展带来的机遇

城市作为载体，需要产业与城市发展进程不断增加适配度。在当前形势下，产城融合要把握发展主动权，从产业端入手，迫切需要把新型工业化放在更加重要的位置。

一是更加重视"两化"深度融合的重要意义。工业化和信息化的深度融合是新型工业化的核心要义，对产城融合中提升制造业发展质量作用明显。一方面有利于提高工业劳动生产率和资源利用率，进而提高生产效益；另一方面通过大数据和互联网等数字技术应用，加快现代化经济体系建设步伐。"两化"深度融合不仅会带动工业部门本身生产要素组合的变化，也会对其他部门发展产生深刻影响，带动整个经济社会的发展与进步。

二是更加重视数据要素的普遍应用。在新一轮科技革命和产业变革的影响下，衡量制造业水平的标准和反映竞争力的核心要素正在重新构建，以数据为核心的新一轮工业化正在开启，也必将对产城融合的发展产生重大影响。数据作为新型生产要素，随着制造业数字化转型进程加快，融入产业技术链，实现生产数据价值化和要素化，在促进全要素生产率提升、驱动制造业的创新变革和产城融合方面发挥着越来越重要的作用。

三是更加重视碳达峰、碳中和的深切影响。生态文明建设是产城融合建设的首要原则，也是新型工业化的必然路径。随着"十四五"时期各项工作的展开，城市建设中要坚决以碳达峰、碳中和为重要抓手，解决传统工业化带来的生态环境问题，坚定不移推动绿色低碳的新型工业化发展。以数字化与绿色化推动产城融合是新阶段的重要趋势，既可以大大拓宽制造业发展领域，又可以对生产和消费过程加以系统优化，促其尽早实现碳达峰、碳中和。

四是更加重视"以人为本"的发展模式。产城融合的目标取向必须改变见物不见人的做法，按照新型工业化要求，牢固树立以人民为中心的发展思

想，顺应人民群众对美好生活的向往，为百姓创造更高品质生活。产业发展要从千篇一律的规模化生产转向定制化生产，充分满足消费者的个性需求，大大降低企业集设计、生产、销售等各环节于一体的生产成本，扩大工业产品的需求空间，有效避免传统工业化后期的工业生产过剩和产业外移所形成的产业空心化，大力推动"以人为本"的服务型制造发展模式，加快实现新型工业化。

## 三、把握重点视角推进产城融合稳步前进

根据国家发展改革委新近下发的"2021年新型城镇化和城乡融合发展重点任务"和相关文件精神，今年产城融合工作要深入实施以人为核心的新型城镇化战略，增强城市群和都市圈承载能力，转变超大特大城市发展方式，提升城市建设与治理现代化水平，为"十四五"开好局起好步提供有力支撑。

一是着眼系统统一布局。增强中心城市对周边地区辐射带动能力，培育发展现代化都市圈，增强经济承载能力，形成都市圈引领城市群、城市群带动区域高质量发展的空间动力系统。

二是着眼载体精心建设。通过以5G、工业互联网、数据中心等新型基础设施建设为产城融合发展注入新动力，形成推进城市治理体系和治理能力现代化的重要依托，有力推动产业新城、科技园区、特色小镇的数字化进程。

三是着眼统筹全面协调。在战略全局中突出产城融合的重要性，结合"十四五城市规划"的制定，坚持先建机制、后建工程，统一规划、统一建设、统一运营，形成数字基础设施的全面支撑。

四是着眼转型完善模式。高度重视传统制造业向绿色化、智能化、服务化和高端化方向转型，积极推进新型制造业实现制造智能化、组织网络化、产品定制化、过程绿色化新模式。

五是着眼平台聚焦重点。推动工业互联网发展，大幅提升工业互联网平台设备链接和产业赋能能力。发展人工智能基础设施和应用能力，有序建设计算中心，发展新型智能化计算设施。

六是着眼生态融通发展。不断优化产业发展生态，深入挖掘城市、产业数据资源效力，激发要素功能。积极鼓励大中小企业携手共进，借助5G网络等数字基建成果，支持线上线下融合，扩大和升级信息消费，打造一支多层次高素质数字化人才队伍。

（在"第十九届产城融合投融资大会"上的发言，2021年5月）

# 赋能实体经济　加快城市数字化转型升级

很高兴在抗击新冠疫情取得新成效，"十四五"规划加快实施之际，与大家相聚在"2021数字经济大会"上。数字经济大会作为政府部门、企业、研究单位、媒体界围绕数字经济发展进行沟通交流与合作洽谈的平台，已经成功举办了三届，在推动政产学研用等多方交流合作，探索大数据中心、工业互联网、超算中心运营模式创新上取得了一系列成果。今年大会以"数值引擎、赋能未来"为主题，更加注重品牌培育和影响力提升，更加突出权威化、专业化、高端化，各方嘉宾、专家学者、知名企业家云集，必将吸引各界更多目光，为数字经济与实体经济深度融合助力，进一步展现成效。

都市圈处于区域一体化空间结构的核心地位，是产业集聚发展、科技创新策源、公共政策协同、有效社会治理及公共服务均等化的基本载体。河北省廊坊市地处京畿要冲，位于北京都市圈，与北京地域相连，经济相通，人员往来密切，企业交流便利，具备不可多得的区位优势。如何在全面建成社会主义现代化强国的过程中，推动廊坊市把握大势，彰显地利，发挥自身特长，特别是围绕廊坊北三县与北京通州区"四统一"协同发展、临空经济区规划建设、服务支持雄安新区建设等重大国家战略和国家大事，取得跨越式发展，具有不同一般的意义。习近平总书记2020年4月10日在中央财经委员会第七次会议上的讲话中指出，"要建设一批产城融合、职住平衡、生态宜居、交通便利的郊区新城，推动多中心、郊区化发展，有序推动数字城市建设，提高智能管理能力，逐步解决中心城区人口和功能过密问题。"习近平总书记的指示为都市圈卫星城市指明了发展的方向，也是廊坊市发展的基本遵循。今天，我结合大会主题就如何着眼实体经济，以数字转型赋能发展谈几点意见，供大家参考。

## 一、以产城融合为取向加快数字城市发展

### （一）数字化转型为产城融合赋能

产城融合是城市建设中的一种发展思路，要求产业与城市功能融合、空间整合，"以产促城，以城兴产"，两相促进，共同发展。近年来，一批产业新城、科技园区、特色小城镇，依靠具有较高成长性的导入产业，取得了快速增长，成为产城融合的范例，发展为区域发展的新增长极。但也有一些地方，建设的城市缺乏或失去产业支撑，即便早期不乏投入或有过辉煌，但最终沦为"空城""死城"，其教训值得重视。

从正反两方面的经验看，要打造都市圈郊区新城，就要积极拥抱产城融合发展，并沿着产业与城市的两个路径科学发展并相互支撑，而数字化转型则是赋能的最重要手段。

从城市角度看，推动城市建设应在城市基本功能具备的基础上，进一步加大数字化、网络化、智能化的投入，在加快城市治理和实体经济的数字化融合上下功夫。支持政府利用数字经济新机遇，坚持向数字化转型要动力，构建城市综合功能平台优势，加强城市治理系统集成的探索，把信息技术作为提升政府行政效能、打通机制性梗阻最有效的手段，支持和强化政策性创新，注重打开信息孤岛，使各项改革协调推进，切实提高治理效能。

从产业角度看，未来产业的引入、培育与发展应充分借助数字化转型的作用与力量，全面把握产业链供应链，形成持续增强的竞争优势，围绕实体经济做文章。要发挥城市政策资源集聚、公共服务高效的优势，把推动信息化与工业化的深度融合放在突出位置，以数字经济为引领，深化供给侧结构性改革，瞄准制造业高质量发展，科学培育并发展主导产业，积极改造传统产业，主动与国际标准对接，突破一批关键核心技术，形成地域突出优势，培育新业态新模式，促进新旧动能顺畅转换，做实做强做优实体经济。

### （二）数字基建为发展带来重大的机遇

要打造都市圈郊区新城，就必须把握发展主动权，培育壮大新的增长点增长极。当前，落实"十四五"规划提出的"加快数字化发展，建设数字中国"，已经成为各地区各部门的共识，"数字基建"的发展更是被寄予厚望。廊坊在面对数字经济大潮时，可以说见事早、行动快，十多年来，已经有一批新一代通信技术企业安营扎寨，华为廊坊数据中心、中国联通华北（廊坊）基地、京东集团华北（廊坊）云数据中心基地和人保北方信息中心等国内龙头大数据云计算企业汇聚廊坊，润泽科技等数据中心服务企业加速布局，廊坊市已成为京津冀大数据产业发展集聚区。可以毫不犹豫地指出，前期的精心耕耘，为廊坊市推进数字经济发展打下了坚实基础，而新一轮以5G、工业互联网、数据中心等为代表的"数字基建"，将为廊坊经济高质量发展及数字廊坊建设注入新动力，成为促进新旧动能转换的重要杠杆、加快实体经济转型升级的加速器、推进城市治理体系和治理能力现代化的重要依托。

## 二、以数字基建为支撑加快数字城市发展

对数字城市发展来说，"十四五"时期的数字基础设施的建设是一个培育新模式、新业态、新产业的过程，一定不能简单重复以往传统基础设施建设运营的做法，要用数字经济时代的思路进行通盘谋划，防止在不经意中失足。

一是要整体上对数字发展布局谋篇。数字基建涉及城市发展的方方面面。无论是信息基础设施、融合基础设施、创新基础设施还是传统基础设施，在建设或改造提升中，每一个单元有设备、操作运行系统配置的要求，都要承载海量数据，而且数据类型和来源多样化。在数字基建准备阶段，就需要进行项目之上的总体架构设计，在数据交换、数据接口、开放模式、数据安全、网络安全、数据归属等不同环节以统一标准和规范推进工作。打通并解决数据融合、数据共享、数据安全等堵点、难点问题，最终形成产业建设、运营和城市综合管理之间全维度的有机衔接。

二是要充分发挥数字建设中的企业主体作用。作为基础设施建设，数字

基建具有较强的公共产品属性，但其建设和发展的核心问题是数字技术的应用与创新，相对于传统基建项目，势必更多依赖科技要素和数字要素。政府的作用应更多着力于环境的营造和机制的建立，而不是简单以行政决定代替科学论证和市场选择，特别要防止对技术路线、技术方案的人为干预。应创新投资建设模式，研究制定相关支持政策，放宽市场准入，激发市场活力，坚持以市场投入为主，支持多元主体参与建设，鼓励金融机构创新产品强化服务。

三是要兼顾硬件和软件投入。数字基建是一项推动经济社会转型发展的系统工程，具有新业态的特点，必须同时兼顾产业和城市业务发展的综合需求、信息化自身发展要求以及主要业务领域变化趋势等三个方面。在进行硬件建设的同时，应大力开发应用软件，加大研发投入，借助人工智能，推动人机协同和快速迭代，加快实现包括硬软件在内的系统技术开发、服务平台建设与实际应用三者协调发展。

### 三、以实体经济为核心加快数字城市发展

面对"十四五"时期城市数字基础设施建设的全面启动，唯有进一步聚焦实体经济对城市数字化转型的重大需求，全面布局、夯实基础、着力创新、集聚资源，加快数字化转型进程，才能扎实推进经济社会高质量发展。

#### （一）进一步把握战略取向，做好规划统筹

依据实体经济发展态势，在战略全局中突出加快数字基础设施建设的重要性，结合"十四五城市规划"的制定，优化整体布局。强调"一张蓝图绘到底"，防止各自为政、重复建设。针对实体经济需要和数字基建的特点，坚持先建机制、后建工程，统一规划、统一建设、统一管护。全面协调资源，形成数字基础设施对产业发展、城市运营的全面支撑。

#### （二）进一步夯实网络基础，做好企业赋能

突出先进网络的基础性作用，围绕关键环节，集中投入，尽快形成具备

对实体经济强大支撑能力的网络体系。加快高质量、广覆盖的 5G 网络建设进度，优先在需求迫切的产业集聚区、科技创新园区、城市安全管控中心等开展建设，形成应用能力。重点推动工业互联网发展，大幅提升平台设备链接和产业赋能能力。发展人工智能基础设施和应用能力，有序建设计算中心，发展新型智能化计算设施。

### （三）进一步拓宽应用场景，做好成果转化

以实体经济的应用导向、需求导向为核心，培育丰富"数字基建"的应用场景。抓住疫情防控的数字消费需求新契机，促进网上办公、远程教育、远程医疗、车联网、智慧城市等应用。积极推广制造、能源、交通、农业等领域运用数字技术的最新成果，加快推进传统产业转型。积极鼓励企业特别是中小微企业借助 5G 网络等数字基建成果，大胆尝试探索新业态、新模式，培育线上线下融合新经济，扩大和升级信息消费。创新社会治理应用模式，力推数字基建在社会管理、公共服务、教育医疗、应急防控等领域的应用。

### （四）进一步加大创新支持，做好资源共享

鼓励社会资源与大企业以自身能力，加快建设面向中小企业的公共服务创新平台，积极支持科技创新突破，大力推动科技成果转化应用。以企业为主体，沿创新链产业链组织各种形式的联盟，加快数字基础设施核心技术和应用技术协同攻关，加大以数字基础设施为依托的应用技术研发支持力度。加快数字基础设施共性标准、关键技术标准制定和推广，畅通产业创新渠道。推动政策、资金、服务方面的精准对接。

### （五）进一步强化网安机制，做好保护保障

把网络安全放在各项数字基建举措的重要位置上。确保在数字基础设施规划、建设、使用中，针对 5G、工业互联网、数据中心、云平台等设施的特点，设计安全保障体系，确保网络安全保障系统同步运行。对实体经济的关键信息基础设施，要设立多重安全保护，健全体系，完善应急处置机制。

### （六）进一步培育人才队伍，做好环境营造

坚持在以数字化为实体经济赋能中，把人的作用放在首位，形成"产、城、人"共生共进的新格局。全社会共同营造适宜各类人才展示才能的优良环境，深入开掘人力资源的巨大潜力。不断优化实体经济的产业发展生态，坚持数字产业化、产业数字化双轮驱动。更多依靠社会研究机构，组织汇集各方资源，深入挖掘城市、产业数据资源效力，激发数字要素功能。加强熟悉产业与城市领域的复合型人才培养，打造一支多层次高素质数字化人才队伍。

"十四五"时期的发展目标已经确定，全面建设社会主义现代化国家的大幕正徐徐拉开，希望各地政府营造更加优越的数字化发展环境，企业和企业家紧抓数字经济发展机遇，投身新型城镇化和数字基础设施建设，为第二个百年奋斗目标的实现贡献力量。

（在廊坊市"2021数字经济大会"上的主旨发言，2021年8月）

# 立足企业发展　发挥组织优势

中国企业联合会、中国企业家协会（简称中国企联）于 1979 年 3 月成立，至今已有近 43 年的历史。"做好政府和企业之间的桥梁纽带，为企业和企业家做好服务"一直是中国企联的办会宗旨。到中国企联工作 5 年多的时间里，我深刻体会到，把握好党中央、国务院确定的宏观政策取向是我们做好服务的前提与遵循。中国企联应能将政府的声音不折不扣地传递给企业，推动企业采取坚决的行动；要把企业的实际情况与信息准确迅速送达政府，变成政府决策的依据。

今天，我国经济已由高速增长阶段转向高质量发展阶段。企业和企业家要把适应这一转变的高质量发展理念贯彻到企业经营和发展的行动之中，才能在转变发展方式、优化经济结构、转换增长动力的关键阶段把握先机，持续前行。

在此，特别提醒企业家注意，从经历世界百年未有之大变局到新冠疫情，企业家带领企业奋力拼搏苦斗，面对具有不确定性的外界环境，唯有牢牢把握高质量发展的目标，坚持创新、协调、绿色、开放、共享发展相统一，坚守"专精特新"的发展路径，才能立于不败之地，成长为具有核心竞争力的优秀企业。

高质量发展是新时代中国企业发展的目标和中国企业家前进的动力，也是中国企联确定的努力方向。中国企联将与会员企业和企业家一道，积极探索在传统发展方式转变过程中的新理念、新模式、新举措。围绕高质量发展的目标，中国企联坚守初心，不辱使命，积极开展一系列为企业解难题、办实事与当好政府参谋助手的活动。

2020 年年初抗击新冠疫情以来，中国企联参加国家三方机制、提出方案、解读政策，助企排忧解困、复工复产，做好企业清欠的第三方评估工作，及时反映企业第一线的情况与呼声，取得了推动高质量发展的积极成效。迄今为止，中国企联平台上，已经形成了一批具有社会影响力的品牌活动，如坚持20年的中国企业500强的发布，全国企业家活动日举办、企业文化创新成果创立、袁宝华管理科学金奖授予等。中国企联在今后各项活动中，将围绕高质量发展方向，加大改革力度，进一步聚焦目标，充分展示企业和企业家成果，打造一批政府满意、企业欢迎、社会支持的璀璨品牌。

2022年是中国经济发展过程中必将大书特书的一年，高质量发展将全面推进，中国企业和企业家要在其中做出自己的贡献，中国企联也要为之拼搏助力。

从中国企联近几年的实践和掌握的信息看，越来越多的企业正在加快数字化转型步伐，力求通过数字化、网络化、智能化的道路，形成新机制新模式的智慧企业；越来越多的企业坚定可持续发展的方向，在中国经济实现碳达峰、碳中和的过程中，率先探索与实践，抓住发展机会，履行企业应尽的社会责任。

中国企联将立足企业的发展需求，发挥自身便于汇集各方资源的平台功能，以智慧企业建设和绿色低碳发展为突破口，形成政产学研金与企业协力共建的机制，与目标一致的社会各方携手共进，组织各种形式的交流分享，搜集整理企业的优秀实践案例，配合政府部门开展活动，扎实推进新时期中国企业的高质量发展，为全面建设社会主义现代化国家而奋斗。

（发表于《中国经济导报》，2022年1月11日）

# 立足城市发展新阶段　优化产城融合新布局

适逢 2022 中国房地产开发及服务上市公司研究成果发布会暨第二十届产城融合投融资大会召开，我就"立足城市发展新阶段　优化产城融合新布局"谈三点意见，与大家分享。

## 一、立足新起点，以产城融合增加经济抗冲击的韧性

2022 年是推进"十四五"规划实施的重要一年，也是经济发展的关键一年。中国经济在踏上全面建设中国特色社会主义新起点的基础上，依然面对很多新问题新挑战。推进经济健康前行的迫切程度、复杂程度、敏感程度、艰巨程度前所未有。

面对今年的宏观大局，我国经济发展面临多年未见的需求收缩、供给冲击、预期转弱三重压力。特别是近期世界局势复杂演变，国内新冠疫情多发，重要经济中心城市承受巨大阵痛，局部生产链供应链循环受阻，有些突发因素超出预期，对经济平稳运行带来更大不确定性和挑战。城市作为经济社会的载体，受到不确定性和压力的严峻考验。广大企业尤其是中小微企业群体，由于运营成本高、抗风险能力弱、数量众多，面对着更加巨大的困难。

2022 年 4 月 29 日，习近平总书记主持召开的中共中央政治局会议分析研究当前经济形势和经济工作，指出"疫情要防住、经济要稳住、发展要安全"，并且强调，这是党中央的明确要求。两年多的抗疫实践告诉我们，疫情防住是前提，经济稳住是根本，发展安全是保障。经济经历短期"阵痛"和下行，不会也动摇不了中国经济的基本盘。

实施扩大内需战略、化解经济下行压力，是新形势下推动高质量发展的战略选择。以产城融合为重要支撑的城镇化建设是扩大内需的重要引擎，保障

供给的有效手段，也是改善预期的有力举措。抓住当前各级地方政府迫切需要投资拉动以对冲经济下行风险的重要机会，找准产城融合的作用点和突破口，以新兴产业的加快建设和传统产业的改造升级来优化城镇化建设的布局，从而全面增加城市抵御经济风险的韧性，是广大企业应当积极投入的一片蓝海。

## 二、把握新方向，以产城融合培育高质量发展的优势

自 2013 年形成国家新型城镇化规划（2014—2020 年）之后，按照走中国特色新型城镇化道路、全面提高城镇化质量的新要求，城镇化的发展路径、主要目标和战略任务得以明确，产城融合成为城镇化建设的重要载体。"十四五"规划对城镇化建设做出新的部署，产城融合的路径进一步明确，企业应把握新方向，用好政府提供的发展机遇，更加重视加快 5G、一体化数据中心等新型基础设施建设；加快推进以县城城镇化补短板强弱项为重点的新型城镇化建设；加快交通、水利等领域重大工程以及物流基础设施建设等。

## 三、落实新举措，以产城融合加快城镇化建设的步伐

2022 年以来，为了化解新一轮新冠疫情、国际局势变化的超预期不利影响，党中央、国务院做出了一系列重要部署，着力稳住经济大盘，为统筹做好各项工作注入强劲动力。推动产城融合形成高质量发展的新优势要更加关注并落实三个宏观层面的重要举措。

### （一）全面加强基础设施建设

按照中央要求，产城融合要抓住"全面、优化、升级"的关键进一步推进。"全面"就是要统筹考虑发展和安全、生产和生活、平面和立体、节点与网络的基础设施。"优化"就是要对原有的城市基础设施用现代化手段加以功能扩展，如加强综合交通枢纽及集疏运体系建设，推进城市群交通一体化，建设航空、高铁、城轨等综合道路交通体系，加强信息、科技、物流等产业升级基础设施建设，加强城市公共服务功能、应急设施建设等。"升级"就是要着

眼数字城市布局，建设新一代超算、云计算、人工智能平台、宽带基础网络等设施，推进重大科技基础设施布局建设，加强智能道路、智能电源、智能公交等智慧基础设施建设。

### （二）全面推进以县城为重点的城镇化建设

近期，中共中央办公厅、国务院办公厅出台《关于推进以县城为重要载体的城镇化建设的意见》，表明"十四五"及未来一个时期，推进以县城为载体的就近就地城镇化，将成为我国城镇化发展的主要方向和趋势之一。产城融合要把着力点落实到县城为主的城镇化建设上，加快发展大城市周边县城，支持位于城市群和都市圈范围内的县城融入邻近大城市建设，发展成为与邻近大城市通勤便捷、功能互补、产业配套的卫星县城。企业投入产城融合需要积极把握的机会集中在增强产业支撑能力，提升产业平台功能，健全商贸流通网络，完善消费基础设施，强化职业技能培训等方面。

### （三）全面营造支持扩大固定资产投资的金融环境

多元可持续的投融资机制是城镇化建设必不可少的保障，也为进入产城融合领域的企业所重点关注。为了创造扩大内需、鼓励投资的氛围，中央多措并举，进一步加大对实体经济的金融支持，将相关基础设施建设纳入专项债支持范围，以投资带消费；对公益性项目加强地方财政资金投入，对准公益性项目和经营性项目鼓励增加中长期贷款投放，支持符合条件企业发行县城新型城镇化建设专项企业债券。这些举措都将为企业增添攻坚克难、持续发展的勇气和信心。

对 2022 年经济工作的总要求、总基调，党中央已予明确，就是要稳字当头，稳中求进。希望大家立足发展新阶段，不惧各种风险挑战，优化产城融合新布局，稳中求进，为中国经济高质量发展注入更多新活力新动能，为我国全面建设社会主义现代化国家贡献巨大力量。

（在"第二十届产城融合投资大会"上的发言，2022 年 5 月）

# 把握先进制造业新要求
# 全面推进黄河流域企业高质量发展

黄河流域生态保护和高质量发展是习近平总书记亲自谋划、亲自部署、亲自推动的重大国家战略,是党中央着眼长远做出的重大决策部署。举办黄河流域先进制造业高质量发展大会,目的就是贯彻"黄河流域生态保护和高质量发展"国家战略,凝聚共识协同发展,搭建黄河流域九省区工业和信息化部门以及制造业企业全方位的交流与合作平台,加强与黄河流域相关省市在创新协同、产业赋能、资源共享、互联互通等方面的交流合作,发挥包括社会组织在内的社会各方作用,推动黄河流域制造业水平不断提升,奋力推动黄河流域生态保护和高质量发展,努力把黄河建设成为分享技术进步的坚强纽带。沿黄各地要紧紧抓住先进制造业发展机遇,开拓工业和信息化发展新局面。

## 一、准确把握态势,理清黄河流域先进制造业路径

先进制造业的竞争力来自制造业企业面对变化的环境与市场,牢牢把握制造业创新发展的能力。对于黄河流域的工业部门和企业来说,面对制造业转型升级步伐加快的大环境,政府如何帮助企业在变局中找准方位,制造产业如何在危局中站稳脚跟,企业家如何在困局中创新作为,企业如何持续不断地提升竞争力,是要认真思考与回答的重要问题。

第一,总体看,黄河流域制造业发展水平稳定上升,流域内所有城市在制造业发展上,着眼制造强国战略、网络强国战略的推进,速度、质量均取得了一定的进步。

第二,黄河流域城市间的制造业发展存在着一定的空间差异性,因经济社会发展的差异,区域内制造业的不平衡发展较为突出,不平衡发展的马太效

应明显。

第三，先进制造业企业的发展仍然是区域制造业高质量发展的基础，黄河流域内先进制造业企业多数集中在经济基础较好的东部省份城市，但是中西部仍然有一些坚持"专精特新"方向的企业成长为行业领军企业。高质量的制造业企业发展必须牢牢立足九省区政府层面的协调与企业生态的发展。

乘势而上，聚势而强。沿黄九省区要尊重自然规律、保持历史定力，牢固树立制造业"高端化、数字化、绿色化、服务化"的转型升级方向，统筹好当前与长远、整体与局部、开发与保护等各方面关系，要从实际出发，充分发挥比较优势，积极探索富有地域特色的制造业高质量发展新路子，绘就"保护黄河，制造兴省"的新历史画卷。

## 二、准确把握态势，增强黄河流域先进制造业竞争力

加快发展先进制造业，是拓展工业增长空间、推动制造业高质量发展的一个重要举措。黄河流域九省区工业和信息化部门，应按照国家已经明确的部署，将推动先进制造业发展的重点放在推进产业基础再造、提升产业科技创新能力、培育一批具有核心竞争力的企业、推动制造业集群发展、统筹推进传统产业的改造提升和新兴产业的培育壮大等，显著加快黄河流域先进制造业竞争力提升步伐。

一是全力再造产业基础。实施产业基础再造工程，目的是筑牢制造业发展"地基"。九省区应围绕核心基础零部件与元器件、关键基础材料、先进基础工艺、产业技术基础、基础软件等，共同谋划，发挥各自产业特点，推动生产、应用、融资等合作衔接，加快市场化推广应用。

二是积极提升创新能力。九省区要加快创新驱动制度建设，全方位营造创新驱动环境，打造国家级黄河创新走廊。坚持以创新引领先进制造业发展的方向，多元化、多维度支持一批技术高、需求大、应用范围广的低碳环保新技术，开展产业发展前沿和国家能源安全等关键核心技术的攻关。多措并举拓展融资渠道，包括增加制造业中长期贷款和信用贷款的比重，提高对先进制造业企业信贷的支持力度。

三是大力培育领军企业。发挥九省区整体合力，提升创新型龙头企业创

新能力，重点培育或引进引领性和关联性强的龙头企业，发挥龙头企业对产业链的带动作用和技术的外溢效应，促进产业链整体升级。推动九省区支持行业龙头骨干企业联合高校、科研院所开展前瞻性技术与关键核心技术研发，抢占产业发展制高点。推动规模型创新型企业提升研发机构内涵建设。

四是推动制造业集群发展。围绕九省区制造业基础，重点加大产业集群升级力度，聚焦重大项目和创新图谱，瞄准产业链缺失环节，加快提升创新能力和关键设备系统集成能力，加速先进制造业的产业链创新链深度融合，支撑高端装备制造业高质量发展。对先进制造业产业园区在推进工业大项目建设、煤电油气运等生产要素供应、资源配置方面给予政策倾斜和优先支持，优先保障培育企业用地需求。

五是统筹培育产业优势。抓住此次大会契机，积极推动九省区新旧动能转换，加快信息化改造提升，加强新技术应用，整合优势资源、统筹优化布局，将区域劣势转化成后发优势。着力稳定制造业投资，加快设备更新和技术改造的投入，推动九省区内掌握先进技术的企业带动区域内企业深入实施重大技术改造升级，并对纳入国家级重点制造业的项目，按照有关规定给予能耗、土地、资源等方面的支持。

### 三、走"专精特新"之路，培育黄河流域先进制造业企业

黄河流域九省区发展先进制造业的根基在于制造业的企业群体。作为伴随改革开放发展起来的制造业企业，总体上不仅积累了丰厚的物质技术基础，而且容纳了庞大的就业人员。特别是量大面广的制造业中小企业，面对遇到新冠疫情的巨大冲击以及多年未见的需求收缩、供给冲击、预期转弱三重压力，九省区应该把当前的考验当作一场凤凰涅槃式的淬炼。面对错综复杂的局面，党中央、国务院带领全国人民应对挑战、带领企业战胜困难的决心之坚定，目标之集中，措施之广泛，力度之空前，要求之具体，前所未有。只要九省区制造业企业能挺得住、立得住，先进制造业发展就会不惧风浪袭扰，稳步前行。

提升九省区制造业企业竞争力的重要方略是能够坚持"专精特新"的方向不动摇，保持头脑清醒，勇毅坚定。

一是围绕"专精特新",构筑企业生态。坚持"专精特新"方向的中小企业渗透于产业链的每个环节,是产业配套链条中不可或缺的组成部分,与大企业之间构成了一个高效合作的生态系统。按照工业和信息化部等十一部门前不久印发的《关于开展"携手行动"促进大中小企业融通创新(2022—2025年)的通知》,九省区制造业"专精特新"中小企业应积极加入骨干大企业为龙头、链长的产业链中,提升上下游协作配套水平,使产业链供应链稳定性和效率有效提高,最终提升九省区产业体系的质量和水平。

二是聚焦"专精特新",加快数字化发展。当前数字化转型已经不是选择题,而是关乎企业生存和发展的必修课。九省区制造业企业要赶上先进制造业的快速进展步伐,必须推动制造业企业走"专精特新"发展之路,加快数字化转型。从顶层设计和政策层面多管齐下,政府和大企业协同发力。培育推广一批适合中小企业需求的数字化产品和服务,推动研发设计、生产制造、经营管理、销售服务等全生命周期数字化,打造一批数字化转型示范案例。培育发展一批专业服务中小企业数字化转型的第三方实体和机构,为中小企业数字化转型提供成本低、见效快、实用性强的数字化解决方案。培育支持一批有条件的链主企业打造产业链供应链数字化平台,提升大中小企业协同效率。

三是着力"专精特新",坚持可持续发展。九省区正迎来一场以绿色低碳为特征的技术革命和产业变革。根据中央要求,黄河流域必须下大气力进行大保护、大治理,走生态保护和高质量发展的路子。发展以"专精特新"企业为主体的先进制造业是因地制宜构建黄河流域现代产业体系的新抓手,是培育黄河流域产业发展的新方向,是夯实黄河流域高质量发展产业基础的新动能。只要黄河流域制造业企业按照"专精特新"的要求稳步发展,就会成为推动九省区绿色低碳发展的主要力量。

希望以此次先进制造业大会为契机,扎实推进九省区制造业领域的交流合作,深化对发展先进制造业的认识,找到企业转型升级的重点,协同攻关,争取取得更多更好的成果,进一步推动黄河流域制造业高质量发展。

(在黄河流域自贸试验区联盟启动暨先进制造业高质量发展大会上的讲话,2022年8月)

# 永葆创新精神履行新时代特区使命
# 激发融通活力助推企业高质量发展

2022年是推进"十四五"规划实施的重要一年，也是中国经济站在全面建设中国特色社会主义新起点上稳步前行的关键一年。在中国企业联合会依据2021年度企业经营数据，连续第21年推出"2022中国企业500强"不久，我们高兴地看到深圳市企业联合会编印的《2022深圳500强企业发展报告》已经付梓并向社会发布，这是一件值得深圳企业界庆贺的大事情。其意义放在全国经济与企业的大背景下看，更加凸显。

回首瞭望，2021年我国企业在应对新冠疫情和国际经济下滑风险中，坚决遵照以习近平同志为核心的党中央领导，奋力拼搏，埋头苦干，创造了国内生产总值达到114万亿元、人均国内生产总值达到1.25万美元的骄人成绩。我国占全球经济比重由2012年的11.4%上升到18%以上，人均收入接近高收入国家门槛，我国作为世界第二经济大国的地位得到巩固提升。

以中国企业500强为代表的大企业，适应引领经济发展新常态，积极践行新发展理念，坚持创新驱动发展，努力战胜各种不利影响，为我国经济对世界经济的贡献率保持在30%左右做出积极贡献。"2022中国企业500强"的入围门槛为446.25亿元，较上年提高53.89亿元，创下榜单有史以来最高的提升幅度；经营规模迈上新台阶，实现营业收入突破百万亿元，达102.48万亿元；创新动力持续增强，研发费用平均增长12.28%，研发强度达1.81%，连续多年保持提高趋势；国际地位进一步巩固，133家内地企业入围2022世界企业500强，多于美国的124家；中国跨国公司100大拥有海外资产突破10万亿元，达10.75万亿元；平均跨国指数为15.57%，较上年高出0.5个百分点。同时，一大批标志性工程与产品令世人瞩目，高速铁路、5G网络等建设世界领先，载人航天、火星探测等领域实现重大突破，以企业为主体的创新型国家建设取得重大进步。

毋庸讳言,深圳企业群体在做强做优做大、推进高质量发展的道路上展现出的新气象,为国家强盛倾力贡献,成为中国企业园地中的一抹耀眼的亮色。党中央、国务院支持深圳建设中国特色社会主义先行示范区,被广大深圳企业作为重大历史性机遇。《中共中央 国务院关于支持深圳建设中国特色社会主义先行示范区的意见》自印发3年以来,深圳企业在深圳市委、市政府领导下,坚决落实主体责任,奋勇扛起新时代历史使命,全力推动各项任务落地落实。2021年深圳大企业推动全市经济稳中求进,发展韧性不断增强,实现了"十四五"良好开局。《2022深圳500强企业发展报告》所呈现的数据分析,反映出2022深圳500强企业发展基本面、产业面、动力面齐头并进的高质量发展特征,更加佐证深圳企业和企业家勇毅前行的生命力与活力。

企业作为经济社会生命力与活力的有机载体,经营状况是宏观经济态势最为直接的反映,《2022深圳500强企业发展报告》可以说是深圳经济的"晴雨表"。深圳企业按照党中央统一部署,在深圳市委、市政府的直接指挥下,既坚守防疫政策,又抓住时机加快发展步伐,以"深圳速度"和"深圳质量"为特征,再次焕发出新时期的勃勃生机。

大力夯实制造业基石和持续紧握企业创新密码,是深圳经济不惧疫情冲击、保持经济增长动力长盛不衰的关键所在。纵观2021年并展望2022年,深圳500企业被历史赋予了成为稳住经济中流砥柱的时代责任,几个特点值得分享。

## 一、发挥大企业作用,着力培实深圳产业新基础

制造业作为立国之本、兴国之器、强国之基,是高质量发展的关键和基础。国家"十四五"规划纲要提出"深入实施制造强国战略",要求"坚持自主可控、安全高效,推进产业基础高级化、产业链现代化,保持制造业基本稳定,增强制造业竞争优势,推动制造业高质量发展",对我国新发展阶段各地经济和企业发展做出了明确要求。

根据国家"十四五"规划,深圳市委、市政府对经济政策进行了长远规

划，深入落实党和国家对经济发展的重大战略部署。2022年深圳市政府工作报告首次将制造业单独成章，公开宣示坚持制造业立市之本的决心。6月6日，《深圳市人民政府关于发展壮大战略性新兴产业集群和培育发展未来产业的意见》发布，提出培育发展壮大"20+8"产业集群，即发展以先进制造业为主体的20个战略性新兴产业集群，前瞻布局8大未来产业，稳住制造业基本盘，增强实体经济发展后劲，加快建设具有全球影响力的科技和产业创新高地。到2025年，深圳战略性新兴产业增加值将超过1.5万亿元，将成为推动经济社会高质量发展的主引擎。

从"2022深圳500企业榜单"可以看出，深圳经济政策是切实调研深圳企业发展情况后的精准规划。2022深圳500强中制造企业占据榜单整体的半壁江山，实现营收规模总量达5.49万亿元，是榜单整体经济规模的最主要来源，贡献度高达54%，也将为深圳战略性新兴产业做出重要贡献。

## 二、发挥大企业作用，积极推动深圳产业新动能

面对"十四五"全新开局，我国的大企业正在经历从注重速度到提升质量，从注重规模到创新驱动，从注重单一项目到全产业链推进，从注重当前效益到坚持可持续发展的深刻转变。"高端化、数字化、绿色化、服务化"是转型升级的必由路径，服务型制造就是要加快实施的重点。

对于深圳大企业而言，服务型制造是高质量发展的重要方向。与传统制造业不同，服务型制造是数字经济与实体经济深度融合的重要场景。从产业发展维度来看，服务型制造是提升产业链现代化水平、构筑产业发展新格局的关键抓手。提升产业链供应链现代化水平，形成具有更强创新力、更高附加值、更安全可靠的产业链供应链，是构建新发展格局的应有之义。从区域发展维度来看，深圳地处沿海改革开放的前沿，深圳企业以市场化需求为导向，是与生俱来的基因。鼓励深圳500强企业走向服务型制造，有利于推动传统制造业提高生产经营效率，驱动企业沿着产业链低端向中高端迈进，切实提升自主创新能力、拓宽盈利空间、创造新的经济增长点，这也是深圳传统制造业企业"由大到强"、战略性新兴行业企业"驭势腾飞"加快高质量发展的内在要求。

### 三、发挥大企业作用，大力培育深圳产业新生态

从改革开放初期到现在，深圳一直是市场主体蓬勃发展的一方热土。在深圳，每千人拥有企业137户，创业密度连续多年位居全国大中城市首位。截至2021年年底，深圳市中小企业总数达241万家，同比增长6.5%，彰显出强劲的发展韧性和创业活力，相当一批500强企业就是得益于深圳优商兴企的环境而成长为优质大企业。

在深圳500强企业公布之际，应该指出，尽管已经取得不小进展，但与一些先进地区相比，深圳在发挥大企业引领带动作用、促进中小企业融入大企业生态圈、提升融通平台支撑能力、拓展融通维度、深化融通程度等方面还有不小的发展空间。下一步应注意形成深圳大中小企业融通创新的良好氛围，通过释放500强大企业创新活力为中小企业创新赋能，提升全市产业链供应链稳定性和竞争力，提升深圳作为现代化经济体的能级和水平，形成可持续发展的新生态。

### 四、发挥大企业作用，赋能扶持深圳产业新优势

当前，尤应注重深圳500强大企业支持"专精特新"中小企业发展，并把其纳入以大企业为龙头的产业链中。深圳改革开放发展经济的实践证明，"专精特新"中小企业是使经济更具活力和韧性，更具抵御市场风险能力的重要力量。

深圳在培育"专精特新"企业方面居于全国城市前列。《深圳市人民政府关于加快培育壮大市场主体的实施意见》发布之后，培育壮大国家级专精特新"小巨人"企业，形成一批专注于战略性新兴产业集群的"隐形冠军"企业、创新领军企业、未来新兴企业的工作已经提速，并务实推进"个转企""小升规""规做精""优上市"工程，实施企业上市发展"星耀鹏城"计划。深圳市在第四批入选国家级专精特新"小巨人"企业名单中，共有276家企业入选，数量为历年之最；也成为全国入选企业数量最多的城市之一。截至目前，深圳

已有 445 家企业入选国家级"小巨人",有 2928 家企业入选市级"专精特新"中小企业名单,数量位居全省第一。

500 强大企业顶天立地,"专精特新"中小企业动能澎湃,这正是深圳制造业生机勃勃、优势尽显的标志。相信随着 500 强企业榜单的发布,能够促进一批深圳"专精特新"中小企业加入大企业为龙头、链长的产业链中,不仅能够提升上下游协作配套水平,而且充分发挥中小企业在补链固链强链中的重要作用,使产业链供应链的稳定性和效率有效提高。

## 五、发挥大企业作用,有效构筑深圳产业新桥梁

深圳企业家队伍诞生于改革开放之初,在"摸着石头过河"的年代里一路走来,练就了敢于拼搏、敢于担当的气魄,具有强烈的创新意识、卓越的实干精神。正是因为如此,深圳今年在华为、平安、正威国际、腾讯、招商银行、万科、深投控等 7 家世界 500 强企业的基数上,加上 2021 年正式将总部迁入深圳的中国电子信息产业集团有限公司,又新增比亚迪、顺丰上榜。与此同时,2022 年的中国 500 强企业榜单上,深圳企业数量和质量较往年又有新的提升。

深圳企业的高质量发展离不开良好的营商环境和政商关系。在习近平总书记"要进一步激发和弘扬企业家精神,依法保护企业家合法权益,依法保护产权和知识产权,激励企业家干事创业"的殷切嘱托下,深圳市委、市政府不断优化营商环境和政商关系,充分激发了企业创新创业的热情。

同时,深圳企业的高质量发展也离不开社会组织的桥梁与纽带作用。深圳市企业联合会、深圳市企业家协会 37 年来坚持服务宗旨,为企业和企业家服务工作取得优异成绩,连续五年发布《深圳 500 强企业发展报告》,为政府和社会各界推动经济发展提供了重要参考。深圳企业联合会在全国企联组织内体现出良好的服务能力与水平,广受好评。

希望在新发展格局中,深圳企业联合会能够围绕深圳市委、市政府的发展任务,与时俱进,充分发挥桥梁与纽带作用,进一步营造好"企业和企业家之家"的和谐氛围,努力以三方机制构建好和谐劳动关系,为大中小企业融通

发展保驾护航。中国企业联合会将一如既往地大力支持深圳企业联合会做好政府的参谋助手，为深圳企业和企业家提供高质量服务，为深圳的企业家们走上更大的舞台贡献整个企联系统的力量。

最后，诚挚祝贺入围"2022深圳500强企业榜单"的所有企业，衷心祝愿正在向深圳500强迈进的企业早日榜上有名。相信在党和国家重大战略引领下，在深圳市委、市政府营造的国际一流营商环境里，深圳这座奇迹之地、创新之城，定能在源源不断的深圳500强企业中，成长出更多的中国500强、世界500强，为中国企业屹立世界做出贡献！

（为《2022深圳500强企业发展报告》所作序言，
2022年9月）

# 企联工作新定位　服务企业新征程

中国企联全体党员干部一定要提高政治站位，把党的二十大精神作为今后一段时间内政治上的指南针、工作中的定盘星、前进道路的航标灯，通过认真学习、努力贯彻，提高自身的政治素养和思想理论水平，更好地担负起新时代新征程赋予的重要职责。

学习宣传贯彻党的二十大精神，党中央做了全面部署，国务院国资委党委提出了具体要求。中国企联党委坚决贯彻中央精神，落实国务院国资委党委的部署，要求中国企联全体党员干部，把学习宣传贯彻党的二十大精神作为当前和今后一个时期的首要政治任务，重点在学习报告、学习党章上下功夫，要学深悟透、融会贯通，按照习近平总书记要求，抓住"全面学习、全面把握、全面落实"三个关键环节，结合企联实际，落实好党的二十大对各项工作的新要求新部署。

## 一、认真学习精神实质，深刻领会党的二十大报告核心要义

全面领会把握党的二十大精神的核心要义，要通读、反复学习党的二十大报告，认真熟悉掌握"三个全面""五个牢牢把握""七个聚焦""九个深刻领会"等一系列要义的内容和要求，持续在学懂、弄通、做实上下功夫，在武装头脑、指导实践、推动工作上见成效。中国企联学习贯彻党的二十大精神，要聚焦"为企业、企业家服务"工作中心，围绕"高质量发展"主题，紧扣"提升企业核心竞争力""弘扬企业家精神""加快建设世界一流企业"要求，联系中国企联实际，深化理解并着重把握精要，深学深悟，既全局着眼又一域落子，务求实效。

深刻理解新时代的伟大变革。党的十九大以来的五年极不寻常、极不平

凡，新时代十年的伟大变革具有里程碑意义。之所以能取得这些伟大成就和变革，根本在于有习近平总书记作为党中央的核心、全党的核心掌舵领航，在于有习近平新时代中国特色社会主义思想科学指引。这十年里，中国企联的同志们同广大企业、企业家一道，亲身感受了党和国家事业取得的历史性成就、发生的历史性变革，目睹了我国迈上全面建设社会主义现代化国家新征程，在百年党史上浓墨重彩书写的壮丽华章。以中国企业500强的发展为例，据测算，党的十八大以来，中国企业500强的营业收入和实现利润均增长了1.05倍，资产总额增长了1.47倍，研发投入增加了1.67倍，与世界500强的差距明显缩小。中国企联同志要充分认识企联发展来之不易的好局面，以学习宣传贯彻党的二十大精神为动力，抓住机遇、乘势而上，只争朝夕、拼搏进取，努力交出新的优异成绩单。

深刻理解新时期的中国式现代化。以中国式现代化全面推进中华民族伟大复兴，是党的二十大的重大理论和实践创新成果。中国式现代化的核心要义，是中国共产党领导的社会主义现代化，既有各国现代化的共同特征，更有基于国情的中国特色。中国企业和企业家的实践，是中国式现代化的重要组成部分。高铁、核电、航母、深海机器人、空间站、量子计算、5G等中国企业创造的诸多成果全球瞩目。中国企联从改革开放中走来，见证并参与了中国企业迈步中国式现代化的过程。从企联组织基本任务的确定，发挥政府和企业之间的桥梁纽带作用，以企业代表组织的身份参与和谐劳动关系的建立和三方协调机制工作，到坚持推动企业管理创新，加强企业家队伍素质提升，积极推进企业文化建设，拓展中国企业代表组织的国际发展空间，形成了中国式企业现代化中不可或缺的一部分，并将进一步发挥重要作用。

深刻理解新格局下的高质量发展。党的二十大报告关于加快高质量发展的战略部署，明确了构建新发展格局的主攻方向，指明了实现高质量发展的着力重点。企业和企业家是全面建设社会主义现代化国家的主力军，也是完成高质量发展这个首要任务当仁不让的核心力量。党的二十大报告中，从构建高水平社会主义市场经济体制的角度，对中国企业和企业家的作用予以充分强调，也形成了中国企业代表组织的责任与担当。党的二十大报告提出，"深化国资国企改革，加快国有经济布局优化和结构调整，推动国有资本和国有企业做强做优做大，提升企业核心竞争力。优化民营企业发展环境，依法保护民营企业产权和企业家权益，促进民营经济发展壮大。完善中国特色现代企业制度，弘扬企业家精神，加快建设世界一流企业。支持中小微企业发展。"这是党中央加快构建新发展格局、着力推动高质量发展做出的重大战略决策，也是企联组织要全力抓好的大事情。企联组织在这个过程中应该有所作为，也必须有所作为。

## 二、着力把握战略思维，深刻认识二十大报告观点方法

中国企联的同志们在学习党的二十大精神中，既要逐字逐句、反复认真阅读文件，理解原则和要求；还要思考理解文件中贯穿的习近平新时代中国特色社会主义思想的世界观和方法论，认识历史和现实，领会精神实质。当前我们面对着一个极其纷繁复杂的外部世界，要试图透过种种现象看到本质，揭示规律，就要学会用习近平新时代中国特色社会主义思想的立场观点方法观察问题、分析问题、解决问题。不只是学习一般性地获取解决问题的的直接结论，而且要善于从战略上观察思考研究，把握目标上的科学设定和工作上的战略部署，把实际情况与以往经验加以比较，把实践感悟与理论观点分析对照，知其然更要知其所以然。

从战略视角看待当前的形势。战略是从全局全域、时间大跨度上对事物发展的整体考量与把握。商场如战场，企业家对战略的重视已经成为越来越多的企业经营制胜的不二法宝。早在2002年党的十六大，党中央就做出重大判断，从当时到21世纪的前二十年，是一个需要紧紧抓住并可以大有作为的重要战略机遇期。二十年弹指一瞬，在党中央正确领导下，中国抓住了"入世"等重要机遇，中国企业获得长足发展。中国企联的研究报告表明，中国500强企业二十年间，企业规模迅速扩大、体量日益壮大，2021年营业收入是2002年的14倍，营收增速的平均值达15.6%，远超同期世界500强增长水平。二十年过去，党中央在二十大报告中做出"我国发展进入战略机遇和风险挑战并存、不确定难预料因素增多的时期，各种'黑天鹅''灰犀牛'事件随时可能发生"的重大战略判断，标注了我国发展所处的历史方位、时代方位、

国际方位。一方面，中国企业参与逐步积累的物质基础、中国特色社会主义国家的体制优势、新一轮科技革命和产业变革、中国的国际地位和形象都使中国企业获得进一步发展的战略机遇；另一方面，百年未有之大变局带来的世界经济政治形势动荡，俄乌冲突久拖不决，逆全球化思潮抬头，美国围堵打压中国发展，疫情前景不明等又使战略风险陡增。中国企联要领会党的二十大做出的各项战略部署，助力中国企业和企业家把握我国发展面临的新战略机遇和挑战，深刻认识实现全面建设社会主义现代化国家各项目标任务的艰巨性和复杂性，增强贯彻落实的自觉性和主动性。

从战略视角看待面对的任务。党的二十大报告从宏观上对全面建成社会主义现代化强国"两步走"进行了战略安排，从 2020 年到 2035 年基本实现社会主义现代化；从 2035 年到 21 世纪中叶把我国建成富强民主文明和谐美丽的社会主义现代化强国。中国企联要帮助中国企业和企业家领会这一重大战略，与国家战略对标对表，全面规划企业发展的路线图、施工表。要增强忧患意识，坚持底线思维，把握当前和长远、战略与策略相统一的要求，牢记主责主业，保持战略定力，坚持目标引领，坚定自主创新，在危机中育先机、在变局中开新局，蹄疾步稳推进事业发展。

从战略视角看待必要的准备。要全面把握党的二十大做出的各项战略部署，紧密联系我国发展面临的新的战略机遇、新的战略任务、新的战略阶段、新的战略要求、新的战略环境。中国企联在新形势下履行职能，需做好各方面准备。思想上，要深刻认识实现全面建设社会主义现代化国家各项目标任务的艰巨性和复杂性，增强贯彻落实的自觉性和坚定性。组织上，要打造一支目标坚定、勇于创新、热心服务、素质优良的工作人员队伍。物质上，要能做到取之企业、用之企业，千方百计针对企业需求开展讲求实效的服务。

## 三、振奋精神狠抓落实，全面贯彻党的二十大报告任务要求

2023 年是全面落实党的二十大各项战略部署的第一年，是全面建设社会主义现代化国家开局起步的关键一年。刚刚结束不久的中央经济工作会议对最新形势进行了深入分析，对接下来的经济社会工作加以部署。中国企联面对新

的机遇与挑战，需要以党的二十大精神为指引，认真贯彻中央的决策部署，坚决落实国务院国资委党委的各项要求和安排，振奋精神，迎难而上，争取取得新成绩和做出新贡献。

第一，把握形势，力促发展。2022年是不寻常的一年。在以习近平同志为核心的党中央坚强领导下，全党全国各族人民迎难而上，砥砺前行，统筹国内国际两个大局，统筹疫情防控和经济社会发展，统筹发展和安全，取得了经济社会的平稳发展。与此同时，我国经济需求收缩、供给冲击、预期转弱三重压力仍然较大，外部环境动荡不安，给我国经济带来的影响加深。特别是国内新冠疫情的防控形势复杂，给经济恢复带来了超出预期的影响，许多企业遇到前所未有的困难，企联部分工作也未能如期开展。做好2023年经济工作任重途艰，稳增长、稳就业、稳物价工作的难度和重要性都更加突出。中国企联要全面贯彻落实党的二十大精神，全力配合政府落实稳定经济的各项政策，把推动经济运行整体好转作为重中之重的任务，支持企业和企业家更好统筹疫情防控和经济社会发展，大力提振信心，帮助企业纾困解难，处理好劳动关系方面的相关问题，力促经济开好局起好步，实现质的有效提升和量的合理增长。

第二，把握全局，统筹谋划。2023年中国企联将面临全新局面。一方面，企业、企业家发展的困难挑战很多，企联组织来自各方面的压力增多；另一方面，国家推动经济恢复增长的举措会相继出台，地方政府的换届效应会对企联工作形成新的需求。中国企联应贯彻党的二十大精神，坚持系统观念、综合考虑，依据熟悉企业联系企业的特点，通过多种方式提升服务质量以回应政府和企业对企联服务不断扩大的需求。要增强全局观，认真学习了解中央做好当前工作的经济政策和其他政策，加强企联工作与宏观政策取向一致性评估；增强主动性，畅通渠道，反映企业真实情况和心声，为政府部门助企当好参谋助手；增强有效性，针对形势变化，将企业发展急需市场与资源同地方政府发展急需企业与投入精准对接，协助搭建平台。

第三，把握重点，擦亮品牌。到目前为止，中国企联有影响的业务活动，如中国500强企业系列榜单、企业家活动日和袁宝华管理科学金奖、管理创新成果、企业文化建设等已经形成了一定的品牌效应，我们一定要认真加以维护。作为企联活动的重点支撑，新形势下还要提升质量、赋予新的内容。一是高举高打，突出高端。企联业已开展的传统活动经历任领导和同志们精心培育而成。迄今为止，王忠禹会长亲自指导、参与了一系列重要活动，形成了政府部门、地方政府、众多企业的主要领导人高度重视、共同参会的局面。这是中国企联不同于其他单位开展活动的特点。坚持高端定位，要成为设计组织活动的基本出发点之一。二是规范运作，突出合规。加强例行传统活动的规范化、模块化、体系化运作，加强制度建设，确保中国企联在外开展的各项活动完全符合依法合规的各项要求。三是精心设计，突出品牌。提前开展活动的专题策划和总体安排，以形式保证内容效果的显现，注意活动的连贯性和承继性，形成品牌活动的标志性特征。四是扩大宣传，突出影响。巩固传统媒体和新媒体记者队伍的联系，做好前期准备，确保宣传效果。

第四，把握方向，稳步创新。近些年，中国企联的同志们随着形势变化与经济发展，针对企业增长的新需求和政府交给的任务，利用企联业务优势，积极开拓了一些新项目，有些取得很好效果，有些正在培育之中。如智慧企业推进、企业信用评价、企业责任风险管理研究、企业绿色低碳发展推进、企业竞争力提升、产业链创新、企业健康行动、企业标准、企业合规等。创新是中国企联保持活力的不竭动力，在做好传统项目的同时，着眼培育新的增长点是企联的使命要求与责任担当。一要顶层设计，系统发力。对准备开展的新项目全面实施论证，把握行动最终需求，利用中国企联各方力量协同发力。二要勇于创新，机制发力。探讨活动的新形式，力求形成参与各方共同努力、共同受益的合作机制。三要稳步推进，持续发力。加强组织建设和条件保证，确定专人负责，加强过程评估，避免有始无终。

第五，把握方法，集聚资源。新形势下，中国企联的同志们要找好自己的定位。中国企联是在中国共产党领导下，作为企业和企业家代表的非营利社会组织。不同于一般政府事业单位，中国企联没有"皇粮"依靠，要通过自己的努力取得会员企业与社会的认可，争取生存活动空间与收入。不同于一般企业，中国企联要履行自己的职责和社会责任，不能以盈利与否作为业务开展的标准。不同于一般社会组织，中国企联被赋予更高的社会地位和政治责任，形成了国内国际的重要影响力，每一项行动都要与之相适应。瞄准高质量发展目标，中国企联要充分依据自身特点，打造核心竞争力。一要发挥政治优势。由于历史和现实原因，中国企联与政府部门有较多的联系工作、信息沟通的渠道，要据此主动争取政府部门的指导与支持，要把承接政府任务、工作、课题作为政治上获得信任的标志，在经费、人员上予以保证。二要发挥平台优势。围绕企业、企业家的需求打造服务平台，培育集聚企业等各方力量的资源池，逐步形成目标清晰、模式有效、企业为主、社会认可的新项目。三要发挥组织优势。加强与全国各级企联组织的信息沟通与工作联系，营造企联组织相互支持的良好氛围，形成做好企联工作的有效路径和重要方法。

第六，把握核心，强基固本。中国社会组织最本质的特征就是中国共产党领导，这也是中国企联的优势与力量所在。面对疫情挑战与工作要求，在王忠禹会长的直接指导下，中国企联成立党委并按照国务院国资委党委领导和党建局要求，自觉在思想上政治上行动上同以习近平同志为核心的党中央保持高度一致，不断提高政治判断力、政治领悟力、政治执行力。进入新阶段，中国企联党委将带领企联全体党员和干部职工，把认真学习宣传贯彻党的二十大精神放在首位，全面加强党的建设，巩固巡视整改成果，落实党中央"疫情要防住、经济要稳住、发展要安全"的明确要求，全面夯实企联党建基础，做好各项工作。

中国企联的同志们要按照国务院国资委党委部署，立足我国改革发展、党的建设实际，坚持学思用贯通、知信行统一，把党的二十大精神落实到企联工作发展各方面，体现到做好 2023 年各项工作和安排好今后工作之中，使企联各项工作更好体现时代性、把握规律性、富于创造性，务必不忘初心、牢记使命，务必谦虚谨慎、艰苦奋斗，务必敢于斗争、善于斗争，开创中国企联发展新局面。

（2023 年 1 月）

# 世界一流企业

# 抓住新机遇　实现可持续发展

北京的冬天寒风凛冽，但丝毫不能影响各界代表关注可持续发展的热情。今天，我们隆重举行以"新格局 新发展 新动能"为主题的"2020实现可持续发展目标中国企业峰会"，就是要面对国际国内由新冠疫情造成的复杂局面，探讨中国企业界如何贯彻新发展理念，战胜困难，迎接挑战，推动实现高质量发展，为联合国可持续发展目标做出贡献。

我们每一个人都深切感受到，新冠疫情全球大流行，正在推动世界百年未有之大变局加速演进。一方面，世界经济深度衰退，全球产业链、供应链遭受冲击，单边主义、保护主义、霸凌行径上升，经济全球化遭遇逆流。另一方面，人类命运休戚与共，各国利益紧密相连，世界是不可分割的命运共同体。无论是赢得全球抗疫最终胜利，还是推动世界经济复苏，国际社会必须团结协作，共同应对危机考验。

2030年可持续发展议程作为世界各国领导人于2015年通过的一项重要协议，提供了人类共同愿景和实现可持续发展之路。其确立的17个目标已成为全球经济社会可持续发展的共同目标，也与我国"创新、协调、绿色、开放、共享"的新发展理念高度契合。在新冠疫情依然给世界带来严峻挑战的当下，我们应该积极践行人类命运共同体的理念，共同建立更具抵御力、更加平等、包容和可持续的经济和社会，以此应对新冠疫情大流行、气候变化和其他全球性挑战，推进2030可持续发展目标的实现。

在应对全球挑战，实现可持续发展过程中，企业界发挥了关键作用。全球契约中国网络一直致力于推动更多的中国企业了解联合国可持续发展目标的内容和内涵，抓住全球可持续发展议程带来的新机遇，成为可持续发展的创新者、引领者和贡献者。肩负这样的使命，全球契约中国网络每年举办实现可持续发展目标中国企业峰会，为企业搭建学习和交流的平台，发布重大议题的项目信息、研究成果，并对企业的优秀实践和先锋人物给予认可。

面临世界百年未有之大变局，在建立以国内大循环为主体、国内国际双循环相互促进的新发展格局的战略部署下，我想对企业的可持续发展提出如下建议：

一是坚持科技引领，创新发展。创新是引领发展的第一动力，科技是战胜困难的有力武器。企业是技术创新中的主体之一，也是创新要素集成、科技成果转化的生力军。在各类创新要素中，一定要把企业的数字化转型放在重要的位置上，要把"数字化、网络化、智能化"切实转化为企业的核心竞争力和市场价值，延伸到实实在在的产品和服务上面，为可持续发展难题提供创新解决方案，全面提升企业管理水平。

二是坚持以人为本，共享发展。人才是企业发展的核心资源。广大企业要通过平等就业、规范用工和体面劳动打造和谐劳动关系，在此基础上积极培育各类企业人才，助力全面、可持续发展。同时，也要通过与供应链商业伙伴和社会各利益相关方的全方位合作，在可持续的经济与社会价值创造中实现共识、共生、共创与共享。

三是坚持环境友好，绿色发展。在参加第七十五届联大会议时，习近平主席表示，中国将提高国家自主贡献力度，采取更加有力的政策和措施，二氧化碳排放力争于2030年前达到峰值，2060年前实现碳中和，为实现应对气候变化《巴黎协定》确定的目标做出更大努力和贡献。广大企业要加大对绿色产业投入，推进资源合理开发和循环利用，加强制造业和服务业的绿色运营管理，倡导绿色消费与生活，积极开展向更加绿色和低碳的商业模式转型，建设美丽中国、绿色中国。

四是坚持诚经营，合规发展。2020年实施的《优化营商环境条例》中明确指出，包括企业在内的市场主体，"应当遵守法律法规，恪守社会公德和商业道德，诚实守信、公平竞争，履行安全、质量、劳动者权益保护、消费者权益保护等方面的法定义务，在国际经贸活动中遵循国际通行规则"。企业要牢牢树立合规意识、培育合规文化、健全合规制度、强化合规职责、识别合规风险、完善合规机制、推进合规管理、实现合规运营，全面推进依法治企、诚信兴商，为企业可持续发展夯实基础。

五是坚持国际视野，开放发展。中国经济繁荣和企业发展正面临加快构建以国内大循环为主体，国内国际双循环相互促进的新格局。当前尤其需要克服少数霸凌国家和追随者造成的巨大阻力，坚定企业信念，坚持朝着更加开放、包容、普惠、平衡、共赢的方向发展。企业要积极响应国家"一带一路"倡议，不断拓宽全球化格局和视野，与国际各利益相关方积极开展对话合作，共同打造公平、可持续的全球供应链和互利共赢的全球商业合作模式。

全球契约中国网络作为联合国全球契约组织在中国的地方网络将继续进一步发挥平台优势，充分借助联合国和可持续发展领域各方力量和资源，推动国内外企业的交流与合作，协助企业在实现可持续发展过程中发现新的商机，宣传推广中国企业可持续发展优秀实践，展示中国企业对中国和全球可持续发展的贡献，为可持续发展目标的达成贡献中国智慧和力量。

我们愿意与众多合作伙伴一起，共同推动可持续发展成为越来越多中国企业的发展理念和自觉行动，助力更多中国企业实现高质量发展，成长为世界一流企业。

（在"2020 实现可持续发展目标中国企业峰会"
上的讲话，2020 年 12 月）

# 服务构建新发展格局　　建设世界一流企业

时值岁末，我们齐聚在浦江之滨，在中国近代工业发祥之地江南造船公司出席管理创新经验推广交流现场会，佐证中国造船工业的崛起历程，有着特殊的意义。

自 2017 年以来，中国企业联合会贯彻落实中共中央、国务院《关于深化体制机制改革加快实施创新驱动发展战略的若干意见》《关于营造企业家健康成长环境弘扬优秀企业家精神更好发挥企业家作用的意见》精神，深入落实工业和信息化部、国家发展改革委等 11 部委《关于引导企业创新管理提质增效的指导意见》要求，根据"工业和信息化部产业政策司委托向企业送管理系列活动"的部署安排，于 2017 年 10 月至 2019 年 12 月，先后在海尔集团、中车株机、国家电网、徐工集团、航天科工、北京三元、小米、吉林化纤、中国电科、合肥荣事达等管理标杆企业，就"人单合一"模式、精益制造、数字化应用、标准化建设、创新创业、国际化发展、食品质量安全、互联网生态圈等管理创新经验，组织召开了 10 次推广交流现场会，来自全国各类企业共 2000 余人参加了交流活动。参会代表普遍反映，现场会交流的管理创新经验主题鲜明、内容丰富，对于落实国家创新驱动发展战略，弘扬企业家精神，激发企业家创新活力和创造潜能，提升企业管理水平，是不可多得的学习机会。

江南造船（集团）有限责任公司（以下简称江南造船）隶属于中国船舶工业集团有限公司，前身是 1865 年清朝创办的江南机器制造总局，是国家特大型骨干企业和国家重点军工企业。作为"中国第一厂"，江南造船堪称中国近代工业发展的里程碑。船厂历经沧桑，兴衰起伏，成为民族工业和军事工业的发祥地、产业工人的摇篮、中国共产党早期革命的播火地、改革开放的先驱。150 多年来，江南造船创造了无数个中国第一，不仅有中国第一炉钢、第一门钢炮、第一艘铁甲兵轮，还有中国第一艘潜艇……改革开放以来，更是焕发出新的活力,创造了我国第一批出口船、最新国产万吨级大型驱逐舰、全球最大级别集装箱船、我国首艘自主建造的极地科考破冰船"雪龙2"号等,用过硬的技术和精湛的管理,向世界展现了"中国造船"的形象。特别是近年来,江南造船公司遵循国资委要求,在中国船舶集团带领下,通过开展管理提升专项行动,完善管理创新体制机制,将新方法、新手段、新模式融入企业管理的各个环节,激发员工潜力,成绩斐然。近3年来通过全员开展管理创新实践、总结管理创新经验,全公司先后获得全国企业管理现代化创新成果一等奖3项,二等奖7项,成为以提升管理水平、促进高质量发展的标兵。

有鉴于此,我们今天选择在这里召开江南造船公司管理创新现场会,希望广大企业和企业家学习和借鉴江南造船管理创新的成功经验和务实做法,带着问题学,结合实际学,努力创造符合自身实际的管理新模式。借此机会,结合会议主题谈几点意见,供大家参考。

## 一、着力服务新发展格局,开创企业管理创新的新局面

当前,世界正处于百年未有之大变局。全球新冠疫情持续恶化,世界经济深度衰退,中美贸易摩擦不断升级,经济全球化遭遇逆流,保护主义和单边主义盛行,全球产业格局加快重构,新一轮科技革命和产业变革加速演进,不确定、不稳定因素显著增多,我国发展面临前所未有的机遇与挑战。党的十九届五中全会就"十四五"规划和二〇三五年远景目标提出"形成强大国内市场,构建新发展格局",对构建以国内大循环为主体、国内国际双循环相互促进的新发展格局做出重要战略部署,为推动高质量发展指明了方向,使企业加强管理找准了定位。我们要深入贯彻落实党的十九届五中全会精神,把思想和行动统一到中央决策部署上,推动管理创新迈上新台阶。

一是把握大局更新理念,提升对管理创新的认识。要高度强调做好企业战略管理的重要性,统筹规划企业"十四五"时期的发展战略和目标任务,坚持以高质量发展为方向,积极融入新发展格局,勇于挑最重的担子、啃最硬的骨头,在危机中育先机,于变局中开新局,主动作为、争做贡献、取得实效。

二是把握重点抓住机会,开展对管理创新的应用。要立足国内大循环、

畅通国内国际双循环，形成企业经营管理的全新视角和布局调整，以全球视野参与价值链重构。以管理变革促进企业梳理发展重点，深度融入国家重大工程建设，拓展国内外市场，延伸产业链，稳定供应链，提升创新链，畅通物流链，为落实"六稳""六保"、实现企业高质量发展做出贡献。

三是把握挑战抓住机遇，给予对管理创新的重视。要以新发展理念指引企业全面加强管理。对标世界一流企业，通过国内、国际对标，选树先进标杆，瞄准同行业一流企业找差距、锻长板、补短板、强弱项。努力创新管理模式、管理机制、管理方法，推动企业练好内功，大力发展新业态、新技术、新产品，实现质量更好、效益更高、竞争力更强、影响力更大的发展。

## 二、着力推进数字化转型，拓展企业管理创新的新内容

当前，云计算、大数据、区块链、人工智能、移动互联网等基础性信息技术和前沿热点通信技术加快迭代演进，深度融入经济社会各个领域，不断迸发创新活力，数字经济正在成为全球产业变革和经济增长的核心内容。加速推进数字化转型，提升管理软实力，已经成为企业谋求竞争新优势的重要手段，也是企业当下摆脱新冠疫情影响、实现高质量发展的必然选择。

江南造船积极推进数字化转型，以船舶业务流程为主线，以数字模型作为连接设计和制造的桥梁，告别了传统的"三维建模，二维图纸"传递方式，设计人员、生产人员和管理人员以数字模型作为统一交流的语言，从而实现了以二维图纸为中心的研制模式向以三维模型为核心的方式转变，逐步建立适应于船舶建造的数字化技术体系，从源头上提升了设计质量、增强了用户体验，推动了船舶设计、制造模式变革。江南造船经验带来三点有益的启示。

一是强化应用数字化技术，实现技术创新与管理创新协同发展。面对新一轮科技革命和产业变革所带来的历史性机遇，企业要打破工业时代的惯性发展思维，以互联网+思维、生态化思维、开放共创共享思维和数字化思维，加快5G、数据中心、人工智能、云计算、物联网、工业互联网等数字化技术的应用，强化自主技术创新，消除"卡脖子"环节和"技术孤岛"，打破人、

机、物和服务的边界，开展"云办公""线上经营""智能制造""无接触生产"。同时，积极探索数字经济时代的新管理模式，推进技术创新与管理创新的协同、递进式互动发展。

二是强化数据管理，实现基于数据智能的实时连续决策。伴随数据算法、泛在智能等逐渐应用于生产场景，企业要加强数据规划和管理，增强网络集成、数据分析等数字化连接能力，打通"数据孤岛"，高效挖掘和释放数据价值，拓展业务场景，以数据流带动和集成优化人才流、资金流、技术流和物流，让数据在企业生产全过程、业务全环节实现融通，让算法决策内嵌在管理流程之中，最终实现基于数据智能作为核心驱动力的云端实时连续决策，提升资源配置能力和全要素生产率。

三是强化流程与组织重构，实现平台化发展。新基建引领的 5G 网络、云计算、产业互联网等发展，赋予企业内外万物互联的连接能力和信息穿透能力，平台规则取代科层规则，资本互联变为生态互联，灵活用工同步正规就业，参与式管理越来越成为常态。企业管理要着眼战略发展，以数字化为引领，推动整体性改变、全方位赋能、革命性重塑。要加强数据、技术、流程和组织的持续优化和互动创新，大力开展业务再造、流程再造、组织再造、管理再造和服务再造。要推动组织结构从科层组织向分布化、弹性化、平台化、无边界的网络组织转变，并逐渐打造形成以连接为首要、交互为基本、数据为资源、算法为核心、平台为基础的数字生态有机体。

### 三、着力创新企业文化，激活企业管理创新的新动能

企业文化融汇了企业的历史积淀和岁月印记，不仅是企业的灵魂，也是企业生存和发展的内生动力。企业文化创新要在继承、借鉴成功经验的基础上，融入新的发展理念，塑造出新的企业文化。江南造船在长期的发展过程中，造船育人、育文化，强化文化创新，形成了"爱国奉献、求实创新、自强不息、打造一流"的江南精神和江南文化，成为企业发展的不竭动力。

正是几代"江南人"弘扬"江南精神"，"讲百年信誉、造一流舰船"，践行军工报国，舍小家、顾大家，齐心协力、团结奋斗，方才实现了生产组织和

管理模式的科学转变，方才造出一艘艘中国战舰走向深蓝。

同时，江南造船也为我国船舶工业打造技术人才队伍和培养新时期船舶产业工人，摸索出一条可行之路。如推行校企一体，对口培养技术工人，学历证书与职业资格证书"双证融通"，构建"一条主线，四个递进"阶梯式多层次培训体系，大力推行师徒帮带机制，建立多个技能大师工作室，把职工技能与岗位竞聘、工资晋级、职称评定、评先选优等挂钩，建立培养、考评、使用、待遇相结合的管理制度，打造形成"学习知识、钻研技术、提高技能、激励发展、不断创新"的良好氛围。值得广大企业学习和借鉴的这些做法可以归纳为以下几点。

一是把企业文化创新与企业创新发展相结合。文化创新要融入技术创新、管理创新和制度创新，贯彻到企业生产经营管理的各个环节，做到坚守诚信底线、坚持质量标准、坚持安全生产，积极履行社会责任，以品质、诚信、责任赢得市场。

二是把企业文化创新与弘扬企业家精神相结合。要大力弘扬企业家精神和工匠精神，发挥企业家作用，强化理念创新，善于营造创新氛围，鼓励员工敢想、敢说、敢为，增强创新意识，营造良好的创新氛围。

三是把企业文化创新与人才开发相结合。要强化以人为本的理念，注重全员培训教育，建立健全激励和约束机制，增强员工工作的积极性和主动性，打造一支敢为人先的人才队伍。

管理是企业永恒的主题，创新是现代企业进步的原动力，江南造船公司的管理创新经验弥足珍贵。我们要坚持以习近平新时代中国特色社会主义思想为指导，从这次现场会中对标寻找差距，加快推进企业管理创新步伐，加快培育具有全球竞争力的世界一流企业，努力开创企业高质量发展的新局面，为全面建设社会主义现代化国家、实现第二个百年奋斗目标做出新的更大的贡献。

（在江南造船公司管理创新经验推广交流现场会上的讲话，2020年12月）

# 加强中日企业务实合作　实现共同发展

冬尽今宵促，年开明日长，又是一年即将悄然走过。在此辞旧迎新之际，中国国际青年交流中心主办的"亮马丝路"国际讲堂正式启动。我也很高兴能借此机会与广大企业家朋友就中日企业加强合作，实现共同发展进行交流。

当今世界正在经历百年未有之大变局。国际和地区形势继续复杂深刻演变，新冠疫情仍在起伏反复，世界经济复苏道路曲折。全球产业链供应链紊乱、大宗商品价格持续上涨、能源供应紧张等风险相互交织，加剧了经济复苏进程的不确定性，也加剧了各国可持续发展面临的挑战。《联合国可持续发展议程》确定的 17 个可持续发展目标的实现受到影响，部分目标的进程出现倒退。

无论世界风云如何变幻，发展是人类社会的永恒追求。中日两国同为世界主要经济体，互为重要经贸合作伙伴。2020 年双边贸易总额达 3175.3 亿美元，日本累计在华实际投资超过 1100 亿美元，在中国利用外资总额国别排名中居首位。加深两国经贸及产业领域的合作将维护区域经济和产业链供应链稳定，缓解单边主义及逆全球化对区域经济发展造成的负面影响，加快疫情后经济复苏，有利于全球发展进程。

## 一、看清发展新态势，夯实合作基础

2021 年，中国全面建成小康社会，经济发展和疫情防控双双保持全球领先地位，就业形势总体稳定，居民消费价格总水平稳定，国际收支好于预期，结构调整扎实推进，民生事业持续改善，国民经济总体运行在合理区间。国际社会对中国经济增长前景也具有信心。国际货币基金组织在最新的世界经济展望报告中预测 2022 年全球 GDP 增长率将在 4.89%，中国经济增速则在 5.6%。

世界银行最新的《全球经济展望》报告预计2022年全球GDP增长4.1%，中国经济增速则在5.1%。

**（一）主要宏观指标处于合理区间**

从增长来看，2021年，中国国内生产总值比上年增长8.1%，经济增速在全球主要经济体中名列前茅；经济总量按年平均汇率折算，达17.7万亿美元，稳居世界第二，占全球经济的比重预计超过18%。人均国内生产总值按年平均汇率折算，突破了1.2万美元。居民收入增长与经济增长基本同步。

从就业来看，2021年，城镇新增就业1269万人，达到了1100万人以上的预期目标；全国城镇调查失业率平均为5.1%，低于5.5%左右的预期目标。

从物价来看，消费价格温和上涨。2021年居民消费价格比上年上涨0.9%，低于3%左右的预期目标。

从投资来看，2021年，固定资产投资规模超过50万亿元，增长4.9%。制造业投资比上年增长13.5%，两年平均增长4.8%，比全部投资高0.9个百分点。社会领域投资比上年增长10.7%，增速比全部投资高5.8个百分点。

从利用外资来看，2021年，实际使用外资金额11493.6亿元人民币，同比增长14.9%，规模再创历史新高。特别是，高技术产业实际使用外资同比增长17.1%，其中高技术制造业增长10.7%，高技术服务业增长19.2%。

从进出口来看，外贸外资快速增长，对外开放不断扩大。2021年货物进出口总额39.1万亿元，比上年增长21.4%，两年平均增长11.3%；按美元计价，我国贸易规模达6.05万亿美元，占世界市场份额继续提升。一般贸易进出口额占进出口总额比重达61.6%，比上年提高1.6个百分点。

**（二）行业企业持续恢复发展**

2021年全国规模以上增加值同比增长9.6%，两年平均值达到6.1%，高于2019年疫情前的水平；特别是制造业增加值同比增加9.8%，两年平均增长6.6%。全年工业产能利用率为77.5%，比上一年提高3个百分点。

41个工业大类行业中39个保持增长，有15个行业增速超过两位数。装备制造业增加值同比增长 12.9%，两年平均增长 9.7%，对整体工业增长的贡献率超过四成。在抗疫物资需求拉动下，医药制造业增加值同比大幅增长 24.8%。

数字经济发展进入了快车道。表现在关键核心技术领域取得了一系列突破，5G 移动通信技术、设备和应用全球领先，集成电路、软件方面，也取得了标志性成果。新型信息基础设施建设加快，建成了全球规模最大的光纤网络和 5G 网络，5G 基站已经开通了 142.5 万个。制造业数字化也在加快。智能制造装备产业快速发展，去年规上工业机器人同比增长达到了 30.8%，3D 打印装备同比增长了 27.7%。

虽然新冠疫情对中小企业发展造成较大影响，但一系列助企纾困、激发活力的政策措施的推出，进一步保护和激发市场主体的活力，健全防范和化解拖欠中小企业账款的长效机制建立，减税降费、普惠金融等政策利好不断释放，取得良好效果。规上工业中小企业的营业收入和利润总额分别增长了 20.7% 和 28.2%，两年平均分别增长 9.8% 和 17.1%。一大批"专精特新"、创业创新型中小企业快速发展。目前，全国"专精特新"企业已有 4 万多家，"小巨人"企业达到 4762 家，制造业单项冠军企业达到 848 家，成为所在细分行业领域的标杆型企业。

### （三）消费市场潜力巨大

从全球最大的劳动力市场到全世界最大的消费市场，中国诞生了全世界最大的新消费群体，超过 4 亿人的中等收入群体，数量居世界第一，且仍在持续增长。数据显示，2021 年全国居民人均可支配收入 3.5 万元，比上年实际增长 8.1%；全国居民人均消费支出 2.4 万元，实际增长 12.6%，消费潜力仍在持续释放。到 2030 年，中国进口规模将超过 22 万亿美元，这对全世界都是非常大的吸引力，也是中国市场消费潜力所在。根据麦肯锡发布的最新研究《未来十年塑造中国消费增长的五大趋势》，按照购买力平价（PPP）计算，中国或将会成为全球最大的消费经济体。未来十年，中国对于消费增长的贡献继续居于全球领先地位，全球约有四分之一的消费增长将来自中国。

## （四）经济增长方向明确

《中华人民共和国国民经济和社会发展第十四个五年规划和 2035 年远景目标纲要》（简称《纲要》）为中国发展指明了方向，中国的经济发展将更加注重结构优化和质量效益，更加强调科技创新和研发投入，规定了更为具体的要求和目标。产业数字化加速推进，数字经济和实体经济深度融合，数字经济作为中国经济高质量发展的新引擎，将会催生出多种新业态、新模式和新产业。绿色经济、绿色能源将加快发展，我国将构建起清洁、高效、安全的能源体系，完善能源消费总量和强度双控制度。城乡、区域协调发展，促进共同富裕举措，都将释放出巨大的消费潜力。

## 二、抓住发展新机遇，丰富合作成果

中国政府长期坚持以开放为导向，持续打造市场化法治化国际化营商环境，让中国始终成为外商投资的"沃土"，让外商更容易分享中国超大的国内市场，共享经济繁荣。

### （一）中国市场进一步开放

坚持对外开放是中国的基本国策，多年来，中国积极践行自由贸易理念，大幅开放市场，实现更广互利共赢，不仅发展了自己，而且造福了世界。"十四五"期间，中国将持续优化利用外资结构，实现外商投资产业结构更加优化，高新技术产业、战新产业、现代服务业等吸引外商投资水平明显提高，构建起更高水平开放型经济新体制、实现新一轮更高水平对外开放。

《中华人民共和国国民经济和社会发展第十四个五年规划和 2035 年远景目标纲要》提出，全面提高对外开放水平，推进贸易和投资自由化便利化，持续深化商品和要素流动型开放，稳步拓展规则、规制、管理、标准等制度型开放。新时代外资领域的开放宣言《"十四五"利用外资发展规划》（简称《规划》）从推进更高水平对外开放、优化利用外资结构、强化开放平台功能、提升外商投资促进服务水平、完善外商投资管理体制、优化外商投资环境、促进国际投资自由化便利化等 7 个方面，明确了 23 项重点任务。《规划》还明确，到 2025 年实现 5 年累计吸收外商直接投资达到 7000 亿美元，其中高技术产业吸收外资占比为 30%，自贸区港吸收外资占比达到 19% 左右。

"十四五"时期，随着中国坚持实施更大范围、更宽领域、更深层次的对外开放，营商环境持续优化，再加上产业体系完整、基础设施完善，中国将为外资企业创造更广阔的发展平台、更完善的市场环境，外资企业应积极抓住中国开放的大市场和发展机遇，实现更多互利共赢。

### （二）政策体系进一步完善

随着中国制度型对外开放体系越来越完善，外商投资来去越来越自由便利，内外资企业一视同仁、公平竞争的市场环境逐步建立。优化的市场环境，公平竞争、充满活力的投资氛围，进一步推动外资企业与中国本土经济相互融合。近年来，中国政府进一步出台了一系列促进外资发展政策措施，从投资自由、投资便利、投资促进、投资保护、投资平台、投资布局 6 个方面，构建了新时代吸收外资政策新体系。

2020 年实施的《中华人民共和国外商投资法》及实施条例是由商品和要素流动型开放向制度型开放转变的一个重要体现，显示了中国推动建设开放型世界经济的决心与行动，为外资企业合法权益提供了更坚实保障。为了积极促进外商投资，《中华人民共和国外商投资法》规定，国家坚持对外开放的基本国策，鼓励外国投资者依法在中国境内投资；国家实行高水平投资自由化便利化政策，建立和完善外商投资促进机制，营造稳定、透明、可预期和公平竞争的市场环境。设"投资促进"专章，提高了外商投资政策的透明度，保障外商投资企业平等参与市场竞争，加强外商投资服务，依法依规鼓励和引导外商投资。设"投资保护"专章，加强了对外商投资企业的产权保护，强化对制定涉及外商投资规范性文件的约束，促使地方政府守约践诺，建立外商投资企业投诉工作机制。

《鼓励外商投资产业目录（2020 年版）》修订后的总条目 1235 条，比 2019 年版增加 127 条，增幅超过 10%，修改 88 条。新增投资领域既包括高端制造、新材料、绿色环保等前沿领域，也包括现代物流、信息服务等民生领域。

根据鼓励目录，外资企业不仅可以投资更多领域，而且能享受一系列优惠政策。目录的发布体现了中国对外资参与制造业高质量发展和生产性服务业的重视，使外国服务型企业有了更多发展机遇。

### （三）便利措施进一步实施

为更好地服务企业，营造效率更高、流程更优、服务更好的企业发展环境，各有关部门积极推动创新服务，多措并举，为企业开展经贸活动提供便利。

海关总署加快推广"经认证的经营者"（AEO）国际互认合作，助力企业在更大范围享受便利。截至目前，中国共与欧盟、新加坡等 21 个经济体签署了 AEO 互认协议，涵盖了 47 个国家（地区），互认国家（地区）总数居全球首位。其中，共建"一带一路"国家 31 个，《区域全面经济伙伴关系协定》（RCEP）成员国 5 个，中东欧国家 13 个。中国的 AEO 企业出口到互认国家（地区）的货物，能够直接享受当地海关实施的减少查验、优先办理、指定联络员服务、非常时期优先通关等便利措施，有效降低贸易成本，增强企业活力。

各地还出台适当措施，进一步提高外商投资便利化水平。这些措施普遍注重服务外资企业的功能提升、注重回应外资企业关切、注重引资与引智引才相结合、注重优化外商生活服务、注重优化外企发展环境和权益保护。多地大幅简化核准材料，全面实施告知性备案，并且通过"一网通办"等平台实现数据互认共享的文件，避免重复提供。加大重大外资项目协调服务力度，畅通政府和企业沟通渠道，做到精准施策，持续发力。积极开展外资企业和外资项目走访活动，建立诉求响应机制。

### （四）RCEP 提供更多机遇

多年来，中国一直是 RCEP 的积极参与者和推动者。经过区内各国共同努力，RCEP 于 2022 年 1 月 1 日正式生效实施。这是亚太地区规模最大、最重要的自由贸易协定谈判，将覆盖世界近一半人口和近三分之一贸易量，成为世界上涵盖人口最多、成员构成最多元、发展最具活力的自由贸易区。到 2030 年，RCEP 有望带动成员国出口净增加 5190 亿美元，国民收入净增加

1860 亿美元。RCEP 生效后，中国近 30% 出口可以实现零关税待遇，涵盖中国 1.4 万亿美元的贸易额。对世界经济而言，RCEP 无疑将为饱受冲击的亚太及世界经济注入丰沛动能，为促进区域经济一体化、推动地区和全球经济增长带来新的机遇，有助于促进区域经济要素自由流动、推动贸易投资扩容升级、维护产业链供应链安全稳定。

中国政府鼓励各地紧抓 RCEP 战略机遇，将利好政策逐层下放，确保惠及各级市场主体的导向。持续推进货物贸易、服务贸易、投资、自然人移动等领域开放，推进在贸易投资自由化便利化、知识产权保护、贸易救济、电子商务、政府采购、中小企业和经济技术合作等方面实行更高标准规则。在关税减让、海关程序简化、原产地规则技术准备、产品标准统一和互认等方面，积极制定实施协定的措施。落实知识产权全面保护承诺，将著作权、商标、地理标志、专利、遗传资源等全部纳入保护范围。落实电子认证和签名、在线个人信息保护、网络安全、跨境电子方式信息传输等条款。至 2021 年 11 月，涉及服务开放、投资保护、贸易便利化、知识产权保护、电子商务等领域的共 701 条约束性义务，各主管部门已经做好了履约准备。

### 三、顺应发展新期待，实现合作共赢

中国和日本是一衣带水的近邻，互为重要经贸合作伙伴，两国利益高度交融。两国高水平的经济往来，显示了双方在经济领域存在的互补性和价值链分工的韧性，双方的经贸往来不仅给两国带来了巨大的经济利益，也发挥了全球贸易稳定器的作用。借此机会，我提四点建议。

#### （一）着力破解难题，促进可持续发展

发展是实现人民幸福的关键，是解决一切问题的总钥匙。在当前国际发展事业面临何去何从的十字路口的关键时刻，为对接联合国《2030 年可持续发展议程》，推动全球共同发展，习近平主席秉持"人类命运共同体"理念，在 2021 年联合国大会上提出"全球发展倡议"这一面向全世界开放的公共产品，呼吁国际社会加快落实《2030 年可持续发展议程》，构建全球发展命运共

同体。这一重大倡议为各国发展和国际发展合作擘画了蓝图，也为企业间的国际合作指明了方向。

"全球发展倡议"呼应了世界各国人民追求更美好生活强烈愿望，旨在以增进人民福祉、实现人的全面发展为出发点和落脚点，推动全球迈向平衡协调包容的"新发展阶段"，把减贫、粮食安全、抗疫和疫苗、发展筹资、气候变化和绿色发展、工业化、数字经济、互联互通作为重点合作领域，为推动实现更加强劲、绿色、健康的全球发展注入了新动力。

大家一起发展才是真发展，可持续发展才是好发展。在实现可持续发展过程中，企业应发挥积极作用，贡献更加平等均衡的全球发展伙伴关系；不断增强员工的幸福感、获得感、安全感，促进人的全面发展；挖掘疫后经济增长新动能，携手实现跨越发展；积极应对气候变化，加快绿色低碳转型，实现绿色复苏发展；加大资源投入，助力联合国可持续发展目标实现，贡献构建全球发展命运共同体。

### （二）着力"双碳"目标，促进绿色发展

坚持绿色发展是推动经济行稳致远的前进方向。中国正在积极贯彻新发展理念，坚持走生态优先、绿色低碳的发展道路，建立健全绿色经济体系，实现"碳达峰、碳中和"目标，成为世界环保事业的新生领军力量。中共中央 国务院2021年10月下旬发布的《关于完整准确全面贯彻新发展理念做好碳达峰碳中和工作的意见》及《2030年前碳达峰行动方案》，确立了我国碳达峰碳中和"1+N"政策体系纲领文件。12月初，工业和信息化部印发的《"十四五"工业绿色发展规划》提出了"工业产业结构、生产方式绿色低碳转型取得显著成效，绿色低碳技术装备广泛应用，能源资源利用效率大幅提高，绿色制造水平全面提升"的目标。

日本在节能环保、绿色循环经济和高科技等领域具有先进技术和丰富经验，两国企业可以发挥各自优势，抓住在新能源、氢能、风电、绿色基础设施及绿色金融等领域的新机遇，在中高端、智能制造方面进行深度融合，共同寻求绿色发展，在大力推广余热发电、废弃物综合利用、减少二氧化碳排放和能源消耗、发展新能源产业等方面进行广泛的合作，加强技术、资源、市场优势

互补，实现绿色技术与市场资源的有机结合，不断把"现实需求"转化为"实际成果"，造福两国人民。

### （三）着力数字转型，促进创新发展

数字化转型正成为各国经济发展和产业革新的动力源泉，创新是引领发展的第一动力。中国积极推动制造业向数字化、智能化转型，通过新技术改造提升传统产业，发展新兴产业。通过推动互联网、大数据、人工智能和实体经济深度融合，提高中国制造的质量和效率，向全球提供更高品质的产品和服务。加快信息通信、云计算、数据中心等数字基础设施建设，拓展与其他国家数字贸易等新领域合作，培育新的增长点、形成新动能。

《纲要》首次以专篇形式部署"加快数字化发展建设数字中国"，提出要"迎接数字时代，激活数据要素潜能，加快建设数字经济、数字社会、数字政府，以数字化转型整体驱动生产方式、生活方式和治理方式变革"。这是今后五年以至更长时期我国经济社会数字化发展的行动指南，为广大企业推进数字化、网络化、智能化转型指明了方向。

数字化转型是新时代实现两国更高水平互利合作的发展方向，也是助推两国经济发展的关键领域，更是造福全球、泽被后世的有益举措。日本和中国的企业创新模式和产业创新体系都有很强的互补性，市场潜力和发展空间巨大。日本企业可以发挥在高端制造、智能制造、生物技术等方面的优势，加强与中国企业在人工智能技术、新材料技术等前沿科技领域的交流，加大在跨境电商、"互联网+"、物联网、电子商务等新兴领域的务实合作。中日两国都已进入老龄化社会，智慧养老等面向老年人的数字化服务正在兴起，日本在医疗健康、养老产业与设备制造、人才培训和管理等方面丰富的技术和经验可以运用到中国庞大的市场中。

### （四）着力合作共赢，促进全面发展

中日经贸合作为两国经济的发展和人民带来了实实在在的利益，已经形成"全方位、宽领域、多层次"的合作格局，成为中日关系的"压舱石"和"推进器"。不断深化的中日贸易、投资、技术合作关系对两国发展具有积极

意义，中日企业多领域合作潜力巨大。

中国服务贸易快速发展，空间广阔、潜力巨大、大有可为。随着中国经济持续稳定发展，人均收入不断提高，医疗养老、教育培训、文化娱乐、旅游物流、共享经济等多样性服务，成为新的热点消费需求。中国正在大力实施乡村振兴，日本则在智慧农业、食品安全等领域有着丰富的经验。双方可探讨在农业投资、贸易、动植物检疫、跨国经营、生物育种、生态环保、观光农业及农机装备、农产品加工及储运等领域的合作。

除了在中国市场的合作，中日企业还应该积极推进第三方市场合作。通过这种形式的合作，可以将中国多年来形成的制造业优势与发达国家的技术优势结合起来，为第三国提供高质量、高水准的产品和服务，最终实现多方共赢的目标。中日两国开展第三方市场合作，可帮助发展中国家获得更高性价比的装备与工业生产线，推动技术、管理人才的培养，满足这些国家发展的需求，提升本国经济社会发展水平。中日两国企业可以发挥各自优势，实现风险共担、利益共享，联手在国际市场占据更多份额，最终实现多方共赢的结果。

中国企业联合会、中国企业家协会作为伴随改革开放发展起来的全国性企业组织，积极发挥企业与政府之间的桥梁纽带作用。多年来，中国企业联合会积极同包括日本经团联与日中经济协会在内的日本企业团体友好交往，携手并肩，共同推动两国产业界和学术界开展多层次的交流与合作。组织中日企业管理讨论会，深入研讨两国企业经营管理中的热点问题，推动中日企业管理水平提升实现可持续发展。青年企业家是企业家队伍中充满生机和活力的群体，是推动国家经济发展的重要支撑力量。中国国际青年交流中心长期致力于增加包括企业家在内的中外青年之间的相互了解和务实合作。中国企联愿与中国国际青年交流中心齐心协力，发挥在企业界和青年中的影响力和号召力，与广大企业和青年企业家们携手共进，推动中日经贸合作的进一步深入。

一是搭建活动平台，促进交流合作。以中国500强企业高峰论坛、中国企业家年会、全国企业管理创新大会为平台，汇聚政府、企业和企业家各方资源，促进沟通交流，对接合作需求。二是发挥专业优势，赋能企业发展。以智慧企业推进委员会、维护企业和企业家合法权益工作委员会、工业和信息化成果转化联盟等专业机构为核心，积极搭建政产学研平台，提供专业服务。三是开展特色活动，服务企业需求。以健康中国企业行动、联合国全球契约中国网络交流活动、企业现场会等活动为抓手，针对企业特定需求，开展支持企业的活动。

（在"亮马丝路"国际讲堂启动仪式上的主旨演讲，2022年1月）

# 迈步中国式现代化道路　加快企业高质量发展努力建设世界一流企业

中国共产党的第二十次全国代表大会是在迈上全面建设社会主义现代化国家新征程、向第二个百年奋斗目标进军的关键时刻召开的一次十分重要的大会。大会对全面建成社会主义现代化强国两步走战略安排进行宏观展望，科学谋划未来5年乃至更长时期党和国家事业发展的目标任务和大政方针。中共中央专门做出了《关于认真学习宣传贯彻党的二十大精神的决定》，对全党学习党的二十大精神做了全面、系统的部署。对于中国企业和企业家群体来说，要把深入学习宣传贯彻党的二十大精神，特别是习近平总书记的报告作为重中之重的大事抓好，进一步深刻理解中国式现代化，把握宏观大势和战略机遇，积极推动发展，深化与各方合作，拓展业务，稳健经营，在已有基础上实现携手共赢，为中国企业高质量发展赋能，为中国经济和社会发展助力，为人类命运共同体的构建和全球可持续发展做出贡献。

## 一、对中国式现代化道路的几点认识

习近平总书记在党的二十大报告中指出，"从现在起，中国共产党的中心任务就是团结带领全国各族人民全面建成社会主义现代化强国、实现第二个百年奋斗目标，以中国式现代化全面推进中华民族伟大复兴"。理解和认识中国共产党治国理政之路与中国经济社会发展的方向，有必要全面领悟"中国式现代化"的深刻内涵和意义。

### （一）理解中国式现代化的方法论视角

党的二十大在总结中国共产党发展，特别是党的十八大以来的探索和实践基础上，提炼出一系列重要理论成果。中国式现代化作为其中的重大创新点，不仅是理解中国特色社会主义巨大成就的基本前提，而且是把握中国发展新阶段未来走向的关键所在。企业家面对错综复杂的市场环境，不仅要有战术上随机应变的本领，更要有战略上把握大势的能力。用战略视角观察中国的现在和未来，观察中国企业，要用好习近平新时代中国特色社会主义思想的世界观和方法论，开展对中国式现代化的解析。为此，首先要坚持好、运用好贯穿其中的立场、观点、方法。党的二十大报告中用"必须坚持"作要求，突出了六个基本要义，就是必须坚持"以人民为中心、自信自立、守正创新、问题导向、系统观念、国际胸怀"。值得加以关注，认真思考。

"以人民为中心"是核心宗旨。它是解决各种问题的出发点和落脚点，从人民的需要出发，依靠人民的首创精神，以为人民全心全意服务作衡量各项工作的尺子。"自信自立"是基本立场。在充分汲取外来思想、文化、科学、技术的同时，摒弃食洋不化、妄自菲薄，坚定道路自信、理论自信、制度自信、文化自信，坚持解决中国的问题最终还要靠自己。"守正创新"是根本方法。既遵循人类社会发展的一般规律和科学社会主义基本原则，又把中国特色社会主义看成是一个不断完善和发展的实践过程，赋予其民族特色和时代特色。"问题导向"是工作指引。要从问题入手，及时发现问题、科学分析问题、着力解决问题。绝不能一味空谈道理，一切从实际出发，勇于面对各类来自一线的问题，脚踏实地纾困解难，最终给出让人民满意的答案。"系统观念"是成功精髓。立足前瞻性思考、全局性谋划，从战略性布局、整体性推进方面把握工作中遇到的各种矛盾，善于处理好局部和全局、当前和长远、重点和非重点的关系，在谋划、推进工作中权衡利弊、趋利避害、稳步前进。"胸怀天下"是崇高境界。要有时代情怀、世界视角和高远抱负。把"为人类谋进步、为世界谋大同"落实到行动上，为解决全球问题献计献策，积极推动人类命运共同体的构建，使中华民族的奋斗在世界文明舞台上熠熠生辉。

### （二）认识中国式现代化的历史视角

中国式现代化是中国共产党领导的社会主义现代化，既有各国现代化的共同特征，更有基于自己国情的中国特色，是推动人类社会进步的卓越实践和巨大创新。一般认为，现代化是各国工业化实现后的社会形态，工业化是其基础与支撑，但涉及的范围与领域远远超过工业与经济范畴。18世纪60年代工业革命的兴起，推动了世界从农业社会向工业社会、农业经济向工业经济、农业文明向工业文明的转变进程，但只有部分欧美国家完成了这一转变。自20世纪开始，唯有实现了工业化的国家才有资格论及现代化国家的建设。

从近代中国历史进程考察，鸦片战争之后，伴随着列强的坚船利炮，中国被迫打开国门，开启了艰辛曲折的探索工业化的历程。19世纪中叶到1949年的中国，从经济体量占到世界经济总量近三分之一大幅滑落，由于没有踏进工业革命的门槛，制造业小、经济衰、国家弱，深受帝国主义列强的欺凌。实业救国、工业救国，成为一代又一代仁人志士的抱负与追求，但除了"落后就要挨打"的惨痛教训，当时工业化的努力无不以失败告终。

全面抗日战争前的一段时间，即便中国民族资本获得了一定发展，中国制造业仍是支离破碎，既没有完整的工业基础，也不存在独立的工业体系和结构。外资控制着大约42%的中国工业资产，外资企业生产了中国60%以上的煤炭、88%的钢以及76%的发电量；即使是在中国民族资本最强大的棉纺织工业中，外国企业也拥有54%的纱锭和44%的织布机；外资还控制着中国造船工业73%的船舶吨位及公用事业的大部分、轻工业（包括木材加工、皮革、卷烟和饮料）一半以上的产量。

据有关研究，1949年中国经济总量占世界的比重不足5%；国民总收入按当年汇率折合239亿美元，按5.4亿人口计算，人均44.26美元，是美国人均国民收入的1/20，英国的1/11，法国的1/6。直到1950年，中国人均国民收入比长期是殖民地的印度还低20%。历史宣告，旧中国实现中国工业化的道路不通。

中国共产党无惧流血牺牲，百折不挠，领导中国人民推翻了压在头上的三座大山，新中国的成立成为现代意义上的中国工业化的开端，中国式现代化从此获得新生。70多年斗争、建设、改革、发展的历史事实深刻证明了中国道路的独特优势和成功经验，"彻底改变了近代以后100多年中国积贫积弱、受人欺凌的悲惨命运"。至2009年，中国已成为世界上第二大经济体，2010年，中国制造业回到世界第一的位置，中国工业化取得了巨大成就。从2013

年开始，中国式现代化道路的探索与建设迈上了新征程，开始向以高质量发展为目标的现代化社会主义强国迈进。

### （三）思考中国式现代化的企业视角

实践没有止境，理论创新也始终在路上。人类文明现代化进程表明现代化具有共同特征。中国式现代化是人类文明进程中现代化的共同特征与中国国情决定的特殊性的有机统一。中国式现代化的实现离不开广大企业的艰苦奋斗，也离不开对发展模式的学习、借鉴、创新与探索。对企业来说，中国式现代化的进程，不只表现为经济高速增长，更体现在万千企业活跃其中的社会主义市场经济制度体系的建成。中国式现代化成功的标志是将企业成长与经济发展、社会稳定、国家安全、自然和谐等诸多要素有机组合起来，实现整个社会经济资源的优化配置。

企业作为中国式现代化经济领域的微观主体，需要全面认识中国式现代化对未来成长发展的重要意义。党的二十大报告清楚地解析了中国式现代化的重要内涵，中国式现代化是人口规模巨大的现代化，是全体人民共同富裕的现代化，是物质文明和精神文明相协调的现代化，是人与自然和谐共生的现代化，是走和平发展道路的现代化。对于每个企业来说，要站在产业特征、商业环境、经营特点、人才培养、竞争力建设等具体条件下，深刻理解中国式现代化的要义，并将远景目标和长远规划转化为具体行动。

中国式现代化道路的每一个关键阶段，都伴随着企业现代化的实践与探索。中国式企业现代化是随着改革开放推进而发展起来的，通过学习借鉴发达市场经济国家的成熟经验和规则，参照工业化、市场化、法治化、多元化的现代化原理，依据中国国情和发展阶段，走出一条中国特色的以企业为基础的工业发展之路。主要特点包括：一是系统规划，分步骤实施产业结构调整提高的行动方案；二是统筹考虑，加快建设立足国内大循环，积极推动国内外双循环的工业发展新格局；三是转型升级，大力提升以企业的数字化网络化智能化改造为核心的先进制造水平；四是绿色发展，全面推进绿色低碳制造为重点的可持续发展；五是保障安全，着力坚持形成韧性安全的产业链供应链；六是注重内功，持续开展借鉴国外先进理论经验立足中国实际的企业管理创新；七是文化引领，弘扬企业家精神和工匠精神，构建和谐劳动关系。

## 二、企业高质量发展的目标确定和道路选择

习近平总书记在党的二十大报告中强调，"高质量发展是全面建设社会主义现代化国家的首要任务"，把实现高质量发展作为中国式现代化的本质要求之一。需要指出，中国企业依据时代特征与历史方位做出的战略选择，就是在投身现代化建设中，完整、准确、全面贯彻新发展理念，积极参与构建新发展格局，奋力建设现代化经济体系，坚持以高质量发展这个根本要求，推进和拓展中国式现代化。

### （一）企业需把握高质量发展的基本特征

不管制度、社会、文化、历史等方面存在多大差别，经济高度发达是各国实现现代化的共同特征，而企业是建设发达国家最重要的力量。经过坚定不移地搞经济建设，中国企业对国家的经济发展做出了巨大贡献，制造业的快速发展成为人均 GDP 跃升的重要推动力。据世界银行数据，1978 年我国人均 GDP 只有 156.4 美元，低于印度的 205.7 美元，居于低收入国家行列；20 世纪末我国进入中低收入阶段；2010 年进入中高收入阶段；2021 年人均 GDP 达到 12556 美元，跨入高收入国家门槛，比印度 2021 年的 2277 美元高出 4.51 倍。

小康目标的实现、绝对贫困的消除，为我国在 21 世纪中叶建成制造强国，进而成为社会主义现代化强国提供了坚实的基础。而未来企业的任务仍然非常艰巨。党的二十大再提"发展是党执政兴国的第一要务"。企业发展首先是高质量的经济发展。党的二十大明确指出，"没有坚实的物质技术基础，就不可能全面建成社会主义现代化强国"，并多次强调企业承担的重要任务。

企业从自身实践中可以充分体会到，推动高质量发展不是权宜之计，不是局部要求，也不是阶段性目标，而是遵循经济发展规律、保持经济持续健康发展的必然要求，是适应中国社会主要矛盾变化、解决发展不平衡不充分问题的必然要求，是有效防范化解各种重大风险挑战、以中国式现代化全面推进中华民族伟大复兴的必然要求。

## （二）企业需把握高质量发展的重要内涵

作为企业在新时期新阶段发展的目标、要求与任务，高质量发展的确定有其客观必然性。坚持高质量发展就是要把新发展理念贯彻到位，把"创新、协调、绿色、开放、共享"的新发展理念摆在更加突出的位置上。企业认真学习党的二十大报告，要反复领会高质量发展的深刻内涵和实践要求，切实把推动高质量发展贯彻到企业发展的全过程全领域。

以创新打造企业高质量发展的强劲动力。创新是引领发展的第一动力，抓创新就是抓发展，谋创新就是谋未来。现阶段，企业面对关键核心技术受制于人的局面，尤其缺乏原创技术的突破，科技对发展支撑能力明显不足，在产业链中长期处于中低端，严重制约了高质量发展。因此，在更好推进高质量发展征程中，如何使要素驱动转为创新驱动，实现新旧发展动力转换，成为企业发展中亟须解决的问题。一方面，要全力打好关键核心技术攻坚战，提高创新链、产业链、供应链整体效能，增强韧性和安全性；另一方面，要提升企业技术创新能力和管理创新能力，强化企业创新主体地位，促进各类创新要素向企业集聚，加强创新人才队伍培养，推进政产学研用深度融合。

以协调构建企业高质量发展的整体特征。协调有利于解决企业发展不平衡问题。我国大中小企业数量众多，地处发展水平较大差距的各个地区，在技术、管理等各方面存在诸多的不平衡。以协调发展促进企业在高质量发展道路上行稳致远，既需要坚持市场在配置资源方面的决定性作用，又要发挥好政府作用。政府推动形成解决共性技术问题的创新技术平台，大企业主动引领、助力中小企业共同发展，形成携手共进的良好发展局面。

以绿色实现企业高质量发展的和谐共生。绿色发展注重的是解决人与自然和谐共生问题。现阶段我国资源约束趋紧，环境污染时有发生、生态系统退化的问题十分严峻，企业责任首当其冲。转变发展方式，实现人与自然的和谐共生成为急迫解决的问题。企业必须坚持生态环境保护和经济发展辩证统一，把牢绿水青山就是金山银山的理念，守住自然生态安全边界，改善环境质量，提升生态系统质量和稳定性，支持绿色技术创新，推进清洁生产，发展环保产业，降低碳排放强度，实施碳排放权市场化交易。

以开放加快企业高质量发展的内外联动。开放发展注重的是解决发展内外联动问题。现阶段，广大企业对外开放水平总体上不够高，用好国内国际两个市场、两种资源的能力较弱，应对国际经贸摩擦、争取国际经济话语权的能力还不够强。因此，必须增强企业对外开放的主动性和积极性，全盘考虑和统筹把握国内国际两个大局，加快构建以国内大循环为主体、国内国际双循环相互促进的新发展格局。推动共建"一带一路"高质量发展，构筑互利共赢的产业链供应链合作体系。

以共享实现企业高质量发展的共富使命。共享发展注重的是解决社会公平正义问题。全体人民共同富裕，是中国企业的重要使命，不仅是经济问题，而且是重大政治问题。企业需要坚持共享发展，坚持以人民为中心的发展思想，扎实推动共同富裕。企业要努力建设体现效率、促进公平的收入分配体系，关注初次分配、再分配、三次分配协调配套的基础性制度安排，理解用好税收、社保、转移支付等调节手段，促进社会公平正义。

### （三）企业需把握高质量发展的新任务

党的二十大报告中对企业围绕高质量发展要完成的工作进行了明确部署，"要坚持以推动高质量发展为主题，把实施扩大内需战略同深化供给侧结构性改革有机结合起来，增强国内大循环内生动力和可靠性，提升国际循环质量和水平，加快建设现代化经济体系，着力提高全要素生产率，着力提升产业链供应链韧性和安全水平，着力推进城乡融合和区域协调发展，推动经济实现质的有效提升和量的合理增长"。三个着力应是企业面对的新任务。

企业要着力提高全要素生产率。经济学家把生产要素贡献之外的那部分增长源泉归结为全要素生产率的提高，因此，可以把全要素生产率看作要素投入转化为产出的总体效率，决定着经济内涵型发展程度和潜在增长率高低，其本质是技术、人才等要素质量和资源配置效率。对今天企业加快高质量发展来说，着力提高全要素生产率被放在更加重要的位置上，关键是大力培养、引入可以面对重大科学技术挑战的人才，持续加大基础科研的投入和加快科研成果的转化。与此同时，应把企业家精神也当作全要素生产率中重要部分，企业要大力弘扬优秀企业家精神，形成加快发展中的最生动力量。

企业要着力提升产业链供应链韧性和安全。近年来，中国产业链供应链核心竞争力不断增强，在全球价值链中的地位持续攀升，但发展不平衡的情况较为突出，特别是在一些关键节点还存在受制于人的脆弱环节。同时，越来越多的各国企业认识到，稳定可靠的产业链供应链是国际经济交往中至关重要的公共产品，逆全球化举措正在伤害其稳定性。中国企业要以核心技术为支点，利用现有产业集群功能，挖掘潜力，致力打通产业链供应链断点堵点，大大增强链条韧性和安全性。一方面，企业需要根据各行业实际做好战略设计、加强精准施策；另一方面，企业要在更高水平上对外开放，使中国庞大的国内市场与国际市场密切融通，团结国际各方力量，冲破逆全球化潮流。

企业要着力推进城乡融合和区域协调发展。现代化建设进程必然伴随着城乡区域结构的深刻调整和国土空间格局的巨大变化，这是释放巨大需求、为企业创造巨大供给的过程。企业要认识政府深入实施区域协调发展战略、区域重大战略、主体功能区战略、新型城镇化战略的意图，顺应优化重大生产力布局，助力构建高质量发展的区域经济布局和国土空间体系。企业要抓住以城市群、都市圈为依托，构建大中小城市协调发展的机遇，顺应经济规律，在各类要素流向优势地区中捕捉发展新机会。

## 三、集聚新动能，加快建设世界一流企业

党的二十大报告是举旗定向的政治宣言，是求真务实的行动纲领，为我国经济社会发展描绘了宏伟蓝图。报告指出，要加快构建新发展格局，着力推动高质量发展，以中国式现代化全面推进中华民族伟大复兴，并对加快建设世界一流企业提出了明确要求。报告指出，"完善中国特色现代企业制度，弘扬企业家精神，加快建设世界一流企业"。从企业家视角看，"中国式现代化"和"高质量发展"是企业和企业家群体了解未来、把握未来、决胜未来的两把金钥匙，而"加快建设世界一流企业"则为中国企业走进新时代、迈步新征程提供了根本遵循。

党的十八大以来，党中央把加快建设世界一流企业提到了前所未有的战略高度，实现中华民族伟大复兴，比任何时候都更需要建设一批以产品卓越、

品牌卓著、创新领先、治理现代为特征，体现国家实力、彰显国家形象、具有国际竞争力的世界一流企业，这既是中国企业发展需要，更是国家需要、民族需要。

国资委在认真落实党中央部署，通过遴选基础条件较好、主营业务突出、竞争优势明显的 11 家中央企业，组织开展了创建世界一流示范企业工作，实施对标世界一流管理提升行动，对建设世界一流企业做出新部署、谋划新路径、取得新成效。一批民营企业，立足自身发展优势，抢抓发展新机遇，积极把企业发展融入国家战略，世界一流企业建设迈出全新步伐。政府部门带动全社会力量为提升企业的水平与质量开展了一系列工作。

### （一）加快建设优质企业培育体系

中国式现代化的重要成果之一就是形成了在市场经济中由优秀企业家带领的活力足、竞争力强、可持续的企业群体。面对党的二十大确定的社会主义现代化国家建设重要任务，需要加快打造一大批勇于搏击外部风雨、屹立市场经济潮头的世界一流企业。综合考虑，积极构建优质企业培育梯队是建设世界一流企业的路径和基础。《中华人民共和国国民经济和社会发展第十四个五年规划和 2035 年远景目标纲要》对梯次培育优质企业的工作予以精心部署，要求"实施领航企业培育工程，培育一批具有生态主导力和核心竞争力的龙头企业，推动中小企业提升专业化优势，培育专精特新"小巨人"企业和制造业单项冠军企业"。健全梯度培育体系，需要加快构建国家引导、地方组织、市场培育、龙头带动、资本助力的多元化发展模式，促进大中小企业融通发展，形成创新、产业、供应、数据、资金、服务、人才等七个方面的有力支撑。由政府部门引导，行业组织参与，形成分层分类、动态跟踪管理的企业梯队培育名单，鼓励引导组建跨行业的产业配套联盟，强链补链扩链，增强产业链自主可控和供应链安全稳定。

### （二）加快打造"专精特新"企业队伍

中小企业是市场经济最为重要的微观基础。最为深厚的发展潜力和强劲的发展动力都是来自广大市场主体特别是中小企业。目前，中国市场主体的数量突破 1.6 亿。2022 年 6 月，工业和信息化部发布了《优质中小企业梯度培育管理暂行办法》，将优质中小企业分为创新型中小企业、"专精特新"中小企业和专精特新"小巨人"企业三个层次，三者相互衔接，共同构成优质中小企业的梯度培育体系。依据该管理办法，各地以及全国层面要制定和实施梯度培育工程，一方面分层级建立省级、国家级"专精特新"中小企业和专精特新"小巨人"企业培育库，为专精特新"小巨人"企业认定做大基数，为保持适宜的认定速度提供保障；另一方面，要科学划定专精特新"小巨人"企业的认定标准，严把筛选门槛，确保专精特新"小巨人"企业真正是位于基础核心领域、产业链关键环节的中小企业，是真正创新能力突出、掌握了核心技术且细分市场占有率高、质量效益好的优质中小企业。我国已培育 8997 家专精特新"小巨人"企业、1188 家制造业单项冠军企业、5 万多家"专精特新"企业，中小企业创新力、竞争力和专业化水平大幅提升。要强化业绩考核、动态调整，确保梯度培育体系的活力。

### （三）加快提高重要产业链供应链安全保障能力

党的二十大报告中，把坚定维护重要产业链供应链安全提高到增强维护国家安全能力的高度。确保产业链供应链的畅通与安全，关系到企业的生存与发展，关系到国民经济全局。着力提升产业链供应链的韧性和稳定，是畅通国民经济循环、保障制造业安全的必然要求。要从国家战略角度出发，立足产业链供应链，全面系统梳理我国制造业发展状况，分行业做好战略设计和精准施策，建立安全风险评估制度。实施制造业强链补链行动和产业基础再造工程，聚焦核心基础零部件（元器件）、工业基础软件、关键基础材料、先进基础工艺、产业技术基础等关键环节，全面加大科技创新和核心技术攻关力度，构建自主可控、安全可靠的国内生产供应体系。

### （四）加快落实企业可持续发展行动

中国企业在现代化经济体系的建设中发挥着重要作用，在推动可持续发展方面有着义不容辞的责任。企业在为更广泛的利益相关方创造价值的同时实现自身的可持续发展，让越来越多的市场伙伴分享中国发展的红利。党的二十大报告中提出，推动共建"一带一路"高质量发展。"一带一路"是中国提供给世界的重要公共产品，中国企业让"一带一路"成果惠及更多国家和人民，通过倡导可持续发展理念，增强可持续发展能力，营造良好可持续发展环境，开展可持续发展实践，推动"一带一路"沿线国家朝着更加均衡、包容和可持续的方向发展。

### （五）加快提升企业合规经营水平

强化合规经营已成为全球企业的普遍共识，是企业防范经营风险，提升自身信用，实现可持续发展的必然要求。强化合规管理为企业培育全球竞争力、融入全球价值链提供了根本路径。企业要完善合规管理制度，顺着资金链、供应链、人事流动链三个链条，形成有效的体系制度、流程标准。企业要赋予合规部门以高度的权责，从事先决策、到事中监督，再到事后评价，做到合规管理上的无缝对接，尽力消除合规管理盲区和死角。要在全面遵守法律和政策的基础上，认真学习、借鉴国际合规标准和指南，充分运用各类合规工具提升自身的合规能力，建设完备的合规体系。

### （六）加快发挥企业社会组织作用

党的二十大报告把"到二〇三五年，基本实现国家治理体系和治理能力现代化"，作为我国发展的一项总体目标。应该看到，成熟的社会组织是国家治理体系的有机组成部分，其发育与作用的发挥，是现代化水平的标志之一。市场经济国家中，企业社会组织的核心功能是凭借自身所秉持的理念和条件，吸引、集聚和组织社会资源为企业和企业家提供服务。中国的企业代表组织与各国企业代表组织在服务对象、服务要求等方面有很多一致与相似之处，但在组织形式、服务方式等方面，则充分体现了中国式现代化的基本要求。大力培育和完善社会组织，引导并鼓励社会组织机构发展，加强社会组织自身能力建设，是实现国家治理体系和能力现代化的题中之义。

中国企业联合会作为中国经济领域最大的社会组织之一，一直秉持为企业和企业家服务的宗旨，全力促进经济发展和社会稳定，协助政府管理社会事务，建立上情下达、下情上传的信息枢纽与渠道，当好政府和企业间的桥梁纽带；积极参与构建企业和谐劳动关系建设，协助维护企业、企业家合法权益；提供管理和技术创新、文化建设、培训咨询、国际交流等多方服务，搭建汇集资源、沟通交流的平台；引导企业守法合规，加强自律，履行社会责任，执行ESG标准，坚持可持续发展。近年来，中国企业联合会在坚持开展发布中国企业500强的系列榜单、中国优秀企业家表彰、袁宝华管理科学金奖评比、管理科学成果审定、企业优秀文化成果交流、产业链供应链创新等重要活动基础上，又根据企业的要求和政府的引导组织了智慧企业推进、绿色低碳发展、企业合规等活动，受到企业、政府、社会的一致欢迎。

潮平两岸阔，风正一帆悬。面向未来，中国企业联合会将在适应总体环境变化的前提下，迈步中国式现代化道路，围绕加快企业高质量发展的总任务，以企业和企业家的需求为根本，积极拓展业务领域，与中外世界一流企业作更多的沟通交流，团结好服务好更多的企业和企业家，争取共创共赢共享的发展。

（2022年11月）

# 后 记
POSTSCRIPT

本书付梓之时，我还想在最后赘言几句。若有读者看到时，权当是了解背景的备注好了。

互联网时代，书的功能和作用已经改变，作为知识传播工具的作用依然存在。我在空暇之时坚持参加相关读书活动，既是一种习惯，也为陶冶情操，会会久未相见的老友。自己绝没有成书的非分之想。

拙文成书还要从清华大学继续教育学院的汪双鸿老师和中国通信工业协会的张彦国副会长说起。因为几次受邀参与两院会专精特新企业家队伍人才培训，双鸿老师和彦国副会长都索要本人其他讲稿作为课堂辅助材料，最后都谈起出版的话题。本以为是随便之语，但渐作认真之势。孙庆生社长听到此事，决定由企业管理出版社结集成书；陈静副总编辑亲自组织编辑审校，尽心费力，精细处显功力，促成此书落地。

《同行：从专精特新到世界一流》是一本我在中国企联工作时所思所想所述材料的汇集。在现时出版，细细想想应该有这么几方面的作用。

一是向中国企联老前辈、老领导作一汇报。我是2015年年初从工业和信息化部工作岗位退休，2016年年末由王忠禹会长安排到中国企联工作。作为中国企联现任会长的王忠禹同志曾任第十届全国政协副主席，在经济领域有着丰富经历和卓越实践。他离开吉林省省长位置调任国务院经贸办、国家经贸委担任主要领导职务的时候，我还是刚刚转岗入职的新兵。现能在老前辈直接领导下工作，使我既高兴又有压力。年至耄耋的忠禹会长耳提面命，把中国企联的日常工作交由我负责，让人诚惶诚恐，夙夜思虑，不敢有丝毫松懈。几年工作下来，忠禹会长从国家大局出发思考问题，严格精细处理问题，循循善诱亲切待人，特别是对企业和企业家工作倾注满腔热忱，凡此种种让人备受感动，也成为我开展工作的优秀榜样和不竭动力。我到中国企联之后，与张彦宁、陈清泰、蒋黔贵、陈光复、李德成、朱焘、任克雷等老领导时有接触，受益匪浅。还有幸与袁宝华老会长见面，聆听教诲。袁宝华老会长是我国经济领域受人尊崇的老领导，时值期颐之年，头脑清晰，思维敏捷。谈起解放战争时期与家父在开展农村支援革命战争工作时曾一起相处，不舍分手的往事，令人动容。今天，我在诸多老前辈、老领导支持、呵护下传承初心、开展工作，唯有常思重责，兢兢业业。成书也是检验工作、躬身汇报的一种形式。

二是为企联系统工作的同志留一份工作参考与纪实参照。因为工作的关系，我在来中国企联之前的一段时间里，直接动笔的机会较少。到中国企联工作之后，由于面对新的形势与工作局面，一些问题往往需要深入思考，形成与新情况更加吻合的工作思路。遇到需要发表意见的工作，我在寻觅参照其他信息资料和参考同志们想法的同时，认真学习相关文件和专家文章，力求用正确的立场观点方法去分析问题、处理问题，自己动脑动手动笔撰写讲话文章材料。近年来，全国各省市企联组织多有调整，一些同志在了解中国企联沿革的同时，常常提出对现时工作能否提供文字材料参考借鉴的意见。希望本书能对这个领域工作的新老同志有所裨益，也为近几年企联组织工作留下真实可靠的资料。

三是为需要与企联联系的政府部门、企业和企业家及社会各界提供路线图。我到中国企联工作的几年中，习近平总书记多次举办企业家座谈会并对弘扬企业家精神、发挥企业家作用给予批示指示，党中央、国务院下发了《关于营造企业家健康成长环境弘扬优秀企业家精神更好发挥企业家作用的意见》文件，政府部门也对企业和企业家工作提出了要求，给予了政策等多方面支持。另外，中国企联、地方企联及社会有关方面开展了一系列以企业与企业家为主体的活动。本书集结的文章讲话许多都是有针对性而发，对于了解企联组织如何当好政府与企业和企业家之间桥梁纽带，以及如何更好为企业和企业家服务，可以提供借鉴与思路。

除了对以上各方发自内心的感谢外，我还想对为此书及我的工作提供帮助支持的亲友表示感谢。我身边的许多朋友在经济及专业领域经常提供专业意见予以指点；我的亲人特别是两位兄长一直用坚定的支持和行动给我以信心与勇气；我的女儿女婿发自内心的关爱成为我努力工作的慰藉与动力。我的夫人对我的工作与此书贡献良多，每每提出的不同意见都令我更加冷静、更加清醒地做出决定。我还想专门向已经离我们而去的父母致以最诚挚的敬意。两位老人都是在战火纷飞的抗日战争年代参加革命的老新四军人、老共产党员。他们不仅以行动而且用思想与智慧滋养着我的身心，支持我的事业。因为工作的关系，他们离别人世时，我都出差未在身边，至今都深感遗憾。每当遇到困难时，我都会凝神冥思，父母总会微笑地站在那里赐予我力量。

你们活在我们的记忆里，我们奋斗在你们的事业中。